# РУССКО-
# НЕМЕЦКИЙ
# СЛОВАРЬ
# КРЫЛАТЫХ СЛОВ

# RUSSISCH-
# DEUTSCHES
# WÖRTERBUCH
# DER GEFLÜGELTEN
# WORTE

JU. AFONKIN

# RUSSISCH-DEUTSCHES WÖRTERBUCH DER GEFLÜGELTEN WORTE

Mit etwa 1200 Stichwörtern

*2. unveränderte Auflage*

Unter Mitarbeit
von W. SCHADE

RUSSKIJ JAZYK
MOSKAU

VEB
VERLAG ENZYKLOPÄDIE
LEIPZIG
1990

# Ю. Н. АФОНЬКИН

# РУССКО-НЕМЕЦКИЙ СЛОВАРЬ КРЫЛАТЫХ СЛОВ

около 1200 единиц

*Издание 2-е, стереотипное*

**Под редакцией д-ра В. ШАДЕ**

МОСКВА
«РУССКИЙ ЯЗЫК»

ЛЕЙПЦИГ
«ЭНЦИКЛОПЕДИЯ»
1990

ББК 81.2Нем
А94

Рецензенты:
канд. филол. наук доц. Г. Ю. Бергельсон
д-р филол. наук проф. В. И. Кодухов (Предисловие)
д-р филол. наук проф. П. И. Копанев
д-р Вальтер Шаде (ГДР)

**Афонькин Ю. Н.**

А94    **Русско-немецкий словарь крылатых слов:**
Ок. 1200 единиц. — М.: Рус. яз., 1990. — 288 с.
ISBN 5—200—01226—0

Словарь включает около 1200 крылатых слов, литературных цитат
и изречений, встречающихся в художественной литературе и публицистике.
Данный словарь принадлежит к серии русско-иностранных словарей крылатых
слов. К русским крылатым словам даются немецкие эквиваленты, объясняется их происхождение и употребление.

Предназначен для иностранцев, изучающих или преподающих русский
язык, а также для советских специалистов, занимающихся немецким языком.

А $\frac{4602030000-051}{015(01)-90}$  194—90      ББК 81.2Нем

# ВВЕДЕНИЕ

Широко используемые в устной и письменной речи крылатые слова — популярные образные выражения из художественной литературы и фолькора, афористически отточенные изречения писателей, ученых, политических деятелей — образуют в каждом языке важную составную часть его фразеологического фонда.

Крылатые слова являются фразеологизмами прежде всего по своему оформлению. Подобно фразеологизмам они выступают как раздельнооформленные языковые знаки: словосочетания разной структуры (*Златой телец*; *На заре туманной юности*; *Блоху подковать*) или же законченные предложения, простые и сложные (*Из искры возгорится пламя*; *Кто сеет ветер, пожнёт бурю*), вопросительные и побудительные (*Как дошла ты до жизни такой?*; *Руки прочь!*). Исключение составляют только ставшие нарицательными имена исторических лиц (*Крез*, *Меценат*), а также мифологических и литературных персонажей (*Аполлон*; *Молчалин*, *Плюшкин*, *Обломов*). Будучи однословными единицами, они не могут считаться фразеологизмами. Но поскольку они используются как цитаты, исключать их из категории крылатых слов было бы нецелесообразно; кроме того, подобные имена встречаются также и в форме словосочетаний (*Неистовый Виссарион*, *Железный Феликс*).

Крылатые слова представляют собой не свободные сочетания слов, а устойчивые словесные комплексы (устойчивые фразы). Они не создаются в речи каждый раз заново, а воспроизводятся в готовом виде как единицы языка, известные всему коллективу говорящих и ставшие его общим достоянием.

В их совокупном значении наблюдаются, — по сравнению с их покомпонентным значением, — более или менее глубокие смысловые сдвиги. В одних случаях это метафорическое переосмысление: *Тришкин кафтан* — «попытки исправить что-либо, нуждающееся в радикальном обновлении, с помощью паллиативных мер»; в других — расширение смысла, обобщение: *Было дело под Полтавой* — «имел место какой-то конфликт, столкновение» (о чём говорящий сообщает шутливо или же с гордостью за свое участие в нём); в третьих — переключение из сферы возвышенного в бытовой план: цитату из М. Ю. Лермонтова *В минуту жизни трудную*, звучащую в ключе высокой лирики, мы иногда используем как шутливую характеристику каких-либо повседневных, чисто житейских затруднений. Отмеченные выше виды приращения смысла бывают в действительности сложнее, могут переплетаться друг с другом.

Таким образом, крылатым словам свойственны оба главных признака фразеологических единиц: устойчивость компонентов и семантическое преобразование целого.

Функции крылатых слов в речи также схожи с функциями фразеологизмов. Они позволяют точно, сжато и метко, а иногда и через наглядный образ охарактеризовать ситуацию, лицо или событие и выразить своё отношение к ним. В некоторых случаях они могут даже выступать как прямое обозначение той или иной сложной ситуации,—если в языке не имеется более кратких, а главное — общепринятых слов для её наименования, ср., например, крылатое слово *Дары данайцев*, смысл которого можно передать только с помощью многословного описания: «коварные дары, несущие с собой гибель для тех, кто их получает». Крылатые слова в форме целого предложения («крылатые фразы») обобщают, подобно «анонимным» пословицам, жизненный опыт, конденсируя его в форме сентенции (*Друзья познаются в беде*) или же предписывая определённую линию поведения (*Живи и жить давай другим*). Во многих крылатых фразах кристаллизованы в виде формулировок, лозунгов, девизов и т. д. определённые философские, социальные, политические взгляды (*Всё течёт, всё изменяется; Я мыслю,—следовательно, существую; Бытие определяет сознание; Человек человеку — друг, товарищ и брат*).

Всем крылатым словам присуща одна общая черта, дающая основание выделять их как особый разряд фразеологического фонда: возможность назвать с той или иной степенью точности автора (шире: источник) крылатого выражения (тогда как все другие фразеологические единицы «анонимны»). В одних случаях источник известен всем носителям языка, по крайней мере, их подавляющему большинству; так обстоит дело с крылатыми выражениями — цитатами из произведений родной литературы, читаемых в школе (для русского языка, например: *Служить бы рад, прислуживаться тошно; А ларчик просто открывался; Человек — это звучит гордо*). Такие популярные цитаты становятся единицами языка, не порывая, однако, тех нитей, которые связывают их с породившим их контекстом. Употребляя их как пословицы и поговорки, говорящие тем не менее не забывают, кому эти слова принадлежат, продолжают ощущать их цитатный характер.

С другой стороны, есть и такие цитаты, источник которых знает только часть говорящих, может быть, даже их явное меньшинство, хотя он и является установленным. Такие выражения воспринимаются как «безымянные фразеологизмы». Вряд ли любому русскому, знакомому с цитатой *Завтра, завтра, не сегодня* (/*Все лентяи говорят*), знаком также и её источник (русский перевод стихотворения немецкого писателя XVIII в. К. Ф. Вейссе). Как пословицы и поговорки без зафиксированного происхождения воспринимаются некоторые крылатые слова, пришедшие из Библии и античной литературы: *Волк в овечьей шкуре* (Библия), *Подливать масла в огонь* (Гораций). О литературном происхождении того или иного выражения могут сигнализировать некоторые его языковые особенности, прежде всего поэтическая форма (стихотворный размер, рифма), а также наличие в его составе имён собственных, книжных слов или же характерных для высокого стиля грамматических и лексических архаизмов. Так, наличие «учёного» слова *энциклопедия* в выражении *Ходячая энциклопедия* позволяет предположить, что последнее представляет собой цитату (кто же это сказал?). Таким образом, знакомство какой-то части говорящих с источником выражения, а в отдельных случаях и ощущение ими его цитатного характера, также могут считаться признаком его «крылатости».

Однако знание или незнание источника того или иного выражения — фактор субъективный, зависящий от образовательного уровня конкретного носителя языка, его начитанности и круга его интересов, а порой и от чисто случайных причин. Цитатность выражения с незнакомым говорящему источником ощущается только при наличии в его составе слов и форм с определённой стилистической маркированностью. Поэтому два названных выше признака «крылатости» могут рассматриваться лишь как второстепенные, вспомогательные. Основными же критериями отнесения устойчивого словесного комплекса к крылатым словам следует считать, во-первых, его установленное филологической наукой происхождение из какого-либо литературного или исторического источника, а во-вторых, его афористичность, которая, собственно говоря, и превращает цитату в крылатое слово.

Разумеется, четкое отграничение крылатых слов от фразеологизмов других типов возможно не всегда, так как не всегда можно с уверенностью сказать, создано ли то или иное выражение самим употребившим его писателем, или же оно имело хождение и раньше и было лишь использовано им. С другой стороны, какая-то часть выражений, воспринимаемых сегодня как народные пословицы и поговорки, может в действительности иметь литературную основу, восходить к не дошедшим до нас или же забытым произведениям. Однако ни известная размытость границ, ни тот факт, что крылатые слова не укладываются во фразеологический фонд «без остатка» (однословные цитаты находятся за его пределами), не меняют самого существа дела: фразеологической природы этого типа устойчивых словосочетаний в целом, их принадлежности к фразеологии языка, в которую они входят как особый разряд. Поэтому всякому серьёзно изучающему иностранный язык точно так же необходимо знать бытующие в нем цитаты, как и другие разряды фразеологии изучаемого языка.

Фонд крылатых слов любого языка, в том числе и русского, складывается из цитат, употребительных и в других языках, например, *Сизифов труд*, *Париж стоит мессы*, и цитат национальных, возникших на родной почве (отечественная литература, история своей страны) и имеющих хождение только в данном языке, например, *Кукушка хвалит петуха / За то, что хвалит он кукушку*, *Жизнь прекрасна и удивительна*, *Колумбы росские*, *Великий почин*. Для изучающего иностранный язык, в данном случае русский, знание этих национальных цитат особенно важно, незнакомство с ними затрудняет понимание читаемого на чужом языке. Так, встретив в русском тексте фразы вроде *Они поссорились, как Иван Иванович с Иваном Никифоровичем* или *Это уже демьянова уха!*, иностранный читатель, незнакомый с русской классической литературой, не поймёт до конца их переносного смысла, второго плана (= «поссорились из-за пустяков», «что-то излишне назойливо навязывается кому-то»). К группе национальных следует отнести, разумеется, также и крылатые выражения, заимствованные одним языком из какого-то иноязычного источника, но не вошедшие во фразеологический фонд другого, например, цитата из «Гамлета» *Башмаков она еще не износила, / В которых шла за гробом мужа*, по-видимому, не являющаяся популярной в немецком языке, или же шутливое выражение *Всякой твари по паре*, возникшее на основе библейской легенды о Ноевом ковчеге, но тем не менее самобытно русское.

Усвоение крылатых слов иностранного языка важно не только для понимания иноязычных текстов. Крылатые слова, особенно их национально-самобытная часть, являются богатым источником лингвострановедческих сведений о стране изучаемого языка, ее истории и культуре. Особый интерес с этой точки зрения представляют цитаты, сохраняющие память об исторических событиях, характеризующие их (*Мамаево побоище*, *Жён* и детей заложить, Дубина народной войны, Генеральная репетиция Октябрьской революции, Десять дней, которые потрясли мир, Велика Россия, а отступать некуда); описательные выражения, заменяющие прямые названия городов страны (Мать городов русских, Северная Пальмира, Колыбель революции); перифрастические характеристики исторических лиц (Солнце русской поэзии, Дедушка Крылов, Неистовый Виссарион, Отец русской авиации, Железный Феликс, Всесоюзный староста). Знакомясь с ними, учащийся расширяет свой общий кругозор. Поэтому крылатые слова могут и должны быть поставлены на службу принципу сознательного усвоения учебного материала, принципу, который — особенно в обучении взрослых — является сейчас аксиомой нашей советской методики преподавания иностранных языков.

Покажем на двух примерах из советской прессы, как изучающий русский язык иностранец, читая тексты, содержащие крылатые слова, может расширить свой кругозор в области русской культуры.

1. А впереди был полный рабочий день: мне предстояло, как положено по профессии, с полной мерой отдачи «сеять разумное, доброе, вечное» (А. Колесникова. Уважай себя! — «Литературная газета», 27.11.1980 г.) — 2. ...в результате проверки знаний группы студентов-географов обнаружилось немало митрофанушек (Т. Земцова. История с географией. — «Литературная газета», 2.3.1983 г.). Образность первого выражения столь прозрачна, что трудности в понимании вряд ли могут возникнуть; помогает и широкий контекст (автор этого читательского письма — школьная учительница). Но взятые в кавычки слова, в которых легко обнаруживается стихотворный размер, вызовут естественное любопытство читателя — иностранца: откуда эта цитата, кто цитируется? Во втором примере (речь идет о низком уровне знаний, проявленном студентами-географами университета Майами в США) контекст подсказывает, что митрофанушками названы невежды. Но и здесь читатель будет «заинтригован»: почему невежду можно назвать по-русски митрофанушкой? Поскольку этого слова нет в словаре, это, очевидно, имя. Но чьё? Если учащийся сумеет найти ответ на свои вопросы, запас его сведений о русской литературе пополнится: он узнает, что у Н. А. Некрасова есть стихотворение «Сеятелям», строки которого стали крылатыми, а ставшее нарицательным имя Митрофанушка носит герой комедии Д. И. Фонвизина «Недоросль».

Обратимся теперь к вопросу о том, где может изучающий русский язык почерпнуть интересующую его информацию о русских крылатых словах. Подробные сведения о происхождении цитаты — её авторе, произведении, из которого она заимствована, о времени её возникновения, о разных версиях её возникновения (в случае, когда этимология спорна), — наконец, толкование её значения он найдёт в фундаментальном издании «Крылатые слова» Н. С. Ашукина и М. Г. Ашукиной[1], а также в лингвострановедческом словаре В. П. Фелициной и Ю. Е. Прохорова[1] (методически весьма тщательно разработанном, но небольшом по объёму: раздел о крылатых словах включает менее 200 единиц). Он может, далее, обратиться к научно-популярным книгам В. М. Мокиенко[1], М. А. Булатова[1], Эд. Вартаньяна[1] или же к дореволюционным сборникам М. И. Михельсона и С. В. Максимова[1] (в настоящее время уже несколько устаревшим по материалу и по самой концепции крылатого слова).

Но все эти словари и пособия адресованы русскому читателю, а иностранца, особенно филолога или будущего филолога, может заинтересовать ещё и перевод крылатых слов на родной язык[2]. Обратившись к двуязычным русско-иностранным словарям, он обнаружит, что крылатые слова представлены в них очень неполно. Общие русско-немецкие словари включают в словник лишь интернациональные цитаты, восходящие к античной мифологии и к Библии, причём не всегда последовательно. Так, в последнем, седьмом издании «Русско-немецкого словаря»[3] под буквами А и Б даны речения: *Авгиевы конюшни, Альфа и омега, Ариаднина нить, Ахиллесова пята, Белая ворона, Блудный сын, Благую часть избрать,* но отсутствуют: *Бесплодная смоковница, Блудница вавилонская, Бочка Данаид.* Что же касается национально-русских цитат, то им уделяется очень мало внимания. В названный словарь вошли, например (на правах «анонимных» фраз, без ссылки на источник), следующие крылатые слова: *Вертеться как белка в колесе, Без руля и без ветрил, Человек в футляре,* но остались невключенными десятки и сотни не менее популярных цитат. Заметна тенденция включать только крылатые слова в форме словосочетаний; цитаты — устойчивые

[1] Полные выходные данные этих книг см. в Списке использованной литературы на с. 34, который является в то же время и списком литературы о крылатых словах, рекомендуемой читателю.

[2] Книга В. П. Фелициной и Ю. Е. Прохорова предназначена для иностранцев, изучающих русский язык, но она адресуется иностранцам вообще и написана целиком по-русски.

[3] Русско-немецкий словарь. 7-е изд., испр. и доп. / Под ред. Е. И. Лепинг, Н. П. Страховой, К. Лейна и Р. Эккерта. М., 1976.

фразы не встречаются. Однако этот принцип все равно не выдерживается: аналогичную структуру (словосочетание) и столь же высокую степень фразеологизации имеют, например, цитаты *На деревню дедушке* или *С корабля на бал*, но словарь их не приводит.

Изданный в ГДР русско-немецкий словарь Г. Г. Бильфельдта[4] содержит около 500 русских устойчивых фраз, но это почти исключительно народные пословицы и поговорки.

Русско-немецкие **фразеологические** словари представлены пока что лишь первыми попытками, «малыми формами», поэтому естественно, что и в них крылатые слова не находят сколько-нибудь полного отражения. В книге А. Графа[5], содержащей 3000 фразеологизмов, приводится всего 30 национально-русских цитат, к тому же отобраны они весьма субъективно. В небольшом фразеологическом словаре В. Т. Шклярова, Р. Эккерта и Х. Энгельке[6] крылатым словам также отводится очень мало места.

Между тем, перевод национально-русских крылатых выражений, особенно поэтических, связан для иностранца с немалыми трудностями. Не находя переводов ни в общих, ни во фразеологических словарях, он вынужден заниматься кропотливыми разысканиями: с помощью русского словаря крылатых слов можно установить автора цитаты, а затем попытаться найти эквивалент в печатных переводах соответствующего произведения. Излишне говорить о том, сколь сложен этот путь.

В более благоприятном положении находится иностранец, в частности носитель немецкого языка, когда ему нужно перевести с русского какую-либо цитату интернационального фонда. Если цитата очень популярна, его «выручает» языковая компетентность: так, столкнувшись с русскими выражениями *Прокрустово ложе* или *Быть или не быть*, он без труда узнаёт в них немецкие речения *Prokrustesbett* (соответственно *Sein oder Nichtsein*). В более трудных случаях он может навести справки в большом сборнике цитат Георга Бюхмана. Пользующаяся мировой известностью книга Г. Бюхмана «Крылатые слова»[7], родоначальница всей дальнейшей литературы о крылатых словах, выдержала со времени её выхода в свет в 1864 году 32 издания (последнее в 1972 г.), причём составители каждый раз пополняли словник, включая в него новейший материал. Если

[4] H. H. Bielfeldt. Russisch-deutsches Wörterbuch. Berlin, 1964.
[5] См. Список использованной литературы, п. 25.
[6] См. Список использованной литературы, п. 20.
[7] См. Список использованной литературы, п. 24.

переводящий установил, что, например, русское выражение *Распалась связь времён* представляет собой цитату из «Гамлета», он быстро найдёт у Бюхмана немецкое соответствие *Die Zeit ist aus den Fugen*. Необходимость обращаться непосредственно к немецким переводам из Шекспира, таким образом, отпадает. С 1981 г. в его распоряжении имеется ещё одно справочное издание — вышедший в ГДР большой словарь крылатых слов, созданный коллективом авторов под общей редакцией Курта Бётхера[8].

Задача передать по-немецки то или иное русское крылатое выражение может, естественно, встать и перед носителем русского языка — как филологом в его профессиональной деятельности, так и учащимся (учебный перевод с родного языка на немецкий). При подыскании эквивалента он вынужден идти тем же описанным выше окольным путём, но его поиски осложняются тем обстоятельством, что русская литература в немецких переводах представлена в библиотеках СССР, естественно, гораздо менее полно, чем в библиотеках немецкоязычных стран. Перевод цитат интернационального фонда также связан для него с бóльшими трудностями, нежели для носителя немецкого языка. Положиться на своё знание немецкого языка он не может. Дело в том, что поэлементный перевод интернациональных цитат не всегда возможен из-за их неполного лексического совпадения и различий в грамматическом оформлении. Так, в русском есть *Архимедов рычаг*, а в немецком — «архимедова точка» (*archimedischer Punkt*). Мы говорим *А всё-таки она вертится!*, а в немецком используется глагол «двигаться» (*Und sie bewegt sich doch!*). Русским словосочетаниям *Ахиллесова пята*, *Дамоклов меч* соответствуют немецкие сложные слова *Achillesferse, Damoklesschwert* (хотя в других случаях в немецком также выступает словосочетание с прилагательным — производным от имени собственного: *Trojanisches Pferd, Lukullisches Mahl*). Примеры показывают, что «переводить» здесь нельзя, нужно искать готовый эквивалент.

Из сделанного выше обзора вытекает, что читатель не находит в существующих двуязычных словарях нужной для него информации. Потребность в этой информации можно удовлетворить двумя путями. Во-первых, словарные статьи, посвящённые крылатым словам, можно — и в принципе следовало бы — широко включать в корпус больших русско-иностранных словарей, издаваемых высокими тиражами. Это было бы удобнее для читателя, так как сделало бы сведения о крылатых словах

---

[8] См. список использованной литературы, п. 23.

и их переводных эквивалентах более доступными. Второй возможный путь — это составление специальных двуязычных словарей крылатых слов. Заслуга создания первого словаря этого нового в лексикографии типа принадлежит В. П. Беркову, составителю «Русско-норвежского словаря крылатых слов»[9]. Опыт его работы показывает, что словари этого профиля не только имеют право на существование, но и являются в настоящий момент наиболее удачным решением проблемы для любой пары языков.

Цели предлагаемого вниманию читателей «Русско-немецкого словаря крылатых слов» можно сформулировать следующим образом:

— ознакомить немецкого читателя с наиболее употребительными русскими крылатыми словами, дав их перевод на немецкий и толкование (также на немецком) их значений, с тем чтобы облегчить для него чтение русской литературы в оригинале, правильное понимание соответствующих трудных мест в русских текстах;

— продемонстрировав ему образцы мастерски сформулированных по-русски мыслей замечательных людей, в том числе многих выдающихся деятелей русской культуры, привлечь его внимание к красоте и богатству русского языка, пробудить в нём желание глубже изучить его;

— сообщив ему определённую сумму лингвострановедческих сведений, способствовать его лучшему знакомству с культурой страны изучаемого языка;

— дать русскому читателю справочное издание, содержащее немецкие переводы русских крылатых выражений.

Таким образом, словарь предназначается как для немецких филологов-русистов, так и для советских филологов-германистов — студентов, аспирантов, преподавателей, переводчиков, журналистов, издательских работников.

Словарь содержит около 1200 статей. При отборе единиц, включаемых в словник, составитель опирался в первую очередь на два источника: «Крылатые слова» Н. С. и М. Г. Ашукиных и «Русско-норвежский словарь крылатых слов» В. П. Беркова. В. П. Берков проделал большую работу по пересмотру словника книги Ашукиных, на котором он базировался: был опущен ряд цитат, вышедших к настоящему времени из употребления, а, с другой стороны, словник был пополнен многими выражениями, не учтёнными авторами «Крылатых слов». Внесённые В. П. Берковым ценные дополнения были с его

[9] См. Список использованной литературы, п. 6.

любезного разрешения включены в словник настоящего словаря. Другие источники см. в Списке литературы. Некоторое количество цитат более нового происхождения, часто используемых в последние годы в языке советской прессы, автор добавил, основываясь на данных своей картотеки.

В словаре учтено также явление, которое можно было бы назвать «осколочным употреблением цитат». Дело в том, что кроме полной формы того или иного крылатого слова иногда используется в качестве общеизвестной цитаты также и какая-то его часть. Такой обособившийся фрагмент обладает более широким смыслом по сравнению с исходной цитатой и со временем может стать даже более употребительным. Так, от цитаты *Наука сокращает/ Нам опыты быстротекущей жизни* «откололось» выражение *Быстротекущая жизнь*. В качестве другого примера подобного «дробления» назовем цитату *Две вещи несовместные*, представляющую собой осколок крылатого слова *Гений и злодейство/ — Две вещи несовместные*. «Осколочные» цитаты помещены в словаре на своем алфавитном месте, но без пояснений, а только со ссылкой на исходную цитату в ее полной форме. В статье, посвящённой исходной цитате, содержится указание на то, что какая-то ее часть может выступать как самостоятельное крылатое выражение.

При подборе переводного эквивалента сравнивались между собой все доступные автору немецкие переводы соответствующего литературного произведения. В отдельных случаях, когда немецкие переводы отсутствуют, а также когда они не отражают афористического характера цитаты или же очень далеки от оригинала, перевод осуществлялся составителем словаря.

Чтобы не отсылать читателя за справками об источнике крылатого слова к другим книгам, в словарной статье приводится не только его перевод и толкование его значения, но даются также пояснения к его происхождению (включающие, в необходимых случаях, описание ситуации, на основе которой оно возникло). Эти пояснения носят характер сжатой справки; давать более обстоятельный этимологический комментарий значило бы дублировать задачи одноязычного словаря крылатых слов.

Исходя из стремления по возможности насытить словарь лингвострановедческим материалом, мы включаем в атрибуцию цитаты не только фамилию автора и заглавие произведения, но и год его появления в печати, а также главу (строфу, действие, явление и т. д.), где он может эту цитату отыскать; в необходимых случаях указывается композитор и музыкальное произведение (соответственно художник и картина, заглавие фильма), которые способствовали популярности цитаты. Этим же целям служит комментарий к отдельным реалиям, именам собственным, устаревшим словам и формам и, наконец, именной указатель, в котором читатель найдёт полные имена и годы жизни авторов крылатых слов (в указанном выше широком смысле). В указатель вошли, кроме того, имена русских переводчиков произведений зарубежной литературы: ведь именно им русский язык по сути дела и обязан пополнением своего фонда крылатых выражений соответствующими прозаическими и стихотворными цитатами.

Автор приносит искреннюю благодарность своему редактору, сотруднику Секции теоретического и прикладного языкознания Лейпцигского университета им. Карла Маркса д-ру Вальтеру Шаде за ряд ценных замечаний, сделанных им при редактировании рукописи. Составитель выражает благодарность также рецензентам книги, доктору филологических наук проф. П. И. Копаневу (Минск), доктору филологических наук проф. В. И. Кодухову (Ленинград) и доценту Г. Ю. Бергельсону (Ленинград) за их советы и предложения.

Все замечания и предложения, касающиеся данной книги, просьба направлять по адресу: 103012, Москва, Старопанский пер., д. 1/5, издательство «Русский язык».

Ю. Афонькин

# О ПОСТРОЕНИИ СЛОВАРЯ

Все крылатые выражения располагаются строго по алфавиту (границы между словами не учитываются).

При цитате указывается её источник[10]. Если источник установлен не вполне точно, перед ним ставится вопросительный знак.

Если крылатое слово не является точной цитатой из источника, перед последним ставится знак ⟨, означающий: «употребляется в форме, не представленной в источнике», например: **сва́дебный генера́л** (⟨ *А. Чехов. Свадьба.*); цитата возникла на основе ситуации, описанной в водевиле Чехова, но самого словосочетания «свадебный генерал» в этом произведении нет. Если расхождение касается только части цитаты (в частности, одного слова), то приводится наиболее употребительная форма, а форма источника указывается в квадратных скобках с тем же знаком, например: **Бу́дет бу́ря; мы поспо́рим/ И побо́ремся мы [⟨ помуже́ствуем] с ней** (*Н. Языков. Пловец*), т. е. у Языкова сказано «помужествуем», но обычно выражение цитируется в форме «поборемся мы». В квадратные скобки заключаются также варьирующиеся части выражения.

Границы стихотворных строк обозначаются косой чертой (/).

После фамилии автора цитаты и заглавия произведения указывается глава (в случае необходимости также часть и том, для произведений драматических — действие и явление, при цитатах из «Евгения Онегина» — глава и строфа), а также год, когда произведение было впервые напечатано. В целях экономии места эти сведения в немецкой части статьи не повторяются. Датировки приведены по «Краткой литературной энциклопедии»[11] и справочнику «Fremdsprachige Schriftsteller»[12], а для

---

[10] За аутентичность цитат несёт ответственность автор словаря.

[11] Краткая литературная энциклопедия. М., 1962—1978.

[12] Mayers Taschenlexikon. Fremdsprachige Schriftsteller. Hrsg. von Gerhard Steiner. Leipzig, 1980.

произведений малых жанров (рассказы, стихотворения) — по новейшим изданиям сочинений данного автора. «Горе от ума» везде датировано 1824 годом, когда комедия была написана и начала распространяться в списках, «Евгений Онегин» датируется не годом выхода в свет всего романа, а по главам, которые, как известно, публиковались сначала по отдельности.

Произведения К. Маркса и Ф. Энгельса цитируются: на языке оригинала — по изданию MEW (Marx/ Engels. Werke, Dietz, Berlin, 1957—1968), в русском переводе — по второму изданию Собрания сочинений; произведения В. И. Ленина — по пятому, Полному собранию сочинений, в немецком переводе — по изданию: W. I. Lenin. Werke. Dietz, Berlin, 1955—1971).

При переводах литературных цитат даётся фамилия немецкого переводчика. Переводы,·выполненные составителем словаря, приводятся в кавычках.

Если и русское, и немецкое крылатое слово употребляются параллельно в иноязычной (например, латинской) форме, то она приводится только в русской части статьи, а в немецкой части даётся вертикальная стрелка с сокращённым указанием языка (например: ↑ *lat*.). Если в немецком данное выражение более употребительно в его иноязычной форме, то последняя предшествует немецкому варианту, например: ↑ *lat*.; Auf rauhen Pfaden zu den Sternen в немецкой части статьи Ч-20, посвящённой выражению **Через тернии к звёздам**, которое цитируется в русском также и по-латыни: Per aspera ad astra, а в немецком — преимущественно в этой латинской форме.

В конце некоторых статей, после сокращения *vgl*., приводятся немецкие выражения, которые, не будучи переводом соответствующего русского крылатого слова, близки ему по мысли и могут быть употреблены как его эквивалент в аналогичной ситуации, например, Vater werden ist nicht schwer (*W. Busch. Tobias Knopp*) в статье **Чтоб иметь детей,/ Кому ума недоставало.**

Толкования в немецкой части статьи не всегда являются дословным переводом соответствующего русского пояснительного текста. Они могут быть более подробными, — за счет той части информации, которая представляется излишней для русского читателя.

В интересах немецкого читателя в заголовочной части статьи расставлены ударения. Русские имена собственные в немецкой части статьи даются по системе транскрипции профессора В. Штейница.

# VORWORT

Die beim Sprechen und Schreiben oft gebrauchten geflügelten Worte, d. h. weithin bekannte Zitate aus der schönen Literatur und Folklore, von Schriftstellern, Wissenschaftlern und Politikern stammende, aphoristisch pointierte Aussprüche bilden in jeder Sprache einen wichtigen Teil ihres phraseologischen Bestandes.

Die geflügelten Worte sind vor allem aufgrund ihrer Struktur zu den Phraseologismen zu zählen, sind sie doch wie diese sprachliche Gebilde mit besonderer struktureller Gestalt, und zwar Wortverbindungen von unterschiedlicher Struktur: *Златой телец* (*Das Goldene Kalb*), *На заре туманной юности* (*In der fernen Jugend Morgenrot*), *Блоху подковать* (*Einen Floh mit Hufeisen beschlagen*), oder abgeschlossene Sätze, einfache und zusammengesetzte: *Из искры возгорится пламя* (*Aus dem Funken wird die Flamme schlagen*), *Кто сеет ветер, пожнёт бурю* (*Wer Wind sät, wird Sturm ernten*), Frage- und Aufforderungssätze: *Как дошла ты до жизни такой?* (*Sprich, wie konntest du sinken so sehr?*), *Руки прочь!* (*Hände weg!*). Eine Ausnahme bilden nur die zu Appellativen gewordenen Namen historischer Personen: *Крез* (*Krösus*), *Меценат* (*Mäzen*) sowie mythologischer und literarischer Gestalten: *Аполлон* (*Apoll*); *Молчалин* (*Moltschalin*), *Плюшкин* (*Pljuschkin*), *Обломов* (*Oblomow*). Sie bestehen aus nur einem Wort, können also nicht als Phraseologismen betrachtet werden. Da sie aber als Zitate verwendet werden, wäre es nicht zweckmäßig, sie aus der Kategorie der geflügelten Worte auszuschließen; außerdem kommen sie auch in Form von Wortverbindungen vor: *Неистовый Виссарион* (*der rasende Wissarion*), *Железный Феликс* (*der eiserne Feliks*).

Die geflügelten Worte sind nicht freie Wortverbindungen, sondern feste (stehende) Wortkomplexe (bzw. festgeprägte Sätze). Sie werden in der Rede nicht jedesmal von neuem gebildet, sondern reproduziert, und zwar als sprachliche Zeichen, die der ganzen Sprachgemeinschaft geläufig und zu deren Gemeingut geworden sind.

In der Gesamtbedeutung eines geflügelten Wortes lassen sich vielfach mehr oder weniger starke Verschiebungen gegenüber dem ursprünglichen, aus den Bedeutungen seiner Komponenten unmittelbar hervorgehenden Sinn feststellen. Das kann eine metaphorische Umdeutung sein: *Тришкин кафтан* (*Trischkas Rock*) — »Versuche, durch halbe Maßnahmen, Palliativmittel etwas zu verbessern, was einer radikalen Erneuerung bedarf«, »verschlimmbessernde« Änderungsversuche«; ferner eine Erweiterung des Sinns, eine Verallgemeinerung: *Было дело под Полтавой* (*Vor Zeiten bei Poltawa, da war der Teufel los*) — »es hat einen Zusammenstoß (etwa eine heftige Auseinandersetzung mit jmdm.) gegeben« (wovon der Sprecher scherzhaft oder mit Stolz berichtet); schließlich kann sich ein Ausdruck aus der Sphäre des Erhabenen in die des Alltags verlagern; so wird die aus einem der gefühlvollsten lyrischen Gedichte M. Lermontows stammende Verszeile *В минуту жизни трудную* (*In der Stunde der Entmutigung*) manchmal als eine scherzhafte Bezeichnung für ganz alltägliche Schwierigkeiten gebraucht. Die genannten Arten der Verschiebungen können in Wirklichkeit komplizierter sein und miteinander auftreten.

Den geflügelten Worten sind also die beiden wichtigsten Merkmale der phraseologischen Wendungen eigen: die Stabilität der Komponenten und die semantische Umgestaltung des Ganzen.

Die Funktionen der geflügelten Worte in der Rede sind ebenfalls denen der Phraseologismen ähnlich. Sie sind ausgezeichnet dazu geeignet, einen Sachverhalt, eine Person oder ein Geschehen in prägnanter, oft auch in bildlich-anschaulicher Form zu charakterisieren und zu bewerten. Sie können sogar als die eigentliche Bezeichnung für einen komplizierten Sachverhalt auftreten, wenn z. B. die Sprache zu dessen Benennung über keine kürzeren und vor allem allgemeingültigen Wortverbindungen verfügt, vgl. etwa den Ausdruck *Дары данайцев* (*Danaergeschenk*), dessen Sinn sich nur durch eine umständliche Beschreibung wiedergeben läßt: »eine Gabe, die für diejenigen, die sie annehmen, Unheil bringt«. Die geflügelten Worte in Form eines ganzen Satzes (»geflügelte Sätze«) verallgemeinern, wie die »anonymen« Sprichwörter, Lebensbeobachtungen und -erfahrungen und verdichten sie zu einem Spruch: *Друзья познаются в беде* (*Freunde erkennt man in Not*) oder formulieren sie als eine Verhaltensregel: *Живи и жить давай другим* (*Leben und leben lassen*). Es finden darin in der Gestalt von Formulierungen, Losungen, Leitsprüchen usw. bestimmte philosophische, soziale und politische Ansichten ihre Widerspiegelung: *Всё течёт, всё изменяется* (*Alles fließt*), *Я мыслю, — следовательно, существую* (*Ich denke, also bin ich*), *Бытие определяет сознание* (*Das Sein bestimmt das Bewußtsein*), *Человек человеку друг, товарищ и брат* (*Der Mensch ist des Menschen Freund, Kamerad und Bruder*).

Alle geflügelten Worte weisen einen gemeinsamen Zug auf, der dazu berechtigt, sie als eine besondere Gruppe innerhalb des phraseologischen Bestands der Sprachen zu fassen: die Möglichkeit, den Urheber (bzw. die Quelle) des betreffenden Ausdrucks mehr oder weniger genau zu nennen (während alle anderen phraseologischen Wendungen »anonym« sind).

Die Quelle vieler geflügelter Worte ist allen oder doch den weitaus meisten Muttersprachlern bekannt. Es handelt sich dabei um Zitate aus den Werken der Nationalliteratur, die zum Schulstoff gehören; für die Russischsprechenden sind es etwa *Служить бы рад, прислуживаться тошно* (*Das Dienen ist zwar gut, das Dienern unerträglich*), *А ларчик просто открывался* (*Die Truh war gar nicht zum Verschließen*), *Человек — это звучит гордо* (*Ein Mensch, wie stolz das klingt!*). Allgemein bekannte Zitate dieser Art gehen in den Wortschatz ein, jedoch ohne sich endgültig von dem Kontext loszulösen, aus dem sie hervorgegangen sind. Die Sprechenden, die sie als Sprichwörter und sprichwörtliche Redensarten gebrauchen, behalten nämlich im Gedächtnis, von wem die betreffenden Worte stammen, und ihr Zitatcharakter bleibt ihnen bewußt.

Andererseits gibt es Zitate, deren Quelle, obwohl sie festgestellt worden ist, nur einem Teil, vielleicht sogar nur einem geringen Teil der Sprachgemeinschaft bekannt ist. Sie werden als quellenlose Phraseologismen empfunden. So ist es zweifelhaft, ob jeder Russischsprechende, dem der Ausdruck *Завтра, завтра, не сегодня,| Все лентяи говорят* (*Morgen, morgen, nur nicht heute,| Sagen alle faulen Leute*) geläufig ist, auch dessen Quelle kennt (russische Übersetzung eines Gedichts von Ch. F. Weiße, einem deutschen Schriftsteller des 18. Jh.). Als Sprichwort und Redensart ohne bestimmten Ursprung wird manches geflügelte Wort empfunden, das auf die Bibel bzw. auf antikes Schrifttum zurückgeht: *Волк в овечьей шкуре* (*Ein Wolf in Schafspelz* — Bibel), *Подливать масла в огонь* (*Öl ins Feuer gießen* — Horaz). Den literarischen Ursprung eines Ausdrucks können gewisse sprachliche Besonderheiten desselben signalisieren, vor allem seine poetische Form (Versmaß, Reim) sowie Eigennamen, schriftsprachlich gefärbte Wörter oder dem gehobenen Stil eigene grammatische und lexikalische Archaismen. So berechtigt das im Ausdruck *Ходячая энциклопедия* (*Wandelndes Konversations-Lexikon*) enthaltene »gelehrte« Wort *энциклопедия* zu der Annahme, daß dieser ein Zitat sein muß (wer hat das nur gesagt?). Die Tatsache, daß ein Teil der Sprachträger die Quelle eines solchen Ausdrucks kennt, und — unter Umständen — sich seines Zitatcharakters bewußt ist, kann folglich als ein weiteres Merkmal seiner Zugehörigkeit zu den geflügelten Worten gelten.

Kenntnis bzw. Unkenntnis der Quelle eines Ausdrucks ist jedoch ein subjektiver Faktor, der von dem Bildungsstand eines konkreten Sprachträgers, seiner Belesenheit, seinem Interessenkreis, mitunter auch von ganz zufälligen Umständen abhängt. Der Zitatcharakter eines Ausdrucks mit einer dem Sprachträger unbekannten Quelle wird von diesem wiederum nur empfunden, wenn die Redewendung stilistisch markierte Wörter und Formen enthält. Deswegen sind die beiden soeben genannten Merkmale nur als untergeordnete Kriterien zu betrachten. Als Hauptkriterien für die Zuordnung eines festen Wortkomplexes zu den geflügelten Worten hat erstens sein von der philologischen Wissenschaft nachgewiesener Ursprung aus einer literarischen oder geschichtlichen Quelle zu gelten und zweitens seine aphoristische Beschaffenheit, die ja ein Zitat erst zu einem geflügelten Wort macht.

Natürlich ist eine scharfe Abgrenzung der geflügelten Worte gegenüber anderen Arten der phraseologischen Wendungen nicht immer möglich, weil man manchmal nicht mit Sicherheit sagen kann, ob ein von einem Schriftsteller gebrauchter Ausdruck dessen eigene Schöpfung ist oder schon früher existierte und von ihm nur benutzt wurde. Andererseits ist es möglich, daß ein Teil der heute als volkstümliches Sprachgut empfundenen geflügelten Worte in Wirklichkeit auf literarischem Boden entstanden ist, auf nicht überlieferte oder vergessene Werke zurückgeht. Aber weder eine gewisse Verschwommenheit der Scheidelinie noch der Umstand, daß die geflügelten Worte sich nicht restlos dem phraseologischen Bestand zuordnen lassen (Einwort-Zitate stehen außerhalb seiner Grenzen) können etwas am Wesen der Sache ändern, und zwar an der phraseologischen Natur dieses Typs fester Wortverbindungen im Ganzen genommen, die der Phraseologie der Sprache als deren besondere Spielart angehören. Wer eine Fremdsprache richtig beherrschen will, muß daher die den Muttersprachlern geläufigen Zitate genauso kennen wie alle anderen Erscheinungsformen ihrer Phraseologie.

Der Bestand der geflügelten Worte jeder Sprache, auch der russischen, setzt sich einerseits aus Zitaten zusammen, die genauso in anderen Sprachen bekannt sind, z. B. *Сизифов труд* (*Sisyphusarbeit*), *Париж стоит мессы* (*Paris ist eine Messe wert*), andrerseits aus nationalen Zitaten, die auf dem heimatlichen Boden gewachsen (Nationalliteratur und Geschichte des Landes) und nur in der betreffenden Sprache geläufig sind, z. B. *Кукушка хвалит петуха/ За то, что хвалит он кукушку* (*Der Kuckuck lobt den Hahn, weil der dem Kuckuck schmeichelt*), *Жизнь прекрасна и удивительна* (*Das Dasein ist herrlich. Das Leben ist wundervoll*), *Колумбы российские* (*Russische Kolumbusse*), *Великий почин* (*Die große Initiative*).

Auf diese Zitate kommt es für den eine Fremdsprache Erlernenden, im vorliegenden Fall für einen Russischlernenden, vor allem an; ihre Unkenntnis erschwert das Verstehen eines Originaltextes. Stößt etwa ein mit der russischen Klassik nicht vertrauter Ausländer auf Sätze wie *Они поссорились, как Иван Иванович с Иваном Никифоровичем* (Sie haben sich wie Iwan Iwanowitsch und Iwan Nikiforowitsch entzweit) oder *Ну, это уж просто демьянова уха!* (Das ist ja schon so etwas wie Demjans Fischsuppe!) so wird ihm ihr literarischer Hintergrund und somit ihr übertragener Sinn ganz oder doch zum Teil entgehen (»sie haben sich aus einem nichtigen Anlaß entzweit«; »etwas wird einem allzu aufdringlich angeboten«). Zu den geflügelten Worten nationalen Ursprungs sind selbstverständlich auch jene zu zählen, die eine Sprache aus einer fremdsprachigen Quelle entlehnt hat, soweit der betreffende Ausdruck in den phraseologischen Bestand anderer Sprachen nicht eingegangen ist, z. B. das Zitat aus »Hamlet« *Башмаков она ещё не износила,/ В которых шла за гробом мужа* (*Bevor die Schuh verbraucht,/ Womit sie meines Vaters Leiche folgte*), das im Deutschen nicht populär zu sein scheint, oder der scherzhafte gereimte Ausdruck *Всякой твари по паре* (*Von jeder Schöpfung ein Paar*), der, obwohl ihm die biblische Legende von der Arche Noahs zugrunde liegt, nichtsdestoweniger eine russische Prägung ist.

Die Aneignung der geflügelten Worte einer Fremdsprache ist nicht nur aus dem Grunde wichtig, weil ihre Kenntnis zum besseren Verstehen fremdsprachiger Texte beiträgt. Die geflügelten Ausdrücke, besonders die nationalen Ursprungs, sind auch eine reiche Quelle linguolandeskundlicher Informationen über das entsprechende Land, dessen Geschichte und Kultur. Von besonderem Interesse sind in dieser Hinsicht Zitate, die das Andenken an geschichtliche Ereignisse bewahren und diese charakterisieren: *Мамаево йобоище* (*Die große Schlacht gegen Mamai*), *Жён и детей заложить* (*Weib und Kind verpfänden*), *Дубина народной войны* (*Der Knüttel des Volkskrieges*), *Генеральная репетиция Октябрьской революции* (*Generalprobe der Oktoberrevolution*), *Десять дней, которые потрясли мир* (*Zehn Tage, die die Welt erschütterten*), *Велика Россия, а отступать некуда: позади Москва* (*Rußland ist zwar groß, aber zum Zurückweichen gibt es keinen Raum mehr, denn hinter uns liegt Moskau*); ferner umschreibende Ausdrücke für Städtenamen: *Мать городов русских* (*Mutter der russischen Städte*), *Северная Пальмира* (*Ein Palmyra des Nordens*), *Колыбель революции* (*Die Wiege der Revolution*) und charakterisierende Periphrasen zur Umschreibung des Namens einer historischen Persönlichkeit: *Солнце русской поэзии* (*Die Sonne der russischen Dichtung*), *Дедушка Крылов* (*Großvater Krylow*), *Неистовый Виссарион* (*Der rasende Wissarion*), *Отец*

*русской авиации* (*Vater des russischen Flugwesens*), *Железный Феликс* (*Der eiserne Feliks*), *Всесоюзный староста* (*Der Allunionsäl-
teste*). Die Bekanntschaft mit Ausdrücken dieser Art erweitert den Gesichtskreis des Lernenden. Deswegen können und müssen die geflügelten Worte in den Dienst einer bewußten Aneignung des Lehrstoffs
gestellt werden, eines Prinzips, das besonders im Erwachsenenun-
terricht heute zu einem Axiom der sowjetischen Methodik des
Fremdsprachenunterrichts geworden ist.

Es sei an zwei Beispielen aus der sowjetischen Presse gezeigt,
wie ein Russischlernender beim Lesen von Texten, die geflügelte
Worte enthalten, seinen Gesichtskreis auf dem Gebiete der russischen Kultur erweitern kann.

1. А впереди был полный рабочий день: мне предстояло,
как положено по профессии, с полной мерой отдачи «сеять
разумное, доброе, вечное» (А. Колесникова. Уважай себя! —«Литературная газета», 27.11.1980 г.)— Vor mir lag aber noch ein gan-
zer Arbeitstag; es stand mir bevor, im selbstlosen Einsatz, wie
es mein Beruf erfordert, »das Wahre, Gute und Vernünftige zu
säen«.

2. ...в результате проверки знаний группы студентов-географов обнаружилось немало митрофанушек (Т. Земцова. История
с географией.—«Литературная газета», 2.3.1983 г.)—...eine in
einer Studentengruppe der Geographischen Fakultät vorgenommene
Kontrolle des Kenntnisstandes zeigte, daß es unter ihnen manche
Mitrofanuschkas gibt.

Die Bildlichkeit des ersten Ausdrucks ist so durchsichtig, daß
Verstehensschwierigkeiten kaum zu befürchten sind. Das Verstehen
wird auch durch den Großzusammenhang unterstützt (Verfasser
dieser Leserzuschrift ist eine Lehrerin). Die in Anführungszeichen
stehenden Worte, aus denen leicht ein Versmaß herauszuhören ist,
werden aber die natürliche Wißbegier des Lesers erwecken: von
wem stammen sie, was wird hier zitiert? Im zweiten Beispiel
(es ist von Studenten der Universität Miami in den USA die Rede)
geht aus dem Kontext hervor, daß mit dem Wort *Mitrofanuschkas*
Unwissende bezeichnet werden. Auch hier wird der Leser neugierig
gemacht: warum kann im Russischen ein Unwissender mit diesem
Wort bezeichnet werden? Es steht nicht im Wörterbuch und wird
wohl ein Eigenname sein. Aber wessen Name? Wenn es dem Leser
gelingt, auf seine Fragen eine Antwort zu finden, wird er seinen
Wissensvorrat auf dem Gebiet der russischen Literatur um die
Tatsachen bereichern, daß der Verfasser des Gedichts »An die
Säer«, aus dem das geflügelte Wort *Сейте разумное, доброе,
вечное* stammt, N. A. Nekrassow ist, und daß den zum Appellativ
gewordenen Vornamen *Митрофанушка* eine Gestalt im »Landjunker«, einem Lustspiel von D. I. Fonwisin, trägt.

23

Wenden wir uns nun der Frage zu, wo ein russischlernender Ausländer Informationen über die russischen geflügelten Worte bekommen kann. Ausführliche Angaben über die Entstehung eines geflügelten Ausdrucks (einschließlich verschiedener Versionen seines Ursprungs, soweit dieser umstritten ist), über seinen Urheber bzw. seine literarische Quelle, in vielen Fällen auch eine Definition seiner Bedeutung sind in dem Standardwerk «Крылатые слова» (»Geflügelte Worte«) von N. S. Aschukin und M. G. Aschukina[1] zu finden sowie im linguolandeskundlichen Wörterbuch von W. P. Felizina und Ju. Je. Prochorow[1], einem methodisch sorgfältig durchdachten, aber nicht sehr umfangreichen Nachschlagewerk (der den geflügelten Worten gewidmete Abschnitt enthält rund 200 Artikel). Ähnliche Auskünfte kann man sich in populärwissenschaftlichen Büchern von W. M. Mokijenko[1], M. A. Bulatow[1], E. Wartanjan[1] sowie in vorrevolutionären Sammlungen von M. J. Michelson[1] und S. W. Maximow[1] holen (die beiden letzten sind heute, was die Auswahl der Ausdrücke und die Auffassung des Begriffs »geflügeltes Wort« betrifft, allerdings schon etwas veraltet).

Die genannten Wörterbücher und Nachschlagewerke richten sich an den russischen Leser[2], der Ausländer, besonders ein Philologe oder ein Philologiestudent, kann aber über die darin gebotene Auskunft hinaus Übersetzungen der geflügelten Worte in seine Muttersprache benötigen. Beim Nachschlagen in zweisprachigen Wörterbüchern mit Russisch als Ausgangssprache wird er feststellen müssen, daß die geflügelten Worte darin nur sehr unvollständig vertreten sind. Russisch-deutsche Wörterbücher zum allgemeinen Gebrauch nehmen nur international bekannte Zitate auf, die auf die Bibel und die antike Mythologie zurückgehen, was aber auch nicht konsequent genug gehandhabt wird. So bringt das »Russisch-deutsche Wörterbuch«[3] in seiner letzten, siebenten Auflage unter den Buchstaben А und Б die Ausdrücke *Авгиевы конюшни* (*Augiasstall*), *Альфа и омега* (*Das A und O*), *Ариаднина нить* (*Ariadnefaden*), *Ахиллесова пята* (*Achillesferse*), *Белая ворона* (*Weißer Rabe*), *Блудный сын* (*Der verlorene Sohn*), *Благую часть избрать* (*Das bessere Teil erwählt haben*), man

---

[1] Genaue Angaben über diese Bücher s. im Literaturverzeichnis auf S. 34, das zugleich ein Verzeichnis der dem Leser empfohlenen Literatur ist.
[2] Das Buch von W. P. Felizina und Ju. Je. Prochorow ist für russischlernende Ausländer mit beliebiger Muttersprache gedacht und dementsprechend in russischer Sprache verfaßt.
[3] Русско-немецкий словарь. 7-е изд., испр. и доп./Под ред. Е. И. Лепинг, Н. П. Страховой, К. Лейна и Р. Эккерта. М., 1976.

24

vermißt aber: *Бесплодная смоковница* (*Der fruchtlose Feigenbaum*), *Блудница вавилонская* (*Die babylonische Hure*), *Бочка Данаид* (*Das Faß der Danaiden*). Die eigentlichen russischen Zitate finden sehr wenig Beachtung. Das Wörterbuch führt zwar z. B. (als »anonyme« Redewendungen, ohne die Quelle anzugeben) folgende Ausdrücke an: *Вертеться как белка в колесе* (*Wie ein Eichhörnchen in seiner Trommel kreisen*), *Без руля и без ветрил* (*Ohne Steuer dahintreibend*), *Человек в футляре* (*Der Mensch im Futteral*), aber Hunderte von Zitaten, die nicht weniger populär sind, bleiben unberücksichtigt. Man sieht deutlich die Tendenz, nur Zitate in Form von Wortfügungen aufzunehmen, solche in Form von ganzen Sätzen fehlen. Aber auch an diesem Prinzip wird nicht konsequent festgehalten. Zitate wie z. B. *На деревню дедушке* (*An den Großvater im Dorf*) oder *С корабля на бал* (*Vom Schiff auf den Ball*) weisen dieselbe Struktur (Wortverbindung) und einen nicht weniger hohen Grad der Phrascologisierung auf, sind aber in das Wörterbuch nicht aufgenommen worden.

Das in der DDR erschienene Russisch-deutsche Wörterbuch von H. H. Bielfeldt[4] enthält rund 500 russische festgeprägte Sätze, aber es handelt sich dabei fast ausschließlich um volkstümliche Sprichwörter und Redensarten.

Russisch-deutsche phraseologische Wörterbücher sind heute nur durch erste Versuche, »kleinere Formen« vertreten, deswegen darf es nicht wundernehmen, daß die geflügelten Worte auch darin nur sehr sparsam Aufnahme finden. Im Buch von A. E. Graf[5], das rund 3 000 Phraseologismen enthält, sind nur etwa 30 ihrer Herkunft nach russische Zitate angeführt, die dazu noch sehr subjektiv ausgewählt sind. In dem nicht sehr umfangreichen phraseologischen Wörterbuch von W. T. Schkljarow, R. Eckert und H. Engelke[6] ist den geflügelten Worten ebenfalls nur wenig Platz eingeräumt.

Indessen stößt der Ausländer beim Übersetzen der eigentlichen russischen geflügelten Worte, namentlich der poetischen, auf erhebliche Schwierigkeiten. Da ihm weder die allgemeinen noch die phraseologischen Wörterbücher Entsprechungen dafür bieten, ist er genötigt, mühsame Ermittlungen aufzunehmen: Mit Hilfe eines russischen Wörterbuchs der geflügelten Worte muß er den Urheber des in Frage kommenden Ausdrucks feststellen, um dann zu versuchen, in gedruckten Übersetzungen des betreffenden literari-

---

[4] H. H. Bielfeldt. Russisch-deutsches Wörterbuch. Berlin, 1964.
[5] S. im Literaturverzeichnis unter 25.
[6] S. im Literaturverzeichnis unter 20.

schen Werks ein Äquivalent dafür zu finden. Es erübrigt sich, darauf einzugehen, wie kompliziert dieser Weg ist.

In einer günstigeren Lage befindet sich der Ausländer, wenn er ein Zitat mit internationaler Geltung aus dem Russischen übersetzen muß. Ist das Zitat gut bekannt, so kommt ihm seine Sprachkompetenz zu Hilfe. So wird ein Deutschsprechender in den russischen Ausdrücken *Прокрустово ложе* oder *Быть или не быть* mühelos die ihm geläufigen Versionen *Prokrustesbett* bzw. *Sein oder Nichtsein* erkennen. Für schwierigere Fälle steht ihm die große Zitatensammlung von Georg Büchmann zur Verfügung. G. Büchmanns weltberühmtes Buch »Geflügelte Worte«[7], Basis der ganzen weiteren einschlägigen Literatur, hat seit seinem Erscheinen im Jahre 1864 zweiunddreißig Auflagen erlebt (die letzte im Jahr 1972). Dabei wurde es jedesmal durch Aufnahme neuesten Materials erweitert. Hat nun der Übersetzende z. B. festgestellt, daß der russische Ausdruck *Распалась связь времен* ein Zitat aus »Hamlet« ist, so wird er im Büchmann schnell dessen deutsche Entsprechung *Die Zeit ist aus den Fugen* finden. Deutsche Shakespeare-Übersetzungen braucht er also nicht heranzuziehen. Seit 1981 kann er ein weiteres Nachschlagewerk konsultieren, das in der DDR erschienene große Wörterbuch der geflügelten Worte, welches von einem Autorenkollektiv unter Leitung von K. Böttcher erarbeitet wurde[8].

Der Aufgabe, einen russischen geflügelten Ausdruck deutsch wiederzugeben, kann unter Umständen selbstverständlich auch ein Träger der russischen Sprache gegenüberstehen, sei es ein Philologe in seiner Berufstätigkeit, sei es ein Lernender beim Übersetzen aus der Muttersprache ins Deutsche. Bei der Suche nach einem Äquivalent muß er den gleichen, oben bereits angedeuteten Umweg gehen, seine Situation wird aber durch den Umstand erschwert, daß deutsche Übersetzungen der Werke der russischen Literatur in den Bibliotheken der UdSSR natürlicherweise weit weniger vollständig vertreten sind als in denen der deutschsprachigen Länder. Die Übersetzung der international bekannten Zitate bereitet ihm ebenfalls größere Schwierigkeiten als dem Deutschsprechenden. Auf seine Kenntnis der deutschen Sprache kann er sich dabei nicht verlassen. Eine Wort-für-Wort-Übersetzung »internationaler« geflügelter Worte ist nämlich bei weitem nicht immer möglich, weil sie lexikalisch nicht übereinzustimmen brauchen und auch Unterschiede in ihrer grammatischen Gestaltung aufwei-

---

[7] S. im Literaturverzeichnis unter 24.
[8] S. im Literaturverzeichnis unter 23.

sen können. So gibt es im Russischen einen *Архимедов рычаг* (wörtlich: »*Archimedischer Hebel*«), im Deutschen spricht man aber von einem *Archimedischen Punkt*. Wir geben Galileis Worte in der Form *А всё-таки она вертится!* (wörtlich: »*sie dreht sich*«) wieder, während im deutschen Ausdruck das Verb *sich bewegen* steht: *Und sie bewegt sich doch*! Den russischen Wortverbindungen *Ахиллесова пята, Дамоклов меч* entsprechen die deutschen Zusammensetzungen *Achillesferse, Damoklesschwert* (obwohl in anderen Fällen wie im Russischen Wortverbindungen mit einem Adjektiv auftreten, das von einem Eigennamen abgeleitet ist, vgl. *Trojanisches Pferd, Lukullisches Mahl*). Diese Beispiele zeigen, daß man hier nicht »übersetzen« darf, sondern nach einem fertigen Äquivalent suchen muß.

Aus dieser kurzen Übersicht geht hervor, daß der Leser in den zweisprachigen Wörterbüchern die von ihm benötigten Informationen oft nicht findet. Diesem Mangel ist auf zweierlei Weise abzuhelfen. Erstens könnten — und sollten grundsätzlich — den geflügelten Worten gewidmete Artikel in auflagestarken zweisprachigen Wörterbüchern mit Russisch als Ausgangssprache breiteren Eingang finden. Diese Lösung wäre für den Leser bequemer, weil sie die Information über die geflügelten Worte und ihre Übersetzungsäquivalente zugänglicher machen würde. Ein zweiter möglicher Weg ist die Schaffung spezieller zweisprachiger Wörterbücher der geflügelten Worte. Das Verdienst, das erste Nachschlagewerk dieses neuen Typs geschaffen zu haben, kommt W. P. Berkow zu, dem Verfasser des »Russisch-norwegischen Wörterbuchs der geflügelten Worte«[9]. Seine Arbeit beweist, daß Wörterbücher dieser Art nicht nur ihre Existenzberechtigung haben, sondern auch gegenwärtig die beste Lösung des Problems sind, und zwar für ein beliebiges Sprachenpaar.

Die Ziele des vorliegenden »Russisch-deutschen Wörterbuchs der geflügelten Worte« lassen sich wie folgt formulieren:
— Der deutsche Leser soll mit den gebräuchlichsten russischen geflügelten Worten bekanntgemacht werden, damit ihm das Lesen der russischen Literatur im Original und das Verstehen der betreffenden schwierigen Stellen in russischen Texten erleichtert wird. Zu diesem Zweck ist jedes russische Stichwort mit einer deutschen Übersetzung sowie mit einer Definition seiner Bedeutung (ebenfalls in deutscher Sprache) versehen.

---

[9] S. im Literaturverzeichnis unter 6.

— Durch das Anführen von Beispielen treffend formulierter Gedanken berühmter Menschen, darunter vieler hervorragender Kulturschaffender Rußlands soll der deutsche Leser auf Schönheit und Reichtum der russischen Sprache aufmerksam gemacht und in ihm der Wunsch geweckt werden, sie gründlich zu erlernen.
— Durch die Vermittlung linguolandeskundlicher Informationen soll der Kenntnisstand über die Kultur des Landes, dessen Sprache erlernt wird, verbessert werden.
— Dem russischen Leser soll ein Nachschlagewerk in die Hand gegeben werden, das deutsche Übersetzungen der russischen, geflügelten Worte enthält.

Das Wörterbuch ist also sowohl für deutsche Russisten als auch für sowjetische Germanisten bestimmt, für Studenten, Aspiranten, Hochschullehrer, Übersetzer und Dolmetscher, Journalisten und Mitarbeiter der Verlage.

Das Wörterbuch enthält rund 1200 Artikel. Bei der Auswahl der Stichwörter standen folgende zwei Quellen im Vordergrund: die »Geflügelten Worte« von N. S. Aschukin und M. G. Aschukina sowie das »Russisch-norwegische Wörterbuch der geflügelten Worte« von W. P. Berkow. Der Verfasser des letzteren hatte sich der Aufgabe unterzogen, die Stichwortliste des Aschukinschen Buches, die seiner Arbeit zugrunde lag, zu revidieren. Dabei wurde einerseits auf eine Reihe von Zitaten verzichtet, die heute aus dem Gebrauch gekommen sind, andererseits erfuhr die Stichwortliste eine. Erweiterung durch Aufnahme von Ausdrücken, die die Verfasser der »Geflügelten Worte« nicht berücksichtigt hatten. Die von W. P. Berkow gemachten wertvollen Ergänzungen wurden mit seiner freundlichen Genehmigung in das vorliegende Wörterbuch aufgenommen. Weitere Quellen siehe im Literaturverzeichnis. Eine Anzahl von Zitaten neueren Ursprungs, die in den letzten Jahren in der Sowjetpresse oft verwendet werden, hat der Verfasser auf Grund seiner Belegsammlung beigesteuert.

Im Wörterbuch ist ferner eine Erscheinung berücksichtigt, die als »Zersplitterung von Zitaten« zu bezeichnen wäre. Außer der vollen Form eines geflügelten Ausdrucks kann nämlich manchmal auch nur ein Teil von ihm als Zitat Verbreitung finden. Ein derartiges verselbständigtes Fragment hat einen allgemeineren Sinn als das Ausgangszitat und kann mit der Zeit sogar gebräuchlicher werden als dieses. So hat sich von dem Zitat *Наука сокращает/ Нам опыты быстротекущей жизни* (*Es verkürzt das Wissen/ Die Prüfungen des allzuschnellen Lebens*) der Ausdruck *Быстротекущая жизнь* (*Das allzuschnelle Leben*) »abgesplittert«. Als ein weiteres Beispiel sei das Teilzitat *Две вещи несовместные* (*Zwei Dinge unvereinbar*) genannt, ein Splitter des geflügelten Wortes

*Гений и злодейство/ — Две вещи несовместные (Genie und Frevel/ — Zwei Dinge unvereinbar)*. Zitatsplitter dieser Art stehen an ihrem Platz im Alphabet, werden aber hier nicht erklärt, sondern sind nur mit einem Verweis auf das Zitat versehen, dem sie ihre Entstehung verdanken. Im betreffenden Wörterbuchartikel, der dem Ausgangszitat in seiner vollen Form gewidmet ist, wird der Leser darauf aufmerksam gemacht, daß ein Teil des Zitats als ein selbständiger geflügelter Ausdruck auftreten kann.

Bei der Wahl eines Übersetzungsäquivalents wurden alle uns zugänglichen deutschen Übersetzungen des betreffenden literarischen Werks miteinander verglichen. Wenn deutsche Übersetzungen fehlen bzw. wenn diese dem aphoristischen Charakter des Ausdrucks nicht Rechnung tragen oder vom Original allzu sehr abweichen mußte die Übersetzung vom Verfasser des Wörterbuchs besorgt werden.

Damit der Leser die Auskunft über den Ursprung eines Ausdrucks nicht in anderen Wörterbüchern zu suchen braucht, enthält jeder Artikel außer dessen Übersetzung und Bedeutungsdefinition auch Erläuterungen zu dessen Ursprung (die nötigenfalls eine Beschreibung der Situation einschließen, die dem Ausdruck zugrunde gelegen hat). Diese Erläuterungen sind möglichst kurz gefaßt; einen umfänglicheren Kommentar geben hieße einsprachige Wörterbücher der geflügelten Worte wiederholen.

Der Verfasser war bestrebt, möglichst viel linguolandeskundliches Material in das Buch aufzunehmen, er hat zu diesem Zweck nicht nur den Namen des Urhebers und den Titel des Werks in die Quellenangaben einbezogen, sondern auch das Jahr seines Erscheinens sowie das Kapitel (bzw. Strophe, Aufzug, Auftritt), wo das Zitat zu finden ist; angegeben werden ferner, soweit erforderlich, Komponist und Musikstück (bzw. Maler und Gemälde, Titel des Films), die zur Popularität des Zitats beigetragen haben. Die gleiche Funktion hat der Kommentar zu bestimmten Realien, Eigennamen, veralteten Wörtern und Formen und schließlich das Namenverzeichnis, in dem der Leser die vollen Namen der Urheber der geflügelten Worte (in dem vorstehend angedeuteten weiteren Sinn) sowie ihre Lebensdaten finden kann. In das Verzeichnis sind auch die Namen der Übersetzer aufgenommen, die die betreffenden literarischen Werke ins Russische übertragen haben, denn sie sind es im Grunde genommen, denen die russische Sprache die Erweiterung ihres Zitatenschatzes um entsprechende Ausdrücke aus Prosa und Poesie zu verdanken hat.

Aufrichtigen Dank schuldet der Verfasser Herrn Dr. Walter Schade, Mitarbeiter der Sektion Theoretische und angewandte Sprachwissenschaft der Karl-Marx-Universität Leipzig, für seine zahlreichen Hinweise im Rahmen seiner Mitarbeit an der Fertigstellung und Durchsicht des Manuskripts. Der Autor ist auch den Rezensenten des Buchs, Prof. Dr. sc. P. I. Kopanew (Minsk), Prof. Dr. sc. V. I. Koduchow (Leningrad) und Dozent G. J. Bergelson (Leningrad) für ihre wertvollen Hinweise zu großem Dank verpflichtet.

Alle Bemerkungen, Ergänzungen und Vorschläge zum vorliegenden Buch sind an folgende Adresse zu richten: 103012, Москва, Старопанский пер., д. 1/5, издательство «Русский язык».

*Ju. Afonkin*

# HINWEISE FÜR DIE BENUTZUNG

Alle geflügelten Worte sind streng alphabetisch angeordnet (Wortgrenzen wurden nicht berücksichtigt).

Hinter jedem Zitat ist seine Quelle angegeben[10]. Ist die Quelle nicht einwandfrei festgestellt, so steht vor der Quellenangabe ein Fragezeichen.

Wenn ein geflügeltes Wort kein eigentliches Zitat aus der Quelle darstellt, ist die Quellenangabe mit dem Zeichen ⟨ versehen, das folgendes bezeichnet: Der Ausdruck wird in einer Form gebraucht, die in der Quelle selbst nicht vertreten ist, z. B.: **Сва́дебный генера́л** (⟨ *А. Чехов. Свадьба*); dem Ausdruck liegt eine Situation zugrunde, die in A. Tschechows Einakter beschrieben ist, aber die Wortfügung *свадебный генерал* (»Hochzeitsgeneral«) als solche ist darin nicht zu finden. Betrifft die Differenz nur einen Teil des Zitats (insbesondere nur ein Wort), so wird die gebräuchlichste Form angeführt, und die Quellenform wird in eckigen Klammern mit demselben Zeichen angegeben, z. B. Бу́дет бу́ря; **мы поспо́рим/ И побо́ремся мы** [⟨ **помужествуем] с ней** (*Н. Языков. Пловец*), d. h. in Jasykows Gedicht steht *помужествуем,* beim Zitieren der Verszeilen werden aber gewöhnlich die Worte *поборемся мы* gebraucht. In eckige Klammern werden ferner variierende Teile eines Ausdrucks genommen.

Die Grenze einer Verszeile wird mit einem Schrägstrich (/) bezeichnet.

Auf den Namen des Urhebers und den Titel des literarischen Werks folgt der Hinweis auf das Kapitel (nötigenfalls wird auch Band und Teil, für dramatische Werke Aufzug und Auftritt, für Zitate aus »Eugen Onegin« Kapitel und Strophe angegeben) sowie auf das Erscheinungsjahr. Aus Gründen der Platzersparnis werden diese Hinweise im deutschen Teil des Artikels nicht wiederholt. Den Datierungen haben folgende Nachschlagewerke zugrunde gelegen: «Краткая литературная энциклопедия»[11] und »Fremdsprachi-

---

[10] Für die Authentizität der Zitate ist der Autor verantwortlich.
[11] Краткая литературная энциклопедия. М., 1962—1978.

ge Schriftsteller«[12]; für kleinere Genres (Erzählungen, Gedichte) die neuesten Ausgaben der Werke des betreffenden Autors.

Für A. Gribojedows »Verstand schafft Leiden« ist überall die Jahreszahl 1824 angegeben, das Jahr, in dem das Lustspiel niedergeschrieben wurde und in handgeschriebenen Kopien Verbreitung fand, für A. Puschkins »Eugen Onegin« nicht das Erscheinungsjahr des ganzen Versromans, sondern dasjenige des betreffenden Kapitels, weil das Werk bekanntlich zuerst kapitelweise veröffentlicht wurde.

Werke von K. Marx und F. Engels werden im Original nach MEW zitiert (Marx/ Engels, Werke. Dietz, Berlin 1957—1968), in russischer Übersetzung nach der 2. Ausgabe ihrer Werke; Werke von W. I. Lenin nach der 5. Ausgabe (Sämtliche Werke), in deutscher Übersetzung nach der Ausgabe: W. I. Lenin. Werke. Dietz, Berlin 1955—1971.

Auf die deutsche Übersetzung eines literarischen Zitats folgt der Name des Übersetzers. Die vom Autor des Wörterbuchs besorgten Übersetzungen stehen in Anführungszeichen.

Wird sowohl das russische als auch das entsprechende deutsche geflügelte Wort parallel in einer fremdsprachigen (z. B. lateinischen) Form gebraucht, so wird diese nur im russischen Teil des Wörterbuchartikels angeführt; im deutschen Teil verweist darauf das Pfeilzeichen mit einer verkürzten Bezeichnung der Sprache, z. B.: ↑ *lat.*). Ist die fremdsprachige Form eines Ausdrucks im Deutschen gebräuchlicher, so geht sie der deutschen Fassung voraus, z. B.: ↑ *lat.*; *Auf rauhen Pfaden zu den Sternen* im deutschen Teil des Wörterbuchartikels Через тёрнии к звёздам, denn dieses geflügelte Wort wird im Russischen auch in der Form *Per aspera ad astra* zitiert, im Deutschen aber vorwiegend in der vorstehenden lateinischen Form.

Am Schluß einiger Artikel werden mit der Abbreviatur *vgl.* versehene deutsche Ausdrücke angeführt, die, ohne ein unmittelbares Übersetzungsäquivalent des entsprechenden russischen geflügelten Wortes zu sein, diesem sinngemäß nahe stehen und in einer ähnlichen Situation gebraucht werden können, z. B.: *Vater werden ist nicht schwer* (*W. Busch. Tobias Knopp*) im Artikel Чтоб иметь детей,/ Кому ума недоставало (*Zum Kinderkriegen/ hat jeder noch Verstand genug*).

Die Erläuterungen im deutschen Teil eines Artikels sind nicht immer eine genaue Übersetzung des entsprechenden russischen erläuternden Textes. Sie können ausführlicher sein als dieser, weil

---

[12] Mayers Taschenlexikon. Fremdsprachige Schriftsteller. Hrsg. von Gerhard Steiner. Leipzig, 1980.

sie Informationen enthalten, die sich für den russischen Leser zu erübrigen scheinen.

Im Interesse des deutschen Lesers ist der Text im Stichwortteil des Artikels mit Betonungszeichen versehen. Die russischen Eigennamen im deutschen Teil des Artikels werden nach dem Transkriptionssystem von Prof. W. Steinitz wiedergegeben.

# СПИСОК ИСПОЛЬЗОВАННОЙ ЛИТЕРАТУРЫ

## LITERATURVERZEICHNIS

1. Ленин В. И. Полное собрание сочинений. М., 1971—1975.
2. Маркс К., Энгельс Ф. Собрание сочинений. 2-е изд. М., 1955—1974.
3. Ашукин Н. С., Ашукина М. Г. Крылатые слова. Литературные цитаты. Образные выражения. 3-е изд., испр. и доп. М., 1966.
4. Бабичев Н. Т., Боровский Я. М. Словарь латинских крылатых слов/ Под ред. Я. М. Боровского. М., 1982.
5. Бабкин А. М., Шендецов В. В. Словарь иноязычных выражений и слов, употребляющихся в русском языке без перевода. М.-Л., 1966. Т. 1-2.
6. Берков В. П. Русско-норвежский словарь крылатых слов/ Под ред. Сири Свердруп Люнден и Терье Матиассена. М., 1980.
7. Булатов М. А. Крылатые слова. М., 1958.
8. Вартаньян Эд. Из жизни слов. М., 1973.
9. Максимов С. А. Крылатые слова. 3-е изд., М., 1955.
10. Михельсон М. И. Русская мысль и речь. Опыт русской фразеологии. Свое и чужое. Спб., 1902—1903. Т. 1-2.
11. Мокиенко В. М. В глубь поговорки. Рассказы о происхождении крылатых слов и образных выражений. М., 1975.
12. Бинович Л. Э., Гришин Н. Н. Немецко-русский фразеологический словарь/ Под ред. д-ра Малиге-Клаппенбах и К. Агрикола. 2-е изд. М., 1975.
13. Овруцкий Н. О. Крылатые латинские выражения в литературе. М., 1969.
14. Райхштейн А. Д. Немецкие устойчивые фразы. Л., 1971.
15. Федоренко Н. Т. Меткость слова. М., 1975.
16. Фелицина В. П., Прохоров Ю. Е. Русские пословицы, поговорки и крылатые слова. Лингвострановедческий словарь. М., 1979.
17. Фразеологический словарь русского языка/ Под ред. А. И. Молоткова. М., 1967.
18. Шанский Н. М., Зимин В. И., Филиппов А. В. Краткий

34

этимологический словарь русской фразеологии.— «Русский язык в школе», 1979, № 1-6; 1980, № 1-2.
19. Шишкина И. П., Финкельштейн Р. В. Крылатые слова, их происхождение и значение. Л., 1972.
20. Шкляров В. Т., Эккерт Р., Энгельке Х. Краткий русско-немецкий фразеологический словарь. М., 1977.
21. Lenin W. I. Werke. Dietz, Berlin, 1955—1971.
22. Marx/ Engels. Werke. Dietz, Berlin, 1957—1968.
23. Böttcher K., Berger K. H., Krolop K., Zimmermann Chr. Geflügelte Worte. Zitate, Sentenzen und Begriffe in ihrem geschichtlichen Zusammenhang./ Konzeption, Gesamtbearbeitung und Gestaltung: Kurt Böttcher. Leipzig, 1981.
24. Büchmann G. Geflügelte Worte. Der Zitatenschatz des deutschen Volkes. 32. Aufl. Berlin, 1972.
25. Graf A. E. Idiomatische Redewendungen der russischen und deutschen Sprache. Berlin, 1954.

## СПИСОК УСЛОВНЫХ СОКРАЩЕНИЙ
### ABKÜRZUNGEN

#### Русские сокращения
#### Russische Abkürzungen

*в.* — век — Jahrhundert

*г.* — год — Jahr

*г.* — город — Stadt

*гл.* — глава — Kapitel

*д.* — действие (в пьесе) — Aufzug

*до н. э.* — до нашей эры — vor unserer Zeitrechnung

*и т. д.* — и так далее — und so weiter

*кн.* — книга — Buch

*пер.* — перевод — Übersetzung

*перен.* — переносно — übertragen

*Полн. собр. соч.* — полное собрание сочинений — sämtliche Werke

*с.* — страница — Seite

*см.* — смотри — siehe

*т.* — том — Band

*т. е.* — то есть — das heißt

*ч.* — часть — Teil

*что-л.* — что-либо — etwas

*явл.* — явление (в пьесе) — Auftritt

#### Немецкие сокращения
#### Deutsche Abkürzungen

*Akk.* — Akkusativ — винительный падеж

*Bd.* — Band — том

*bzw.* — beziehungsweise — соответственно

*d. Ä.* — der Ältere — старший

*Dat.* — Dativ — дательный падеж

*d. h.* — das heißt — то есть

*d. J.* — der Jüngere — младший

*dtsch.* — deutsch — немецкий

*eigentl.* — eigentlich — настоящее (имя)

*engl.* — englisch — английский

*etw.* — etwas — что-либо

*franz.* — französisch — французский

*geh.* — gehoben — высокий (стиль)

*Gen.* — Genitiv — родительный падеж

*iron.* — ironisch — иронический, ~и

*ital.* — italienisch — итальянский

*Jh.* — Jahrhundert — век

*jmd.* — jemand — кто-либо

*jmdm.* — jemandem — кому-либо

*jmdn.* — jemanden — кого-либо

*jmds.* — jemandes — чей-либо, кого-либо

*lat.* — lateinisch — латинский

*P.* — Person — лицо

*Part.* — Partizip — причастие

*Pl.* — Plural — множественное число

*Präs.* — Präsens — настоящее время

*Pron.* — Pronomen — местоимение

*s.* — siehe — смотри

*S.* — Seite — страница

*scherzh.* — scherzhaft — шутливый, ~о

*Sing.* — Singular — единственное число

*sog.* — sogenannt — так называемый

*svw.* — soviel wie — то же, что

*T.* — Teil — часть

*u. a.* — 1) und andere — и другие

2) unter anderem — между прочим

*u. ä.* — und ähnliche — и подобные

*Übers.* — Übersetzer, Übersetzung — переводчик, перевод

*übertr.* — übertragen — переносный (смысл), ~о

*u. dgl.* — und dergleichen — и тому подобные

*umg.* — umgangssprachlich — разговорный

*usw.* — und so weiter — и так далее

*vgl.* — vergleiche — сравни

*veralt.* — veraltet — устаревшее

*v. u. Z.* — vor unserer Zeitrechnung — до нашей эры

*z. T.* — zum Teil — частично

# A

1. **А Ва́ська слу́шает да ест** (*И. Крылов. Кот и Повар* — 1813 *г.*) »Der Kater hörte zu, doch fraß gemütlich weiter« (*I. Krylow. Der Kater und der Koch*). Waska (*salopp klingende Diminutivform des männlichen Vornamens* Васи́лий; *ein beliebter Katername*) *tut sich an einem gebratenen Hähnchen gütlich, das er in Abwesenheit des Kochs stibitzt hat, und wird dabei von diesem ertappt. Statt den Täter zu bestrafen, hält ihm der Koch eine Moralpredigt. Mit dem Ausdruck wird folgende Situation bezeichnet*: Man redet einem Menschen ins Gewissen, der etw. Schlechtes tut, dieser läßt aber nicht davon ab (*im weiteren Sinn*: jmd. redet jmdm. zu, seine Worte bleiben aber von dem anderen unbeachtet). *Das Zitat wird auch gebraucht, wenn man betonen will, daß Zureden und Ermahnen nichts nützen, wo es gilt, energisch einzugreifen.*

2. **Áвгиевы коню́шни** (*из греческой мифологии*) Augiasstall (*aus der griechischen Mythologie*). *Die völlig verschmutzten Rinderställe des sagenhaften Königs Augias zu reinigen war eine der zwölf Arbeiten des Herakles. Dieser leitete zwei Flüsse hindurch und schwemmte den Mist weg. Ein bildlicher Ausdruck für*: ein stark verschmutzter Raum; verrottete Zustände, große Unordnung. Вы́чистить а́вгиевы коню́шни den Augiasstall ausmisten, *d. h.* etw. stark Vernachlässigtes wieder in Ordnung bringen.

3. **А [⟨ Да то́лько] воз и ны́не там** (*И. Крылов. Лебедь, Щука и Рак* — 1814 *г.*) Nun steht der Wagen heut noch dort (*I. Krylow. Der Schwan, der Hecht und der Krebs. Übers. R. Bächtold*). *Die im Titel der Fabel genannten Tiere erbieten sich, eine Last zu befördern, und spannen sich vor einen Wagen. Nun strebt aber der Schwan in die Lüfte, der Hecht dem Wasser zu, und der Krebs kriecht rückwärts, so daß der Wagen nicht von der Stelle rückt. Das Zitat wird verwendet, um folgenden Sachverhalt zu bezeichnen*: Es ist schon viel Zeit vergangen, aber eine Sache kommt trotz großem Kraftaufwand nicht vom Fleck.

4. **А впро́чем, он дойдёт до степене́й изве́стных** (*A. Грибоедов.
Горе от ума, д. I, явл.* 7—1824 *г.*) »Er bringt es noch zu
manchem Amt und Titel« (*A. Gribojedow. Geist bringt Kummer*[1]).
*Mit diesen Worten wird in Gribojedows Lustspiel dem Moltschalin
eine sichere Karriere prophezeit (s.* Молча́лин), *einem armen jungen
Mann, der als Privatsekretär eines einflußreichen Moskauer Beamten
in dessen Haus wohnt. Durch Liebedienerei weiß sich Moltschalin
bei dem ganzen Bekanntenkreis seines adeligen Gönners beliebt zu
machen, sich in die Gunst seiner Verwandten zu setzen. Das Zitat
dient zur abwertenden Charakterisierung eines Menschen, der durch
Einschmeicheln und Kriecherei Karriere macht.*

5. **Авро́ра** (*из гре́ческой мифоло́гии*) Aurora, *römische Göttin
der Morgenröte* (griechisch Eos), *in dichterischer Sprache Synonym der
Morgenröte. Den Namen* »Aurora« *trägt der im Februar 1917 von
revolutionären Matrosen eroberte Panzerkreuzer der Baltischen Flotte,
der in der Nacht zum 25. Oktober 1917 den Einzug der Roten
Garde in Petrograds Stadtzentrum sicherte und durch einen Schuß
das Signal zum Sturm auf den Winterpalast gab, den letzten
Stützpunkt der bürgerlichen Provisorischen Regierung. Heute dient
das Schiff als Lehranstalt und Museum.*

6. **А всё-таки она́ ве́ртится!** (*приписывается Г. Галиле́ю* —
1633 *г.*) Und sie bewegt sich doch!; Eppur si muove *ital.*
(*Galileo Galilei*). *Der Gelehrte soll diese Worte beim Verlassen
des Inquisitionsgerichts gesagt haben, vor dem er 1633 seiner Lehre
abschwören mußte. Das Zitat wird zur Bekräftigung einer festen
Überzeugung gebraucht.*

7. **А вы, друзья́, как ни сади́тесь,/ Всё в музыка́нты не
годи́тесь** (*И. Крыло́в. Кварте́т* —1811 *г.*) Ihr mögt euch hin
und her gruppieren,/ ihr taugt doch nicht zum Musizieren (*I. Krylow. Quartett. Übers. M. Remané). Ein Bock, ein Bär, ein Esel
und eine Meerkatze wollen sich als Musikanten betätigen. Da keiner
von ihnen etwas von Musik versteht, bringen sie auch nichts zustande.
Ihren Mißerfolg erklären sie dadurch, daß sie falsch sitzen. Sie
wechseln mehrmals ihre Plätze, wodurch sich natürlich nichts an
ihrem Unvermögen ändert. Die Fabel schließt mit den vorstehenden
Worten, die heute zu Menschen gesagt werden, die ihr subjektives
Versagen mit objektiven Ursachen zu rechtfertigen suchen.*

8. **Агасфе́р** *см.* Ве́чный жид

9. **Адо́нис** (*из гре́ческой мифоло́гии*) Adonis, *schöner Jüngling
der griechischen Sage, von Aphrodite, der Schönheits- und Liebesgöttin
geliebt; wurde auf der Jagd von einem Eber getötet; Aphrodite ließ
aus seinem Blut eine Blume sprießen und erwirkte, daß Adonis für*

---

[1] Zum Titel des Lustspiels s. Го́ре от ума́.

*einen Teil des Jahres zur Oberwelt zurückkehren durfte. Sein Name gilt als Synonym für einen schönen jungen Mann.*

10. **Айболи́т** *см.* До́ктор Айболи́т

11. **Ай, Мо́ська! Знать она́ сильна́,/ Что ла́ет на слона́!** (*И. Крылов. Слон и Моська*—1808 *г.*) An unserm Spitz ist sicher etwas dran,/ er bellt sogar den Elefanten an! (*I. Krylow. Der Elefant und das Hündchen. Übers. R. Bächtold*). Moska (*hier: beliebter Name für kleinere Hunde; ursprünglich svw. Mops*) *bellt einen Elefanten an, der ihn aber gar nicht beachtet. Nach dem Sinn seines Handelns gefragt, gesteht der Spitz, er tue es, um den Eindruck zu erwecken, er sei ein starkes Tier. Übertragene Bedeutung des Zitats:* Jmd. wagt es, einen gefährlichen [bedeutenden] Gegner anzugreifen, also muß er selber gefährlich [bedeutend] sein. *Die Worte aus der Krylowschen Fabel werden in zwei etw. verschiedenen Situationen zitiert:* 1) *wenn jmd. eine kleinliche, aber boshafte Kritik an etw. Großem übt, und* 2) *wenn jmd. etw. kritisiert bzw. jmdn. angreift, nur um auf sich selbst aufmerksam zu machen.*

12. **Ака́кий Ака́киевич** *см.* Башма́чкин Ака́кий Ака́киевич.

13. **Аккура́тность [То́чность] — ве́жливость короле́й** (*приписывается Людовику XVIII*) Pünktlichkeit ist die Höflichkeit der Könige (*der Ausspruch wird Ludwig XVIII. zugeschrieben*).

14. **А ла́рчик про́сто открыва́лся** (*И. Крылов. Ларчик*—1808 *г.*) Die Truh' war gar nicht zum Verschließen (*I. Krylow. Die Truhe. Übers. R. Bächtold*). *In Krylows Fabel will es einem Schlosser nicht gelingen, ein Schmuckkästchen zu öffnen, das angeblich einen Geheimverschluß hat. In Wirklichkeit ist das Kästchen gar nicht zum Verschließen, das fällt aber dem Schlosser nicht auf. Der übertragene Sinn des Zitats:* Man brauchte sich den Kopf nicht zu zerbrechen, die Sache war ganz einfach, lag auf der Hand (*scherzh., iron.*).

15. **А́лгебра револю́ции** (*определение философии Гегеля А. Герценом в «Былом и думах», ч. 4, гл. 25* — 1855 *г.*) »Die Algebra der Revolution« (*ein Ausspruch A. Herzens über Hegels Philosophie, der in seinen Memoiren »Erlebtes und Gedachtes« enthalten ist*).

16. **Алекса́ндр Македо́нский геро́й, но заче́м же сту́лья лома́ть?** (*Н. Гоголь. Ревизор, д. I, явл. I* — 1836 *г.*) Alexander von Makedonien ist gewiß ein Held, aber warum soll man deswegen Stühle zertrümmern? (*N. Gogol. Der Revisor. Übers. V. Tornius*). *In Gogols Lustspiel wird ein Geschichtslehrer erwähnt, dessen Steckenpferd Alexander von Makedonien, d. h. Alexander der Große, war. Als er einmal auf diesen zu sprechen kam, steigerte er sich so sehr in Begeisterung hinein, daß er mitten im Unterricht einen*

*Stuhl zerbrach. Mit den vorstehenden Worten wird im Stück sein überspitztes Gebaren gerügt. Verallgemeinert: Mahnung zur Mäßigung an einen Menschen, der allzusehr in Eifer gerät (scherzh., iron.).*

17. **Алёнушка** (*героиня сказки «Сестрица Алёнушка и братец Иванушка» и других русских народных сказок*) Aljonuschka (*Koseform des volkstümlichen Vornamens* Алёна ⟨ Еле́на = Helene) *Gestalt im Märchen* »Schwesterchen Aljonuschka und Brüderchen Iwanuschka« *sowie in anderen russischen Volksmärchen, durch das gleichnamige Gemälde von W. Wasnezow (1881) besonders populär geworden, ist ein Symbol der schwesterlichen Liebe, der Herzensgüte und Selbstaufopferung. Vgl.* »Brüderchen und Schwesterchen« *in den* »Kinder- und Hausmärchen« *der Gebrüder Grimm.*

18. **Алта́рь Феми́ды** см. Феми́да

19. **Álые паруса́** (*заглавие повести А. Грина* — 1923 *г.*) Das Purpursegel (*Titel einer Novelle von A. Grin*). *Die Hauptgestalt der Novelle, das Mädchen Assol, träumt von einem Schiff mit Purpursegeln. Kapitän Grey erfährt davon, läßt ein Schiff mit roten Segeln betakeln und steuert es in den Hafen, in dem Assol lebt. Der Ausdruck symbolisiert die Sehnsucht der Jugendlichen nach romantischen Heldentaten; von seiner Popularität zeugt, daß eine ständige Spalte für Leserzuschriften und erste Versuche angehender Dichter in der* »Komsomolskaja Prawda« *diesen Namen trägt; so heißt auch das traditionelle Fest der Schulabgänger in Leningrad, das alljährlich Ende Juni auf den Newa-Promenaden gefeiert wird.*

20. **Álьфа и оме́га** (⟨ Библия, Апокалипсис, *I,* 8) Das A und (das) O (⟨ *Bibel, Offenbarung des Johannes, I,* 8). *Der Anfang und das Ende (nach dem ersten und dem letzten Buchstaben des griechischen Alphabets), d. h.* das Wesentliche, die Hauptsache an etw.

21. **Амалфе́ин рог** см. Рог изоби́лия

22. **Анте́й** (*из греческой мифологии*) Anthäus (*aus der griechischen Mythologie), ein lybischer Riese, forderte alle Fremdlinge auf, mit ihm zu kämpfen; wenn er zu Boden geworfen wurde, gewann er durch die Berührung mit der Erde jedesmal neue Kraft; deshalb mußte Herakles, um ihn zu überwinden, ihn emporheben und in der Luft erwürgen. Mit Anthäus werden Menschen verglichen, deren Stärke ihre enge Verbundenheit mit ihrem Volke, ihrer Heimat ist. Vgl.* Seit ich auf deutsche Erde trat,/ Durchströmen mich Zaubersäfte./ Der Riese hat wieder die Mutter berührt,/ Und es wuchsen ihm neu die Kräfte (*H. Heine. Deutschland. Ein Wintermärchen, Caput I*).

23. **А он, мяте́жный, про́сит бу́ри,/ Как бу́дто в бу́рях есть поко́й!** (*М. Лермонтов. Парус* — 1841 *г.*) Es aber fleht um Sturm aufs neue,/ Als ob in Stürmen Frieden wär (*M. Lermontow. Das Segel. Übers. J. von Guenther). Das Segel im gleichnamigen, außerordentlich populären lyrischen Gedicht Lermontows (vertont von*

40

*A. Warlamow*) *steht metonymisch für ein Schiff und symbolisiert einen rastlos suchenden, stolzen und rebellischen Geist.*

24. **А пода́ть сюда́ Ля́пкина-Тя́пкина** [**Тя́пкина-Ля́пкина**]! (*Н. Го́голь. Ревизо́р, д. I, явл. I*—*1836 г.*) Her mit Ljapkin- -Tjapkin! (*N. Gogol. Der Revisor. Übers. V. Tornius*). *Ljapkin- -Tjapkin, Richter in einem Provinznest, läßt sich Schmiergelder geben (s.* Борзы́ми щенка́ми брать) *und verdreht das Recht. Deswegen beunruhigt ihn die Nachricht, ein Beauftragter der Regierung (Revisor) sei unterwegs, um die Ämter der Stadt zu inspizieren. Er schwebt in Angst und Sorge und malt sich aus, wie er von dem Revisor ins Gebet genommen wird:* »*Wer, wird er fragen, ist hier der Richter?*«—»*Ljapkin-Tjapkin.*«—»*Her mit Ljapkin-Tjapkin!*« *Der Name des Richters ist von der Redewendung* де́лать что-л. тяп-ляп *pfuschen abgeleitet, eine Anspielung darauf, wie leichtfertig er seines Amtes waltet. Man greift zu dem Zitat, um in salopper, scherzhafter Form seine Angst auszudrücken, von einem Vorgesetzten* »*vorgeknöpft*« *zu werden.*

25. **Аполло́н** (*из гре́ческой мифоло́гии*) Apoll(o) (*aus der griechischen Mythologie*), *Gott des Lichtes und der Kunst, Herr der Musen; wurde als ein schöner junger Mann dargestellt. Sein Name wird oft als scherzhafte Bezeichnung für einen gut gebauten, schlanken (jungen) Mann gebraucht.*

26. **Аппети́т прихо́дит во вре́мя еды́** *цити́руется та́кже по-францу́зски:* L'appétit vient en mangeant (*Ф. Рабле́. Гаргантю́а и Пантагрюэ́ль, кн. 1, гл. 5*—*1532 г.*) Der Appetit kommt beim [mit dem] Essen; ↑ *franz.* (*F. Rabelais. Gargantua*).

27. **А́ргус** (*из гре́ческой мифоло́гии*) Argus (*aus der griechischen Mythologie*), *ein hundertäugiger Riese, wurde der schönen Io als Wächter beigegeben, einer Geliebten des Zeus, die von seiner Gemahlin Hera aus Eifersucht in eine Kuh verwandelt wurde. Verallgemeinert: ein aufmerksamer Wächter, dessen Blick nichts entgeht. Im Russischen ist der Name* а́ргус *bereits ein Appellativum (Kleinschreibung, Pluralform* а́ргусы) *im Deutschen tritt er meist als Bestandteil des Kompositums* Argusaugen *auf (jmdn. mit Argusaugen beobachten, bewachen).*

28. **Ариа́днина нить** (*из гре́ческой мифоло́гии*) Ariadnefaden (*aus der griechischen Mythologie*). *Auf der Insel Kreta gab es ein Labyrinth; darin hauste Minotaurus, ein Ungeheuer, dem auf Geheiß des kretischen Königs Minos Menschenopfer dargebracht wurden. Der attische Held Theseus tötete den Minotaurus. Den Rückweg aus dem Labyrinth fand er mit Hilfe eines Garnknäuels, das ihm Ariadne, Tochter von Minos, aus Liebe heimlich mitgegeben hatte. Der Ausdruck wird bildlich für Leitfaden, Hilfsmittel für schwierige Dinge verwendet.*

29. **Артеми́да** *см.* Диа́на

30. **Архиме́дов рыча́г** *см.* Да́йте мне то́чку опо́ры, и я сдви́ну зе́млю

31. **Архитекту́ра — засты́вшая му́зыка** (*греческий поэт Симонид Кеосский; в новое время это выражение стало популярным благодаря Гёте*) Die Architektur ist erstarrte Musik [verstummte Tonkunst] (*Simonides von Keos; in der neueren Zeit wurde der Ausdruck durch Goethe verbreitet*).

32. **А сме́шивать два э́ти ремесла́/ Есть тьма охо́тников [< иску́сников]; я не из их числа́** (*А. Грибоедов. Горе от ума, д. 3, явл. 3 — 1824 г.*) Gar manchen gibt's, der beides kühn vermengt —/ mir wurde diese Gabe nicht geschenkt (*A. Gribojedow. Verstand schafft Leiden*[1]. *Übers. A. Luther*). Охо́тник *hier*: jmd., der etw. gern tut. *Die ursprüngliche Bedeutung des Zitats*: Spaß ist Spaß, und Ernst ist Ernst (*vgl. die vorausgehenden Verse in der Übersetzung*: Ich meide bei der Arbeit das Vergnügen,/ genieß' ich — will ich's auch in vollen Zügen). *Zu dieser engeren Bedeutung ist dann eine weitere getreten*: Man sollte nichts miteinander vermengen, was nicht zusammengehört.

33. **А су́дьи кто?** (*А. Грибоедов. Горе от ума, д. 2, явл. 5 — 1824 г.*) Wer übt denn diese Richteramt? (*A. Gribojedow. Verstand schafft Leiden. Übers. A. Luther*). Tschazki, der Hauptheld der Gribojedowschen Komödie, ein gebildeter und freisinniger junger Adeliger, prangert in einem Monolog die rückschrittliche ältere Generation des russischen Adels und das korrupte Beamtentum an. Mit der einleitenden rhetorischen Frage spricht er gleichsam seinen Gegnern das Recht ab, über die jüngere Generation zu Gericht zu sitzen. *Der weitere Sinn des Zitats*: Um andere verurteilen zu dürfen, muß man ihnen moralisch überlegen sein.

34. **А сча́стье бы́ло так возмо́жно,/ Так бли́зко** (*А. Пушкин. Евгений Онегин, гл. 8, строфа XLVII — 1832 г.*) »Das Glück, es war so greifbar nahe« (*A. Puschkin. Eugen Onegin*). *Diese Worte werden zitiert, um das Bedauern über verscherztes Glück oder andere versäumte Gelegenheiten auszudrücken.*

35. **Афана́сий Ива́нович и Пульхе́рия Ива́новна** *см.* Старосве́тские поме́щики

36. **Афроди́та** *см.* Вене́ра

37. **Ах, злы́е языки́ страшне́е пистоле́та** (*А. Грибоедов. Горе от ума, д. 2, явл. 11 — 1824 г.*) Ach, böse Zungen sind viel schlimmer als Pistolen (*A. Gribojedow. Geist bringt Kummer. Übers. J. von Guenther*).

38. **Ахилле́сова пята́** (*из греческой мифологии*) Achillesferse (*aus der griechischen Mythologie*). *Achilles, einer der stärksten und*

---

[1] Zum Titel des Lustspiels s. Го́ре от ума́.

*tapfersten Griechen im Kampf um Troja, wurde von seiner Mutter, der Meeresgöttin Thetis, in den heiligen Fluß Styx getaucht und dadurch unverwundbār gemacht, allerdings mit Ausnahme der Ferse, an der er dabei gehalten wurde. Von einem Pfeil an der Ferse getroffen, fand er den Tod.* Пятá (*veralt.*) *svw.* пя́тка. *Übertragene Bedeutung des Zitats*: empfindliche, schwache Stelle, wunder Punkt.

39. **Ах, какóй пассáж!** (*Н. Гóголь. Ревизóр, д. IV, явл. XIII* — *1836 г.*) *Oh, welch eine Szene!* (*N. Gogol. Der Revisor. Übers. V. Tornius*). *Ausruf einer gefallsüchtigen Dame, die beim Betreten ihres Wohnzimmers sieht, wie ein in ihrem Haus weilender Gast ihrer Tochter eine Liebeserklärung macht. Das Wort* пассáж (*aus dem franz.* passage) *bedeutet hier svw.* eine unerwartete Wendung der Lage (*heute in diesem Sinn veraltet, kommt nur als Bestandteil der obigen Redensart vor*). *Das Zitat wird scherzhaft, altertümelnd in der Bedeutung* Was für eine Überraschung!, Was für ein Malheur! *gebraucht.*

# Б

1. **Бáба-Ягá** (**—Костянáя Ногá**) (*из славянской мифологии*) Baba-Jaga (mit einem knöchernen Bein), *in der slawischen Mythologie eine alte Hexe, die Kinder entführt und verzehrt. Baba-Jaga wohnt im Walddickicht in einer »Hütte auf Hühnerbeinen«* (*s.* Избу́шка на ку́рьих но́жках); *sie fliegt durch die Lüfte in einem Mörser und verwischt ihre Spuren mit einem Ofenwisch. Antagonist des positiven Märchenhelden, seltener eine ihm helfende Zauberin.*

2. **Базáр житéйской суеты́** *см.* Я́рмарка тщеслáвия

3. **Ба! Знакóмые всё ли́ца** (*А. Грибоéдов. Гóре от умá, д. 4, явл. 14* — *1824 г.*) *Bah! Bekannt sind die Gesichter!* (*A. Gribojedow. Geist bringt Kummer. Übers. J. von Guenther*). *Das Zitat wird sowohl in direkter Bedeutung gebraucht* (*wenn man Bekannten begegnet*), *als auch in übertragenem Sinn* (*wenn etw., das für neu ausgegeben wird, sich als etw. Altes, längst Bekanntes erweist*).

4. **Бальзáковский вóзраст** (*выражение возникло после выхода в свет романа О. Бальзáка* «*Тридцатилéтняя жéнщина*» — *1842 г.*) *Wörtlich:* »Balzac-Alter« (*der Ausdruck geht auf H. Balzacs Roman* »*Die Frau von dreißig Jahren*« *zurück*). *Leicht ironische Bezeichnung für Frauen im Alter zwischen 30 und 40, die ihre abklingende Jugend unbedingt behalten wollen. Die Redewendung kommt auch in den Formen* бальзáковская жéнщина, бальзáковская герои́ня *vor. Vgl.* Das gefährliche Alter (*nach dem gleichnamigen Roman der dänisch-deutschen Schriftstellerin Karin Michaelis* — *1910*).

5. **Барóн Мюнхгáузен** *см.* Мюнхгáузен

6. **Баро́н фон Гринва́льюс,/ Сей до́блестный ры́царь,/ Всё в той же пози́цьи/ На ка́мне сиди́т** (*Козьма Прутков. Немецкая баллада* — 1854 *г.*) »Freiherr von Grinvaljus,/ Der Edle, verharret/ In derselben Haltung/ Auf demselben Fleck« (*Kosma Prutkow. Deutsche Ballade*). *Kosma Prutkow ist ein kollektives Pseudonym der russischen Dichter A. K. Tolstoi und der Brüder A. M. und W. M. Shemtschushnikow, die in den 50er und 60er Jahren des 19. Jh. als Satiriker wirkten. Ihr Prutkow ist ein typischer Beamter, selbstgefällig, borniert, regierungstreu, dienstbeflissen. Dementsprechend sind auch seine »Werke« — er tritt bald als Epigone der Romantik auf, bald als ein seichter Moralist, bald ein um das »Wohl des Staates« bemühter »Philosoph«. Aber in welcher Gestalt er auch erscheinen mag, er ergötzt den Leser durch seine komische Geradlinigkeit und seine köstlich unbeholfenen Verse. Die »Deutsche Ballade« ist eine Parodie auf »Ritter Toggenburg« von F. Schiller. Baron von Grinvaljus, von der schönen Amalia verstoßen, setzt sich auf einen Stein vor ihrem Schloß und verbleibt auf Jahre hinaus »in dieser Positur«. Das Zitat dient zur scherzhaften, ironischen Charakterisierung des Stillstands in der Arbeit oder der geistigen Entwicklung eines Menschen. Manchmal werden nur die beiden letzten Zeilen zitiert.*

7. **Ба́хус [Вакх]. Возлия́ние [Поклоне́ние] Ба́хусу** (*из греко-римской мифологии*) Bacchus (*Gott des Weines in der griechisch-römischen Mythologie*, Dionysos). Соверша́ть возлия́ние [Поклоня́ться] Ба́хусу dem Bacchus dienen [frönen] *scherzh. für* Wein trinken, zechen. Возлия́ние *wörtlich*: Trankopfer, *d. h. die Sitte, einem Gott Wein zu opfern, indem man ihn am Opferstein ausschüttet; heute scherzhaft in der Bedeutung Trinkgelage.*

8. **Башмако́в она́ ещё не износи́ла** (,/ **В кото́рых шла за гро́бом му́жа**) (*Шекспир. Гамлет, д. I, явл. 2. Пер. Н. Полево́го* — 1837 *г.*) Bevor die Schuh verbraucht (,/ Womit sie meines Vaters Leiche folgte) (*Shakespeare. Hamlet. Übers. A. W. Schlegel*). *Worte Hamlets über seine Mutter, Königin Gertrude; bildhafte Charakterisierung der weiblichen Unbeständigkeit, im weiteren Sinne eines schnellen Gesinnungswechsels.*

9. **Башма́чкин Ака́кий Ака́киевич** (*главный герой повести Н. Гоголя «Шинель»* — 1842 *г.*) Akaki Akakijewitsch Baschmatschkin, *Hauptgestalt in N. Gogols Erzählung »Der Mantel«, ist ein niederer Beamter, der ein elendes Dasein fristet. Die einzige Freude in seinem ereignislosen Leben war ein neuer Wintermantel, den er sich vom Munde abgespart hatte und der ihm am selben Tage, als er ihn abholte, gestohlen wurde. Schon sein unschön und komisch klingender Vor- und Vatersname verrät, daß es sich um einen vom Schicksal Benachteiligten handelt. Ebenso entwürdigend wirkt sein Familienname (von* башмачо́к *kleiner Schuh). Seine Gestalt ist*

*zum Typ eines genügsamen, eingeschüchterten und demütigen »kleinen Mannes« geworden.*

10. **Ба́шня из слоно́вой ко́сти** (*Ш.-О. Сент-Бёв. Послание к Виллемену из сборника стихотворений «Pensées d'août» — «Августовские мысли» — 1837 г.*) Elfenbeinturm, *Symbol der individualistischen Abkehr eines Künstlers von Zeit- und Gesellschaftsproblemen (Ch.-A. Sainte-Beuve. Versepistel an Villemain in der Gedichtsammlung »Pensées d'août« — »August-Gedanken«).*

11. **Беда́, коль пироги́ начнёт печи́ сапо́жник,/ А сапоги́ тача́ть пиро́жник** (*И. Крылов. Щука и Кот — 1813 г.*) Die Welt steht kopf, wenn Schuster Kuchen backen wollen/ Und Bäcker flicken Stiefelsohlen (*I. Krylow. Der Hecht und der Kater. Übers. M. Remané*). = Ein predigender Schuster macht schlechte Schuhe; Schuster, bleib bei deinem Leisten.

12. **Без божества́, без вдохнове́нья** (*А. Пушкин. К \*\*\* — 1825 г.*) Fern göttlichen Begeistrungsstunden (*A. Puschkin. An Anna Kern. Übers. J. von Guenther*). *Wörtlich:* »ohne Gottheit, ohne Inspiration«, *d. h.* lust- und schwunglos, stumpf, apathisch, *vgl. die nächste Zeile in der Übersetzung:* so leblos, lieblos, tränenlos. *Zur Beliebtheit dieses lyrischen Gedichts von Puschkin trug die Vertonung durch M. Glinka (1840) bei. S. dazu* Я по́мню чу́дное мгнове́нье.

13. **Без вины́ винова́тые** (*заглавие пьесы А. Островского — 1883 г.*) Ohne Schuld schuldig (*Titel eines Stücks von A. Ostrowski*). *Die Worte werden über Menschen gesagt, denen unverschuldet ein tragisches Los zuteil wird.*

14. **Без дра́ки попа́сть в больши́е забия́ки** (*И. Крылов. Слон и Моська — 1808 г.*) Wie schön, so, ohne sich zu schlagen,/ den Ruhm des größten Raufbolds heimzutragen! (*I. Krylow. Der Elefant und der Mops. Übers. M. Remané*). *Zur Bedeutung des Zitats s.* Ай, Мо́ська, знать она́ сильна́,/ Что ла́ет на слона́.

15. **Без ле́сти пре́дан** (*гербовый девиз А. Аракчеева; осмеивался прогрессивной частью русского общества, особенно после эпиграммы А. Пушкина «Всей России притеснитель» — 1820 г.*) Ohne Schmeichelei ergeben (*Wahlspruch im Wappen A. Araktschejews, eines erzreaktionären Günstlings Pauls I. und Alexanders I.*). *Dieser heuchlerische Wahlspruch wurde von fortschrittlichen Kreisen der russischen Gesellschaft verspottet, besonders nach dem Erscheinen von A. Puschkins Epigramm »Rußlands Quäler und Bedränger«. Der Ausdruck dient zur Bezeichnung für Menschen, die vor einer einflußreichen Person 'im Staube kriechen.*

16. **Без руля́ и без ветри́л** (*М. Лермонтов. Демон, ч. I, строфа XV — 1842 г.*) Segellos und steuerlos (*M. Lermontow. Der Dämon. Übers. J. von Guenther*). *Lermontow meinte mit diesen Worten die im Äther schwebenden Himmelskörper. Der archaisie-*

*rende Poetismus* ветри́ло (*statt* па́рус Segel) *verleiht der Gedichtzeile eine gehobene stilistische Färbung. Ironische Bezeichnung für einen Menschen, der ziellos in den Tag hinein lebt oder planlos handelt. Vgl.* ohne Zweck und Ziel; ohne Steuer dahintreiben.

17. **Безу́мный день, или Жени́тьба Фи́гаро** (*заглавие русского перевода комедии Бомарше* «La Folle journée ou Le Mariage de Figaro» — 1784 *г.*) Der tolle Tag, oder Figaros Hochzeit (*Titel eines Lustspiels von Beaumarchais*). *Scherzhaft für einen bewegten, ereignis- und überraschungsreichen Tag.*

18. **Безу́мству хра́брых поём мы пе́сню!** (*М. Го́рький. Песня о Соколе* — 1898 *г.*) Dem Wahnsinn der Kühnen verkünden wir Ruhm! (*M. Gorki. Das Lied vom Falken.· Übers. A. von Krusenstjern*). *In Gorkis berühmtem Werk, das in rhythmisierter Prosa geschrieben ist, wird von einem im Kampf verwundeten, in einer Gebirgsschlucht verblutenden Falken erzählt, der seine letzten Kräfte sammelt, um sich noch einmal emporzuschwingen. Den Sinn des Lebens sieht er nur »im Kampf, im Fluge«. Seine Flügel tragen ihn aber nicht mehr, und er stürzt herab. Gorkis Falke ist zum Symbol eines Revolutionärs geworden und die vorstehenden Schlußworte des Gedichts zu einem Loblied auf den Mut der Kämpfer für eine lichte Zukunft. Zitate aus Gorkis »Lied vom Falken« wurden in den Jahren vor der ersten russischen Revolution 1905 oft in Proklamationen der SDAPR als Aufrufe zum Kampf gegen den Zarismus verwendet.*

19. **Бе́лая воро́на** (*Ювена́л. Сати́ры, сатира VII*, 202 — *нача́ло II в.*) Weißer Rabe (*Juvenal. Satiren*). *Bezeichnung für einen Sonderling, der sich in auffälliger Weise von seinen Mitmenschen unterscheidet*).

20. **Белоку́рая бе́стия** (*Ф. Ни́цше. К генеало́гии мора́ли, I, № 11* — 1877 *г.*) Die blonde Bestie (*F. Nietzsche. Zur Genealogie der Moral*). *Vertreter einer »vornehmen Rasse«, ein von jedem sozialen Zwang freier Mensch mit tierisch-rohen Trieben, die sich in Gewalttaten entladen; die deutschen Faschisten, die diesen Begriff zur Stützung ihrer völkermordenden Ziele und ihres Rassismus begierig aufnahmen, sahen darin das »Idealbild« eines »Ariers«.*

21. **Беспло́дная смоко́вница** (⟨ *Библия, Матф.*, 21, 19) Unfruchtbarer Feigenbaum (⟨ *Bibel*). *Jesus sah einen Feigenbaum an einer Straße stehen, an dem keine Früchte gewachsen waren, und verdammte ihn dazu, ewig unfruchtbar zu bleiben* (*Matth.*, 21, 19). *Bildliche Bezeichnung für*: 1) *eine kinderlose Frau*; 2) *einen Menschen, dessen Tätigkeit ergebnislos ist.*

22. **Благи́ми [До́брыми] наме́рениями ад вы́мощен** (*приписывается англи́йскому писа́телю С. Джо́нсону* — 1775 *г.*) Der Weg zur Hölle ist mit guten Vorsätzen gepflastert (*der Ausdruck wird dem englischen Schriftsteller S. Johnson zugeschrieben*). *Zitiert in der*

*Bedeutung*: Der Mensch vergißt leicht seine guten Vorsätze, seine Versprechungen, sich zu bessern.

23. **Благу́ю часть избра́ть** (*Библия*, *Лука*, 10, 38—42) Das bessere Teil erwählt haben (*Bibel*). *Im Evangelium nach Lukas (10, 38—42) wird von Martha und Maria erzählt, zwei Schwestern, die Jesus in ihrem Haus besuchte. Während Martha tätig war, um den Gast zu bewirten, setzte sich Maria ihm zu Füßen und hörte seinen Reden zu. Jesus lobte Maria, sie habe das bessere Teil erwählt. Im Evangelium wird mit dem besseren Teil die Sorge um das »Seelenheil« gemeint, heute versteht man den Ausdruck in einem weiteren Sinn*: Jmd. wußte sein Leben richtig zu gestalten, angenehm einzurichten; jmd. hat es in irgendwelcher Hinsicht besser als die anderen.

24. **Блаже́н, кто ве́рует, тепло́ ему́ на све́те!** (*А. Грибоедов. Горе от ума, д. I, явл. 7*—1824 *г.*) Schön, glauben wir's. Wer glaubt, der wird gesegnet (*A. Gribojedow. Verstand schafft Leiden. Übers. A. Luther*). = Wer's glaubt, wird selig.

25. **Блаже́н, кто посети́л сей мир/ В его́ мину́ты роковы́е** (*Ф. Тютчев. Цицерон*—1831 *г.*) Begnadet, wer dies Erdental/ Besucht zu schicksalsreichen Zeiten, *d. h.* es ist ein Glück, Zeuge großer geschichtlicher Ereignisse gewesen zu sein, in einer bewegten Zeit gelebt zu haben (*F. Tjutschew. Cicero. Übers. I. Schröder*).

26. **Блаже́н, кто смо́лоду был мо́лод,/ Блаже́н, кто во́время созре́л (,/ Кто постепе́нно жи́зни хо́лод/ С лета́ми вы́терпеть уме́л)** (*А. Пушкин. Евгений Онегин, гл. 8, строфа X*—1832 *г.*) Wohl dem, der jung in jungen Jahren/ Rechtzeitig zur Besinnung kam,/ An dieser kalten Welt Gebaren/ Allmählich minder Anstoß nahm (*A. Puschkin. Eugen Onegin. Übers. Th. Commichau*). *Verallgemeinert in dem Sinn*: Jedes Ding hat seine Zeit.

27. **Блиста́ть свои́м отсу́тствием** (*М.-Ж. Шенье. Тиберий, д. I, явл. 1*—1819 *г.*) Durch Abwesenheit glänzen (*M.-J. Chénier. Tibère*). *Im alten Rom war es Sitte, einem Leichenzug Ahnenbilder des Toten—Wachstotenmasken—voranzutragen. Beim Begräbnis der zur Zeit der Regierung des Kaisers Tiberius verstorbenen Patrizierin Junia, der Frau des Cassius und Schwester des Brutus, waren aber, wie Tacitus in seinen »Annalen« mitteilt, die Masken ihres Mannes und ihres Bruders, also ihrer nächsten Angehörigen, nicht zu sehen, weil der Kaiser verboten hatte, die Bilder der Caesarmörder zu zeigen. In Anlehnung an diese von Tacitus mitgeteilte Episode heißt es in Chéniers Tragödie: Brutus und Cassius glänzten durch ihre »Abwesenheit«.*

28. **Блоху́ подкова́ть** (*Н. Лесков. Левша*—1881 *г.*) Einen Floh mit Hufeisen beschlagen (*N. Leskow. Der Linkshänder. Übers. J. von Guenther*). *In Leskows Erzählung fertigen englische*

*Mechaniker ein aufziehbares Spielzeug an, einen winzig kleinen*
*stählernen Floh, der einen Tanz aufführt, und schicken ihn als Geschenk*
*an den russischen Zaren. Ein Meister aus Tula (eine Stadt unweit*
*von Moskau, seit alters durch ihre Metallwaren, u. a. Gewehre*
*und Samoware bekannt) wußte die englischen Mechaniker zu übertref-*
*fen, denn es war ihm gelungen, jeden Flohfuß mit einem Hufeisen*
*zu beschlagen, auf dem obendrein seine Namenszeichen eingraviert*
*waren. Der Ausdruck bedeutet demnach*: außerordentliche Geschicklichkeit und großen Erfindergeist an den Tag legen.

29. **Блудни́ца вавило́нская** (< *Библия*, *Апокалипсис*, 17, 1 — 5)
Die babylonische Hure (< *Bibel*). *In der Offenbarung des Johannes*
(17, 1 — 5) *ein in Gold und Purpur gekleidetes, auf einem scharlachfar-*
*benen Ungeheuer reitendes Weib, auf deren Stirn geschrieben steht*:
*Babylon, die Mutter der Hurerei und aller Greuel. Symbol der Ver-*
*worfenheit. Das alte Babylon wird in der Bibel oft als ein Ort der*
*Laster bezeichnet. Vgl.* das sündhafte [sündenvolle] Babel; Sün-
denbabel.

30. **Блу́дный сын** (*Библия*, *Лука*, 15, 11 — 32) Đer verlorene
Sohn (*Bibel*). *Im Evangelium nach Lukas* (15, 11 — 32) *wird von dem*
*Sohn eines reichen Mannes erzählt, der sein Elternhaus verließ*
*und sein Vermögen in der Fremde verpraßte, doch nach langen*
*Wanderungen schließlich in die Heimat zurückfand, wo ihm von*
*seinem Vater verziehen und er liebevoll aufgenommen wurde. Das Zitat*
*wird scherzhaft gebraucht, um den Angehörigen einer Familie bzw.*
*einer Gemeinschaft zu bezeichnen, der sich ihrem Willen nicht*
*fügen will, an ihren Grundfesten rüttelt.*

31. **Бо́жьей ми́лостью** [< **Бо́жией ми́лостию**] (*это выражение,*
*восходящее к Библии, Первое послание апостола Павла к корин-*
*фянам*, 3, 10, *использовалось многими монархами и высшими*
*духовными лицами как часть их титула*) Von Gottes Gnaden
(*der Ausdruck, der auf die Bibel, 1. Korinther, 3, 10, zurückgeht,*
*wurde von vielen weltlichen und geistlichen Fürsten als Teil ihres*
*Titels verwendet*). *Im Russischen werden heute Ausdrücke wie* педаго́г
[худо́жник *и т. д.*] бо́жьей ми́лостью *in der Bedeutung* ein Mensch
mit einem angeborenen Talent *gebraucht.*

32. **Бой идёт свято́й и пра́вый** (*А. Твардо́вский. Василий*
*Тёркин, ч. I, гл. «Переправа»* — 1945 *г.*) »Es ist ein heilig Ziel
und eine gute Sache,/ Für die hier heiß gefochten wird« (*A. Twar-*
*dowski. Wassili Tjorkin, 1. Teil, Kapitel »Überfahrt«*). *S. dazu*
Ра́ди жи́зни на земле́.

33. **Бойцы́ вспомина́ют** [< **помина́ют**] **мину́вшие дни/ И би́твы,**
**где вме́сте руби́лись они́** (*А. Пушкин. Песнь о вещем Олеге* —
1822 *г.*) Die Krieger gedenken vergangener Zeit,/ Gemeinsamer
Kämpfe in blutigem Streit (*A. Puschkin. Das Lied vom weisen*
*Oleg. Übers. F. Fiedler*). *Neben der Bedeutung*: 1) alte Kameraden
erinnern sich an die Kriegsereignisse, deren Teilnehmer sie waren.

*hat sich auch eine weitere entwickelt*; 2) (*scherzh.*) alte Freunde schwelgen in Erinnerungen (*manchmal auch an unbedeutende Vorfälle, die nur für sie von Interesse sind*). *Zum Gedicht selbst s.* Так вот где тайлась погибель моя!

**34. Бо́лдинская о́сень** (*выражение возникло среди пушкини́стов*) Der Herbst in Boldino (*der Ausdruck ist in der Puschkin--Forschung entstanden*). *Bezeichnung eines Abschnitts in der schöpferischen Biographie A. Puschkins, und zwar der Monate September bis Dezember des Jahres* 1830, *die er in Boldino, einem Gut seines Vaters, verbrachte. In dieser kurzen Zeit vollendete der Dichter die beiden letzten Kapitel seines* »Eugen Onegin« *und schrieb eine Reihe von kleineren dramatischen Werken, das Poem* »Ein Häuschen in Kolomna«, »Belkins Erzählungen« (*in Prosa*), *über dreißig Gedichte sowie einige Literaturkritiken. Übertragen*: eine außerordentlich produktive Schaffensperiode im Leben eines Künstlers.

**35. Бо́льше поэ́тов хоро́ших и ра́зных** (*В. Маяко́вский. Послание пролета́рским поэ́там* — 1926 *г.*) Mehr Dichter, tüchtige und — diverse (*W. Majakowski. Sendschreiben an die proletarischen Dichter. Übers. H. Huppert*). *Diese von Majakowski losungartig abgefaßte Zeile findet als Zitat zweierlei Verwendung*: 1) *Aufruf an die Schriftsteller, in ihrem Schaffen eine Vielfalt der Formen und Stile anzustreben*; 2) *der zweite Teil des Zitats wird oft, besonders in der Presse, dazu benutzt, die qualitative Mannigfaltigkeit von Gegenständen und Erscheinungen zu unterstreichen, z. B.* но́вые това́ры — хоро́шие и ра́зные; ме́тоды преподава́ния должны́ быть хоро́шими и — ра́зными.

**36. Большо́е ви́дится на расстоя́нье** (*С. Есе́нин. Письмо́ к же́нщине* — 1924 *г.*) Doch klärt sichs wieder, wenn es sich entfernt!, *d. h.* wer mitten im Geschehen steht, hat keinen richtigen Überblick; geschichtliche Ereignisse kann man erst richtig beurteilen, nachdem sie Vergangenheit geworden sind (*S. Jessenin. Brief an eine Frau. Übers. A. Endler*).

**37. Борзы́ми щенка́ми брать** (*Н. Го́голь. Ревизо́р, д. I, явл. I —* 1836 *г.*) Junge Barsoihunde als Geschenke annehmen (*N. Gogol. Der Revisor. Übers. V. Tornius*). *In Gogols Komödie gesteht der Richter Ljapkin-Tjapkin* (*s.* А подáть сюдá Ля́пкина-Тя́пкина!) *freimütig, daß er sich bestechen läßt, allerdings nicht mit Geld, sondern* (*weil er ein leidenschaftlicher Jäger ist*) *mit jungen Barsoihunden, worin er eine Entschuldigung für seine Korruptheit erblickt. Das Zitat wird in übertragenem Sinn verwendet*: Jmd. sucht ein verwerfliches Tun durch den Hinweis zu verharmlosen, er treibe es noch nicht so schlimm wie andere.

**38. Борьба́ за существова́ние** (*заключи́тельные слова́ загла́вия основно́го труда́ Ч. Да́рвина «Происхожде́ние ви́дов путём* естественного отбора, или Сохранение благоприятствуемых пород в борьбе за существование» — 1859 г.) Kampf ums Dasein (*Schlußworte des Titels, den Ch. Darwins Hauptwerk trägt: »Über den Ursprung der Arten durch natürliche Auslese, oder die Erhaltung bevorzugter Rassen durch den Kampf ums Dasein«; der Ausdruck war viel früher bekannt, fand aber erst nach dem Erscheinen von Darwins Buch Verbreitung*).

39. **Бо́чка Дана́йд** (*из греческой мифологии*) Danaidenfaß (*aus der griechischen Mythologie*). *Die fünfzig Töchter des sagenhaften Königs Danaos mußten in der Unterwelt zur Strafe für die Ermordung ihrer Männer in ein durchlöchertes Faß beständig Wasser schöpfen.* Занима́ться трудо́м Дана́йд, лить во́ду в бездо́нную бо́чку (Дана́йд) Danaidenarbeit verrichten, das Faß der Danaiden füllen wollen *bedeutet daher svw.* eine endlose, fruchtlose Arbeit tun.

40. **Бра́вый солда́т Швейк** *см.* Швейк

41. **Бра́тья-разбо́йники** (*заглавие поэмы А. Пушкина* — 1825 г.) Die Räuberbrüder (*Titel einer Dichtung von A. Puschkin*). *Bei Puschkins Räubern handelt es sich um tragische Gestalten, zwei leibliche Brüder, die sehr aneinander hängen, in Freud und Leid zusammenhalten. Heute wird der Ausdruck als eine scherzhafte Bezeichnung für Menschen verwendet, die unter einer Decke stecken, für Lausbuben etwa, die als dicke Freunde den Leuten allerlei Streiche spielen. Vgl.* Max und Moritz, *Titelhelden der Bildverserzählung von W. Busch.*

42. **Брита́нский лев** (*Дж. Драйден. Лань и барс* — 1687 г.) Der britische Löwe (*Sinnbild Großbritanniens, nach dem Löwen in dessen Wappen; als metonymische Bezeichnung für das Land wird wohl der Ausdruck zuerst in J. Drydens Poem »Damhirsch und Irbis« gebraucht worden sein*).

43. **Брониро́ванный кула́к** (*выражение стало крылатым после речи Вильгельма II 15.12.1897 г., в которой он грозил «нанести удар бронированным кулаком», в случае если кто-л. осмелится покуситься на интересы Германии; употребляется как характеристика милитаризма*) »Die gepanzerte Faust« (*der Ausdruck wurde zu einem geflügelten Wort, nachdem Wilhelm II. am 15.12.1897 eine Rede gehalten hatte, in der er »mit gepanzerter Faust darein zu fahren« drohte, falls es jemand wagen sollte, Deutschland in seinen Interessen zu beeinträchtigen; das Zitat wird zur Charakterisierung des Militarismus gebraucht*).

44. **Бу́дет бу́ря, мы поспо́рим,/ И побо́ремся мы [⟨ помужествуем] с ней** (*Н. Языков. Пловец* — 1829 г.) »Der Sturm, er möge kommen, wir woll'n ihm bieten Trotz« (*N. Jasykow. Der Schwimmer). Das Gedicht ist — in der Vertonung von K. Vilbois — zu einem bekannten Volkslied geworden. Das Zitat drückt die*

*Zuversicht aus, es mit einem Gegner im revolutionären Kampf aufzunehmen, oder — in weiterem Sinne — allen Gefahren und Schicksalsschlägen mutig zu widerstehen.*

**45. Бу́дет вам и бе́лка,/ Бу́дет и свисто́к** (*А. Плещеев. Старик — 1877 г.*) »Pfeife und Eichhörnchen/ Sollen euch nicht fehlen« (*A. Plestschejew. Der Alte*). *Der kinderliebe Alte in Pletschejews Gedicht wird von seinen kleinen Freunden mit Bitten bestürmt: er möge den Kindern ein Eichhörnchen aus dem Wald bringen, eine Pfeife für sie schnitzen usw. Mit den vorstehenden Worten verspricht der Alte, alle ihre Wünsche zu erfüllen. Der Ausdruck wird als eine scherzhafte Mahnung zur Geduld und eine Formel des Versprechens, der Zusage zitiert.*

**46. Будь гото́в!** (*сокращённая форма девиза советских пионеров, членов Всесоюзной пионерской организации имени В. И. Ленина*: К борьбе́ за де́ло Коммунисти́ческой па́ртии Сове́тского Сою́за будь гото́в!) Sei bereit! (*gekürzte Form des Grußes der sowjetischen Pioniere, Mitglieder der Pionierorganisation »W. I. Lenin«, einer am 19.5.1922 gegründeten kommunistischen Massenorganisation der Kinder in der UdSSR; die volle Form lautet:* Zum Kampf für die Sache der Kommunistischen Partei der Sowjetunion sei bereit!, *die Antwort:* Immer bereit!) *Im weiteren Sinn Aufforderung, sich einsatzbereit zu halten bzw. sich auf etw. gefaßt zu machen.*

**47. Бума́га всё те́рпит [не красне́ет]** (*мысль восходит к Цицерону, который в своих «Письмах близким», V, 12, 1, сформулировал её в словах*: Epistula non erubescit Письмо́ не красне́ет) Papier ist geduldig (*der Gedanke geht auf Cicero zurück, der ihn in seinen »Briefen an Freunde« in die Worte* Epistula non erubescit »Ein Brief wird nicht rot« *kleidete*). *Zitiert in zweierlei Bedeutung:* 1) man vertraut dem Papier an, was man sich schämt *bzw.* nicht wagt, laut auszusprechen (, weil man es für zu intim, anmaßend *usw.* hält); 2) etw. Geschriebenes ist verlogen *bzw.* sinnlos, verworren, ungereimt. *In der ersten Bedeutung tritt öfter die Variante* Бума́га не красне́ет *auf, in der zweiten die — neuere — Variante* Бума́га всё те́рпит.

**48. Буреве́стник** (‹ *М. Го́рький. Песня о Буревестнике — 1901 г.*) Sturmvogel. *Nachdem 1901 das Gedicht M. Gorkis »Lied vom Sturmvogel« erschienen war, mit dem er zum Kampf gegen den Zarismus und die kapitalistisch-gutsherrliche Ordnung aufrief, wurde der Sturmvogel zum Symbol der nahenden Revolution. Das Gedicht erlangte außerordentliche Popularität, und sein Verfasser wurde selbst* буреве́стник револю́ции, *d. h.* Verkünder der Revolution *genannt* (*s.* Пусть сильне́е гря́нет бу́ря!).

**49. Бурида́нов осёл** (*приписывается французскому философу-схоласту XIV в. Ж. Буридану, хотя сходная мысль была высказана до него Аристотелем и Данте*) Buridans Esel (*der Ausdruck*

*wird auf den französischen Scholastiker J. Buridan zurückgeführt,
obwohl dieser Gedanke schon von Aristoteles und Dante ausgesprochen wurde). Um die Unfreiheit des Willens zu beweisen, bediente
sich Buridan folgenden sophistischen Gleichnisses: Ein hungriger
Esel, der genau zwischen zwei gleich großen Bündeln Heu von
derselben Beschaffenheit steht, könne sich, von jedem gleich angezogen, für keines entscheiden und müsse deshalb verhungern. Demnach
wird Buridans Esel ein Mensch genannt, dem eine Wahl schwerfällt, der unschlüssig ist. Vgl. dazu den gleichnamigen Roman (1968)
des DDR-Schriftstellers G. de Bruyn, in dem die Liebe eines Mannes
zu zwei Frauen geschildert wird.*

50. **Бу́ря в стака́не воды́** (*по словам О. Бальзака в его романе «Турский священник»* — 1832 *г., выражение принадлежит
Монтескьё, который охарактеризовал этими словами политические неурядицы в карликовой республике Сан-Марино*) Sturm im
Wasserglas, *d. h.* Aufregung um Nichtigkeiten, großes Aufsehen
um eine unerhebliche Sache (*H. Balzac schreibt in seinem Roman
»Der Curé von Tours«, Montesquieu habe mit diesem Ausdruck
die Zwistigkeiten im Kleinstaat San Marino bezeichnet*).

51. **Бу́ря и на́тиск** (*заглавие драмы Ф. Клингера* — 1776 *г.,
ставшее названием литературного периода в Германии с начала
70-х до середины 80-х гг. XVIII в.*) Sturm und Drang (*Titel
eines Dramas von F. Klinger, nach dem die ganze Literaturperiode
vom Anfang der 70er bis in die Mitte der 80er Jahre des 18. Jh.
ihren Namen bekam). Im Russischen wird das Zitat zur Bezeichnung
eines jeden (literarischen) Rebellentums verwendet.*

52. **Бы́вшие лю́ди** (*заглавие рассказа М. Горького* — 1897 *г.*)
Verlorene Leute (*Titel einer Erzählung von M. Gorki. Übers.
E. Holm). Wörtlich: diejenigen, die Menschen gewesen sind. So
wurden unter dem Zarismus Lumpenproletarier, Bewohner von Nachtasylen genannt, deren Leben Gorki in seiner Erzählung schildert.
Nach der Großen Sozialistischen Oktoberrevolution wurde der Ausdruck
zu einer abwertenden Bezeichnung für Adlige, Kapitalisten, Vertreter des zaristischen Beamtentums, die ihre früheren Vorrechte verloren hatten.*

53. **Была́ без ра́достей любо́вь,/ Разлу́ка бу́дет без печа́ли**
(*М. Лермонтов. Договор* — 1842 *г.*) War ohne Freude unsre Liebe:
wird schmerzlos unsre Trennung sein (*M. Lermontow. Vereinbarung.
Übers. J. von Guenther). Beim Zitieren dieser Worte kann auch
eine andere Situation gemeint sein: jmd. verläßt ohne Bedauern
eine Gemeinschaft (z. B. sein Arbeitskollektiv), wo er nicht
hat heimisch werden, keine richtigen menschlichen Kontakte finden
können.*

54. **Бы́ли когда́-то и вы [мы] рысака́ми** (*А. Апухтин. Пара
гнедых* — 1895 *г.*) »*Stolze Rosse seid ihr einst gewesen*« (*A. Apuch-*

*tin. Zwei alte Braune). Dem Gedicht liegt eine zur Gitarre vor-
zutragende Romanze von S. Donaurow—80er Jahre—zugrunde.
Sie schildert das Begräbnis einer Petersburger Halbweltdame, die
in hohem Alter, verarmt und von ihren Verehrern längst verlassen,
gestorben war. Nun gibt ihr niemand das letzte Geleit, nur ihr
Leichenwagen wird von zwei Braunen gezogen, mit denen sie einst
in einer schmucken Kutsche spazierengefahren ist und die nun
genauso alt und gebrechlich sind wie ihre verstorbene Besitzerin.
Zitiert in der Bedeutung: jmd.* (вы) *oder der Sprechende selbst*
(мы) *hat bessere Zeiten gesehen.*

55. **Бы́ло гла́дко на бума́ге,/ Да забы́ли про овра́ги,/ А по ним
ходи́ть** (*сатирическая «солдатская» песня Л. Толстого* — 1857 *г.*)
»Der saubre Plan lief wie geölt im Stab,/ Doch im Gelände
geht's bergauf, bergab,/ Das hat man glatt vergessen« (*satirisches
»Soldatenlied« von L. Tolstoi). In seinen jungen Jahren beteiligte
sich Tolstoi am Krimkrieg 1853—1856. Während der mißglückten
Schlacht am Fluß Tschernaja war er Zeuge, wie der unfähige
General Read einige tausend russische Soldaten sinnlos in den sicheren Tod schickte. Das veranlaßte Tolstoi, sein im volkstümlichen
Ton gehaltenes Spottliedchen auf General Read zu dichten.*—Pläne,
*die man losgelöst von der Wirklichkeit macht, erweisen sich
als unhaltbar, sobald man sie in die Tat umzusetzen versucht,
—so läßt sich die Verallgemeinerung der vorstehenden Gedicht-
zeilen formulieren. Vgl. etw. von grünem Tisch aus entscheiden.*

56. **Бы́ло де́ло под Полта́вой** (*первая строка стихотворения
И. Молчанова, напечатанного в* 40—50-х *гг. XIX в. и ставшего
популярной песней)* »Vor Zeiten bei Poltawa,/ Da war der Teufel
los« (*die erste Verszeile aus einem in den 40—50er Jahren des
19.Jh. erschienenen Gedicht von I. Moltschanow, das zu einem
bekannten Volkslied wurde). Bei Poltawa, einer Stadt in der Ukraine,
lieferte Peter I., der der russischen Truppen befehligte, am 27.
Juni 1709 dem schwedischen König Karl XII. eine Schlacht. Die
schwedische Armee wurde geschlagen. Dieser Sieg hatte eine entschei-
dende Bedeutung für den Ausgang des Nordischen Krieges 1700—
1721 zugunsten Rußlands. Das Zitat wird gebraucht, wenn man
scherzhaft oder mit Stolz von einem Zusammenstoß (etwa einer
heftigen Auseinandersetzung mit jmdm.) erzählt.*

57. **Быстроте́кущая жизнь** *см.* Нау́ка сокраща́ет/ Нам о́пыты
быстроте́кущей жизни

58. **Бытие́ определя́ет созна́ние** (〈 *К. Маркс. К критике
политической экономии. Предисловие*—1859 *г.*) Das Sein bestimmt
das Bewußtsein (〈 *K. Marx. Zur Kritik der politischen Ökono-
mie. Vorwort).*

*Цитата*: Не сознание людей определяет их бытие, а, наоборот, их общественное бытие определяет их сознание (*Маркс К., Энгельс Ф. Соч., т.* 13, *с.* 7).[1]

*Zitat*: Es ist nicht das Bewußtsein der Menschen, das ihr Sein, sondern umgekehrt ihr gesellschaftliches Sein, das ihr Bewußtsein bestimmt (*K. Marx, F. Engels. Werke, Bd.* 13, *S.* 9).[2]

*Das Grundprinzip der materialistischen Auffassung der Geschichte in der klassischen Formulierung von Marx.*

59. **Быть бо́льшим като́ликом [папи́стом], чем па́па** (*происхождение не выяснено*) Päpstlicher als der Papst sein, *d. h.* übertrieben streng, strenger, unerbittlicher als der dazu Berufene, Verantwortliche sein (*Ursprung ungeklärt*).

60. **Быть иль не быть — вот в чём вопро́с** *цитируется также по-английски*: To be or not to be: that is the question (*Шекспир. Гамлет, д.* 3, *явл.* 3. *Пер. Н. Полевого* — 1837 *г.*) Sein oder Nichtsein, das ist hier die Frage;/ ↑ *engl.* (*Shakespeare. Hamlet. Übers. A. W. Schlegel*).

61. **Быть мо́жно де́льным челове́ком/ И ду́мать о красе́ ногте́й** (*А. Пушкин. Евгений Онегин, гл.* 1, *строфа XXV* — 1825 *г.*) Es kann als Mensch sehr viel bedeuten,/ Wer auch auf saubre Nägel hält (*A. Puschkin. Eugen Onegin. Übers. Th. Commichau*). *Der weitere Sinn des Zitats*: So sehr man von höheren geistigen Interessen auch in Anspruch genommen ist, man darf darüber seine äußere Erscheinung nicht vernachlässigen, die auch zur Menschenwürde gehört.

62. **Быть челове́ком — зна́чит быть борцо́м** (⟨ *Гёте. Стихотворение «Впуск» из сборника «Западно-восточный диван», цикл «Книга рая»* — 1819 *г.*) *Wörtlich*: Ein Mensch sein heißt ein Kämpfer sein (*dem Ausdruck liegt folgendes Zitat aus Goethes Gedicht »Einlaß« — West-östlicher Divan. Buch des Paradieses — zugrunde*: Denn ich bin ein Mensch gewesen,/ Und das heißt ein Kämpfer sein). *Im Russischen ist Goethes Aphorismus in vorstehender prosaischer Form bekannt*; *es sei auch eine der Übersetzungen in Versen angeführt*: Человеком был я в ми́ре,/ Это зна́чит — был борцо́м (*Пер. В. Левика*).

---

[1] Здесь и в дальнейшем цитаты приводятся по изданию, указанному в Списке использованной литературы, п. 2.

[2] Hier und im weiteren wird nach der Ausgabe zitiert, die im Literaturverzeichnis unter 22 angegeben ist.

# В

1. **Вавило́нское столпотворе́ние** (〈 *Библия, Бытие*, 11, 1—9) Babylonische Verwirrung, *d. h.* völlige, äußerste Verwirrung, Chaos (〈 *Bibel*). *Nach der Bibel* (1. *Mose*, 11, 1—9) *wurde in Babel ein Turm errichtet, dessen Spitze bis in den Himmel reichen sollte. Viele Menschen bauten an diesem Turm. Damals hatten sie alle eine Sprache. Da ließ Gott ihre Zungen so verwirren, daß keiner des anderen Sprache mehr verstand. Die Leute mußten den Bau einstellen.* Столпотворе́ние—Schaffen einer Säule, *d. h.* Turmbau *ist ein kirchenslawisches Wort; im Russischen wird es* (*auch außerhalb der Redensart, als Einzelwort*) *nur in der Bedeutung* Chaos, Durcheinander *gebraucht. Die deutsche Nebenform des Ausdrucks* Babylonische Sprachverwirrung (вавило́нское смеше́ние языко́в) *wird im Russischen kaum zitiert.*

2. **Вакх** *см.* Ба́хус

3. **Валаа́мова осли́ца** (〈 *Библия, Числа*, 22, 27—28) Bileams Eselin (〈 *Bibel*). *Die sonst langmütige Eselin des Propheten Bileam empörte sich gegen die grausame Behandlung durch ihren Besitzer und redete diesen in menschlicher Sprache an* (*Moses* 4, 22, 27—28). *Der Ausdruck wird in der Bedeutung* ein schweigsamer, demütiger, geduldiger Mensch *gebraucht, oft in der Form* валаа́мова осли́ца заговори́ла, *d. h.* einem demütigen Menschen riß die Geduld, und er begehrte auf.

4. **Варфоломе́евская ночь** (*массовая резня гугенотов, учинён-ная католиками в Париже в ночь на* 24.8.1572 *г.*) Bartholomäusnacht (*in der Nacht auf den* 24.8.1572, *der Hochzeitsnacht Heinrichs von Navarra mit Margarete Valois, von Katholiken in Paris angerichtetes Blutbad unter den Hugenotten, im Deutschen auch* Pariser Bluthochzeit *genannt*). *In bildlicher Verwendung:* Blutbad, Gemetzel; (*scherzh.*) Abrechnung mit jmdm. (*nicht nur eine körperliche*); устро́ить кому́-л. варфоломе́евскую ночь (*scherzh.*) mit jmdm. kurzen Prozeß machen.

5. **Васи́лий Тёркин** (*герой одноимённой поэмы А. Твардовско-го*—1945 *г.*) Wassili Tjorkin (*Titelgestalt der gleichnamigen Dichtung von A. Twardowski*). *Tjorkin symbolisiert den russischen Soldaten, seinen Patriotismus, seine hohe Moral, seine Tapferkeit und seinen Sinn für Humor. A. Twardowski arbeitete an dem Poem während des ganzen Großen Vaterländischen Krieges. Die einzelnen Kapitel erschienen als gereimte Feuilletons in Frontzeitungen, deren Korrespondent der Dichter war. Sie sollten die Soldaten im Bunker oder Schützengraben etwas aufheitern, aber auch ihren Kampfgeist stärken, und erfreuten sich bald einer außerordentlichen Popularität. Aus diesen Verserzählungen erwuchs allmählich ein Meisterwerk*

*der sowjetischen Literatur. In Anlehnung an Twardowskis Poem hat
der sowjetische Maler J. Neprinzew sein bekanntes Gemälde »Ruhepause
nach der Schlacht« (1951) geschaffen.*

6. **В Евро́пу проруби́ть окно́** см. Окно́ в Евро́пу

7. **Ведь я червя́к в сравне́ньи с ним** (*П.-Ж. Беранже. Знат-
ный прия́тель—«Le sénateur». Пер. В. Куро́чкина—1856 г.*)
»Ich bin ja gegen ihn ein Wurm« (*P.-J. Béranger. Le Senateur*).
*Bérangers Chanson in der »Ein vornehmer Freund« betitelten Übers.
von W. Kurotschkin wurde von A. Dargomyshski vertont und ist
als Text dieser Romanze sehr bekannt. Es handelt sich um einen
kleinen Beamten, den ein Aristokrat seiner »Freundschaft« würdigt,
weil er mit dessen Frau ein Liebesverhältnis hat. Der Beamte weiß
das, rühmt aber die Bekanntschaft mit dem vornehmen Hausfreund
als eine »Ehre« für sich, weil sie ihm manche Vorteile bringt.
Es gibt zwei Verwendungsweisen des Zitats:* 1) Mißbilligung für
jmdn., der sich vor einem Höhergestellten erniedrigt; 2) scherzhafte
Art und Weise, die Verdienste, die Leistung eines anderen zu
würdigen; man stellt diese über seine eigenen, allerdings ohne
sich selbst zu erniedrigen.

8. **Век ны́нешний и век мину́вший** (*А. Грибоедов. Горе от ума,
д. 2, явл. 2—1824 г.*) Wie's vormals war und heutzutage
(*A. Gribojedow. Geist bringt Kummer. Übers. J. von Guenther*).
*Die Verszeile wird zitiert, wenn man zwischen Gegenwart und Ver-
gangenheit Vergleiche anstellt.*

9. **Велика́ Росси́я, а отступа́ть не́куда — позади́ Москва́** (*слова политрука В. Клочкова, одного из 28 гвардейцев-панфилов-
цев*) »Rußland ist zwar groß, aber zum Zurückweichen gibt es
keinen Raum mehr, denn hinter uns liegt Moskau« (*Worte des
Politleiters W. Klotschkow, eines der 28 gefallenen Helden der
Panfilow-Gardedivision*). *Am 16.11.1941 nahmen 28 Soldaten der Di-
vision von General I. Panfilow, die Moskau verteidigte, einen ungleichen Kampf gegen eine faschistische Panzereinheit an der Eisen-
bahn-Ausweichstelle Dubossjekowo bei Wolokolamsk auf. In diesem
Kampf wurden 18 deutsche Panzer vernichtet. Die meisten Vertei-
diger der Stellung sind gefallen, posthum wurde ihnen der Titel
Held der Sowjetunion verliehen. Vor dem Kampf hielt Klotschkow
eine kurze Ansprache an die Soldaten und schloß sie mit dem
vorstehenden Satz, der als Ausdruck der Entschlossenheit, vor dem
Feind nicht zu weichen, zu einem geflügelten Wort wurde.*

10. **Вели́кий комбина́тор** см. Оста́п Бе́ндер

11. **Вели́кий, могу́чий, правди́вый и свобо́дный ру́сский язы́к**
(*И. Тургенев. Стихотворения в прозе. Русский язык—1882 г.*)
Die große, mächtige, wahrhaftige und freie russische Sprache
(*I. Turgenjew. Gedichte in Prosa. Die russische Sprache. Übers.
Th. Commichau*).

56

*Цитата*: Во дни сомнений, во дни тягостных раздумий о судьбах моей родины,—ты один мне поддержка и опора, о великий, могучий, правдивый и свободный русский язык!

*Zitat*: In Tagen des Zweifels, in Tagen drückender Sorge um das Schicksal meines Heimatlandes—bist du allein mir Halt und Stütze, o du große, mächtige, wahrhaftige und freie russische Sprache!

12. **Вели́кий писа́тель земли́ ру́сской** (*И. Тургенев о Л. Толстом в одном из писем к последнему*—*1883 г.*) »Des Russenlandes großer Schriftsteller« (*I. Turgenjew über L. Tolstoi in einem Brief an diesen). Turgenjews Worte sind zu einem ehrenden Beinamen L. Tolstois geworden.*

13. **Вели́кий почи́н** (*заглавие статьи В. И. Ленина*—*1919 г.*; *полный текст заглавия*: *Великий почин* (*О героизме рабочих в тылу. По поводу «коммунистических субботников»*).—*Полн. собр. соч., т. 39, с.* 1[1]) Die große Initiative (*Titel eines Artikels von W. I. Lenin; der volle Wortlaut des Titels: Die große Initiative (Über das Heldentum der Arbeiter im Hinterland. Aus Anlaß der »kommunistischen Subbotniks«).—Werke, Bd. 29, S. 397*[2]). *Mit diesen Worten bewertete W. I. Lenin die ersten kommunistischen Subbotniks, d. h. freiwillige, unentgeltliche, besonders an Sonnabenden* (*s.* Кра́сная суббо́та) *geleistete Arbeitseinsätze der Werktätigen, deren erster auf Anregung der Moskauer Eisenbahner am 10.5.1919 durchgeführt wurde. Sie spielten eine große Rolle für den wirtschaftlichen Aufbau des Landes und waren zugleich für die neue Einstellung der Werktätigen zur Arbeit charakteristisch.*

14. **Вене́ра** (*из римской мифологии*) Venus (*aus der römischen Mythologie). Göttin der Liebe und der Schönheit im alten Rom* (*griechisch* Aphrodite). *Ihr Name wird als Bezeichnung einer schönen Frau gebraucht.*

15. **Ве́ра гора́ми дви́гает** (〈 *Библия, Матф.*, 17, 20). Glaube versetzt Berge [Der Glaube kann Berge versetzen] (〈 *Bibel, Matth.*, 17, 20).

16. **Верне́мся к на́шим бара́нам** *цитируется также по-французски*: Revenons [Retournons] à nos moutons (*из французского фарса «Адвокат Пьер Патлен»*—*около 1470 г.*) Um auf den besagten Hammel zurückzukommen; ↑ *franz.* (*aus der französischen anonymen Posse* »Maître Pierre Patelin«). *Scherzhafte Ermahnung an jmdn., der vom Gesprächsthema zu weit abgewichen ist.*

---

[1] Здесь и в дальнейшем цитаты приводятся по изданию, указанному в Списке использованной литературы, п. 1.

[2] Hier und im weiteren wird nach der Ausgabe zitiert, die im Literaturverzeichnis unter 21 angegeben ist.

17. **Верте́ться как бе́лка в колесе́** (< *И. Крылов. Белка —*
1833 *г.*) *Wörtlich*: Wie ein Eichhörnchen in seiner Trommel
kreisen, *d. h.* hasten, geschäftig sein, sich keine Ruhe gönnen,
allerdings ohne daß greifbare Ergebnisse dieses Eifers zu verzeichnen
wären; im Leerlauf laufen (*zugrunde liegt I. Krylows Fabel »Eichhörnchen«*).

18. **Весо́мо, гру́бо, зри́мо** (*В. Маяковский. Во весь голос —*
1930 *г.*) Griffig, deutlich derb, nicht zu bestreiten (*W. Majakowski.
Mit aller Stimmkraft. Übers. H. Huppert*). *Wörtlich*: gewichtig,
greifbar, weithin sichtbar. *Charakteristik für etwas Großes, Hervorragendes, dessen Bedeutsamkeit nicht zu übersehen ist.*

19. **Весы́ Феми́ды** *см.* Феми́да.

20. **Ве́чно же́нственное** (*из ранних русских прозаических пере-
водов II ч. «Фауста» Гёте, д. 5*) Das Ewig-Weibliche (*Goethe.
Faust*). *Als geflügeltes Wort wird im Russischen die vorstehende
Variante aus frühen Faust-Übersetzungen in Prosa zitiert; in den
Versübersetzungen von N. Cholodkowski (1878) und B. Pasternak
(1955) steht die Variante* Ве́чная же́нственность.

21. **Ве́чный го́род** (*Тибулл. Элегии, II, 5, 23 — I в. до н. э.*)
Die ewige Stadt, *d. h.* Rom (*Tibull. Elegien*).

22. **Ве́чный жид [Агасфе́р]** (*персонаж христианской легенды
позднего западноевропейского средневековья*) Der ewige Jude (*Gestalt einer in Westeuropa entstandenen spätmittelalterlichen christli-
chen Legende*). *Als Jesus sein Kreuz zum Hinrichtungsplatz (s.* Голго́фа) *tragen mußte, soll ihm der Jude Ahasver(us) an seinem
Hause keinen Augenblick Rast gegönnt haben; als Strafe dafür
sei er zur Unsterblichkeit verdammt. Seitdem führt er angeblich
das Leben eines rastlosen Wanderers. Als einen ewigen Juden bezeichnet man einen Menschen, der von Ort zu Ort zieht und nirgends
festen Fuß fassen kann.*

23. **Вещь в себе́** (*И. Кант. Критика чистого разума —*
1781 *г.*) Das Ding an sich (*I. Kant. Kritik der reinen Vernunft*).
*Nach Kant ein angeblich unerkennbares »Wesen« der Dinge, das von
ihrer Erscheinung, die allgemein erkennbar sei, metaphysisch getrennt
wird. Im Russischen dient das Zitat auch zur scherzhaften Bezeichnung für etw. Unverständliches, schwer zu Begreifendes.*

24. **Взгляд и не́что** (*А. Грибоедов. Горе от ума, д. 4, явл.
4 — 1824 г.*) *Wörtlich*: «Eine Betrachtung und (noch) etwas (dazu)«,
*d. h.* nichtssagende Worte (*A. Gribojedow. Verstand schafft Leiden*).
*Der Dramatiker parodiert damit die Titel mancher Aufsätze in der
zeitgenössischen Presse. Das Zitat wird ironisch gebraucht und bezeichnet ein oberflächliches, inhaltloses Urteil, das Mangel an Sach-
kenntnis verrät.*

25. **Взыска́тельный худо́жник** (*А. Пушкин. Поэту — 1831 г.*)
Gestrenger Künstler (*A. Puschkin. An den Dichter. Übers. J. von*

*Guenther). Achtungsvolles Urteil über einen Künstler, der seinen Werken kritisch gegenübersteht und sich mit dem Erreichten nicht zufrieden gibt.*

26. **Взя́вшие меч — мечо́м поги́бнут** *см.* Кто с мечо́м к нам войдёт, от меча́ и поги́бнет

27. **Ви́дит о́ко, да зуб нейме́т** (*И. Крылов. Лисица и Виноград* — *1808 г.*) Was schon die Augen fast verschlingen,/ sich seinem Zahn entzieht (*I. Krylow. Der Fuchs und die Weintrauben. Übers. M. Remané). Dem Fuchs in der Krylowschen Fabel gelüstet es nach schönen reifen Trauben, sie hängen aber zu hoch und sind für ihn unerreichbar* (нейме́т *nur in der 3. Pers. Sing. Präs. gebräuchlich, umg., veralt., bedeutet svw.* kann nicht erreichen, bekommen). *Der Ausdruck wird in der Bedeutung* etw. ist so nah und doch so fern *zitiert.*

28. **Ви́тязь на распу́тье** (*название картины В. Васнецова* — *1882 г.*) Der Recke am Scheideweg, d. h. jmd., der eine schwere Entscheidung treffen muß (Titel eines Gemäldes von W. Wasnezow). Dem Gemälde liegt ein in der russischen Volksdichtung beliebtes Motiv zugrunde: Der Held einer Byline (= Heldensage) bzw. eines Märchens sieht an einem Kreuzweg einen Stein mit einer Inschrift, aus der er erfährt, daß jeder Weg, den er einschlägt, für ihn eine Gefahr birgt.*

29. **В каре́те про́шлого далеко́** [< никуда́] **не уе́дешь** (*М. Горький. На дне, д.* 4 — *1902 г.*) In der Kutsche der Vergangenheit kommt der Mensch nicht vom Fleck (*M. Gorki. Nachtasyl. Übers. A. Scholz*)

30. **Вкуша́ть от дре́ва позна́ния добра́ и зла** (< *Библия. Бытие,* 2 — 3). Vom Baum der Erkenntnis essen (< Bibel). Nach der Bibel (1. Mose, 2 — 3) legte Gott einen Garten an und pflanzte dort verschiedene Bäume, darunter den Baum der Erkenntnis des Guten und Bösen. Adam und Eva, den ersten Menschen, erlaubte er, von allen Bäumen im Garten zu essen, nur nicht von dem Baum der Erkenntnis. Von einer listigen Schlange verführt, aßen jedoch Adam und Eva von diesem Baum und wurden dafür von Gott aus dem Garten [dem Paradies] vertrieben. Der Ausdruck wird heute in der Bedeutung* zur Erkenntnis kommen, Kenntnis von etw. erwerben *gebraucht. Nach dieser Geschichte entstand auch der Ausdruck* Запре́тный плод Die verbotene Frucht (*die Frucht vom Baum der Erkenntnis*).

31. **Вла́сти предержа́щие** (*церковнославянский текст Библии; Послание Павла к римлянам,* 13, 1 — 5) Die vorgesetzte Obrigkeit (*Bibel; Brief des Paulus an die Römer,* 13, 1 — 5) Предержа́щий svw. *Haupt-, der Höchste. Zitiert in der Bedeutung* Obrigkeit *(iron.).*

32. **Власти́тель дум** (*А. Пушкин. К морю* — *1825 г.*) Herr

der Geister (*A. Puschkin. An das Meer. Übers. W. E. Groeger*).
*Bildhafte Charakterisierung eines hervorragenden Menschen, dessen Tätigkeit seine Zeitgenossen und das geistige Leben der Gesellschaft stark beeinflußt.*

33. **Вла́сть тьмы** (*название драмы Л. Толсто́го* — 1886 *г.*; *восхо́дит к Би́блии, Лука́, 22, 53*) Die Macht der Finsternis (*Titel eines Dramas von L. Tolstoi*; *geht auf die Bibel zurück, Lukas 22, 53*). *Bildliche Bezeichnung der Unwissenheit, der kulturellen und politischen Rückständigkeit* (*namentlich des vorrevolutionären russischen Dorfes*).

34. **Влече́нье, род неду́га** (*А. Грибое́дов. Го́ре от ума́, д. 4, явл. 4* — 1824 *г.*) »Ein Hang, beinah an Krankheit streifend« (*A. Gribojedow. Verstand schafft Leiden*). *Zitiert in der Bedeutung:* eine krankhafte Neigung.

35. **В лу́чших дома́х Филаде́льфии** (*И. Ильф, Е. Петро́в. Двена́дцать сту́льев, гл. XXII* — 1928 *г.*) »In den besten Häusern von Philadelphia« (*I. Ilf, J. Petrow. Die zwölf Stühle*). *Um ein vergoldetes Teesieb gegen einen offensichtlich wertvolleren Polsterstuhl aus dem Antiquariat einzutauschen, behauptet Ostap Bender* (*s.* Оста́п Бе́ндер), *er habe es aus Amerika bekommen, ähnliche Siebe seien zur Zeit »in den besten Häusern von Philadelphia« sehr modern, und hat damit bei seiner »Handelspartnerin«, einer auf Mode aus Übersee versessenen jungen Frau, vollen Erfolg. Der Ausdruck wird scherzhaft oder ironisch in der Bedeutung* (wie) in den feinsten, vornehmsten Kreisen *gebraucht*.

36. **В мину́ту жи́зни тру́дную** (*М. Ле́рмонтов. Моли́тва* — 1839 *г.*) In der Stunde der Entmutigung (*M. Lermontow. Gebet. Übers. F. Bodenstedt*); In Stunden schwer und schaudervoll (*Übers. J. von Guenther*). *Die gehobene Färbung der lyrischen Aussage ist hier stark zurückgetreten, und das Zitat wird meist scherzhaft gebraucht, um ganz alltägliche Schwierigkeiten* (*etwa eine Geldverlegenheit*) *zu bezeichnen*.

37. **В мои́ лета́ не до́лжно сметь/ Своё сужде́ние име́ть** (*А. Грибое́дов. Го́ре от ума́, д. 3, явл. 3* — 1824 *г.*) Wenn man so jung noch ist wie ich,/ Enthalte man des Urteils sich (*A. Gribojedow. Verstand schafft Leiden. Übers. J. von Guenther*). *Moltschalin, eine Person in dem Stück* (*s.* Молча́лин), *meint mit diesen Worten, er könne es sich in seiner bescheidenen Stellung nicht leisten, eine eigene Meinung zu haben. Das Zitat wird ironisch auf Menschen mit ähnlichen Lebensregeln verwendet. Vgl.* Ich hab' hier bloß ein Amt und keine Meinung (*F. Schiller. Die Piccolomini*, 1, 5).

38. **В Москву́, в Москву́, в Москву́!** (*А. Че́хов. Три сестры́* — 1901 *г.*) Nach Moskau, nach Moskau, nach Moskau! (*A. Tschechow. Drei Schwestern. Übers. G. Düwel*). *Die drei Schwestern, Hauptgestal-*

*ten des Tschechowschen Stücks, leiden unter der provinziellen Enge ihrer Kleinstadt und sehnen sich nach dem Leben in Moskau, sind aber nicht willensstark genug, ihren Wunsch in die Tat umzusetzen. Ihre Worte, die sich im Stück mehrmals wiederholen, werden als Bezeichnung für willensschwache, untätige Träumer zitiert.*

39. **В нау́ке нет столбово́й доро́ги** (⟨ *К. Маркс. Предисловие к французскому изданию «Капитала»* — 1872 г.) Es gibt keine Landstraße für die Wissenschaft (⟨ *K. Marx. Vor- und Nachwort zur französischen Ausgabe des »Kapitals«*).

*Цитата*: В науке нет широкой столбовой дороги, и только тот может достигнуть её сияющих вершин, кто, не страшась усталости, карабкается по её каменистым тропам (*Маркс К., Энгельс Ф. Соч., т. 23, с. 25*).

*Zitat: Es gibt keine Landstraße für die Wissenschaft, und nur diejenigen haben Aussicht, ihre lichten Höhen zu erreichen, die die Mühe nicht scheuen, ihre steilen Pfade zu erklimmen (K. Marx, Fr. Engels. Werke, Bd. 23, S. 31).*

40. **В не́котором ца́рстве, в не́котором [не в на́шем] госуда́рстве** (*зачин многих русских народных сказок*) *Wörtlich:* »In einem Reiche, in einem [nicht in unserem] Lande« (*Anfangsworte vieler russischer Volksmärchen). Zitiert in der Bedeutung: Weit weg von hier, man weiß nicht wo.*

41. **Во весь го́лос** (*заглавие поэмы В. Маяковского* — 1930 г.) *Mit aller Stimmkraft (Titel einer Dichtung von W. Majakowski. Übers. H. Huppert). Zitiert in der Bedeutung: ausdrücklich; entschieden geäußert, besonders betont; sich kräftig bemerkbar machend, vernehmlich.*

42. **Во всех ты, Ду́шенька, наря́дах хороша́** (*И. Богданович. Душенька, книга вторая* — 1783 г.; *эпиграф к повести А. Пушкина «Барышня-крестьянка»* — 1831 г.) *»Dich kleidet jede Tracht, mein Schätzchen« (I. Bogdanowitsch. Die kleine Psyche; die Verszeile ist der Novelle »Das Adelsfräulein als Bäuerin« von A. Puschkin als Motto vorangestellt). Bogdanowitschs Poem ist eine freie Nachdichtung von J. Lafontaines Roman »Les amours de Psyché et de Cupidon«. Das Gedicht ist im Stil eines russischen Volksmärchens abgefaßt, daher trägt auch die Hauptheldin den volkstümlich klingenden Namen* Ду́шенька, *d. h. Herzchen, Schatz. Das Zitat wird oft als scherzhafte Antwort auf die Frage einer Frau gebraucht, ob ihr ein Kleidungsstück steht.*

43. **В одну́ теле́гу впрячь не мо́жно/ Коня́ и тре́петную лань** (*А. Пушкин. Полтава, песнь вторая* — 1829 г.) *Man spanne nicht vor einen Wagen/ Ein feurig Roß, ein scheues Reh (A. Puschkin. Poltawa. Übers. B. Tutenberg). Bildlicher Ausdruck für: Menschen mit allzu unterschiedlichen Temperamenten können unmöglich ein*

glückliches Ehepaar abgeben *bzw.* eignen sich schlecht für eine gemeinsame Arbeit. Не мо́жно — *veralt. Form für* нельзя́.

**44. Возвраща́ться [⟨ Возвраща́ется ве́тер] на кру́ги своя́** (*Библия, Екклезиаст*, 1, 6) ≈ Alles wiederholt sich; das Ganze beginnt wieder einmal von vorn. *Die entsprechende Stelle in der deutschen Bibelübersetzung* (*Der Prediger Salomo*, 1, 6) *lautet*: Der Wind geht nach Süden und dreht sich nach Norden und wieder herum an den Ort, wo er anfing.— *Statt des Wortes* ве́тер *wird heute meist das Pronomen* всё *oder ein beliebiges Substantiv gebraucht.* Своя́ — *veralt. Form für* свои́; *die Betonung* кру́ги *ist ebenfalls veraltet: heute wird die letzte Silbe betont.*

**45. Вози́ть вам — не перевози́ть (,,носи́ть — не переноси́ть), таска́ть — не перетаска́ть** (*из русской народной сказки «Набитый дурак»*) Daß ihr noch recht viel daran zu tragen, zu schleppen und zu fahren hättet« (*aus dem russischen Volksmärchen »Vom kompletten Narren«*). *Der Narr sah einmal Bauern beim Dreschen und Einbringen und wünschte ihnen, drei Tage zu dreschen und drei Körner zusammenzutragen. Dafür wurde er von den Bauern verprügelt. Seine Mutter belehrte ihn, er hätte ihnen sagen sollen: »Daß ihr noch recht viel daran zu tragen, zu schleppen und zu fahren hättet«. Am nächsten Tag begegnete der Dummerjan einem Leichenzug und begrüßte die Leidtragenden mit den vorstehenden Worten, worauf er noch grausamer als am Vortage verprügelt wurde. Der Ausdruck wird gebraucht, um einen stupiden Menschen ironisch zu charakterisieren, der alles verkehrt macht und wohlgemeinte Ratschläge nicht zu nutzen weiß.*

**46. Возмути́тель споко́йствия** (*заглавие романа Л. Соловьёва о Ходже Насреддине* — *1940 г.*) »Unruhestifter« (*Titel eines Romans von L. Solowjow über Hodsha Nasreddin, eine Gestalt in der Folklore der Völker Mittelasiens und des Orients; Nasreddin ist ein »orientalischer Till Eulenspiegel«*).

**47. Возроди́ться [Восста́ть], как Фе́никс из пе́пла** (*из египетского мифа, вошедшего в греческую мифологию; пересказан Геродотом в его «Истории», II, 73* — *V* — *IV в. до нэ.*) Wie Phönix aus der Asche erstehen [steigen] (*aus einer ägyptischen Sage, die in die griechische Mythologie eingegangen ist; von Herodot in seinem »Geschichtswerk« nacherzählt*). *Nach der verbreitetsten Version der Sage verbrennt sich der Wundervogel Phönix alle 500 Jahre im eigenen Nest, um verjüngt aus seiner Asche zu erstehen. Heute wird der Ausdruck in der Bedeutung* sich nach einem Zusammenbruch neu erheben *verwendet.*

**48. Война́ есть продолже́ние поли́тики други́ми сре́дствами** (*К. Клаузевиц. О войне, т. I* — *1834 г.*) Der Krieg ist eine bloße (*zitiert:* die) Fortsetzung der Politik mit anderen Mitteln (*K. von Clausewitz. Vom Kriege*).

49. **Во́лга впада́ет в Каспи́йское мо́ре. (Ло́шади ку́шают ове́с и се́но)** (*А. Чехов. Учитель словесности* — 1894 *г.*) »Die Wolga mündet in das Kaspische Meer. (Pferde fressen Hafer und Heu)« (*A. Tschechow. Der Literaturlehrer*). *Die Sätze* (*oder nur der erste*) *werden als Beispiel eines Gemeinplatzes, einer Banalität zitiert.*

50. **Волк в ове́чьей шку́ре** (⟨ *Библия, Матф.*, 7, 15) Ein Wolf im Schafspelz [Schafskleid], *d. h.* jmd., der harmlos aussieht, aber sehr gefährlich ist (*Bibel, Matth.*, 7, 15).

51. **Во́ля и труд челове́ка/ Ди́вные ди́вы творя́т!** (*Н. Некрасов. Дедушка* — 1870 *г.*) »Des Menschen Fleiß, des Menschen Wille,/ Sie sind's, die wahre Wunder tun« (*N. Nekrassow. Der Großvater*).

52. **Воро́на в павли́ньих пе́рьях** (⟨ *И. Крылов. Ворона* — 1825 *г.*) »Eine Krähe in Pfauenfedern«, *d. h.* jmd., der sich mit fremden Federn schmückt (*I. Krylow. Die Krähe*). *In Krylows Fabel schmückt sich eine Krähe mit Pfauenfedern und bildet sich ein, sie sei nun so schön und bewundernswert wie ein Pfau. Die richtigen Pfauen rupfen ihr jedoch nicht nur die geborgten Federn aus, sondern ihre eigenen dazu. Als sie zu ihresgleichen zurückkehren will, wird sie von diesen als Fremdling verstoßen. Nun ist sie weder Pfau noch Krähe* (*s. dazu* Ни па́ва, ни воро́на).

53. **Воскреше́ние [Воскресе́ние] Ла́заря** (⟨ *Библия, Иоанн*, 11, 38 — 44) Auferstehung [Auferweckung] des Lazarus (⟨ *Bibel*). *Dem Ausdruck liegt eine Legende zugrunde* (*Johannes*, 11, 38 — 44), *nach der Jesus einen gewissen Lazarus auferweckt haben soll, der schon vier Tage tot und begraben war. Zitiert in zwei Bedeutungen:* 1) Genesung nach einer langen Krankheit; 2) Wiederbelebung einer alten, längst vergessenen Angelegenheit, Geschichte.

54. **Воспита́ние чувств** (*заглавие русского перевода романа Г. Флобера* «*L'éducation sentimentale*» — 1869 *г.*, *выполненного А. Федоровым и А. Дмитриевским* — 1935 *г.*; *предшествующие переводы носили заглавие* «*Сентиментальное воспитание*») »Erziehung der Gefühle«, *d. h.* Herausbildung der Moralbegriffe und -werte einer heranwachsenden Generation unter Einwirkung ihrer Umwelt (*Titel der von A. Fjodorow und A. Dmitrijewski besorgten russischen Übersetzung von G. Flauberts* »*L'éducation sentimentale*«; *frühere Übersetzer gaben den Titel wörtlich wieder*). *In Deutschland ist der Roman als* »*Lehrjahre des Gefühls*«, »*Erziehung des Herzens*« *sowie unter anderen Titeln bekannt.*

55. **Вот злонра́вия досто́йные плоды́** (*Д. Фонвизин. Недоросль, последнее действие* — 1783 *г.*) »Da hat die Verdorbenheit ihren gerechten Lohn« (*Schlußworte des* »*Landjunkers*«, *eines Lustspiels von D. Fonwisin*). *Fonwisin prangert in seiner satirischen Komödie die Unwissenheit und das Schmarotzertum des russischen Adels an.*

*Das Zitat wird heute ausschließlich scherzhaft in der Bedeutung* das kommt davon, wenn man... *gebraucht.*

56. **Вот и жизнь прошла́ [**< **пройдёт],/ как прошли́ Азо́р-** **ские острова́** (*В. Маяковский. Мелкая философия на глубоких местах* — 1925 *г.*) »Nun liegt auch das Leben achteraus,/ ist ferngerückt wie die Azoren« (*W. Majakowski. Seichte Philosophie an abgrundtiefen Stellen*). 1925 *besuchte Majakowski die USA, Mexiko und Kuba. Das Gedicht entstand während der Atlantik- -Überfahrt, als das Schiff gerade die tiefsten Stellen des Ozeans passierte. Daraus erklärt sich sein scherzhafter Titel. Die Verszeilen werden in der Bedeutung zitiert*: Wie schnell vergeht des Menschen Leben!

57. **Вот и ска́зочке коне́ц** (*частая концовка в русских народ-ных сказках*) Mein Märchen ist nun aus (*Schlußworte vieler russischer Volksmärchen*). *Vgl.* Mein Märchen ist aus,/ und geht vor Gustchen sein Haus (*Die Kinder- und Hausmärchen der Brüder Grimm. Hans mein Igel*).

58. **Вот прие́дет ба́рин — ба́рин нас рассу́дит** (*Н. Некрасов. Забытая деревня* — 1855 *г.*) Wenn der Herr erst heimkehrt, wird den Fall er schlichten (*N. Nekrassow. Das vergessene Dorf. Übers. F. Fiedler*). *Nekrassow schildert in seinem Gedicht ein Dorf, dessen Besitzer in Petersburg lebt und sich auf seinem Gut jahrelang nicht sehen läßt. Seine leibeigenen Bauern werden von dem Dorfältesten und dem Gutsverwalter geschunden und übervorteilt. Sie ertragen alles geduldig und setzen ihre Hoffnung nur darauf, daß der Gutsherr eines Tages doch kommt, ihnen zu ihrem Recht verhilft und ihre Peiniger bestraft. Das geflügelte Wort dient zur Bezeichnung von Menschen, die passiv darauf warten, daß jmd. kommt und ihre Probleme für sie löst.*

59. **Вперёд, заре́ навстре́чу** (*начальные слова песни «Молодая гвардия», созданной в* 1922 *г. поэтом А. Безыменским и компо-зитором Л. Шульгиным на основе немецкой революционной песни* »Dem Morgenrot entgegen«) Dem Morgenrot entgegen (*Anfangsworte des von dem Dichter A. Besymenski und dem Komponisten L. Schulgin geschaffenen Liedes* »Die junge Garde«, *dem das mit diesen Worten betitelte deutsche revolutionäre Lied zugrunde liegt*). *Die Verszeile wurde in den 20er und 30er Jahren als Losung der Komsomolzen verwendet. Den Titel* «Заре́ навстре́чу» *trägt ein Roman von W. Ko-shewnikow* (1959), *der den Kampf für die Sowjetmacht in Sibirien in den Jahren* 1917 — 1918 *schildert. S. dazu* Молода́я гва́рдия.

60. **В по́те лица́ (своего́)** (< *Библия, Бытие,* 3, 17 — 19) Im Schweiße seines Angesichts (< *Bibel*). *Nachdem Adam vom Baum der Erkenntnis gegessen hatte, verfluchte ihn Gott. Er soll zu Adam gesagt haben*: »Verflucht sei der Acker um deinetwillen, mit Kummer sollst du dich drauf nähren... Im Schweiße deines

*Angesichts sollst du dein Brot essen«* (1. *Mose,* 3, 17—19). *Zitiert in der Bedeutung*: in mühevoller Arbeit.

61. **В просвещёнии стать с вёком наравнё** см. С вёком наравнё

62. **В рассуждёнии чегó бы покýшать** (*А. Чехов. Жалобная книга*—1884 *г.*) »Darauf sinnend, etwas zu sich zu nehmen« (*A. Tschechow. Beschwerdebuch*). *Zitiert in der Bedeutung*: Jmd. verspürt Appetit und nimmt sich vor, einen Imbiß zu nehmen. *Der Reiz des stets scherzhaft gebrauchten Ausdrucks liegt an dessen sprachlicher Inkorrektheit*: в рассуждёнии чегó-л. (*veralt.*) *bedeutet eigentlich was... betrifft, so...* , *eignet sich also nicht dazu, eine Absicht auszudrücken.*

63. **Врачý, исцелúся сам** (*из церковнославянского текста Библии, Лука,* 4, 23) Arzt, hilf dir selber (*Bibel*). *Diese Worte werden schon im Evangelium* (*Luk.*, 4, 23) *als ein Sprichwort angeführt.* Врачý *ist eine kirchenslawische Vokativform zu* врач; исцелúся *eine veraltete Form des Imperativs* исцелúсь genese, heile (dich selbst). *Zitiert in der Bedeutung*: Ehe man andere tadelt, sollte man sich selbst bessern.

64. **Времён очáковских и покорёнья Крыма** (*А. Грибоедов. Горе от ума, д.* 2, *явл.* 5—1824 *г.*) »Aus Zeiten der Otschakow- -Kämpfe und der Eroberung der Krim« (*A. Gribojedow. Verstand schafft Leiden*). *Die Krim wurde 1783 Rußland einverleibt, Otschakow, eine türkische Festung am Schwarzen Meer, 1788 eingenommen, also rund fünfzig Jahre bevor Gribojedow sein Stück niederschrieb. Der Ausdruck wird in der Bedeutung aus längst vergangenen Zeiten, aus der Zeit, als der Großvater die Großmutter nahm gebraucht.*

65. **Врéмя, вперёд!** (*В. Маяковский.* «*Марш времени*» *в драме* «*Баня*»—1930 *г; заглавие романа В. Катаева*—1932 *г.*) Vorwärts die Zeit! (*W. Majakowski. Der »Zeitmarsch« im Drama »Das Schwitzbad«. Übers. H. Huppert; Titel eines Romans von W. Katajew*). *In Majakowskis Verszeile fand der Arbeitsenthusiasmus seinen poetischen Ausdruck, den die Sowjetmenschen an den Tag legten, nachdem 1929 der erste Fünfjahrplan zur Entwicklung der Volkswirtschaft* (1929—1933) *angenommen worden war. In den Betrieben entfaltete sich der Wettbewerb für eine vorfristige Erfüllung des Plans unter der Losung »Der Fünfjahrplan in vier Jahren!« Die Werktätigen wollten gleichsam den Lauf der Zeit beschleunigen, »die Zeit selbst anspornen«, um die materielle Basis der sozialistischen Gesellschaft möglichst schnell zu schaffen. Zur Verbreitung des Ausdrucks trug W. Katajews Roman bei (Titel der deutschen Übersetzung »Im Sturmschritt vorwärts«), der dem Bau eines Hüttenwerks gewidmet war.*

66. **Врéмя врачýет рáны. Врéмя — лýчший врач [лéкарь]** (*восходит к древнегреческому писателю Менандру*) Die Zeit heilt (alle)

Wunden, *d. h.* hilft über alles hinweg (*der Ausdruck geht auf den griechischen Schriftsteller des Altertums Menander zurück*).

67. **Вре́мя — де́ньги** (*из сочинения Б. Франклина «Совет молодому купцу»* — 1748 *г.*) Zeit ist Geld; Time is money *engl.* (*aus B. Franklins Schrift »Ratschläge für junge Kaufleute«*).

68. **Вре́мя рабо́тает на нас** (*из речи В. Гладстона в британском парламенте* — 1866 *г.*) »Die Zeit ist auf unserer Seite« (*aus einer Rede W. Gladstones im britischen Parlament, in der er für die politischen Rechte der Arbeiter eintrat und an seine Opponenten, die Torys, die Worte richtete »Time is on our side«*). *Zitiert in der Bedeutung*: jmds. Sieg rückt mit jedem Tag näher; jmds. Chancen werden mit der Zeit immer größer.

69. **Всеви́дящее о́ко** (*из христианской символики; теперь перен.*) Das allsehende Auge (*in der christlichen Symbolik Verkörperung der Vorsehung, dargestellt in Form eines in ein Dreieck eingeschlossenen Auges, von dem in allen Richtungen Strahlen ausgehen*). *Heute in bildlicher Verwendung von jmdm., dem man nichts verheimlichen kann, dessen Auge nichts entgeht;* ≈ Argusaugen. О́ко (*veralt., geh.*) — глаз.

70. **Всё во и́мя челове́ка, для бла́га челове́ка** (*Введение к Програ́мме Коммунисти́ческой па́ртии Сове́тского Сою́за, приня́той на XXII съе́зде КПСС в* 1961 *г.*) Alles im Namen des Menschen, alles zum Wohle des Menschen (*Einleitung zum Programm der Kommunistischen Partei der Sowjetunion, beschlossen vom XXII. Parteitag der KPdSU am 31. Oktober 1961*). *In Form dieser Losung ist im dritten Programm der KPdSU eine der Hauptaufgaben der Partei formuliert, die darin besteht, die Bedingungen für die allseitige Entfaltung der Persönlichkeit zu schaffen, das materielle und das geistige Niveau der Sowjetmenschen immer weiter zu heben.*

71. **Всё в про́шлом** (*название картины В. Максимова* — 1889 *г.*) »Alles ist längst vorbei« (*Titel eines Gemäldes von W. Maximow*). *Der Maler zeigt eine alte Frau, eine ruinierte Gutsbesitzerin; sie sitzt traurig in einem Sessel vor einem einstöckigen Häuschen, mit dem sie jetzt vorliebnehmen muß; im Hintergrund ist ihre ehemalige Wohnung, ein verwahrlostes, baufälliges Herrenhaus zu sehen, dessen Türen und Fenster mit Brettern vernagelt sind. Der Ausdruck wird zitiert, um Menschen zu charakterisieren, die ihre Stellung in der Gesellschaft und ihr Ansehen unwiederbringlich verloren haben und denen nichts anderes übrigbleibt als ihrer Vergangenheit nachzutrauern.*

72. **Всегда́ гото́в!** *см.* Будь гото́в!

73. **Всё гни́ло в Да́тском короле́встве** *см.* Прогни́ло что́-то в Да́тском короле́встве.

74. **Все доро́ги веду́т в Рим** (*Юлиан Отступник. Речи,*

*VI, 358 и сл.*) Viele [alle] Wege führen nach Rom, *d. h.* welchen Weg man auch nimmt, jeder führt zu demselben Ziel (*Julian der Abtrünnige. Oratio*). *Der römische Kaiser Julian versuchte, das Heidentum wiederherzustellen, wofür er auch literarisch tätig war. In seiner Schrift spricht er von der heidnischen Religion als der einzig wahren Philosophie, zu der viele Wege führen, sowie man auf verschiedenen Wegen nach Athen gelangen kann. Diese Worte, später auf Rom als das Zentrum des Westreichs bezogen, sind im Mittelalter zu einem Sprichwort geworden.*

75. **Все жа́нры хоро́ши, кро́ме ску́чного** (*Вольтер. Предисло-вие к комедии «Блудный сын»* — 1738 *г.*) Alle Dichtarten sind gut außer der langweiligen; Tous les genres sont bons, hors le genre ennuyeux *franz.* (*Voltaire. Vorrede zur Komödie »Der verlorene Sohn«*).

76. **Всё и́ли ничего́** (*Г. Ибсен. Бранд, д.* 2 — 1866 *г.*) Alles oder nichts (*H. Ibsen. Brand. Übers. J. Elias*). *Brand, die Hauptfigur des dramatischen Poems von Ibsen, ein idealer Held, ruft die Men-schen auf, ihre alltäglichen Sorgen und Geschäfte zu vergessen und ihm »in die Höhe« zu folgen. Zu einem Mädchen, das seine Lebensgefährtin sein will, sagt er:* »Wisse, daß ich viel begehre,/ Alles fordre oder nichts«. *Die Worte* Всё и́ли ничего́ *werden als Formel der Kompromißlosigkeit, eines sittlichen Maximalismus zitiert.*

77. **Всё к лу́чшему в э́том лу́чшем из миро́в** *цитируется также по-французски:* Tout est pour le mieux dans le meilleur des mondes possibles (⟨ *Вольтер. Кандид, гл.* I — 1759 *г.*) Alles ist aufs beste bestellt in der besten der möglichen Welten; ↑ *franz.* (*Voltaire. Candide*). *Mit diesen Worten parodiert Voltaire in seinem satirischen Roman die teleologische Ansicht des deutschen Philo-sophen Leibnitz, nach der alles in der Welt zweckmäßig erschaffen sei, so daß diese als »die beste aller möglichen Welten« zu gelten habe. Verwendungsweise des Zitats: Ausdruck einer ironischen Ab-lehnung.*

78. **Всё куплю́,— сказа́ло зла́то;/ Всё возьму́,— сказа́л була́т** (*А. Пушкин. Золото и булат* — 1827 *г.*) Alles kauf ich! sprach das Gold;/ Alles nehm ich! sprach der Stahl (*A. Puschkin. Gold und Stahl. Übers. F. Fiedler*).

79. **Всеми́рная отзы́вчивость** (*из речи Ф. Достоевского на торжествах по случаю открытия памятника А. Пушкину в Москве* — 1880 *г.*) Universale Aufnahmefähigkeit, *d. h.* eine außeror-dentliche Aufgeschlossenheit und Wandlungsfähigkeit, das Vermögen, sich rückhaltlos in den Geist vergangener Zeiten und fremder Völker zu versenken (*aus der Rede von F. Dostojewski, gehalten anläßlich der Enthüllung des Puschkin-Denkmals in Moskau; Bildhauer A. Opekuschin*).

**3***

*Цитата*: Но укажите хоть на одного из этих великих гениев, который бы обладал такою способностью всемирной отзывчивости, как наш Пушкин. И эту-то способность, главнейшую способность нашей национальности, он именно разделяет с народом нашим, и тем, главнейше, он и народный поэт.

*Zitat*: Man nenne mir aber auch nur einen dieser großen Genien, der eine solche universale Aufnahmefähigkeit besessen hätte wie unser Puschkin. Und eben diese Fähigkeit, die hauptsächlichste Fähigkeit unserer Nationalität, teilt er mit unserem Volke, und dadurch vor allem ist er der Dichter des Volkes (*Übers. A. Luther*).

80. **Всё моё [своё] ношу с собою [при себе]** *цитируется также по-латыни*: Omnia mea mecum porto (*Цицерон в «Парадоксах»*, I, 1, 8 *приписывает эти слова Бианту, одному из семи легендарных древнегреческих мудрецов*). Alle meine Habe trage ich mit mir; ↑ lat. (*ein Spruch, den Cicero in seinen »Paradoxa« Bias, einem der sagenhaften sieben Weisen von Hellas, zuschreibt*). *Als die Perser die griechische Stadt Priene besetzt hatten, flohen deren Einwohner mit ihrem Hab und Gut. Nur Bias hatte nichts bei sich. Befragt, weshalb er sein Hab und Gut nicht mithabe, antwortete er mit den vorstehenden Worten, wobei er seinen Geist meinte. Das Zitat hat zwei Verwendungsweisen*: 1) *Ausdruck der Geringschätzung materiellen Gütern gegenüber*; 2) (*meist scherzh.*) *Bezeichnung für die Situation, wenn jmd. nur das Notwendigste (auf eine Reise) mitnimmt u. ä., bzw., wenn jmd. nichts als seine Kleidung besitzt*.

81. **Всемогу́щий до́ллар** (*из новеллы В. Ирвинга «Креольская деревня»* — 1836 *г.*) Der allmächtige Dollar (*aus W. Irvings Novelle »Kreolendorf«*).

82. **Всем смертя́м назло́** *см.* Жди меня́, и я верну́сь

83. **Всему́ своё вре́мя** (*Библия, Екклезиаст*, 3, 1) Ein jegliches hat seine Zeit [Alles zu seiner Zeit] (*Bibel, Der Prediger Salomo*, 3, 1).

84. **Всё пройдёт, как с бе́лых я́блонь дым** (*С. Есенин. Не жалею, не зову, не плачу...* — 1922 *г.*) Alles geht, wie Apfelblütenrauch (*S. Jessenin. Kein Bereuen, Tränen nicht, noch Klage. Übers. E. Ruge*). *Jessenins Verszeile wird in der Bedeutung* alles ist vergänglich *zitiert*.

85. **Всё пустяки́ в сравне́нии с ве́чностью** (*слова художника Черевáнина, одного из персонажей повести Н. Помяловского «Молотов»* — 1861 *г.*; *выражение восходит к сочинению Б. Спинозы «Этика»* — 1677 *г.*) «Alles ist eine Bagatelle unter dem Gesichtspunkt der Ewigkeit» (*Worte des Malers Tscherewanin, einer Gestalt in N. Pomjalowskis Roman »Molotow«*; *der Ausdruck geht auf B. Spinozas Hauptwerk »Ethik«  zurück*). *Das Zitat*

*wird als eine scherzhafte Trostformel gebraucht.*

86. **Всерьёз и надо́лго** (*В. И. Ленин. Доклад на IX Всероссийском съезде Советов. «О внутренней и внешней политике Республики»* — 1921 *г.*) Ernsthaft und auf lange Zeit (*W. I. Lenin. Bericht an den IX. Gesamtrussischen Sowjetkongreß.* » *Über die Innen- und Außenpolitik der Republik*«).

*Цитата*: ...эту политику мы проводим всерьёз и надолго, но, конечно, как правильно уже замечено, не навсегда (*Ленин В. И. Полн. собр. соч., т.* 44, *с.* 311).

*Zitat*: ...daß wir diese Politik ernsthaft und auf lange Zeit, aber natürlich, wie das schon richtig bemerkt worden ist, nicht für ewig durchführen (*W. I. Lenin. Werke, Bd.* 33, *S.* 144).

*W. I. Lenin meinte damit die NÖP (= Neue ökonomische Politik). Heute bezeichnet man mit dem Ausdruck:* 1) *jede Tätigkeit, Arbeit usw., die für längere Zeit geplant ist*; 2) (*scherzh.*) *etw., was sich in die Länge zu ziehen droht.*

87. **Всё смеша́лось в до́ме Обло́нских** (*Л. Толстой. Анна Каренина, ч. I, гл. I* — 1875 *г.*) »Im Hause der Oblonskis ging es drunter und drüber« (*L. Tolstoi. Anna Karenina*). *Im ersten Kapitel des Romans, das mit diesen Worten beginnt, wird ein Zerwürfnis zwischen den Eheleuten Oblonski geschildert, hervorgerufen durch die Untreue des Ehemanns. Das Zitat wird als eine bildliche Bezeichnung für Unordnung, Wirrwarr, Durcheinander gebraucht.*

88. **Всесою́зный ста́роста** (*так называли в народе М. И. Калинина, бессменного Председателя ВЦИК с 1919 по 1922 г., ЦИК СССР с 1922 по 1938 г. и Президиума Верховного Совета СССР с 1938 по 1946 г.*) »Allunions-Ältester«. *So wurde im Volksmunde M. Kalinin genannt, der ab 1919 bis zu seinem Tode Vorsitzender des obersten sowjetischen staatlichen Machtorgans war: des Allrussischen Zentralen Exekutivkomitees* (1919 — 1922), *des Zentralen Exekutivkomitees der UdSSR* (1922 — 1938) *und des Präsidiums des Obersten Sowjets der UdSSR* (1938 — 1946). Ста́роста *svw.* Gemeindevorsteher, Dorf-, Stuben-, Gruppenältester.

89. **Все счастли́вые се́мьи похо́жи друг на дру́га, ка́ждая несчастли́вая семья́ несча́стлива по-сво́ему** (*Л. Толстой. Анна Каренина, ч. I, гл. I* — 1875 *г.*) Alle glücklichen Familien gleichen einander, jede unglückliche Familie dagegen ist unglücklich auf ihre besondere Art (*L. Tolstoi. Anna Karenina. Übers. R. Löwenfeld*).

90. **Всё течёт, всё изменя́ется** (*древнегреческий философ Гераклит*) Alles fließt [Alles ist und ist auch nicht, denn alles ist im Fluß] (*Heraklit, griechischer Philosoph*). *Bildliche Veranschaulichung des ständigen Werdens und Vergehens aller Dinge.*

91. **Все фла́ги в го́сти бу́дут к нам** (*А. Пушкин. Медный всадник. Вступление* — 1834 *г.*) Froh werden alle Flaggen wehn/ Auf diesen Fluten, nie gesehn,/ Uns bringend fremdländische Gäste

*(A. Puschkin. Der eherne Reiter. Übers. W. E. Groeger). Im Prolog zu seinem Poem besingt Puschkin die historische Tat Peters I., in dessen Regierungszeit (1689 — 1725) Rußland im Laufe des Nordischen Krieges (1700 — 1721) sich den Zugang zur Ostsee zurückeroberte. Die Gründung Petersburgs (1703) durch Peter I. trug zur raschen Entwicklung der merkantilen und kulturellen Beziehungen zwischen Rußland und anderen europäischen Ländern bei (s.* Окно́ в Евро́пу*). Petersburg wurde bald ein bedeutender Seehafen, den die Schiffe aus aller Herren Ländern anliefen. Die Worte (*Сюда́ по но́вым им волна́м/*) Все фла́ги в го́сти бу́дут к нам, die Puschkin Peter I. in den Mund legt, sind zu einem geflügelten Ausdruck geworden. Heute wird das Zitat verwendet, wenn Gäste aus dem Ausland erwartet werden, besonders während großer Sportveranstaltungen, Festspiele, Kongresse usw., wenn zu Ehren der Gäste die Nationalflaggen der betreffenden Länder gehißt werden.*

92. **Всё хорошо́, прекра́сная марки́за** (*францу́зская наро́дная песня «Всё хорошо» в переводе А. Безыменского*) »In bester Ordnung, gnädige Marquise« (*aus dem französischen Volkslied »Alles geht gut« in der russischen Übersetzung von A. Besymenski; das Lied war, vom einem bekannten Estradensänger L. Utjossow vorgetragen, in den 30er Jahren besonders beliebt. Eine Marquise ruft den Verwalter ihres Gutes an und erkundigt sich, ob alles im Hause in Ordnung sei. Sie bekommt zur Antwort, alles gehe gut, abgesehen davon, daß eine Stute tot ist. Die Marquise will die näheren Umstände wissen. Der Verwalter teilt ihr mit, die Stute sei bei einem Brand im Stall umgekommen. Durch weitere Fragen erfährt die Marquise, daß auch ihr Schloß dabei niedergebrannt ist. Jede Antwort, auch die letzte, schließt der Verwalter mit den Worten:* »Ansonsten geht, verehrteste Marquise, in Ihrem Haus alles gut«. *Das Zitat ironisiert den Sachverhalt, wenn man nicht zugeben will, daß es mit etw. schlecht steht, und die Sache zu bagatellisieren sucht, indem man in optimistischem Ton darüber berichtet.*

93. **Всё э́то бы́ло бы смешно́,/ Когда́ бы не́ было так гру́стно** (*М. Лермонтов. А. О. Смирновой* — 1840 г.) Wie lächerlich wär alles dies,/ Wenn es nicht gar so traurig wäre (*M. Lermontow. An A. O. Smirnowa. Übers. J. von Guenther*).

94. **Встава́й, прокля́тьем заклеймённый,/ Весь мир голо́дных и рабо́в!** (*Э. Потье. «Интернациона́л» в русском пер. А. Коца* — 1902 г.) Wacht auf, Verdammte dieser Erde,/ die stets man noch zum Hunger zwingt! (*Eugène Pottier. Internationale. Übers. E. Luckhardt, vertont von P. Degeyter*).

95. **Всяк кузне́ц своего́ сча́стья** (*? изречение ри́мского цензора Аппия Клавдия, дошедшее до нас в передаче историка Саллюстия в его «Послания́х к Цезарю-старцу»,* 1, 2 — *около* 50 г. *до*

*н. э.*) Jeder ist seines Glückes Schmied (*eine Maxime des römischen Zensors Appius Claudius, überliefert von dem Historiker Sallust in seinen* »*Episteln an Caesar den Greis*«). Всяк *ist eine volkstümliche, veraltete Form des Pronomens* всякий. *Vgl.* »Der Schmied seines Glückes«, *Titel einer Novelle von G. Keller.*

96. **Вся́кое дая́ние бла́го** (*Библия, Послание апостола Иакова,* 1, 17) Alle gute Gabe kommt von oben herab, *d. h.* von Gott (*Bibel, Brief des Jakobus,* 1, 17). *Im Russischen wird die Bibelstelle in der Bedeutung zitiert*: Lieber etwas, als gar nichts; einem geschenkten Gaul sieht man nicht ins Maul. Дая́ние (*veralt.*) *svw.* Gabe.

97. **Вся́кой тва́ри по па́ре** (‹ *Библия, Бытие,* 6, 7) *Wörtlich*: »Ein Paar von jeder Schöpfung«, *d. h.* wie in der Arche Noahs (‹ *Bibel*). *Nach der biblischen Geschichte* (*1. Mose,* 6, 7) *ließ Gott eine Sintflut auf die Erde kommen, um die Menschen für ihre Frevel zu bestrafen. Am Leben bleiben sollte nur Noah, den Gott als einen gerechten Mann befunden hatte. Gott hieß Noah eine Arche, d. h. ein Schiff bauen* (*s.* Но́ев ковче́г), *mit dessen Hilfe es ihm gelang, sich und seine Familie vor der Sintflut zu retten. Noah sollte von allen Tieren ein Paar mit auf sein Schiff nehmen, damit auch diese die Sintflut überleben konnten. Der Ausdruck dient zur scherzhaften Bezeichnung für eine bunt zusammengewürfelte Gesellschaft.*

98. **Вся короле́вская рать** (*заглавие русского перевода романа Р. Уоррена* «All the king's men» — *1946 г.; в основе лежат слова из английской народной детской песенки* «Humpty Dumpty», *популярной в СССР под заглавием* «Шалтай-Болтай», *пер.* С. *Маршака*) »Des Königs ganzes Kriegsvolk« (*Titel des Romans* »All the king's men« *von R. Warren, dessen deutsche Übersetzung* »Der Gouverneur« *betitelt ist; zugrunde liegt eine Verszeile aus dem volkstümlichen englischen Kinderlied* »Humpty Dumpty«, *das in S. Marschaks Übersetzung in der UdSSR sehr beliebt geworden ist*). *In R. Warrens Roman wird der Kampf um den Sessel des Gouverneurs sowie um andere Posten in der Verwaltung eines Staates der USA geschildert. Mit den Worten* »Des Königs ganzes Kriegsvolk« *meint der Verfasser den* »Troß« *eines durchtriebenen Politikers, alle seine* »Trabanten«. *Der Ausdruck wird in der Sowjetpresse in der Bedeutung* diese ganze Clique *verwendet.*

99. **Вся ро́та шага́ет [идёт] не в но́гу, оди́н пору́чик Рома́шов шага́ет [идёт] в но́гу** (‹ *А. Куприн. Поединок, гл.* 16 — 1905 *г.*) »Die ganze Kompanie hält nicht Schritt, nur der Fähnrich Romaschow hält Schritt« (‹ *A. Kuprin. Duell*). *Ironisch über jmdn., der sich allein im Recht wähnt, das einzig Richtige zu tun glaubt, während alle anderen seiner Meinung nach falsch handeln.*

100. **Второе я** *см.* Другое я

101. **В тридевя́том [тридеся́том] ца́рстве [госуда́рстве]** см. За три́девять земе́ль

102. **Входя́щие, оста́вьте упова́нья** см. Оста́вь наде́жду, всяк сюда́ входя́щий

103. **В челове́ке должно́ быть всё прекра́сно (: и лицо́, и оде́жда, и душа́, и мы́сли)** (*А. Чехов. Дядя Ваня, д. 2 — 1897 г.*) Am Menschen muß alles schön sein (: das Gesicht, die Kleidung, die Seele und die Gedanken) (*A. Tschechow. Onkel Wanja. Übers. G. Düwel*). *Vgl.* Edel sei der Mensch,/ Hilfreich und gut (*Goethe. Das Göttliche*).

104. **В шесть часо́в ве́чера по́сле войны́** (*Я. Гашек. Похожде́ния бравого солдата Швейка во время мировой войны, ч. 2, гл. 4 — 1923 г.; название популярного советского фильма по сценарию В. Гусева — 1944 г.*) Nach dem Krieg, um sechs Uhr abends (*J. Hašek. Die Abenteuer des braven Soldaten Schwejk im Weltkrieg*). *Schwejk geht an die Front und nimmt Abschied von seinem Kameraden, dem Sappeur Woditschka. Er schlägt diesem vor, sich »um sechs Uhr abends nach dem Krieg« im Bierlokal »Zum Kelch« zu treffen. Das Zitat drückt die optimistische Zuversicht aus, den Krieg zu überstehen, am Leben zu bleiben, und schließt somit eine in humorvolle Form gekleidete Verachtung des Krieges ein. Der Ausdruck war in der UdSSR während des Großen Vaterländischen Krieges besonders populär, zu seiner Beliebtheit trug der Film nach einem Drehbuch von W. Gussew bei, der mit den vorstehenden Worten aus J. Hašeks »Schwejk« betitelt war.*

105. **Вы́пить ча́шу до дна** (⟨ *Библия, Исаия*, 51, 17) Den (bitteren) Kelch (bis auf den Grund, bis zur Neige) leeren, *d. h.* ein Ungemach bis zum Ende ertragen (⟨ *Bibel, Jesaja*, 51, 17).

106. **Вы́пустить джи́нна из буты́лки** (*из арабских сказок*) »Einen Dschinn aus seiner Flasche herauslassen« (*aus arabischen Märchen*). *Die Dschinns der arabischen Folklore sind allmächtige, alle Aufträge im Nu erledigende Geister mit einem Körper aus einer Flamme, der eine beliebige Form annehmen, bald riesengroß, bald winzig klein werden kann. In eine Flasche verbannt, verliert ein Dschinn seine Zauberkraft und kann nicht mehr heraus. Der bildliche Ausdruck bedeutet demnach svw. eine schlummernde gefährliche Riesenkraft entfesseln. Vgl. Die ich rief, die Geister, werd' ich nun nicht los (Goethe. Der Zauberlehrling).*

107. **В э́той жи́зни помере́ть не тру́дно —/ сде́лать жизнь значи́тельно трудне́й** (*В. Маяковский. Сергею Есенину — 1926 г.*) Sterben ist hienieden keine Kunst./ Schwerer ists: das Leben baun auf Erden (*W. Majakowski. An Sergej Jessenin. Übers. H. Huppert*). *Das Gedicht erschien einige Tage nach dem Freitod Jessenins (18.12.1925). Majakowski verurteilt darin den Selbstmord als »Ausweg« aus persönlichen und gesellschaftlichen Konflikten, in die ein Mensch*

*verwickelt ist. Die vorstehenden Schlußzeilen des Gedichts periphrasie-*
*ren die Worte Jessenins aus seinem letzten, vor dem Tode ge-*
*schriebenen Gedicht:* В э́той жи́зни умира́ть не но́во,/ Но и жить,
коне́чно, не нове́й Sterben – *, nun, ich weiß, daß hat es schon*
gegeben./ *Doch: auch Leben gabs ja schon einmal (Übers. P. Celan)*
*und polemisieren mit der darin enthaltenen pessimistischen Ansicht.*

108. **В э́том (вели́кая) серми́жная пра́вда** (*И. Ильф, Е. Пет-*
*ров. Золотой телёнок, гл. XIII*—1931 *г.*) *Darin liegt die große*
*härene Wahrheit, d. h. das ist eine große Weisheit, eine Offenbarung,*
*das hat eine tiefere Bedeutung (I. Ilf, J. Petrow. Das Goldene*
*Kalb, oder Die Jagd nach der Million. Übers. Th. Reschke).*
*Lieblingsworte Wassissuali Lochankins, einer Gestalt in Ilfs und Pet-*
*rows berühmtem satirischem Roman, eines arbeitsscheuen »Intellek-*
*tuellen«, der gern »tiefsinnigen« Gedanken über die russische Intelli-*
*genz und das russische Volk nachhängt. Mit der »härenen Wahrheit«*
*meint er eine »Weisheit, die aus den Tiefen der Volkspsyche kommt«,*
*eine »Volksweisheit« (*сермя́га *svw. grobes, ungefärbtes Tuch, das*
*früher für Bauernkleidung verwendet wurde). Das Zitat wird ausschließ-*
*lich scherzhaft gebraucht.*


# Г

1. **Га́дкий утёнок** (*заглавие сказки Г.-Х. Андерсена*—1843 *г.*)
*Das häßliche junge Entlein (Titel eines Märchens von H. Chr. An-*
*dersen). In Andersens Märchen wird ein Jungvogel für ein häßliches*
*Entlein gehalten und wegen seiner Ungeschicklichkeit und übermäßi-*
*gen Größe von allen gehänselt; als es aber groß wird, entpuppt*
*es sich als ein schöner Schwan. Die Worte werden über Men-*
*schen gesagt, die lange unterschätzt werden, weil ihre Fähigkeiten*
*sich erst spät und unerwartet zeigen.*

2. **Га́лльский пету́х** (*аллегория Франции*) *Der Gallische Hahn*
(*Allegorie Frankreichs. Wappentier der Französischen Revolution,*
*des Julikönigtums und der Dritten Republik*).

3. **Гало́пом по Евро́пам** (*заглавие путевых очерков А. Жаро-*
*ва*—1928 *г.*) *»Im Galopp durch Europa« (Titel der Reisenotizen*
*von A. Sharow). Sharow gab seinen Notizen diesen Titel, weil*
*die Delegation der sowjetischen Dichter, der er angehörte, ihren*
*Aufenthalt in Österreich und der Tschechoslowakei stark verkürzen*
*mußte, und zwar wegen des feindseligen Verhaltens der damaligen*
*staatlichen Institutionen dieser Länder (*Евро́пам*—künstlich gebilde-*
*te, salopp klingende Form des Dat. Pl. von* Евро́па = *europäische*
*Länder). Sharows Worte sind durch M. Gorki populär geworden,*

*der sie auf andere oberflächliche Schilderungen von Auslandsreisen in der Sowjetpresse jener Zeit verwendete. Das Zitat wurde bald zu einer scherzhaften Bezeichnung für eine flüchtige Bekanntschaft mit etw., auch für einen oberflächlichen Bericht über etw., was man nicht gut genug kennt. Vgl.* Jmd. hat in etw. nur kurz hineingerochen.

4. **Га́млет** (*герой одноимённой трагедии Шекспира* — 1603 *г.*) Hamlet (*Titelheld des gleichnamigen Trauerspiels von Shakespeare*). *Sein Name ist in der russischen Alltagssprache zur Bezeichnung für einen Menschen geworden, der an allem zweifelt, immer in Nachdenken versunken und zu einem schnellen und energischen Handeln nicht fähig ist. Eine Erzählung von I. Turgenjew (1849) trägt den Titel »Hamlet aus dem Landkreis Stschigry«, weil ihr Held ein Mensch von diesem Schlag ist.*

5. **Ганниба́л [Анниба́л] у воро́т** *цитируется также по-латыни:* Hannibal ad [ante] portas (*Цицерон. Филиппики*, 1, 5, *II* — 44/45 *г. до н. э.*) Hannibal ist vor den Toren; ↑ *lat.* (*Cicero. Philippica*). *Nach dem Bericht des Geschichtschreibers Livius Schreckensruf der Römer im 2. Punischen Krieg (218 — 201 v. u. Z.), als der karthagische Feldherr Hannibal mehrmals in gefährliche Nähe ihrer Stadt kam. Cicero warnte in diesen Worten seine Mitbürger vor Marcus Antonius, der mit seinen Truppen nach Rom marschierte, um eine Diktatur zu errichten. Somit gebrauchte Cicero den Ausdruck* Hannibal ante portas *zum ersten Mal im heutigen allgemeineren Sinn, als Warnung vor einer unmittelbar drohenden Gefahr.*

6. **Гарпаго́н** (*главный герой комедии Мольера* «*Скупой*» — 1668 *г.*) Harpagon, *Hauptfigur in Molières Lustspiel »Der Geizige«, ein krankhaft am Geld hängender Mensch, dessen Name ein Synonym für* Geizhals *geworden ist.*

7. **Гва́рдия умира́ет, но не сдаётся** (*происхождение спорно*) Die Garde stirbt, aber sie ergibt sich nicht (*Ursprung umstritten*). *Die Worte soll, nach der verbreitetsten Version, der französische General P. Cambronne in der Schlacht bei Waterloo (1815) gesagt haben, und zwar als Antwort auf die Aufforderung der Engländer, sich zu ergeben.*

8. **Гво́зди б де́лать из э́тих люде́й:/ Кре́пче б не́ было в ми́ре гвозде́й** (*Н. Тихонов. Баллада о гвоздях* — 1922 *г.*) Nägel müßte es aus solchen Leuten geben./ Härtre Nägel gibt es nie im Leben (*N. Tichonow. Ballade von den Nägeln. Übers. H. Kahlau*). *Der »Ballade« liegt eine Episode aus der Zeit des Bürgerkrieges zugrunde. Ein Schiff der Roten Baltischen Flotte sticht in See, um einen ungleichen Kampf aufzunehmen. Der Kapitän und die Schiffsbesatzung wissen, daß sie in den sicheren Tod gehen, aber jeder ist bereit, ohne große Worte seine Pflicht zu tun. Die vorstehen-*

*den Schlußworte des Gedichts werden zitiert, um in einer derben Form mutigen und willensstarken Menschen Achtung zu zollen.*

9. **Где, когда́, како́й вели́кий выбира́л/ путь, что́бы прото́птанней и ле́гче?** (*В. Маяко́вский. Серге́ю Есе́нину* — 1926 *г.*) (...wann und wo ihr saht),/ daß ein großer Geist, auf leichtes Spiel begierig,/ den breit ausgetretnen Weg betrat! (*W. Majakowski. An Sergej Jessenin. Übers. H. Huppert*).

10. **Где стол был яств, там гроб стои́т** (*Г. Держа́вин. На смерть кня́зя Меще́рского* — 1779 *г.*) »Wo gestern noch getafelt wurde,/ Ist eine Leiche aufgebahrt« (*G. Dershawin. Auf den Tod des Fürsten Mestscherski). Zitiert in der Bedeutung*: Heute rot, morgen tot. **Я́ства** (*veralt., geh.*) *svw.* (leckere) Speisen. *Vgl.* Gestern noch auf stolzen Rossen,/ Heute durch die Brust geschossen,/ Morgen in das kühle Grab (*W. Hauff. Reiters Morgengesang*).

11. **Где хорошо́, там и ро́дина [оте́чество]** *цитируется также по-латыни*: Ubi bene, ibi patria (⟨ *Цицеро́н. Тускула́нские бесе́ды, V*, 37, 108; *Цицеро́н перефрази́рует, в свою́ о́чередь, бо́лее дре́вних писа́телей анти́чности*) Vaterland ist da, wo es einem gut geht; ↑ *lat.* (⟨ *Cicero. Gespräche in Tusculum; Cicero periphrasiert seinerseits ältere Schriftsteller der Antike). Der in der vorstehenden Form schon in Griechenland und Rom zu einem Sprichwort gewordene Ausdruck charakterisiert prinzipienlose Kosmopoliten, die bereit sind, ihrem Vaterland den Rücken zu kehren und in ein anderes Land zu gehen, wenn dieses ihnen irgendwelche Vorteile bieten kann.*

12. **Генера́л Моро́з [Зима́]** (*из ло́ндонского сатири́ческого листка́ време́н отступле́ния Наполео́на из Росси́и*) General Frost [Winter] (*durch ein englisches satirisches Blatt zur Zeit des Rückzugs Napoleons aus Rußland in Umlauf gekommen). Im Dezember 1812 erschien in London eine Karikatur auf Napoleon, auf der dieser »von dem General Frost rasiert«, d. h. dem harten russischen Winter unterliegend, dargestellt war. Große Verbreitung fand der Ausdruck während des Großen Vaterländischen Krieges, als die faschistische Propaganda, um den durch die vielen Niederlagen gesunkenen Kampfgeist der deutschen Truppen zu heben, den Soldaten der Wehrmacht weismachen wollte, die einzige reale Kraft der Sowjetarmee seien »General Frost« bzw. »General Winter«.*

13. **Генера́льная репети́ция Октя́брьской револю́ции** (⟨ *В. И. Ле́нин. Де́тская боле́знь «леви́зны» в коммуни́зме* — 1920 *г.*) Generalprobe der Oktoberrevolution (⟨ *W. I. Lenin. Der »linke Radikalismus«, die Kinderkrankheit im Kommunismus). Bildhafte Bewertung der Bedeutung der ersten russischen Revolution 1905 — 1907.*

*Цита́та:* Без «генера́льной репети́ции» 1905 го́да побе́да Октя́брьской револю́ции 1917 го́да была́ бы невозмо́жна (*Ленин В. И. Полн. собр. соч., т.* 41, *с.* 9 — 10).

*Zitat*: Ohne die »Generalprobe« von 1905 wäre der Sieg der Oktoberrevolution 1917 nicht möglich gewesen (*W. I. Lenin. Werke, Bd. 31, S. 12*).

14. **Гéний и злодéйство/ Две вéщи несовмéстные** (*А. Пушкин. Моцарт и Сальери, сцена 2 — 1832 г.*) Schöpfertum und Untat/ Sind unvereinbar ganz (*A. Puschkin. Mozart und Salieri. Übers. H. von Heiseler*); Genie und Frevel/ — Zwei Dinge unvereinbar (*Übers. R. von Walter*). *Puschkin behandelt in seinem Drama die Legende, nach der Salieri seinen Freund Mozart aus Neid vergiftet haben soll. Somit wirft er das ethische Problem auf, ob ein geistig bedeutsamer, schöpferisch tätiger Mensch im Sittlichen versagen kann. Puschkins Gedankengänge nehmen in genialer Weise die heutigen leidenschaftlichen Diskussionen über Wissenschaft und Moral vorweg (u. a. über die Beteiligung von Wissenschaftlern an der Entwicklung von Massenvernichtungswaffen). Puschkins Worte sind bei der Besprechung der genannten Probleme in der sowjetischen Presse mehrmals zitiert worden. Als »Splitter« des Zitats werden auch oft die Worte* Две вéщи несовмéстные (*seltene Form statt* несовмести́мые) *Zwei unvereinbare Dinge gebraucht.*

15. **Геркулéс [Герáкл]. Геркулéсов труд [пóдвиг]** (*из греческой мифологии*) Herkules (*lateinische Form des griechischen Namens Herakles*), *mit außergewöhnlicher Körperkraft begabter Sohn von Zeus und Alkmene, war der beliebteste Heros (Halbgott) der griechischen Sage. Er galt in der Antike als Verkörperung von Kraft und Tapferkeit, als siegreicher Helfer, der durch Arbeit und ausdauernden Mut die Menschen von Leiden und Ungeheuern befreite. Heute bezeichnet man einen athletischen, kräftigen Mann als einen Herkules.* Геркулéсов труд [пóдвиг; *auch* Пóдвиг Герáкла] Herkulesarbeit, *d. h. eine schwere, außerordentliche Anstrengungen erfordernde Arbeit; übermenschliche Leistung (nach den zwölf Kraftleistungen, die Herkules vollbracht hat: er tötete die Lernäische Hydra, reinigte den Augiasstall (s.* Áвгиевы коню́шни), *bezwang den Höllenhund Zerberus (s.* Цéрбер) *u. a. m.*).

16. **Геркулéс на распýтье** (*из греческой притчи*) Herkules am Scheidewege (*aus einer griechischen Parabel*). *In der Parabel wird erzählt, wie in der Einöde zwei Frauen zu dem jungen Herkules (s.* Геркулéс) *traten — die Verweichlichung, die ihm ein Leben voller sinnlichen Genuß versprach, und die Tugend, die ihm einen dornenvollen Weg zum Ruhm wies. Herkules schwankte lange, welchen Weg er einschlagen sollte, entschied sich jedoch für ein arbeitsreiches, entsagungsvolles Leben. Der Ausdruck dient zur bildlichen Bezeichnung für jmdn., der vor einer schweren Entscheidung steht. S. dazu auch* Ви́тязь на распýтье. —

17. **Геркулéсовы столпы́** *см.* Дойти́ до геркулéсовых столпóв

18. **Геро́й на́шего вре́мени** (*заглавие романа М. Лермонто-ва* — *1840 г.*) Ein Held unserer Zeit (*Titel eines Romans von M. Lermontow*). *Das Wort* геро́й *bedeutet hier svw.* Romanfigur, *und der ganze Ausdruck wird demnach in der Bedeutung typischer* Vertreter seiner Zeit *zitiert; in der sowjetischen Literaturkritik und Presse hat das Wort* геро́й *immer öfter die Bedeutung* wahrer Held, fortschrittlicher, nachahmenswerter Mensch.

19. **Геро́й не моего́ рома́на** (*А. Грибоедов. Горе от ума, д. 3, явл. 1* — *1824 г.*) *Wörtlich*: »ein Held nicht aus meinem Roman«, *d. h.* nicht nach meinem Geschmack, ein Mensch, für den ich nicht viel übrig habe (*A. Gribojedow. Verstand schafft Leiden*).

20. **Геростра́това сла́ва [Ла́вры Геростра́та]** (*по имени Ге-рострата, уроженца Эфеса в Малой Азии, который, чтобы обессмертить своё имя, сжёг храм Артемиды, одно из «семи чудес света»*) Herostratische Berühmtheit, *d. h.* traurige Berühmtheit (*nach Herostrates, aus Ephesos in Kleinasien, der, um seinen Namen berühmt zu machen, den in seiner Heimatstadt befindlichen Tempel der Artemis, eines der »Sieben Weltwunder« (s.* Семь чуде́с све́та) *in Brand steckte*).

21. **Гига́нт мы́сли** (*И. Ильф, Е. Петров. Двенадцать стульев, гл. XIV* — *1928 г.*) Gigant des Denkens (*I. Ilf, J. Petrow. Zwölf Stühle. Übers. E. von Eck*). *Zur Zeit der Neuen Ökonomischen Politik* (*NÖP, 1921* — *1936*) *waren in der UdSSR Privatunternehmer zugelassen, die man im Alltag* нэ́пманы (»NÖP-Leute«) *nannte. Der Gauner Ostap Bender* (*s.* Оста́п Бе́ндер) *kommt in eine Provinzstadt und gibt im Kreise solcher NÖP-Leute seinen »Kompagnon« Worobjaninow für das Haupt einer illegalen monarchistischen Organisation aus. Er empfiehlt Worobjaninow als »einen Giganten des Denkens, Vater der russischen Demokratie und eine Vertrauensperson des Imperators«. Dann fordert er die Anwesenden auf, für die »Illegalen« Geld zu spenden. Die Opfer seines Betrugs tun es gern, denn sie träumen insgeheim von einer Wiederherstellung des alten Regimes, haben aber zugleich Angst vor dem gewagten Unternehmen und sind froh, daß man von ihnen nichts mehr verlangt. Der Ausdruck wird ausschließlich ironisch in der Bedeutung* eine Leuchte *zitiert.*

22. **Гимене́й. У́зы [Це́пи] Гимене́я** (*из греческой мифологии*) Hymen [Hymenäos], *griechischer Hochzeitsgott;* у́зы [це́пи] Гимене́я (*scherzh.*) Ehe, Heirat, Ehebande, Eheketten.

23. **Глаго́л времён, мета́лла звон** (*Г. Державин. На смерть князя Мещерского* — *1779 г.*) »Der Ewigkeit ehern Wort, der Zeit metallne Stimme« (*G. Dershawin. Auf den Tod des Fürsten Mestscherski*). *Bildliche Periphrase für den Begriff des unerbittlichen Schritts der Zeit, der den Menschen dem Grabe näher bringt;* ≈ Alles

ist vergänglich. Глаго́л (*in dieser Bedeutung veralt., geh.*) *svw.*
*Wort. Vgl.* Der Zahn der Zeit.

24. **Глаго́лом жечь [⟨ жги] сердца́ люде́й** (*А. Пушкин. Про-
рок* — *1828 г.*) Und zündend fall' ins Herz dein Wort (*A. Puschkin.
Prophet. Übers. K. Pawlowa*); Die Herzen brenn mit deinem Wort
(*Übers. W. E. Groeger*). *In Puschkins Gedicht wird die Aufgabe
eines Dichters mit der Sendung eines Propheten verglichen.* Глаго́л
(*veralt., geh.*) *svw.* Wort. *Zitiert in der Bedeutung*: mit seinem
Dichterwort die Herzen der Menschen zu entflammen wissen.

25. **Глазоме́р, быстрота́, на́тиск** (*А. Суворов. Наука побеждать* — *1806 г.*) »Augenmaß, Zügigkeit, Ansturm«, *d. h.* die Lage
richtig abschätzen, schnell vorrücken, energisch angreifen (*aphoristisch
formulierte Anforderungen an die Handlungsweise der Offiziere und
Soldaten, enthalten in dem von dem großen russischen Feldherrn
A. Suworow verfaßten Buch »Die Kunst zu siegen«, einer Anleitung
zur Gefechtsausbildung der Armee*). *Der Ausdruck wird auch in
der verkürzten Form* быстрота́ и на́тиск *zitiert und bezeichnet dann
energisches Handeln im weiteren Sinn. S. dazu* Нау́ка по-
бежда́ть.

26. **Глас вопию́щего [вопию́щий] в пусты́не** (*Библия, Исаия,
40, 3*) Prediger in der Wüste (*im Deutschen meist in dieser
kürzeren Form*) *oder auch* Die Stimme des Predigers in der Wüste,
*d. h.* jmd., der — oft vergeblich — mahnt und warnt (*Bibel, Jesaia,
40, 3*). *Глас* (*veralt., geh.*) *svw.* го́лос; вопию́щий *hier Part.
Präs. von* вопи́ть rufen (*in dieser Bedeutung veralt.*).

27. **Глас наро́да — глас бо́жий** *цитируется также по-латыни*: Vox populi, vox dei (*сходная мысль у ряда античных
авторов; в вышеприведённой латинской форме засвидетельство-
вано у средневекового учёного Алкуина*) Volkes Stimme (ist)
Gottes Stimme, *d. h.* was die Mehrheit sagt, muß wahr sein; ↑
*lat.* (*ähnlicher Gedanke findet sich bei mehreren Schriftstellern der
Antike; die vorstehende Fassung stammt von dem mittelalterlichen
Gelehrten Alcuin*). Глас (*veralt., geh.*) *svw.* го́лос.

28. **Гнило́й либерали́зм** (*М. Салтыков-Щедрин. Господа Мол-
чалины, гл. 4* — *1875 г.*) »Fauler Liberalismus«, *d. h.* Prinzipienlo-
sigkeit, Versöhnlertum, Opportunismus, Schlappheit (*M. Saltykow-
Stschedrin. Die Herren Moltschalin*). *Es ist bezeichnend, daß der
Satiriker Menschen mit diesen Eigenschaften als Moltschalins bezeichnet* (*s. dazu* Молча́лин).

29. **Говори́ть эзо́повским [эзо́повым] языко́м** (⟨ *М. Салтыков-Щедрин*). *Wörtlich*: »Eine äsopische Sprache sprechen«, *d. h.*
in Gleichnissen, durch die Blume sprechen (*durch M. Saltykow-
Stschedrin populär gewordener Ausdruck*). *Der Satiriker meinte damit, daß fortschrittliche Schriftsteller im zaristischen Rußland, um
ihre Werke durch die Zensur zu bringen, ihre Gedanken oft in*

*verschleierter Form ausdrücken mußten, wie es einst Äsop, der berühmte Fabeldichter der Antike, tat. Die deutschen Entsprechungen des Ausdrucks sind:* Äsopische Redeweise *und* Sklavensprache.

30. **Голгофа** (*холм в окрестностях Иерусалима, где, по евангельскому мифу, был распят на кресте Иисус*) Golgatha, *Hügel bei Jerusalem, auf dem, wie im Evangelium erzählt wird, Jesus Christus gekreuzigt wurde; übertragen:* Leidensstätte, Symbol tiefsten Schmerzes. Идти на Голгофу nach Golgatha, *d. h.* einen Leidensweg gehen.

31. **Голубой цветок** (*Новалис. Генрих фон Офтердинген —* 1802 *г.*) Blaue Blume (*Novalis. Heinrich von Ofterdingen). Der Meistersinger Ofterdingen, die Hauptgestalt des Romans von Novalis, sucht nach einer von ihm im Traum erblickten blauen Blume. Auf der Suche danach erstarkt seine Dichtergabe. Das Motiv der blauen Blume entlehnte Novalis einer deutschen Volkssage. Dort steckt sich ein Hirte die Blume, ohne von ihrer Zauberkraft zu wissen, an den Hut. Sie bewirkt, daß der Hirte »sehend« wird und den bisher verborgenen Eingang zu einem Schatz entdeckt. Der Ausdruck »blaue Blume« wurde bald zum Symbol für die Sehnsucht der Romantiker nach neuen Erlebnis- und Erkenntnismöglichkeiten. Im Russischen wird er heute in der Bedeutung* unerfüllbarer romantischer Traum, nicht zu erreichendes Ideal *zitiert.*

32. **Голубь мира** (*известный ещё в глубокой древности символ мира, получивший особенно широкое распространение в связи с деятельностью Всемирного Совета Мира, к первым конгрессам которого (апрель* 1949 *г.) П. Пикассо создал эмблему в виде голубя*) Friedenstaube, *uraltes Symbol des Friedens (s.* Оливковая ветвь*), fand weltweite Verbreitung durch die Tätigkeit des Weltfriedensrates, zu dessen ersten Kongressen P. Picasso ein Symbol in Form einer Taube zeichnete).*

33. **Голый король** см. Король-то голый!

34. **Гомерический хохот** [смех] (⟨ *Гомер. Илиада, песнь* 1, 599; *Одиссея, песнь* 8, 326; *песнь* 20, 346) Homerisches Gelächter, *d. h.* unbeherrschtes, schallendes Gelächter (*dem Ausdruck liegen die Stellen in der »Ilias« und der »Odyssee« zugrunde, wo Homer das Gelächter der Götter beschreibt*).

35. **Гони природу в дверь: она влетит в окно** (*из двустишья Н. Карамзина в его очерке «Чувствительный и холодный. Два характера» —* 1792 *г.; восходит к басне Ж. Лафонтена «Кошка, превращённая в женщину» —* 1668 *г.; сходная мысль у Горация в его «Посланиях», кн.* 1, 10, 24) »Vertreib dein Naturell zur Tür hinaus,/ zum Fenster fliegt es gleich herein« (*N. Karamsin. Distichon im Aufsatz »Der Empfindsame und der Gefühllose«; die Verszeile geht auf J. La Fontaines Fabel »Die Katze, die in eine Frau verwandelt wurde« zurück; ähnlicher Gedanke findet sich in den*

»*Episteln*« *von Horaz). Zitiert in der Bedeutung*: Niemand kann sein wahres Wesen verleugnen.

36. **Горá родилá мышь** (*поговорка, засвидетельствованная у ряда античных авторов*) *Wörtlich*: »Ein Berg hat eine Maus geboren«, *d. h.* ein Ergebnis ist unverhältnismäßig gering, gemessen an den großen Hoffnungen, die man auf etw. gesetzt, *bzw.* an Versprechungen, die man bekommen hat (*ein bei mehreren antiken Schriftstellern belegtes Sprichwort). Im Deutschen wird die Fassung dieses Gleichnisses zitiert, die ihm Horaz gegeben hat*: Berge kreißen, doch sieh: heraus kriecht ein winziges Mäuslein (*Horaz. Dichtkunst*, 139).

37. **Гóрдиев ýзел** (*из греческой легенды об Александре Македонском, рассказанной Курцием Руфом в его «Истории Александра Великого», III, 1, 14—18—около 50 г., а также другими древними историками*) Der Gordische Knoten (*aus einer griechischen Legende über Alexander von Makedonien, überliefert durch Curtius Rufus in seiner »Geschichte Alexanders des Großen« sowie durch andere Geschichtsschreiber des Altertums). In der Legende wird von dem ungemein kunstvoll geschnürten, unentwirrbaren Knoten am Wagen des phrygischen Königs Gordion und von dem Orakel berichtet, nach dem derjenige, der diesen Knoten zu lösen verstände, die Herrschaft über ganz Asien erlangen sollte. Alexander von Makedonien soll den Knoten mit seinem Schwert durchgehauen haben. Daher der übertragene Sinn des Ausdrucks*: eine unlösbare Schwierigkeit. Разрубúть гóрдиев ýзел *den gordischen Knoten durchhauen bedeutet demnach svw.* ein großes Problem gewaltsam lösen.

38. **Гóре от умá** (*заглавие комедии А. Грибоедова—1824 г.*) Verstand schafft Leiden, *Titel der 1853 von G. J. von Schultz (auch Schoultz de Torma) besorgten deutschen Übersetzung des Lustspiels «Горе от ума» von A. Gribojedow. Dieser Titel hat sich im Deutschen als geflügeltes Wort behauptet. Weitere Benennungen, unter denen dieses Werk in Deutschland erschien, lauten*: »Leiden durch Bildung« (1831), »Weh' dem Klugen« (1899), »Geist bringt Kummer« (*Übers. J. von Guenther*, 1948)[1]. *Der Hauptheld des Stücks Tschazki ist unglücklich, weil er keine Gleichgesinnten findet, von der adeligen Gesellschaft, der er angehört, nicht verstanden und wegen seiner fortschrittlichen Ansichten sogar als geisteskrank erklärt wird. Der Ausdruck wird in der Bedeutung zitiert*: Es ist eine

---

[1] Im vorliegenden Buch werden geflügelte Worte aus Gribojedows Komödie in zwei verschiedenen Übersetzungen zitiert: der von A. Luther und der von J. von Guenther, so daß auch zwei verschiedene deutsche Titel angegeben werden mußten: »Verstand schafft Leiden« bzw. »Geist bringt Kummer«.

schwere Last, klüger als seine Mitmenschen, seinem Milieu geistig
überlegen zu sein.

39. **Го́ре побеждённым**! *цитируется также по-латыни*: Vae
victis! (*галльский вождь Бренн, согласно рассказу Тита Ливия
в «Римской истории от основания города», V, 48, 9*) Wehe den
Besiegten!; ↑ *lat.* (*Worte des Gallierkönigs Brennus, überliefert
durch den römischen Geschichtsschreiber Titus Livius in seinem
Geschichtswerk »Von der Gründung der Stadt — Rom — an«*). *Als
die um 387 u. Z. von Brennus besiegten Römer sich weigerten,
die ihnen auferlegten 1000 Pfund Kriegskontribution in Gold nach den
zu schweren Gewichten der Feinde abzuwiegen, soll dieser mit den
vorstehenden Worten auch noch sein Schwert in die Waagschale
geworfen haben. Aus der gleichen Quelle stammt außerdem das
geflügelte Wort* положи́ть [бро́сить] меч на весы́ [на ча́шу весо́в]
*sein Schwert in die Waagschale werfen, d. h. das Recht des Stärke-
ren geltend machen.*

40. **Го́род Глу́пов** (*М. Салтыков-Щедрин. История одного
города — 1870 г.*)»Glupow«, *wörtlich* »Dummshausen« (*M. Saltykow-
-Stschedrin. Geschichte einer Stadt*). *In Stschedrins Satire wird das
Leben eines fiktiven Provinznestes beschrieben, in dem Trägheit,
Klatsch, Korruptheit, Kriecherei, Feindseligkeit gegen alles Neue und
Fremde herrschen. Der Name der Stadt ist zum Symbol für alle
negativen Züge geworden, die das alte zaristische Rußland charakte-
risierten.*

41. **Го́роду и ми́ру** *цитируется также по-латыни*: Urbi et
orbi (*из церемониала избрания римского папы с конца XIII в.*)
Der Stadt (= Rom) und dem Erdkreis; ↑ *lat.* (*aus dem seit
Ende des 13. Jh. üblichen Zeremoniell der Papstwahl*). *Der neuer-
wählte Papst bekam einen Mantel umgelegt mit den Worten:* »Auf
daß du vorstehst der Stadt und dem Erdkreise«. *Später wurde
die Formel von den Päpsten selbst verwendet, wenn sie bei bestimmten
Gelegenheiten vom Balkon des Petersdomes ihren Segen* »Urbi et
orbi«, *d. h. an alle Gläubigen, erteilten. So hat der Ausdruck
die Bedeutung* an alle gerichtet *entwickelt. Zu seiner Verbreitung
im Russischen hat beigetragen, daß W. Brjussow eine seiner Ge-
dichtsammlungen (1903)* »Urbi et Orbi« *betitelte.*

42. **Госуда́рственная маши́на** (‹ *Т. Гоббс. Левиафан* — 1651 г.)
Die Staatsmaschine (‹ *Th. Hobbes. Leviathan*). *Hobbes verglich die
Elemente eines Staates mit den Teilen einer Maschine. Im 18. Jh.
wurde dieser Vergleich von den Dichter der deutschen Aufklärung
J. G. Herder aufgegriffen.*

43. **Госуда́рство в госуда́рстве** (*Т. Агриппа д'Обинье. Об обя-
занностях короля и подданных — написано между 1610 и 1620 гг.*)
Staat im Staate (*Th. Agrippa d'Aubigné. Über die Pflichten des
Königs und der Untertanen*). *Der Ausdruck dient zur Bezeichnung*

*einer Gruppe oder Organisation, die eine besondere Stellung für sich in Anspruch nimmt, sich den im Staat (oder sonst in einem größeren Ganzen) geltenden Gesetzen und Normen nicht unterwerfen will.*

44. **Госуда́рство — э́то мы** (< *В. И. Ленин. Полити́ческий отчёт Центра́льного Комите́та РКП(б) XI съе́зду 27 ма́рта 1922 г.*) Der Staat, das sind wir (< *W. I. Lenin. XI. Parteitag der KPR(B). Politischer Bericht des Zentralkomitees der KPR(B). 27. März 1922*).

*Цита́та*: ...когда мы говорим «госуда́рство», то госуда́рство э́то — мы, э́то — пролета́риат, э́то — аванга́рд рабо́чего . кла́сса (*Ленин В. И. Полн. собр. соч., т. 45, с. 85*).

*Zitat*: ...daß, wenn wir »Staat« sagen, dieser Staat wir sind, das Proletariat, die Vorhut der Arbeiterklasse (*W. I. Lenin. Werke, Bd. 33, S. 265*).

*W. I. Lenin periphrasierte in seinem Bericht das bekannte geflügelte Wort »Der Staat bin ich« (s.* Госуда́рство — э́то я). *Er betonte mit diesen Worten den grundsätzlich neuen Charakter des jungen Sowjetstaates als Volksstaat, in dem sich jedem Werktätigen die Möglichkeit bietet, an der Verwaltung des Staates teilzunehmen.*

45. **Госуда́рство — э́то я** *цити́руется та́кже по-францу́зски*: L'état c'est moi (*припи́сывается Людо́вику XIV, кото́рый бу́дто бы так сказа́л на заседа́нии парла́мента в 1655 г.*) Der Staat bin ich; ↑ *franz.* (die Worte soll Ludwig XIV. gesagt haben). *Der Ausdruck wird zur Charakterisierung eines absoluten Herrschers bzw. einer regierenden Persönlichkeit gebraucht, deren Regierung sich durch Willkür auszeichnet.*

46. **Грехи́ мо́лодости** (< *Би́блия, Псал., 24, 7*) Jugendsünden (< *Bibel, Ps. 25, 7*). *Zitiert in der Bedeutung*: Irrtümer und Verfehlungen der Jugendzeit.

47. **Гро́здья гне́ва** (*Би́блия*; *загла́вие рома́на Дж. Сте́йнбека* — 1939 *г.*) Früchte des Zorns (*Bibel*; *Titel des Romans »The Grapes of Wrath« von John Steinbeck*). *Im Roman wird das Leben der von ihrem Land vertriebenen, auf der Suche nach Arbeit herumziehenden Farmer beschrieben. Man zitiert den Ausdruck in der Bedeutung*: sich ansammelnder Zorn der Unterdrückten und Rechtlosen.

48. **Гулливе́р и лилипу́ты** (*Дж. Свифт. Путеше́ствия Гулливе́ра* — 1726 *г.*) Gulliver und die Liliputaner (*J. Swift. Gullivers Reisen*). *Der englische Satiriker versetzt Gulliver, den Helden seines Romans, in ein Land der Liliputaner, daumengroßer Menschen, gegen die er ein Riese ist. Die Liliputaner haben Angst vor ihm und umstricken ihn im Schlaf mit tausend Fäden. Der bildliche Ausdruck dient dazu, etw. Großes und etw. winzig Kleines, auch seelische Größe und Kleinlichkeit, einander gegenüberzustellen.*

# Д

1. **Да бу́дет свет!** *цитируется иногда по-латыни*: Fiat lux! (*Библия,* Бытие, 1, 1—3) Es werde Licht!; ↑ *lat.* (*Bibel*). *In der Schöpfungsgeschichte* (1. *Buch Mose,* 1—3) *wird erzählt, Gott habe Himmel und Erde geschaffen, aber es sei noch finster gewesen;* da sprach Gott: »*Es werde Licht!*« *Und es ward Licht. Das Zitat wird scherzhaft gebraucht, wenn man elektrisches Licht einschaltet oder in einem dunklen Zimmer ein Fenster öffnet.*

2. **Да, бы́ли лю́ди в на́ше вре́мя** (/ **Не то, что ны́нешнее пле́мя,/ Богатыри́ — не вы!**) (*М. Лермонтов. Бородино* — 1837 *г.*) Ja! Männer gab's in unsern Zeiten (/ Gleich stark im Dulden und im Streiten,/ Männer von Stahl und Erz!) (*M. Lermontow. Borodino. Übers. F. Bodenstedt*). *Das Gedicht erschien zum 25. Jahrestag des Vaterländischen Krieges von 1812. Der Dichter schildert darin die Schlacht bei Borodino, einem Dorf westlich von Moskau, die der Oberbefehlshaber der russischen Armee M. Kutusow am 16. August 1812 Napoleon lieferte und in der die französischen Truppen entscheidend geschwächt wurden. Die Erzählung über die Schlacht legt Lermontow einem ihrer Teilnehmer in den Mund. einem alten russischen Soldaten, was ihr den Reiz eines im volkstümlichen Ton vorgetragenen Augenzeugenberichts verleiht. Ein weiteres Anliegen des Dichters bestand darin, die durch die politische Reaktion der 30er Jahre erzwungene Untätigkeit seiner Generation zu beklagen. Zitiert wird meist nur die erste Zeile. Der Sinn des Zitats:* Unsere Generation hat tüchtigere und interessantere Menschen vorzuweisen als die eurige, *d. h.* die jüngere.

3. **Да был ли ма́льчик-то?** (*М. Горький. Жизнь Клима Самгина, ч. I, гл.* 1 — 1927 *г.*) War denn ein Junge da, vielleicht war gar kein Junge da? (*M. Gorki. Das Leben Klim Samgins. Übers. R. Selke*). *In Gorkis Roman wird folgende Episode erzählt: Einige Kinder laufen Schlittschuh auf einem Fluß, ein Junge bricht ein und ertrinkt. Man sucht nach ihm lange und vergebens, und da sagt jemand die vorstehenden Worte. Das Zitat wird gebraucht, um einen starken Zweifel an etw. auszudrücken, vor allem wenn man zweifelt, ob ein Problem wirklich existiert.*

4. **Да! Жа́лок тот, в ком со́весть не чиста́** (*А. Пушкин. Борис Годунов, сцена «Царские палаты»* — 1831 *г.*) Unselig, wer nicht rein weiß sein Gewissen! (*A. Puschkin. Boris Godunow. Übers. F. Löwe*). *Mit den Worten schließt in Puschkins Drama der Monolog Boris Godunows, in dem dieser, allein geblieben, seine Schuld an der Ermordung des zehnjährigen Dmitri, Sohn Iwans IV., bekennt und bereut (die eigentliche Ursache des 1591*

*erfolgten jähen Todes des Thronfolgers blieb bis heute ungeklärt).*
*S. dazu auch* И ма́льчики крова́вые в глаза́х.

5. **Да здра́вствует со́лнце, да скро́ется тьма!** (*А. Пушкин.
Вакхическая песня* — 1825 *г.*) Es lebe die Sonne, es schwinde
die Nacht! (*A. Puschkin. Bacchisches Lied. Übers. F. Fiedler*).

6. **Да́йте мне то́чку опо́ры, и я сдви́ну зе́млю** (*Архимед*)
Gib mir einen Punkt, wo ich hintreten kann, so will ich mit
meinem Werkzeug (= dem Hebel) die ganze Erde bewegen [werde
ich die Welt aus ihren Angeln heben]. *Diese Worte werden
Archimedes von seinen Biographen zugeschrieben. Er soll sie gesagt
haben, nachdem er die Hebelgesetze entdeckt hatte. Der übertragene
Sinn des Ausdrucks:* Auch das Unmögliche wird möglich, wenn
man nur geeignete Mittel dazu findet. *Dem Ausspruch Archimedes'
verdankt auch das geflügelte Wort* Архиме́дов рыча́г *Archimedischer Punkt seinen Ursprung, das im Russischen in den Bedeutungen* Mittel zur Lösung einer schwierigen Aufgabe; bewegende
Kraft *gebraucht wird.*

7. **Далёкое бли́зкое** (*заглавие книги И. Репина, содержащей
его воспоминания и статьи об искусстве* — 1937 *г.*) Ferne Nähe
(*Titel eines Buches von I. Repin, das seine Erinnerungen und seine
kunsttheoretischen Aufsätze enthält*). *Zitiert* — *oft mit der umgekehrten
Wortfolge* бли́зкое далёкое — *in der Bedeutung:* Vergangenheit, die
unvergeßlich bleibt, an die man liebevoll zurückdenkt.

8. **Да́ма прия́тная во всех отноше́ниях** (*Н. Гоголь. Мёртвые
души, ч. I, гл. IX* — 1842 *г.*) Eine in jeder Hinsicht angenehme
Dame (*N. Gogol. Tote Seelen. Übers. M. Pfeiffer*). *Das Zitat
wird ironisch gebraucht, denn die Gogolsche Figur ist eine »Sa-
lonlöwin«, eine große Autorität in der Damenwelt einer Provinzstadt,
klatschsüchtig und eitel.*

9. **Да мину́ет меня́ ча́ша сия́!** (*Библия, Матф., 26, 39*)
Mag dieser Kelch an mir vorübergehen! (*Bibel*). *Das Evangelium
schreibt diese Worte Jesus Christus zu, der in seinem Gebet vor
der Kreuzigung gesagt haben soll:* »Vater, ist's möglich, so gehe
dieser Kelch an mit vorüber« (*Matth., 26, 39*). Сия́ (*veralt.
Demonstrativpronomen*) — э́та. *Zitiert in der Bedeutung:* Mag mich
das Schicksal mit diesem Unglück, dieser Unannehmlichkeit ver-
schonen (*meist scherzh.*).

10. **Дамо́клов меч** (*из греческого предания, рассказанного Цицероном в его сочинении «Тускуланские беседы», V, 21, 6*) Damoklesschwert [Schwert des Damokles], *d. h.* eine ständig drohende
Gefahr (*aus einer griechischen Sage, die Cicero in seinen »Gesprächen
in Tusculum« wiedergibt*). *Dionysios I., Tyrann von Syrakus, wollte
seinem Günstling Damokles, der ihn um seinen Ruhm und Reichtum
beneidete, eine Lehre erteilen. Er lud Damokles zum Mahle und ließ
über seinem Haupte ein scharfes Schwert an einem Pferdehaar*

*aufhängen als Sinnbild der Unbeständigkeit des Glückes und der Gefahren, von denen ein Herrscher bedroht ist.*

11. **Дары дана́йцев** (⟨ *Гомер. Одиссея, песнь 8, 493 и сл.*) Danaergeschenk, *d. h.* eine unheilbringende Gabe (⟨ *Homer. Odyssee*). *Näheres dazu s.* Троя́нский конь.

12. **Да то́лько воз и ны́не там** *см.* А воз и ны́не там

13. **Да́чный муж** (*название сборника рассказов И. Щеглова —* 1883 *г.*) »Opfer der Sommerfrische«, *wörtlich:* »Sommerfrische--Ehemann« (*Titel einer Erzählung und — nach ihr — eines Sammelbandes des russischen Belletristen I. Stscheglow). Scherzhafte Bezeichnung eines Ehemannes, dessen Familie den Sommer auf dem Lande verbringt, was für ihn zur Folge hat, daß er zahlreiche Einkäufe besorgen und, mit Taschen und Paketen beladen zwischen der Stadt und der Datsche pendeln muß, so daß er von seinem Sommerfrischlertum statt Entspannung nur Schererei en hat.*

14. **Два Ая́кса. Ая́ксы** (*из греческой мифологии*) Die beiden Ajaxe (*aus der griechischen Mythologie). Zwei Helden des Trojanischen Krieges in Homers »Ilias« und »Odyssee«, die den gleichen Namen führen und Freunde sind. Als geflügeltes Wort bezeichnet der Ausdruck zwei unzertrennliche Freunde.*

15. **Два́дцать два несча́стья** (*А. Чехов. Вишнёвый сад,—* 1903 *г.*) *Wörtlich:* »Zweiundzwanzig Malheurs« (*A. Tschechow. Kirschgarten). Diesen Spitznamen trägt im Stück der Kontorist Jepichodow, ein linkischer Mensch, dem täglich irgendein kleines Malheur zustößt. (In der Übers. von G. Düwel:* »*Deswegen hänseln ihn alle und rufen ihm nach: Ungeschickt läßt grüßen«). Der Ausdruck wird in der Bedeutung zitiert: Pechvogel; jmd., dem alles auf die Butterseite fällt; Ungeschickt läßt grüßen*

16. **Два́дцать три го́да, и ничего́ не сде́лано для бессме́ртия!** (*Ф. Шиллер. Дон Карлос, д. 2, явл. 2 — 1782 г.*) Dreiundzwanzig Jahre,/ Und nichts für die Unsterblichkeit getan! (*F. Schiller. Don Carlos). Das Zitat dient zur Charakterisierung des hochfliegenden, ehrgeizigen Strebens junger Leute, die davon träumen, Großes zu vollbringen, sich zu großen Taten berufen fühlen, in Wirklichkeit aber noch nichts geleistet haben.*

17. **Две ве́щи несовме́стные** *см.* Ге́ний и злоде́йство/ Две ве́щи несовме́стные

18. **Двули́кий Я́нус** (*по имени римского бога дверей, а также всякого начала и конца, входов и выходов, изображавшегося с двумя лицами, обращёнными в противоположные стороны*) Doppelköpfiger Janus [*auch* Janusgesicht *oder* Januskopf], *d. h.* ein schwankender, in seinen Meinungen wechselnder, zwiespältiger Mensch; Doppelgesicht; Doppelzüngler (*nach dem mit zwei Gesichtern — einem nach vorn und einem nach hinten — dargestellten römischen Gott der Durchgänge und Torbögen*).

19. **Дéдушка Крылóв** (*П. Вяземский. Песнь в день юбилея И. А. Крылова* — 1838 *г.*) »Großvater Krylow« (*P. Wjasemski. Lobgesang auf I. A. Krylow am Tage seines Jubiläums*). *Im Jahre 1838 wurde das fünfzigjährige Jubiläum der literarischen Tätigkeit des Fabeldichters I. Krylow gefeiert. Der Dichter P. Wjasemski würdigte den damals 70jährigen Jubilar in einem Begrüßungsgedicht, in dem er ihn* »Großvater Krylow« *nannte. Der Ausdruck wurde bald zu einem liebevollen Beinamen des großen Fabeldichters. Er ist besonders bei den Leningradern populär, die gern mit ihren Kindern* »in den Sommergarten zu Großvater Krylow« *pilgern, d. h. zu dem von P. K. Clodt geschaffenen, 1855 enthüllten schönen Krylow-Denkmal, dessen Sockel mit Hochreliefs reich geschmückt ist, die Szenen aus Krylows Tierfabeln darstellen.*

20. **Делá давнó минýвших дней,/ Предáнья старины́ глубóкой** (*А. Пушкин. Руслан и Людмила, песнь I* — 1820 *г.*) Die Taten längst verschollener Zeit,/ Die Sagen tiefen Altertumes (*A. Puschkin. Ruslan und Ludmilla. Übers. J. von Guenther*). *Das Zitat wird scherzhaft gebraucht und entspricht etwa der deutschen Redewendung*: Darüber ist längst Gras gewachsen.

21. **Дéло мáстера бои́тся** *см.* Недáром говори́тся, что дéло мáстера бои́тся

22. **Дéло пóмощи утопáющим — дéло рук сами́х утопáющих** *см.* Спасéние утопáющих — дéло рук сами́х утопáющих

23. **Дéлу врéмя, а [⟨ и] потéхе час** (⟨ *царь Алексéй Михайлович*) *Dieser Ausspruch des Zaren Alexej Michalowitsch, den er auf das Titelblatt eines Buches über die Falkenjagd geschrieben hatte, bedeutete ursprünglich*: Man soll über der Arbeit das Vergnügen nicht vergessen, auch dafür Zeit finden (*entsprechend der älteren Bedeutung von* час Zeit); *zum Sprichwort geworden, bedeutet das Zitat* (*entsprechend der heutigen Bedeutung von* час Stunde) *wörtlich*: Die meiste Zeit für die Arbeit, nur eine Stunde dem Vergnügen, *also*: Erst die Arbeit, dann das Vergnügen. Потéха (*in dieser Bedeutung veralt*). *svw.* Vergnügen, Lustbarkeiten.

24. **Демья́нова ухá** (*заглавие басни И. Крылова* — 1813 *г.*) Demjans Fischsuppe (*Titel einer Fabel von I. Krylow. Übers. R. Bächtold*). *Demjan bewirtet seinen Nachbarn Foka mit Fischsuppe. Der Gast ist schon satt und mag keine Suppe mehr, aber Demjan läßt nicht locker und nötigt ihm immer wieder* »noch einen Teller« *auf, so daß Foka endlich das Haus seines Gastgebers fluchtartig verläßt. Der Ausdruck bedeutet demnach svw.* etw., was einem allzu aufdringlich angeboten wird.

25. **Дéньги не пáхнут** *цитируется также по-латыни*: Non olet (*дословно*: не пáхнет) (*римский император Веспасиан, согласно сообщению Светония в «Жизни двенадцати цезарей», биография Веспасиана, 23 — 121 г. до н. э.*) Geld stinkt nicht; ↑ *lat.* (*der*

*römische Kaiser Vespasian, nach einem Bericht des Geschichtsschreibers Sueton in seinem »Leben der Caesaren«). Vespasian hatte eine Steuer für öffentliche Bedürfnisanstalten eingeführt. Als ihn sein Sohn dafür tadelte, hielt er ihm das erste aus dieser Steuer eingekommene Geld vor die Nase und fragte, ob es röche. Als dieser die Frage verneinte, sagte er: »Und dennoch ist es aus Harn«. Der Ausdruck ist zu einer bildlichen Charakterisierung der Skrupellosigkeit beim Geldverdienen geworden.*

26. **Держа́ть по́рох сухи́м** (*приписывается О. Кромвелю*) Sein Pulver trockenhalten, *d. h.* umsichtig, wachsam und jederzeit kampfbereit sein, sich vom Feind nicht überraschen lassen (*den Ausdruck soll O. Cromwell, Führer der bürgerlichen Revolution des 17. Jh. in England, geprägt haben*).

27. **Держимо́рда** (*персонаж комедии Н. Гоголя «Ревизор» — 1836 г.*) Derschimorda, *ein grober und brutaler Polizist in N. Gogols Lustspiel »Revisor«. Ein pejorativ verwendeter »sprechender« Name, aus dem Verb* держа́ть halten *und dem Substantiv* мо́рда Schnauze, Fresse *gebildet, symbolisiert brutale Polizeigewalt und dient im weiteren Sinne zur Bezeichnung einer ihre Machtbefugnisse überschreitenden, zu Übergriffen und Willkür neigenden Amtsperson.*

28. **Де́сять дней, кото́рые потрясли́ мир** (*заглавие книги Дж. Рида — 1919 г.*) Zehn Tage, die die Welt erschütterten (*Titel des Buches von J. Reed »Ten Days that Shook the World«). Der nordamerikanische marxistische Publizist und Politiker John Reed war 1917 als Kriegsberichterstatter in Rußland Zeuge der Oktoberrevolution in Petrograd, begrüßte sie als deren begeisterter Anhänger und beschrieb seine Eindrücke in dem berühmten Buch unter dem vorstehenden Titel, das 1919 in New York mit einem Vorwort von W. I. Lenin erschien. Der Ausdruck ist zu einer bildlichen Bezeichnung der Großen Sozialistischen Oktoberrevolution geworden.*

29. **Де́ти — цветы́ жи́зни** [⟨ живы́е цветы́ земли́] (*М. Горький. Бывшие люди, гл. IX — 1897 г.*) »Kinder sind des Lebens Blumen« [⟨ lebendige Blumen der Erde] (*M. Gorki. Verlorene Leute. Übers. A. Scholz*).

30. **Джентльме́ны уда́чи** (*Р. Л. Стивенсон. Остров сокровищ — 1883 г.; название кинокомедии по сценарию В. Токаревой и Г. Данелия — 1971 г.*) »Ritter der Fortune«, *d. h.* Glücksritter (*Lieblingsausdruck des Seeräubers John Silver in R. L. Stevensons Roman »Die Schatzinsel«; Titel einer Filmkomödie nach dem Drehbuch von W. Tokarewa und G. Danelia). Ironische Bezeichnung für* Hochstäpler und Gauner.

31. **Джон Булль** (*Дж. Арбетнот. История Джона Булля — 1727 г.*) John Bull (*John Arbuthnot. History of John Bull). In der unter diesem Titel erschienenen politischen Satire des englischen Publizisten J. Arbuthnot treten einige europäische Länder unter*

*allegorischen Namen als Menschen auf. England führt den Namen*
*John Bull* (= »Hans Stier«). *Der Ausdruck ist zu einem Spottnamen*
*des bürgerlichen Englands und des englischen Bourgeois geworden.*
*In politischen Karikaturen wird John Bull als ein rothaariger,*
*untersetzter Mann, oft in der Stellung eines Boxers, dargestellt.*

32. **Диа́на** (*из римской мифологии*) Diana, *in der römischen*
*Mythologie jungfräuliche Göttin des Mondes, Herrin der Tiere,*
*Beschützerin der Jagd und der weiblichen Keuschheit* (*griechisch*
Artemis). *Ihr Name dient in der dichterischen Sprache zur*
*Bezeichnung*: 1) *des Mondes*; 2) *einer reinen, unnahbaren*
*Jungfrau.*

33. **Диста́нция** [〈 **Диста́нции]** огро́много разме́ра (*А. Грибоедов.*
*Горе от ума*, *д.* 2, *явл.* 5 — 1824 *г.*) Tatsächlich, ganz enorm
sind die Distanzen (*A. Gribojedow. Geist bringt Kummer. Übers.*
*J. von Guenther). Mit diesen Worten meint Skalosub, eine handelnde*
*Person des Stücks* (*s.* Скалозу́б), *die großen Entfernungen zwi-*
*schen den einzelnen Stadtteilen Moskaus; er bedient sich als Offi-*
*zier des Fachworts* диста́нции. *Der Ausdruck hat* (*mit der Form*
диста́нция) *die Bedeutung* ein himmelweiter Unterschied (*scherzh.*)
*angenommen.*

34. **Для весе́лия плане́та на́ша ма́ло обору́дована** (*В. Маяков-*
*ский. Сергею Есенину* — 1926 *г.*) Unser Erdplanet erweist den
Lustbarkeiten wenig Gunst (*W. Majakowski. An Sergej Jessenin.*
*Übers. H. Huppert*). ≈ Das Leben ist eben kein Zuckerlecken,
ist oft traurig und erfordert Mut.

35. **Для ра́ди ва́жности** (*И. Тургенев. Отцы и дети, гл.*
16 — 1862 *г.*) »Um den Leuten Sand in die Augen zu streuen«
(*I. Turgenjew. Väter und Söhne). Der Reiz des scherzhaften Ausdrucks*
*liegt an dessen sprachlicher Inkorrektheit: die Präpositionen für*
*und* ра́ди *bedeuten hier das gleiche, eine davon ist überflüssig.*

36. **Дней мину́вших анекдо́ты,/ От Ро́мула до на́ших дней,/**
**Храни́л он в па́мяти свое́й** (*А. Пушкин. Евгений Онегин, гл.* 1,
*строфа VI* — 1825 *г.*) Doch Anekdoten seit den Tagen/ Des Romulus
herab bis heut/ Behielt er trefflich jederzeit (*A. Puschkin. Eugen*
*Onegin. Übers. Th. Commichau). Die Worte werden scherzhaft über*
*einen Menschen gesagt, der gern Anekdoten und Witze erzählt*
*und einen großen Vorrat davon hat. S. auch* От Ро́мула до на́-
ших дней.

37. **Добру́ и злу внима́я равноду́шно,/ Не ве́дая ни жа́лости,**
**ни гне́ва** (*А. Пушкин. Борис Годунов, сцена »Ночь. Келья в Чу-*
*довом монастыре«* — 1831 *г.*) Vernimmt gleichmütig Gutes sowie
Böses/ Und weiß von Mitlied nichts und nichts von Zorn (*A. Pusch-*
*kin. Boris Godunow. Übers. F. Löwe). Zitiert in der Bedeutung:*
Jmd. urteilt, handelt nüchtern und unparteiisch.

38. **Догада́йся, мол, сама́** (*из песни »И кто его знает«,*

*слова М. Исаковского, музыка В. Захарова* — 1939 *г.*) *Wörtlich*: »Das soll man eben selbst erraten« (*Zeile aus dem Lied* »Wer weiß«, warum«, *Text von M. Issakowski, Musik von W. Sacharow*). *Der verliebte Bursche in Issakowskis humorvollem lyrischen Gedicht, das dem Lied zugrunde liegt, ist so scheu und schüchtern, daß er sein Schätzchen nicht einmal anzureden wagt; als er sich einmal dazu entschließt, einen Brief an sie zu schreiben, füllt er den Papierbogen mit lauter Punkten statt mit Worten.* »Was er sagen wollte, soll man eben selbst erraten«, *sagt das Mädchen nach Erhalt des Briefes. Die Zeile aus dem sehr beliebten Lied wird in der Bedeutung zitiert*: Das verstehe, wer kann; das soll ein anderer verstehen.

39. **Догна́ть и перегна́ть** (⟨ *В. И. Ленин. Грозящая катастрофа и как с ней бороться* — 1917 *г.*) Einholen und überholen (⟨ *W. I. Lenin. Die drohende Katastrophe und wie man sie bekämpfen soll*).

*Цитата*: Война неумолима, она ставит вопрос с беспощадной резкостью: либо погибнуть, либо догнать передовые страны и перегнать их также и экономически (*Ленин В. И. Полн. собр. соч., т.* 34, *с.* 198).

*Zitat*: Der Krieg ist unerbittlich, er stellt mit schonungsloser Schärfe die Frage: entweder untergehen oder die fortgeschrittenen Länder a u c h ö k o n o m i s c h einholen und überholen (*W. I. Lenin. Werke, Bd.* 25, *S.* 375).

40. **Дойти́ до геркуле́совых столпо́в [столбо́в]** (*из греческой мифологии*) *Wörtlich*: »Bis zu den Säulen des Herkules kommen«, *d. h.* die äußerste Grenze von etw., den unübertrefflichen Grad einer Eigenschaft erreicht haben (*aus der griechischen Mythologie*). *In der antiken Welt war der Glaube verbreitet, die Felsen zu beiden Seiten der Straße von Gibraltar seien Säulen, die Herkules errichtet habe, um das* »Ende der Welt« *zu markieren, über die man daher nicht hinausfahren durfte. Die Errichtung dieser* »Säulen«, *an denen, nach späteren Legenden,* geschrieben stand Non plus ultra, *d. h.* Bis hierher und nicht weiter, *gehörte zu den zwölf Kraftleistungen des Herkules* (*s.* Геркуле́сов труд). *Im Russischen wird der Ausdruck oft mit einem Attribut im Genitiv zitiert, z. B.* дойти́ до геркуле́совых столпо́в неле́пости. Столп (*veralt.*) *svw.* столб.

41. **До́ктор Айболи́т** (*герой сказки К. Чуковского* — 1929 *г.*) Doktor Aibolit (*wörtlich*: Doktor »Au-das-tut-weh«), *Hauptperson des populären Versmärchens von K. Tschukowski. Der gute Doktor Aibolit ist Kinderarzt und ein Freund aller Kinder; er geht nach Afrika, um Tierjunge zu behandeln und kommt jedem zu Hilfe, der in Not ist. Sein Name wird als scherzhafte Bezeichnung für einen Arzt gebraucht.*

**42. Домострой** (*название книги XVI в., свода житейских правил*) »Domostroi« (*Titel eines im 16. Jh. verfaßten russischen Buches, einer Sammlung von Lebensregeln*). *Dem* »Domostroi« (*von* строить дом, *hier svw.* ein Haus, *d. h.* Familie, einen Haushalt aufbauen *abgeleitet*) *lag kirchliche Moral zugrunde. Das Buch schrieb u. a. unbedingten Gehorsam der Frau ihrem Ehemann gegenüber vor. In übertragenem Sinn charakterisiert der Ausdruck eine mittelalterlich streng reglementierte Lebensweise, namentlich die rechtlose Stellung der Frau in Familie und Gesellschaft. Heute wird er auch* (*oft in der Form* домострóевские порядки) *als scherzhafte Bezeichnung der Zustände in einer Familie gebraucht, in der ein Ehepartner den anderen aus Eifersucht einer Kontrolle unterwirft bzw. die Eltern ihre Kinder zu kurz halten.*

**43. Дон Жуан** (*созданный испанской средневековой легендой образ дерзкого нарушителя моральных и религиозных норм, искателя чувственных наслаждений; начиная с пьесы «Севильский озорник, или Каменный гость» Тирсо де Молина — 1630 г. — герой многих произведений европейской литературы*) Don Juan ['dɔnjuːan, *auch* dɔnxuː'an (*span.*) *und* 'dɔʒvã (*franz.*)], *altspanische Sagengestalt, ein Abenteurer, der auf der Jagd nach sinnlichen Genüssen sich über sittliche und religiöse Normen frech hinwegsetzt; seit dem Erscheinen des Dramas* »Der Verführer von Sevilla, oder Der Steinerne Gast« von Tirso de Molina Gestalt in vielen Werken der europäischen Literatur*. Im Alltag wird sein Name in der Bedeutung* Frauenverführer, Frauenliebling *gebraucht. S. auch* Каменный гость.

**44. Дон Кихот** (*герой романа Сервантеса — 1615 г.*) Don Quichotte [dɔki'ʃɔt] (*span. → franz.*) *oder* Don Quijote *bzw.* Don Quixote [*beide* dɔnki'xote] (*span.*), *eindeutschend* Don Quichote [dɔnki'çɔt(ə)], *Held des gleichnamigen Romans von Cervantes, der durch seinen weltfremden Idealismus komisch wirkt. Sein Name ist zur Bezeichnung für idealistische Schwärmer geworden, deren Tatendrang an der Realität scheitert.* Донкихóтство Donquichotterie [dɔkiʃɔ'triː, *auch* dɔnkiʃotɔ'riː], *d. h.* weltfremde Handlungsweise *und* Schwärmerei; ans Lächerliche grenzende Unternehmung, die von vornherein zum Scheitern verurteilt ist. *S. dazu auch* Дульцинéя; Росинáнт; Рыцарь печáльного óбраза; Сражáться с ветряными мéльницами.

**45. Дорога жизни** (*название дороги по льду Ладожского озера, связывавшей во время Великой Отечественной войны осаждённый Ленинград с «Большой землёй»; впервые употреблено, по-видимому, в газете «Правда» 9.5.1942 г.*) »Lebensweg« (*Bezeichnung der Straße über das Eis des Ladogasees, die während des Großen Vaterländischen Krieges das belagerte Leningrad mit dem Hinterland verband; der Ausdruck wurde wahrscheinlich in der*

»*Prawda*« *vom 9.5.1942 zum erstenmal gebraucht). Das Funktionieren des Lebenswegs (September 1941 bis März 1943) unter ständigem Artilleriefeuer und Luftangriffen der deutsch-faschistischen Truppen ist eine ruhmreiche Seite in der Chronik des Krieges. Der Lebensweg ermöglichte die Evakuierung von über 1 376 000 Einwohnern der belagerten Stadt; durch ihn konnte auch die Versorgung der hungernden Leningrader verbessert werden.*

46. **Драко́новские зако́ны [ме́ры]** (*по имени Дракона, жившего в VII в. до н. э., первого законодателя Афинской республики, который издал, согласно Плутарху, исключительно суровые законы*) Drakonische Gesetze, *d. h.* außerordentlich strenge Gesetze (*nach Drakon, dem ersten Gesetzgeber Athens, dessen Gesetze, nach einem Bericht des griechischen Schriftstellers Plutarch, sich durch äußerste Härte auszeichneten). Das Adjektiv* драко́новский *hat im Russischen die Bedeutung* außerordentlich streng, hart, rücksichtslos *angenommen und wird auch mit vielen anderen Substantiven gebraucht.*

47. **Друго́е [Второ́е] я** (*правильнее:* **Друго́й [Второ́й] я**) *цитируется также по-латыни:* Alter ego (*выражение, приписываемое Пифагору его биографом — греческим философом Порфирием*) Das andere [ein zweites] Ich; Ein anderes Selbst; ↑ *lat.* (*der Ausdruck wird Pythagoras von seinem Biographen, dem griechischen Philosophen Porphyrios, zugeschrieben). Zitiert in zwei Bedeutungen:* 1) ein enger Freund; 2) ein Doppelgänger; etw. sehr Ähnliches.

48. **Друзья́ познаю́тся в беде́** (*фрагмент из трагедии Энния «Гекуба», цитируемый Цицероном в его трактате «Лелий, или О дружбе» — 44 г. до н. э.*) Den wahren Freund erkennt man in der Not (*Fragment aus der Tragödie »Hekuba« von Ennius, das von Cicero in seiner Schrift »Laelius, oder Über die Freundschaft« zitiert wird). Im Russischen wie im Deutschen ist der Ausspruch zum Sprichwort geworden.*

49. **Дуби́на наро́дной войны́** (*Л. Толсто́й. Война и мир, т. IV, ч. 3, гл. 1 — 1869 г.*) Der Knüttel des Volkskrieges (*L. Tolstoi. Krieg und Frieden. Übers. E. Böhme). Bildliche Bezeichnung der breiten Partisanenbewegung des russischen Volkes gegen die französischen Truppen während des Vaterländischen Krieges im Jahre 1812, die zum Sieg über Napoleons Heer wesentlich beitrug.*

50. **Дульцине́я (Тобо́сская)** (*имя возлюбленной Дон Кихота в одноимённом романе Сервантеса — 1615 г.*) Dulzinea, *auch* Dulcinea (*Name der Angebeteten von Don Quichote im gleichnamigen Roman von Cervantes). Don Quichote* (*s.* Дон Кихо́т) *erhebt in seinen Träumen ein derbes und ungebildetes Bauernmädchen zu einer vornehmen Dame und nennt es »die unvergleichliche Dulcinea von Tobosa«. Heute wird dieser Name als ironisierende Bezeichnung*

*für eine von ihrem Liebhaber unangemessen idealisierte Frau ver-
wendet; er tritt auch in der weiteren Bedeutung* Liebchen *(scherz.)
auf.*

51. **Дух отрица́нья, дух сомне́нья** (*А. Пушкин. Ангел —* 1827 *г.*)
Der Geist des Zweifels, der Verneinung (*A. Puschkin. Der Engel.
Übers. M. Remané*).

52. **Душа́ обя́зана труди́ться** (*Н. Заболоцкий. Не позволяй
душе лениться —* 1958 *г.*) »Die Seele, die muß tätig sein« (*N. Sabolozki. Laß deine Seel' nicht träge werden*). *Die vorstehende Zeile
aus N. Sabolozkis Gedicht, in dem er sich gegen Selbstzufriedenheit
und Gleichgültigkeit wendet, wird in der sowjetischen Publizistik
losungartig, als ein sittliches Gebot gern zitiert.*

53. **Ду́шечка** (*героиня одноиме́нного рассказа А. Чехова —*
1899 *г.*) Herzchen (*Hauptfigur der gleichnamigen Erzählung von
A. Tschechow. Übers. G. Dick*). *Olga, wegen ihres einnehmenden
Äußeren und ihrer Gutherzigkeit allgemein »Herzchen« genannt,
war zweimal verheiratet und verwitwet und wurde nachher Geliebte
eines Dritten. Einfältig und anhänglich wie sie ist, lebt sie ausschließlich den Interessen ihres jeweiligen Ehepartners und paßt sich ganz
den Zielen und der Lebensweise dieser sehr unterschiedlichen Menschen an. Der Ausdruck charakterisiert einen Menschen, der seine
Ansichten und Überzeugungen je nachdem wechselt, unter wessen
Einfluß er augenblicklich steht.*

54. **Душо́й испо́лненный полёт** (*А. Пушкин. Евгений Онегин,
гл.* 1, *строфа XIX —* 1825 *г.*) »Beseelter Flug« (*A. Puschkin. Eugen
Onegin*). *Der Dichter gedenkt der Theatereindrücke aus seiner Jugendzeit und bezeichnet mit dem Ausdruck »der russischen Terpsychore
(= Muse des Tanzes in der griechischen Mythologie) beseelter Flug«
die Kunst der damaligen russischen Ballettänzerinnen. Die vorstehende
Verszeile wird auch heute in Theaterrezensionen gern zitiert, um
die Meisterschaft einer Ballerina bildlich zu charakterisieren.*

55. **Дя́дя Стёпа** (*герой одноиме́нного стихотворения С. Михалкова —* 1936 *г.*) »Onkel Stjopa«, *Gestalt im gleichnamigen populären Kindergedicht von S. Michalkow, ein junger Arbeiter (in
einer Fortsetzung des Gedichts läßt ihn der Verfasser Milizionär
werden), der wegen seiner außerordentlichen Körpergröße sowie seiner
Gutmütigkeit, Gerechtigkeit und Hilfsbereitschaft ein Abgott aller Kinder in seinem Stadtviertel ist und von ihnen Onkel Stjopa genannt
wird.* Стёпа *ist eine vertraulich klingende Diminutivform seines Vornamens* Степан). *Sein Name wird als scherzhafte Bezeichnung für
einen (gutmütigen) baumlangen Burschen gebraucht.*

56. **Дя́дя Сэм** (*ироническое название американца или США;
происхождение спорно*) Onkel Sam; Uncle Sam *engl. (scherzhafte
Bezeichnung für die USA; Ursprung ist umstritten). Onkel Sam
wird auf politischen Karikaturen als ein langer hagerer Mann mit*

*einem dünnen Bart dargestellt; er trägt eine gestreifte Hose und einen hohen Zylinderhut. Im Russischen wird der Ausdruck ironisch gebraucht.*

# Е

1. **Еги́петская тьма** (⟨ *Библия, Исход*, 10, 22—23) Ägyptische Finsternis (⟨ *Bibel*). *In der Bibel wird erzählt, wie Ägypten als Strafe dafür, daß der Pharao sich geweigert hatte, die Juden aus der ägyptischen Gefangenschaft zu entlassen, von zehn Plagen heimgesucht und unter anderem drei Tage lang in »eine so dicke Finsternis« getaucht wurde, »daß niemand den andern sah« (2. Buch Mose, 10, 22—23). Der Ausdruck bedeutet daher svw. tiefe, völlige Finsternis.*

2. **Его́ приме́р други́м нау́ка** (*А. Пушкин. Евгений Онегин, гл.* 1, *строфа* 1—1825 *г.*) Sein Beispiel sei den andern Lehre (*A. Puschkin. Eugen Onegin. Übers. J. von Guenther*).

3. **Езда́ в незна́емое** (*В. Маяковский. Разговор с фининспектором о поэзии*—1926 *г.*) Eine Fahrt ins Unbekannte (*W. Majakowski. Gespräch mit dem Steuerinspektor über die Dichtkunst. Übers. H. Huppert). Mit diesem bildhaften Vergleich hat Majakowski in seinem Gedicht die schöpferische Arbeit eines Dichters charakterisiert (der volle Wortlaut des Zitats:* Поэ́зия—вся!*—езда в незна́емое* Dichtung—insgesamt!—*ist eine Fahrt ins Unbekannte); heute wird der Ausdruck in weiterem Sinn zitiert, wenn man von jeglicher bahnbrechenden Tätigkeit, jedem Suchen nach dem Neuen spricht.*

4. **Если бы бо́га не существова́ло, его́ сле́довало бы вы́думать** (*Вольтер. Послание к автору новой книги о трёх самозванцах, V*, 23—1769 *г.*) Gäbe es Gott nicht, so müßte man ihn erfinden (*Voltaire. Epistel an den Verfasser des Buches von den drei Betrügern). Obwohl scharf antiklerikal gesinnt, hielt Voltaire die Religion für eine Einrichtung, die moralisch und sozial notwendig sei, um die Volksmassen im Zaum zu halten. Die vorstehende Zeile aus seinem Gedicht enthält eine knappe Formulierung dieses Gedankens.*

5. **Е́сли бы гу́бы Никано́ра Ива́новича да приста́вить к но́су Ива́на Кузьмича́...** (*Н. Гоголь. Женитьба, д.* 2, *явл. I*—1842 *г.*) Wenn man Nikanor Iwanowitschs Lippen unter die Nase von Iwan Kusmitsch setzen könnte... (*N. Gogol. Die Heirat. Übers. J. von Guenther). Agafja Tichonowna, eine heiratslustige Kaufmannstochter in Gogols Komödie, vergegenwärtigt sich das Äußere ihrer vier Bewerber, die ihr soeben einen Besuch abgestattet haben, und erwägt ihre sonstigen Vor- und Nachteile. Die Wahl fällt ihr schwer,*

*und sie drückt ihre Zweifel in den vorstehenden Worten aus. Das
Zitat wird — stets scherzhaft — in zwei Situationen verwendet: 1) wenn
man in Verlegenheit ist, eine Wahl zu treffen; 2) wenn man,
statt die Dinge zu nehmen, wie sie sind, von vornherein unreale
Was-wäre-wenn-Überlegungen anstellt.*

**6. Éсли горá не идёт к Магомéту, то Магомéт идёт к горé**
(? *арабский рассказ XVII в. о Ходже Насреддине*) Wenn der Berg
nicht zum Propheten kommen will, muß der Prophet zum Berge
gehen (? *aus einer arabischen Erzählung des 17. Jh. über Nasreddin
Hodscha, einen orientalischen Eulenspiegel). Das Zitat wird in übertragenem Sinn, meist scherzhaft gebraucht und bezeichnet folgenden
Sachverhalt: Ein X ist vernünftig genug, in seinem eigenen Interesse
einem Y entgegenzukommen, der dem X kein Entgegenkommen
zeigt, obwohl er es aus Respekt für den Höhergestellten [Älteren
usw.] X tun sollte.*

**7. Естéственный отбóр** (*Ч. Дáрвин. Происхождéние видов путём естéственного отбóра* — 1859 *г.*) Natürliche Auslese (*Ch.
Darwin. Über den Ursprung der Arten durch natürliche Auslese). Im
Russischen wird der von Darwin geprägte Fachausdruck der Biologie
auch auf zwischenmenschliche Beziehungen verwendet, z. B.:* в сúлу
естéственного отбóра все плохúе танцóры вскóре остáлись без
дам.

**8. Есть ещё пóрох в пороховнúцах** (*Н. Гóголь. Тарáс Бульба, гл. IX* — 1835 *г.*) Noch ist Pulver in den Hörnern (*N. Gogol.
Taras Bulba. Übers. F. Bodenstedt). Taras Bulba, der Hauptheld
der Gogolschen Erzählung, ist Oberst im Heer der Saporosher Kosaken. Die Kosaken bildeten sich als Militärstand heraus, als infolge
verstärkter feudaler Ausbeutung im 15.— 16. Jh. zahlreiche leibeigene
Bauern aus den zentralrussischen Gebieten flohen und in den südlichen
Randbezirken ansässig wurden. Die Saporosher Kosaken, die südlich
der Stromschnellen* (порóги) *des Dnepr lebten, spielten eine wichtige
Rolle im Kampf gegen die Türken und die polnischen Feudalherren.—
Während einer Schlacht mit den Polen wendet sich Bulba wiederholt
an seine Atamanen (= Hauptleute) mit der Frage: »Ist noch Pulver
in den Hörnern? Ist die kosakische Kraft nicht erschlafft? Wanken
die Unsern noch nicht?« und bekommt zur Antwort: »Noch ist Pulver
in den Hörnern; die Kraft der Kosaken ist nicht erschlafft, und die
Unsern wanken noch nicht«. Der Ausdruck wird in der Bedeutung*
jmd. hat noch Kraft genug, etw. weiterzumachen *zitiert, oft in Form
einer scherzhaften Frage, ob man noch nicht müde ist, sowie als
scherzhafte Feststellung, daß jmd. sich einer guten Gesundheit erfreut.*

**9. Есть мнóгое на свéте, друг Горáцио,/ Что и не снúлось
нáшим мудрецáм** (*Шекспúр. Гáмлет, д. I, явл. 5. Пер. Н. Поле-
вóго* — 1837 *г.*) Es gibt mehr Ding' im Himmel und auf Erden,/
Als eure (unsre) Schulweisheit sich träumt (träumen läßt) (*W. Shake-*

*speare. Hamlet. Übers. A. W. Schlegel). Zitiert in der Bedeutung:* niemand kann sagen, was uns noch bevorsteht; die Zukunft hält viele Überraschungen bereit.

10. **Есть от чего в отча́янье прийти́** (*А. Грибоедов. Горе от ума, д. 4, явл. 4* — *1824 г.*) *Deutsche Entsprechung des Zitats:* »Es ist ja zum Verzweifeln!« (*A. Gribojedow. Verstand schafft Leiden*).

11. **Ещё одно́ после́днее сказа́нье,/ И ле́топись око́нчена моя́** (*А. Пушкин. Борис Годунов, сцена «Ночь. Келья в Чудовом монастыре»* — *1831 г.*) *Noch diese eine allerletzte Sage — / und abgeschlossen liegt die Chronik da* (*A. Puschkin. Boris Godunow. Übers. J. von Guenther). Diese Worte sagt in Puschkins Drama der Mönch Pimen, ein Chronist, der gerade an den letzten Seiten einer Chronik arbeitet, die viele Jahre in Anspruch genommen hat. Das Zitat wird in zwei Bedeutungen gebraucht:* 1) noch eine letzte Anstrengung, und eine große Arbeit ist vollbracht (*oft scherzh.*); 2) noch eine letzte Bemerkung (*in diesem Fall wird nur die erste Zeile zitiert*).

# Ж

1. **Жар-пти́ца** (*из восточнославянской мифологии*) Feuervogel, *in Zaubermärchen der ostslawischen Völker ein Wundervogel aus fernen Landen, dessen Gefieder wie Glut leuchtet; symbolisiert etw. Begehrenswertes, einen Wunschtraum. Märchenmotive um den Feuervogel liegen dem gleichnamigen Ballett von I. Strawinski (1910) zugrunde.*

2. **Жди меня́, и я верну́сь** (*первая строка стихотворения К. Симонова «Жди меня»* — *1941 г.*) Wart auf mich, ich komm zurück (*Anfangszeile des Gedichts »Wart auf mich« von K. Simonow. Übers. C. Blum). Simonows Gedicht, im schweren ersten Jahr des Großen Vaterländischen Krieges entstanden und mit einem Schlag außerordentlich beliebt geworden, preist Liebe und Treue, die dem sowjetischen Soldaten an der Front und seiner Frau im Hinterland helfen, alle Schrecken des Krieges und alle Entbehrungen zu überwinden, preist die Standhaftigkeit des Mannes und die Ausdauer der Frau. Eine weitere Strophe in diesem Gedicht beginnt mit den Worten:* Жди меня́, и я верну́сь/ Всем смертя́м назло́ (*in der Übersetzung:* Wart auf mich, ich komm zurück,/ ja zum Trotz dem Tod). *Die Zeile* Всем смертя́м назло́ (*wörtlich:* allen Arten von Tod zum Trotz) *ist ebenfalls zu einem geflügelten Wort geworden. Sie drückt eine optimistische Zuversicht aus und wird in der Bedeutung* ≈ trotz alledem! *zitiert.*

3. **Желе́зный за́навес** (*выражение буржуазной пропаганды; получило известность после речи У. Черчилля в Фултоне 5.3.1946 г.*)

Der eiserne Vorhang (*der Ausdruck entstand noch in den 20er Jahren und wurde von der faschistischen Propaganda aufgegriffen, ist aber erst nach der Rede des britischen Premierministers W. Churchill allgemein bekannt geworden*). Dem bildhaften Ausdruck liegt die Vorstellung von der feuerfesten Trennwand zugrunde, die bei einem Theaterbrand Bühne und Zuschauerraum trennt. Die sowjetfeindliche Propaganda gebraucht ihn in verleumderischer Absicht, indem sie behauptet, die Sowjetunion habe sich von der übrigen Welt durch einen eisernen Vorhang isoliert. In der Sowjetpresse werden mit diesem Ausdruck die Versuche reaktionärer Kreise der kapitalistischen Länder bezeichnet, die Verbreitung der Wahrheit über die Sowjetunion zu verhindern.

4. **Желе́зный Фе́ликс** (*так называли Ф. Э. Дзержинского, выдающегося советского партийного и государственного деятеля, активного участника русского и польского революционного движения, его соратники, характеризуя его несгибаемую волю и непримиримость к врагам революции*) Der eiserne Feliks (*so wurde von seinen Kampfgefährten Feliks Dzierżyński genannt, hervorragender Funktionär der KPR(B) und sowjetischer Staatsmann, aktiver Teilnehmer der russischen und polnischen Arbeiterbewegung; mit dem Beinamen würdigten sie seinen unbeugsamen Willen und seine Unversöhnlichkeit den Feinden der Revolution gegenüber*). S. dazu auch Рыцарь революции.

5. **Желе́зом и кро́вью** (*выражение, неоднократно встречающееся в речах и выступлениях германского государственного деятеля XIX в. Отто фон Бисмарка*) (Durch) Blut und Eisen (*ein von Bismarck in seinen Reden mehrmals gebrauchter Ausdruck*). Die bekannteste Äußerung Bismarcks, die diese Worte enthält, lautet: »Nicht durch Reden und Majoritätsbeschlüsse werden die großen Fragen der Zeit entschieden, ...sondern durch Eisen und Blut«. Der Ausdruck ist zur bildlichen Bezeichnung einer Politik der Gewalt geworden.

6. **Жёлтая пре́сса** (*выражение, впервые употреблённое американским журналистом Э. Уордменом в 1896 г.*) Gelbe Presse (*den Ausdruck hat der amerikanische Journalist E. Wardman geprägt*). Im Jahre 1895 entbrannte zwischen zwei New-Yorker Zeitungen ein erbitterter Streit um das Recht, Bilder des Zeichners R. F. Outcault mit humoristischen Texten auf ihren Seiten abzudrucken. Outcault hatte nämlich eine Figur geschaffen, die bald zum Liebling der Leser wurde: einen Straßenjungen, mit einem gelben Hemd bekleidet, dem er allerlei freche Witze in den Mund legte. E. Wardman nannte die beiden konkurierenden Blätter yellow press, d. h. gelbe Presse. Seitdem wird dieser Ausdruck benutzt, um sensationslüsterne Berichterstattung in der kapitalistischen Presse zu bezeichnen.

7. **Жёлтый Дья́вол** (*М. Горький. Город Жёлтого Дьявола —*

1906 г.) »Der gelbe Teufel« (*M. Gorki. Die Stadt des gelben Teufels*). *Als Vorbild für die in M. Gorkis Pamphlet geschilderte menschenfeindliche, makabre Stadt, »deren Herz ein riesiger Klumpen Gold ist«, diente New York mit seinen schreienden Gegensätzen. Der Ausdruck wird in der Bedeutung* Mammon, Macht des Kapitals *zitiert.*

8. **Жемчу́жное зерно́ в наво́зной ку́че** (*И. Крылов. Петух и Жемчужное Зерно*—1809 г.) *Wörtlich*: eine Perle in einem Misthaufen, *d. h.* eine Kostbarkeit unter wertlosen Dingen *bzw.* ein großes Talent unter lauter Mittelmäßigkeiten (*I. Krylow. Der Hahn und die Perle*).

9. **Жена́ Це́заря должна́ быть вы́ше подозре́ний** (*Юлий Цезарь*) Cäsars Frau muß über jeden Verdacht erhaben sein (*Julius Cäsar*). *Im alten Rom wurde alljährlich das Fest der Bona dea, der Beschützerin der weiblichen Tugend, gefeiert. Im Jahre 62 v. u. Z. war es Cäsars Frau Pompeja, in deren Haus das Fest begangen wurde. Ein junger Mann wußte, als Frau verkleidet, sich ins Haus einzuschleichen, wurde entdeckt und wegen Frevels vors Gericht gestellt. Dieser Vorfall war Cäsar, der u. a. das Amt des höchsten Priesters bekleidete und für die Reinheit des Kults verantwortlich war, äußerst peinlich, und er ließ sich von seiner Frau scheiden. Im Prozeß gegen den Frevler brachte er nichts gegen seine Frau vor. Auf die Frage, warum er sich trotzdem hatte von ihr scheiden lassen, antwortete er mit den vorstehenden Worten. Der Ausdruck wird meist in der kürzeren Form* кто-л. вы́ше подозре́ния *zitiert, d. h.* jmd. steht moralisch so hoch, daß es unmöglich ist, ihn wegen etw. zu verdächtigen.

10. **Жён и дете́й заложи́ть** (*приписывается Кузьме Минину*) »Weib und Kind verpfänden« (*der Ausdruck wird Kusma Minin zugeschrieben*). *Der Kaufmann Minin (eigentlich Kusma Minitsch Sacharjew-Suchoruk), Stadtältester von Nishni-Nowgorod (heute die Stadt Gorki), organisierte in den* Jahren der nationalen Erhebung gegen die polnischen Interventen (1611—1612) *zusammen mit dem Fürsten Dmitri Posharski das Volksaufgebot, das 1612 die von Polen besetzte Hauptstadt befreite und die Eindringlinge aus Rußland vertrieb. Als Minin seine Landsleute aufrief, Geld für das Aufgebot zu spenden, bediente er sich der Redewendung* Weib und Kind verpfänden, *d. h.* kein Opfer scheuen, das Teuerste opfern, *die in die russische Sprache als geflügeltes Wort eingegangen ist.*

11. **Живи́ и жить дава́й други́м** (*Г. Державин. На рождение царицы Гремиславы*—1798 г.) *Dieser in Rußland durch G. Dershawins Gedicht »Auf die Geburt der Zarin Gremislawa« populär gewordene Ausspruch ist auch in anderen europäischen Sprachen bekannt. Seine deutsche Entsprechung ist die sprichwörtliche Redensart* Leben und leben lassen.

97

12. **Жив Кури́лка!** (*из русской народной детской песенки, исполняемой при игре в «Курилку»*) *Wörtlich:* »Das Rauchmännlein lebt noch!« (*aus einem volkstümlichen Kinderlied*). *Das Liedchen, das mit den vorstehenden Worten begann, wurde beim alten russischen »Rauchmännlein-Spiel« gesungen. Die Spielenden saßen im Kreis und reichten einander einen brennenden Holzspan; der Spieler, in dessen Hand der Span erlosch, schied aus. So entstand der Ausdruck* Das Rauchmännlein lebt noch!, *der heute in zwei Situationen gebraucht wird:* 1) *wenn man feststellt, daß ein nichtsnutziger bzw. verabscheuungswürdiger Mensch (z. B. ein völlig unfähiger Künstler oder auch ein Intrigant) immer noch sein »Unwesen« treibt (abwertend);* 2) *wenn von einer Arbeit, einer Tätigkeit die Rede ist, die trotz ungünstiger Umstände fortgesetzt wird (scherzh.-anerkennend). In beiden Fällen wird auf die Zähigkeit des Menschen angespielt, dem der Ausdruck gilt.*

13. **Живо́й труп** (*заглавие драмы Л. Толсто́го* — 1911 *г.*) Der lebende Leichnam (*Titel eines Dramas von L. Tolstoï*). *In Tolstois Drama bricht der Hauptheld Protassow, ein Aristokrat, mit seinem Milieu, verläßt seine Familie, inszeniert einen Selbstmord und taucht im Dunkel der Großstadt unter; dabei kommt er sich selbst wie ein lebender Leichnam vor. Als geflügeltes Wort weist der Ausdruck zwei Bedeutungen auf:* 1) ein moralisch heruntergekommener, leerer Mensch; 2) etw. Überlebtes, Überholtes.

14. **Жизнь есть борьба́** (? *Сенека Мла́дший. Письма к Луци́лию, XCVI,* 5 — *I в., где эта мысль выражена в форме* Жить — зна́чит сража́ться) Das Leben ist ein Kampf (*Seneca d. J. Briefe an Lucilius, wo dieser Gedanke in der Form* Leben heißt kämpfen *ausgedrückt ist*). *S. dazu auch* Быть челове́ком — зна́чит быть борцо́м.

15. **Жизнь коротка́, иску́сство долгове́чно** (*Гиппократ. Афоризмы, I,* 1 — *I в. до н. э.; цитируется также по-латыни в переводе Сенеки Младшего*): Vita brevis, ars longa [Ars longa, vita brevis]) *Wörtlich:* Das Leben ist kurz und die Wissenschaft lang (*Hippokrates. Aphorismen*); Vita brevis, ars longa (*lateinische Fassung von Seneca d. J.*); *im Deutschen wird der Aphorismus meist in der Form zitiert, die ihm Goethe im »Faust«, I. Teil,* 1. *Szene, gegeben hat:* Die Kunst ist lang und kurz ist unser Leben. *Der Sinn des Zitats:* Die Wissenschaft *bzw.* die Kunst nimmt den Menschen so stark in Anspruch, daß sein Leben ihm zu kurz scheint, um die Aufgaben zu bewältigen, denen er gegenübersteht.

16. **Жизнь прекра́сна и удиви́тельна** (*В. Маяко́вский. Хорошо́!* — 1927 *г.*) Das Dasein ist herrlich. Das Leben ist wundervoll (*W. Majakowski. Gut und schön. Übers. H. Huppert*).

17. **Жизнь прошла́, как Азо́рские острова́** *см.* Вот и жизнь прошла́,/ как прошли́ Азо́рские острова́

18. **Жил-был [Жи́ли-бы́ли]**... (*зачин многих русских народных сказок*) *Anfangsworte vieler russischer Volksmärchen, deren deutsche Entsprechung die Eröffnungsformel* Es war einmal... *ist.*

19. **Жнёт, где не се́ял** (⟨ *Библия, Матф.*, 25, 24) *Wörtlich:* Jmd. erntet, wo er nicht gesät hat, *d. h.* jmd. lebt gern von der Arbeit anderer, auf Kosten anderer (⟨ *Bibel, Matth.*, 25, 24; *die entsprechende Stelle in der deutschen Bibelübersetzung lautet:* Du schneidest, wo du nicht gesät hast, und sammelst, wo du nicht ausgestreut hast).

20. **Жре́бий бро́шен** *цитируется также по-латыни:* Alea jacta est (*Юлий Цезарь*) Der Würfel ist gefallen; ↑ *lat.* (*Julius Cäsar*). *Man gebraucht den Ausdruck in der Bedeutung:* Ein entscheidender Schritt ist getan. *Näheres s. unter* Перейти́ Рубико́н. *Im Deutschen jetzt meist im Plural gebraucht:* Die Würfel sind gefallen.

# З

1. **Заблу́дшая овца́** (*Библия, Лука*, 15, 4) Ein verlorenes Schaf, *d. h.* ein Mensch, der den richtigen Weg im Leben verloren hat (*Bibel, Luk.*, 15, 4; *Psalm* 119, 176).

2. **Забы́ться и засну́ть** *см.* Я ищу́ свобо́ды и поко́я!/ Я б хоте́л забы́ться и засну́ть!

3. **Завира́льные иде́и** (*А. Грибоедов. Горе от ума, д. 2, явл. 3 — 1824 г.*) Verschrobene Ideen (*A. Gribojedow. Geist bringt Kummer. Übers. J. von Guenther*). Завира́льный (*umg., salopp*) *svw.* ungereimt.

4. **За́втра! За́втра! Не сего́дня!** (/ Так лени́вцы [Все лентя́и] говоря́т) (*русская пословица, возникшая, по-видимому, на основе перевода стихотворения немецкого писателя К. Ф. Вейссе «Отсрочка» — 1769 г.*) Morgen, morgen, nur nicht heute (/ Sprechen immer träge Leute) (*Ch. F. Weiße. Kleine Lieder für Kinder.— Der Aufschub; die zweite Zeile wird gewöhnlich in der Form* Sagen alle faulen Leute *zitiert*). *Die vorstehenden Zeilen sind im Deutschen wie im Russischen zu einem Sprichwort geworden. Es ist möglich, daß die russische Sprache das fertige deutsche Sprichwort übernommen hat.*

5. **Зага́дка Сфи́нкса** *см.* Сфи́нксова зага́дка

6. **Зага́дочная нату́ра** (⟨ *Гёте. Изречения в прозе — 1833 г.; выражение стало крылатым после выхода в свет романа Ф. Шпильгагена »Problematische Naturen« — 1862 г., в русском переводе 1864 г.—«Загадочные натуры»*) Eine geheimnisvolle Natur (⟨ *Goethe. Maximen und Reflexionen; der Ausdruck ist erst nach dem*

*Erscheinen des Romans »Problematische Naturen« von F. Spielhagen
zu einem geflügelten Wort geworden; der Titel der russischen Übersetzung lautet wörtlich »Geheimnisvolle Naturen«).*

7. **За каки́м чёртом его́ [меня́, их** *и т. д.***] понесло́ на э́ту
гале́ру?** (*Мольер. Проделки Скапена, акт 2, сцена XI*— *1671 г.*)
»Was hatte er Teufel noch mal auf dieser Galeere zu suchen?«
(*Molière. Scapins Streiche*). *Um dem Kaufmann Geront Geld abzulisten,
erzählt ihm Scapin, Geronts Sohn habe die Einladung eines türkischen Kapitäns angenommen, dessen Galeere zu besuchen; nun halte
ihn der Türke gefangen und verlange Lösegeld, sonst soll der junge
Mann als Sklave verkauft werden. Geront glaubt diese Lüge und
lamentiert in den vorstehenden Worten über die Unvernunft seines
Sohnes. Das Zitat wird im Russischen als Ausdruck des Verdrusses
über eine von einem anderen oder von sich selbst begangene Dummheit
verwendet.*

8. **Заколдо́ванное ме́сто** (*заглавие рассказа Н. Гоголя* — 1832 *г.*)
Eine verhexte Stelle, *Ausdruck des Verdrusses über ein Hindernis,
worauf man bei einer Arbeit, einer Tätigkeit an einem bestimmten
Ort bzw. zu einer bestimmten Zeit immer wieder stößt (zugrunde
liegt eine Erzählung von N. Gogol, die in deutscher Übersetzung
»Die verhexte Stelle« betitelt ist).*

9. **Зако́н джу́нглей** (*заглавие стихотворения, входящего во
«Вторую книгу джунглей»* Р. *Киплинга* — 1895 *г.*) Das Gesetz
des Dschungels, *d. h.* das Recht des Stärkeren, wie es im Tierreich
besteht; Faustrecht (*Titel eines Gedichts, das ein Bestandteil des
»Neuen Dschungelbuchs« von R. Kipling ist*).

10. **Зако́н Паркинсо́на** (*заглавие русского перевода книги
С. Норткота Паркинсона* «*Parkinson's Law*» — 1957 *г.*) Parkinson's
Gesetz (*Titel eines satirischen Buchs von C. Northcote Parkinson*).
*Parkinson zeigt auf witzige Weise das Funktionieren des kapitalisti-
schen Staatsapparats, eine leerlaufende, sich selbst erzeugende wich-
tigtuerische Bürokratie, bei der Schein über Sein geht und Erfolgs-
chancen hat, wer diese Maschinerie in seinem Interesse zu nutzen
weiß.*

11. **Занести́ [Внести́] кого́-л., что-л. в Кра́сную кни́гу** (*выражение возникло в связи со вступлением СССР в Международный
союз охраны природы и природных ресурсов и созданием «Красной
книги СССР» — описания редких, находящихся под угрозой исчез-
новения и подлежащих охране видов животных и растений* —
1978 *г.*) (Jmdn., etw.) in das Rote Buch eintragen (*der Ausdruck ist
entstanden, nachdem die Sowjetunion der Internationalen Union
zur Erhaltung der Natur und der natürlichen Hilfsquellen beitrat
und das »Rote Buch der UdSSR« geschaffen wurde, d. h. eine
Beschreibung seltener, in ihrem Bestand bedrohter Tier- und Pflanzenar-
ten, die unter Staatsschutz gestellt wurden*). Der Ausdruck hat eine

*übertragene Bedeutung entwickelt*: jmdn., etw. als eine Seltenheit, eine seltene Erscheinung betrachten, *und zwar* »*mit Minus*-«: als veraltet, überholt, absterbend *wie* »*mit Pluszeichen*«: als positive Züge aufweisend, die sonst immer mehr verschwinden, immer seltener anzutreffen sind (*umg., scherzh.*), *z. B.*: Таких щепети́льных (= peinlich korrekt) люде́й в Кра́сную кни́гу вноси́ть на́до.

12. **Запре́тный плод** (⟨ *Библия*) Die verbotene Frucht (⟨ *Bibel*). *S.* Вкуша́ть от дре́ва позна́ния добра́ и зла.

13. **Зары́ть свой тала́нт в зе́млю** (⟨ *Библия, Матф.*, 25, 15—30) Sein Pfund vergraben (⟨ *Bibel*). *Der Ausdruck geht zurück auf ein im Evangelium* (*Matth.*, 25, 15—30) *erzähltes Gleichnis. Ein reicher Mann ging auf Reisen und vertraute seinen Knechten seine Habe an—einem gab er fünf Pfund Silber, einem anderen zwei, einem dritten eins. Als er zurückkam und Rechenschaft verlangte, gaben ihm die Knechte, die fünf bzw. zwei Pfund erhalten hatten, zehn bzw. vier Pfund zurück, weil sie das Geld auf Zins verliehen hatten, der dritte aber konnte keinen Gewinn vorweisen, denn er hatte sein Pfund in der Erde vergraben. Der übertragene Sinn des Ausdrucks: seine Begabungen, Talente verkümmern lassen. Der russische Bibeltext behält das griechische Wort talanton* (*Bezeichnung einer Maß- und Geldeinheit*) *in Form von* тала́нт *bei; da das letztere heute* »*Talent*« *bedeutet, entbehrt das russische Zitat des archaischen Anflugs, und sein biblischer Ursprung wird nicht mehr empfunden.*

14. **Заткни́ фонта́н!** (⟨ *Козьма Прутков. Плоды раздумья. Мысли и афоризмы*— 1854 *г.*) »Tu einen Spund in deinen Springbrunnen!« (⟨ *Kosma Prutkow. Gedanken und Aphorismen*). *Einer der scherzhaften Aphorismen Prutkows* (*s.* Баро́н фон Гринва́льюс...) *lautet:·* »Hast du einen Springbrunnen, so tu einen Spund hinein; laß auch den Springbrunnen zur Ruhe kommen«. *Das Zitat wird als eine scherzhafte Aufforderung zum Schweigen gebraucht.*

15. **За три́деви́ять земе́ль. В тридеви́ятом [тридеся́том] ца́рстве [госуда́рстве]** (*из русских народных сказок*) *Wörtlich:* »Über dreißig Länder hinweg«, »Im dreißigsten Reich«, *d. h.* weit in der Fremde; über Berg und Tal (*in russischen Volksmärchen oft vorkommende poetische Formel*). *Das Wort* тридевя́тый »de̅r dreimalneunte« *widerspiegelt ein altes Zählsystem, dessen Basis die Zahl 9 war*; тридеся́тый (*veralt.*) *svw.* тридца́тый.

16. **Зау́мный язы́к. За́умь** (*А. Кручёных. Декларация слова как такового*— 1913 *г.*) *Wörtlich:* »Eine Sprache jenseits der Vernunft« (*A. Krutschonych. Deklaration über das Wort als solches*). *Die Theoretiker des russischen Futurismus W. Chlebnikow, A. Krutschonych, W. Kamenski u. a. beanspruchten für den Dichter das Recht, in einer besonderen,* »*jenseits des gesunden Menschenverstandes*

*liegenden« Sprache zu sprechen; sie erfanden und gebrauchten in ihren dichterischen Experimenten völlig sinnlose Wörter. Der von Krutschonych geprägte Begriff* заýмный язык (*verkürzt* заýмь) *ist daher zur Bezeichnung für allerlei Unsinn, etw. Unverständliches, Ausgeklügeltes geworden.*

17. **Зачéм же мнéния чужúе тóлько свя́ты?** (*А. Грибоедов. Горе от ума, д. 3, явл. 3 — 1824 г.*) Soll recht allein der andre haben? (*A. Gribojedow. Verstand schafft Leiden. Übers. A. Luther*). *Zitiert in der Bedeutung:* Haben Sie denn keine eigene Meinung (dazu)? *S. dazu auch* В мой летá не дóлжно сметь/ Своё суждéние имéть.

18. **Зáяц во хмелю́** (*заглавие басни С. Михалкова — 1945 г.*) »Ein Hase in Rausch« (*Titel einer Fabel von S. Michalkow*). *Ein betrunkener Hase wird übermütig und rühmt sich, er könne es selbst mit dem Löwen aufnehmen, er würde mit ihm kurzen Prozeß machen. Mitten in seinen prahlerischen Reden begegnet er dem Löwen. Dieser herrscht ihn an, und der Rausch des Hasen verfliegt sofort. In einer Gesellschaft sei auf die Gesundheit des Löwen getrunken worden, da habe er hinter den anderen nicht zurückstehen können, lallt er zur Rechtfertigung seines Zustandes. Man bezeichnet mit dem Ausdruck einen übermütig gewordenen Angsthasen.*

19. **Звёздный час** (*С. Цвейг. Звёздные часы человечества — 1927 г.*) Sternstunde (*S. Zweig. Sternstunden der Menschheit*). *In seinem Buch unter diesem Titel schildert Zweig hervorragende Leistungen der Menschheit in den Tagen und Stunden ihrer Vollendung (Abschluß der Arbeiten an der Verlegung des transatlantischen Kabels, Bezwingung des Südpols u. a. m.). Die betreffenden Ingenieure, Forschungsreisenden usw. erleben dabei, was der Schriftsteller eine »Sternstunde« genannt hat, beglückende Augenblicke, in denen ihre Schaffenskraft einen Höhepunkt erreicht. Der von Zweig geprägte Ausdruck ist zur Bezeichnung eines Zeitabschnittes der Inspiration, der höchsten Anspannung der schöpferischen Kräfte im Leben eines Menschen geworden.*

20. **Здорóвый дух в здорóвом тéле** *цитируется также по-латыни;* Mens sana in corpore sano (*Ювенал. Сатиры, сатира 10, 356*) Ein gesunder Geist in einem gesunden Körper; ↑ *lat.* (*Juvenal. Satiren*). *Eine Formel, die die Idee einer harmonischen Entwicklung der körperlichen und der geistigen Kräfte zum Ausdruck bringt.*

21. **Здрáвствуй, плéмя/ Младóе, незнакóмое!** (*А. Пушкин. Вновь я посетил... — 1835 г.*) Heil dir, du junges,/ Mir noch so fremdes Volk (*A. Puschkin. Das Fleckchen Erde. Übers. A. Luther*). *An dieser Stelle seines lyrischen Gedichts wendet sich Puschkin eigentlich an einige junge Bäumchen im Gut Michailowskoje, die im Schatten von drei Kiefern, »alten Bekannten« aus der Zeit seiner*

*Verbannung (1824—1826), während seiner Abwesenheit herangewachsen sind (diese Kiefern sind erhalten und werden den Besuchern von Michailowskoje gezeigt). Mit dem »jungen Volk« meinte der Dichter zugleich die junge Generation, die ihn und seine Zeitgenossen ablösen sollte. In diesem zweiten Sinn, als Gruß an die heranwachsende junge Generation, an die Nachkommen, wird die Verszeile von Puschkin auch zitiert.*

22. **Зевс [Зевéс]. Зевс-громовéржец** (*из греческой мифологии*) *Zeus, in der griechischen Mythologie die höchste Gottheit, Vater und Herr aller anderen Götter. In der dichterischen Sprache besagt ein Vergleich mit Zeus, daß der Betreffende erhaben und unnahbar ist, nicht seinesgleichen hat. Zeus ist aber auch der Gebieter von Donner und Blitz, daher sein oft vorkommender Beiname* громовéржец Donnerschleuderer. *Dieser Ausdruck wird im Russischen ironisch in der Bedeutung* gestrenger, furchteinflößender Vorgesetzter *gebraucht.*

23. **Зéлен виногрáд** (⟨ *И. Крылов. Лисица и Виноград—1808 г.*) *Die Trauben sind sauer (Äsop; im Russischen durch I. Krylows Fabel »Der Fuchs und die Weintrauben« beliebt geworden). Dem Fuchs gelüstet es nach schönen reifen Weintrauben; da sie aber zu hoch hängen, und er sie nicht erreichen kann, tut er enttäuscht:* doch sauer sind sie, daß es einem schauert,/ bevor man sie nur auf die Zunge nimmt (*Übers. M. Remané*). *Der Ausdruck bezeichnet folgenden Sachverhalt:* jmd. täuscht Geringschätzung für etw. vor, was er nicht bekommen kann.

24. **Зелёный друг** (*Л. Леонов. В защиту друга—1947 г.*) *»Grüne Freunde« (L. Lèonow. Schützt unsere grünen Freunde!). Der Ausdruck wurde zu einem geflügelten Wort, nachdem L. Leonow in einem Zeitungsaufsatz dazu aufrief, möglichst viele Grünanlagen in den Städten der Sowjetunion zu schaffen und jeden bereits vorhandenen Baum,* »unseren grünen Freund«, *sorgfältig zu pflegen. Leonows Aufsatz war eine der ersten Veröffentlichungen, die in der Sowjetpresse Probleme des Umweltschutzes aufwarfen.*

25. **Зéмлю от пожáра уберéчь** (*слова припева песни «Если бы парни всей земли», текст Е. Долматовского, музыка В. Соловьёва-Седого—1957 г.*) *»Die Erde vor dem Brand bewahren« (aus dem Refrain des Liedes »Wenn die Burschen all auf dem Erdenball«, Text von J. Dolmatowski, Musik von W. Solowjew-Sedoi). Das Lied ruft die Jugend aller Länder zur Solidarität im Kampf gegen die Gefahr eines neuen Krieges auf. Die vorstehenden Worte aus seinem Refrain werden in der Sowjetpresse der letzten Jahre als Titel von Zeitungsartikeln bzw. als Kopf einer Spalte verwendet.*

26. **Зéркало рýсской револю́ции** (⟨ *заглавие статьи В. И. Ленина—1908 г.; полный текст заглавия: Лев Толстой, как зеркало русской революции.— Полн. собр. соч., т. 17, с. 206*) Spiegel der

russischen Revolution (≪ *Titel eines Artikels von W. I. Lenin*; der volle Wortlaut des Titels: *Leo Tolstoi als Spiegel der russischen Revolution.— Werke, Bd.* 15, *S.* 197). *In seinem Artikel geht W. I. Lenin auf die starken Widersprüche in Leo Tolstois Denken und Schaffen ein, erklärt sie durch die im höchsten Maße komplizierten, widerspruchsvollen sozialen Verhältnisse in Rußland in der Periode zwischen der Abschaffung der Leibeigenschaft* (1861) *und der ersten Revolution* (1905) *und bezeichnet in diesem Sinne die widerspruchsvollen Anschauungen des Schriftstellers als Spiegel der russischen Revolution. Diese klassische Formel ist zu einem geflügelten Ausdruck geworden. S. dazu auch* Срыва́ние всех и вся́ческих ма́сок.

27. **Златóй телéц** (≪ *Библия, Исход,* 32, 4) Das goldene Kalb, *d. h.* Gold, Mammon (≪ *Bibel*). *In der Bibel* (2. *Buch Mose,* 32, 4) *wird erzählt, wie die Israeliten während ihrer Wanderung durch die Wüste ein aus Metall gegossenes Kalb wie einen Götzen anbeteten und umtanzten, zu dessen Herstellung sie sich ihrer goldenen Geschmeide entäußert hatten. Daher bedeutet* поклонéние златóму тельцý Anbetung des goldenen Kalbes *svw.* Verehrung des Reichtums, Geldsucht. *Eine sprachliche ≫Modernisierung≪ erfuhr der biblische Ausdruck im Russischen, als I. Ilf und J. Petrow ihren* 1931 *erschienenen berühmten satirischen Roman* «Золотóй телёнок» *betitelten. Die Verfasser ersetzten die beiden archaischen Formen* златóй *und* телéц *durch die heutigen* золотóй *bzw.* телёнок, *was eine köstliche komische Wirkung ergab.*

28. **Злóба дня** (≪ *Библия, Матф.,* 6, 34) *Eigentlich:* ≫des Tages Plage≪ *(nach Matth.,* 6, 34, *wo es heißt:* Es ist genug, daß ein jeglicher Tag seine eigene Plage habe). *Zitiert in der Bedeutung:* Brennende Fragen, aktuelle Probleme der Gegenwart.

29. **Змею́ на груди́ отогрéть [пригрéть, согрéть]** (*Эзоп. Крестья́нин и Змея*) Eine Schlange an seinem Busen nähren, *d. h.* jmdm. Gutes erweisen, der sich später undankbar und als hinterhältiger Gegner erweist (*Äsop. Der Bauer und die Schlange*).

30. **Змий-искуси́тель** (≪ *Библия, Бытие,* 3) *Im deutschen Bibeltext:* die listige Schlange. *Der Ausdruck geht auf die biblische Erzählung vom Sündenfall* (1. *Buch. Mose,* 3) *zurück. Die Schlange, die ≫listiger als alle Tiere der Erde≪ war, verleitete Eva dazu, vom Baum der Erkenntnis zu essen* (*s.* Вкуси́ть от дрéва позна́ния добра́ и зла). *Zitiert in der Bedeutung:* ein Versucher (*scherzh.-iron.*). Змий (*veralt.*) *svw.* змея.

31. **Зна́мение врéмени** (≪ *Библия, Матф.,* 16, 1 — 4) *Der Ausdruck wird in der Bedeutung gebraucht:* Eine für eine bestimmte Zeit typische gesellschaftliche Erscheinung *bzw.* Tendenz.

32. **Зна́ние—си́ла** (*Ф. Бэкон. Нравственные и политические очерки,* 2, 11 — 1597 *г.*) Wissen ist Macht (*der Gedanke ist von*

*F. Bacon in seinen »Essays« geäußert worden). Unter dem Titel* «Знáние — сúла» *erscheint seit 1926 eine sowjetische populär-wissenschaftliche Zeitschrift für Jugendliche.*

33. **Золотáя молодёжь** (*первонáчально прозвище контрреволюционной части французской молодёжи во время событий июля 1794 г.— падéние Робеспьéра, термидориáнская реáкция) Wörtlich: Goldene Jugend. Der Ausdruck stammt aus dem Französischen, wo mit* jeunesse dorée *ursprünglich der konterrevolutionäre Teil der Jugend vorwiegend während der Ereignisse im Juli 1794 (Sturz von Robespierre, die Thermidorreaktion) bezeichnet wurde. Im Deutschen wird in entsprechenden Texten der Ausdruck unübersetzt verwendet, um falsche Assoziationen zu vermeiden. Heute dient diese Wortverbindung als abwertende Bezeichnung für reiche junge Leute, die ein sinnentleertes, ausschweifendes Leben führen.*

34. **Золотáя середúна** (*Горáций. Óды, ода 11, 8) Die goldene Mitte (Horaz. Oden). Der von Horaz geprägte Ausdruck wird gebraucht, um eine vorsichtige, abgewogene Entscheidung bzw. Handlungsweise zu bezeichnen, die jegliches Risiko ausschließt.*

35. **Золотóй век** (*Гесиóд. Труды и дни, 109 — 120; Овúдий. Метаморфóзы, 1, 89 — 160) Das Goldene Zeitalter, d. h.: 1) eine glückliche Zeit, »wo die Menschen sorglos ohne Arbeit und Weh dahinlebten wie die Götter, und der Acker von selbst Frucht trug«; 2) Blütezeit der Kunst und der Wissenschaft in der Geschichte eines Volkes (der Ausdruck geht auf Hesiods Poem »Werke und Tage« zurück; das gleiche Motiv behandelt Ovid in seinen »Metamorphosen«).*

36. **Зóлушка** (*героúня скáзки, широкó распространённой у ряда европéйских нарóдов и осóбенно извéстной в обрабóтке Ш. Перрó— 1697 г.) Aschenputtel [Aschenbrödel] (Hauptperson eines bei mehreren europäischen Völkern verbreiteten Märchens, besonders bekannt als »Cendrillon«, eine Bearbeitung von Ch. Perrault). Ihr Name dient zur Bezeichnung eines Mädchens, das in ihrer Familie (von ihrer Stiefmutter) zurückgesetzt wird bzw. eines Menschen, den andere Personen (oder das Schicksal) stiefmütterlich behandeln.*

# И

1. **Ивáн Алексáндрович, ступáйте департáментом управлять!** (*Н. Гóголь. Ревизóр, д. III, явл. VI — 1836 г.) Iwan Alexandrowitsch, kommen Sie mit! Sie müssen das Departement verwalten! (N. Gogol. Der Revisor. Übers. V. Tornius). In Gogols Lustspiel wird Iwan Alexandrowitsch Chlestakow (s.* Хлестакóв*), ein kleiner Beamter,*

*durch ein Mißverständnis für einen Revisor gehalten und von den Vätern einer Provinzstadt, wo er sich auf der Durchreise aufhält, wie ein »hohes Tier« empfangen. Übermütig geworden, schwindelt er seinen Gastgebern vor, er sei als einflußreicher Mann in ganz Petersburg bekannt, verkehre mit Ministern und Diplomaten und habe einmal sogar die Leitung eines Departements angetragen bekommen. Der Ausdruck dient zur ironischen Charakterisierung hemmungsloser Flunkerei.*

2. **Ива́н Ива́нович и Ива́н Никифо́рович** (*Н. Гоголь. Повесть о том, как поссорился Иван Иванович с Иваном Никифоровичем* — 1834 *г.*) Iwan Iwanowitsch und Iwan Nikiforowitsch (*N. Gogol. Wie es kam, daß sich Iwan Iwanowitsch mit Iwan Nikiforowitsch entzweit hat. Übers. Ph. Löbenstein*). *Die beiden Figuren der Gogolschen Novelle, kleine ukrainische Landjunker, waren lange Zeit gute Freunde, entzweiten sich aber aus einem nichtigen Anlaß — wegen des Wortes »Gänserich«, das bei einer Auseinandersetzung zwischen ihnen gefallen war und von dem anderen als eine tödliche Beleidigung empfunden wurde. Seitdem führten sie einen ständigen Kleinkrieg gegeneinander, und die Versuche, sie zu versöhnen, scheiterten jedesmal. Ihre Namen dienen zur Bezeichnung von Menschen, die dauernd in kleinlichem Streit liegen, wie Hund und Katze miteinander leben.*

3. **Ива́нушка-дурачо́к** (*персонаж русских народных сказок*) Iwan Dummerjan (*Gestalt in russischen Volksmärchen*), *vielfach der jüngste, ungeratene Sohn in einer Bauernfamilie, ist ein schläfriger, träger und dummer Bursche, der sich aber dann in einer kritischen Situation als überaus klug und energisch zeigt und aus allen Abenteuern als Sieger hervorgeht. Seine Entsprechung in deutschen Volksmärchen ist der dumme Hans.*

4. **И ве́чный бой! Поко́й нам то́лько сни́тся** (*А. Блок. На поле Куликовом* — 1908 *г.*) Und ewger Kampf! Die Ruh träumt uns, die gute (*A. Block. Auf dem Kulikowo-Feld. Übers. J. von Guenther*). *Zitiert in zwei Bedeutungen:* 1) *der Kampf geht weiter, man darf sich mit dem Erreichten nicht zufriedengeben;* 2) *man kommt und kommt nicht zu einer Ruhepause, zum Ausruhen* (*scherzhaft in einer Situation, wenn man, mit einer Aufgabe kaum fertig geworden, sich sofort an eine andere machen muß; in diesem Fall wird meist nur der zweite Satz zitiert. Der erste Satz weist oft beim Zitieren die abgewandelte Form* И сно́ва бой! *auf.*

5. **И гря́нул бой, Полта́вский бой!** (*А. Пушкин. Полтава, песнь* 3 — 1829 *г.*) Poltawa, deine Schlacht begann! (*A. Puschkin. Poltawa. Übers. J. von Guenther*). *Der Ausdruck wird in der übertragenen Bedeutung* es ging los *zitiert und zur Bezeichnung einer leidenschaftlichen Diskussion, einer heftigen Auseinandersetzung u. ä.*

*gebraucht. Näheres über die Schlacht bei Poltawa s* Бы́ло де́ло под Полта́вой.

6. **Идти́ в Кано́ссу** (*выражение, в основе которого лежит исторический эпизод времён борьбы за власть между римской церковью и немецкими императорами в XI в.*) Nach Kanossa [Canossa] gehen (*dem Ausdruck liegt eine Episode des Kampfes um die Macht zwischen der römischen Kirche und den deutschen Kaisern im 11. Jh. zugrunde: 1077 mußte Heinrich IV. nach Canossa gehen, einem Schloß in den Appeninen, wo damals Papst Gregor VII. seinen Sitz hatte, und drei Tage lang vor dessen Fenstern im Schnee knien, um die Lösung von dem Kirchenbann zu erflehen, den der Papst über ihn verhängt hatte). Zitiert in der Bedeutung:* sich vor seinem Gegner demütigen.

7. **Иду́ на вы** (*Святослав Игоревич, великий князь Киевский — X в.*) »Ich ziehe gegen euch zu Felde« (*Fürst Swjatoslaw*). *Swjatoslaw Igorjewitsch, Kiewer Großfürst, ein hervorragender Feldherr, pflegte, wie die Chronik berichtet, mit diesen Worten seinem jeweiligen Gegner den Krieg anzusagen. Der Ausdruck wird als Formel einer offenen und ehrlichen Kampfansage im weiteren Sinn (heute oft scherzh.) gebraucht.* Вы, *eine aus der Chronik übernommene archaische Akkusativform des Personalpronomens, steht hier statt der heutigen Form* вас.

8. **И дым оте́чества нам сла́док и прия́тен** (*А. Грибоедов. Горе от ума, д. 1, явл. 7 — 1824 г.; восходит к стихотворению Г. Державина «Арфа» — 1798 г.*) »Selbst Rauch des Vaterlands ist einem süß und wohlig« (*A. Gribojedow. Verstand schafft Leiden*; ‹ *G. Dershawin. Harfe*). *Das Zitat drückt das Gefühl aus, das einen überkommt, wenn man nach langer Abwesenheit in die Heimat zurückkehrt und alles daran lieb und wert findet.*

9. **И жизнь, как посмо́тришь с холо́дным внима́ньем вокру́г,** — / **Така́я пуста́я и глу́пая шу́тка** (*М. Лермонтов. И скучно и грустно...* — 1840 г.). Das Leben ist immer ein dummer, verächtlicher Scherz/ Bei sehender Augen kühler Betrachtung (*M. Lermontow. Und einsam und traurig. Übers. F. Fiedler*).

10. **И жизнь хороша́, и жить хорошо́** (*В. Маяковский. Хорошо!, гл. 10 — 1927 г.*) Ja, das Dasein ist schön, und das Leben ist gut (*W. Majakowski. Gut und schön. Übers. H. Huppert*).

11. **И жить торо́пится, и чу́вствовать спеши́т** (*П. Вяземский. Первый снег — 1822 г.; использовано А. Пушкиным как эпиграф к 1-й главе «Евгения Онегина»*) Zu leben hastet er, zu fühlen eilt er sich (*P. Wjasemski. Der erste Schnee. Die Verszeile wurde von A. Puschkin dem 1. Kapitel des »Eugen Onegin« als Motto vorangestellt. Übers. J. von Guenther*).

12. **Изба́ви бог и нас от э́таких суде́й** (*И. Крылов. Осёл и Соловей* — 1811 г.) Schütz' Gott vor einem Richter uns, der

diesem gleicht! (*I. Krylow. Der Esel und die Nachtigall. Übers.*
*R. Bächtold*). *Der Esel in der Krylowschen Fabel hört sich den*
*Gesang der Nachtigall an, lobt herablassend die Sängerin, fügt dann*
*aber hinzu, ihre Lieder wären noch viel schöner gewesen, wenn sie*
*von dem Hahn gelernt hätte. Das Zitat drückt scharfe Ablehnung*
*einer inkompetenten Kritik aus.*

13. **Избáви меня, бóже, от друзéй, а с врагáми я сам спрáвлюсь**
(*происхождение спорно*) Gott beschütze mich vor meinen Freunden;
mit meinen Feinden will ich schon selber fertig werden (*Herkunft*
*umstritten*).

14. **Избиéние младéнцев** (⟨ *Библия, Матф.*, 2, 1-5 *и* 16)
Kindermord in Bethlehem; Kindermord des Herodes (⟨ *Bibel*).
*Der Ausdruck ist aus der im Evangelium (Matth., 2, 1-5 und 16)*
*erzählten Legende von der Geburt Christi entstanden: Als der jüdische*
*König Herodes von den Weisen erfuhr, daß ein Kind in Bethlehem*
*geboren worden war, das sie anbeteten und König von Judäa nannten,*
*ließ er »alle Knäblein zu Bethlehem und in der ganzen Umgebung«*
*töten. Der Ausdruck wird in folgenden übertragenen Bedeutungen*
*gebraucht*: 1) grausame Behandlung; 2) schonungslose Kritik,
»Verreißen« (*besonders von etw., was von jungen, unerfahrenen*
*Künstlern, von Anfängern überhaupt stammt*).

15. **Избýшка на кýрьих нóжках** (*из русских народных ска-*
*зок*) »Eine Hütte auf Hühnerbeinen«, *in russischen Volksmärchen*
*eine Hütte, in der Baba-Jaga* (s. Бáба-Ягá) *wohnt.* Избýшка там
на кýрьих нóжках/ Стоит без óкон, без дверéй (*А. Пушкин.*
*Руслан и Людмила, песнь I*—1820 *г.*) Auf Hühnerfüßchen eine
Hütte/ Steht ohne Fenster, ohne Tür (*A. Puschkin. Ruslan und*
*Ludmilla. Übers. J. von Guenther*). *Der Ausdruck wird als scherzhafte*
*Bezeichnung für kleine baufällige Bauten gebraucht.*

16. **Из дáльних стрáнствий возвратясь** (*И. Крылов. Лжец*)
1812 *г.*) »Aus fernen Landen heimgekehrt« (*I. Krylow. Der Lügner*).
*Mit diesen Worten stellt man fest, daß jmd. von einer (langen,*
*weiten) Reise (endlich) zurück ist. Das Zitat wird trotz der gehobenen*
*stilistischen Färbung, die ihm das Wort* стрáнствие (*veralt., svw.*
путешéствие, поéздка) *verleiht, ausschließlich scherzhaft gebraucht.*

17. **Из двух зол избрáть мéньшее [Избрáть мéньшее зло]**
(*из диалога Платона «Протагор», в котором он вкладывает эти*
*слова в уста своего учителя Сократа*) Von zwei Übeln das
kleinere wählen (*aus Platons Dialog »Protagoras«, in dem er diese*
*Worte seinem Lehrer Sokrates in den Mund legt*).

18. **Из искры возгорится плáмя** (*цитата из стихотворения*
*поэта-декабриста А. Одоевского «Струн вещих пламенные зву-*
*ки...», написанного в Сибири в ответ на стихотворное послание*
*А. Пушкина «В Сибирь»*—1826 *г., обращённое к сосланным*
*на каторгу декабристам*) Aus dem Funken wird die Flamme schla-

gen (*Zitat aus dem in Sibirien verfaßten Gedicht des Dekabristen A. Odojewski »Es trafen von des Sehers Saiten/ die hellsten Laute unser' Ohr...«, einer Antwort auf A. Puschkins »Sendschreiben nach Sibirien«, das dieser an die zu Zwangsarbeit verurteilten Teilnehmer des Dekabristen-Aufstandes richtete). Nach dieser Verszeile bekam die »Iskra« (= Funke) ihren Namen, die von W. I. Lenin gegründete und geleitete erste gesamtrussische illegale marxistische Zeitung, Organ der Sozialdemokratischen Arbeiterpartei Rußlands; sie wurde im Ausland gedruckt, und ihre erste Nummer erschien im Dezember 1900 in Leipzig. Odojewskis Worte waren der Zeitung als Leitspruch vorangestellt.*

19. **Из любви́ к иску́сству** (*Д. Ленский. Лев Гуры́ч Сини́чкин* — *1839 г.*) *Wörtlich:* Aus Liebe zur Kunst, *d. h.* uneigennützig, nur weil man an einer Arbeit, einer Beschäftigung Spaß findet, nicht pflichtgemäß und nicht erwerbsmäßig (*aus »Lew Gurytsch Sinitschkin«, einem um die Mitte des vorigen Jhs. beliebten Singspiel des Schauspielers und Dramatikers D. Lenski, das in den 50er Jahren auf den sowjetischen Bühnen seine Wiedergeburt erlebte*).

20. **Из му́хи де́лать слона́** (*анти́чная погово́рка, засвиде́тельствованная у ря́да писа́телей дре́вности, в ча́стности в сати́ре Лукиа́на «Похвала́ мухе»*) Aus einer Mücke einen Elefanten machen, *d. h.* etw. stark übertreiben (*eine schon im Altertum bekannte sprichwörtliche Redensart, die bei mehreren Schriftstellern der Antike belegt ist, u. a. in der Satire »Lob der Fliege« von Lukian*).

21. **Из прекра́сного далека́** (*Н. Го́голь. Мёртвые ду́ши, т. I, гл. XI* — *1842 г.*) »Aus einer schönen Ferne« (*N. Gogol. Tote Seelen*). *In seinen »Toten Seelen« wendet sich Gogol, der fast den ganzen 1. Band dieses Werks in Italien niederschrieb, mit folgenden Worten an sein fernes Heimatland:* Rußland! Rußland! Ich sehe dich, aus meiner wunderbaren herrlichen Ferne sehe ich dich (*Übers. M. Pfeiffer*). *Im weiteren stellt Gogol einen Vergleich zwischen der anspruchslosen Landschaft der russischen Ebene und der üppigen südlichen Natur Italiens an und bekennt seine unauslöschliche Liebe zu seiner äußerlich nicht so attraktiven Heimat. Das Zitat hat aber einen ironischen Sinn angenommen: Man bezeichnet damit die Situation, wenn jmd. über ein Problem schreibt, ohne richtigen Kontakt zu seinem Gegenstand zu haben, gleichsam unter Wahrung einer Distanz dazu.*

22. **И како́й же ру́сский не лю́бит бы́строй езды́?** (*Н. Го́голь. Мёртвые ду́ши, т. I, гл. XI* — *1842 г.*) Und welcher Russe liebt das schnelle Fahren nicht? (*N. Gogol. Tote Seelen. Übers. M. Pfeiffer*).

23. **И ма́льчики крова́вые в глаза́х** (*А. Пу́шкин. Бори́с Годуно́в, сце́на »Ца́рские пала́ты«* — *1831 г.*) Und vor den Augen

Knaben blutbeströmt (*A. Puschkin. Boris Godunow. Übers. J. von Guenther*). *Boris Godunow, der diese Worte in dem Drama spricht, hat den Thronfolger Dmitri ermorden lassen, und der Ermordete spukt nun als ein »blutbeströmter Knabe« in seinem kranken Gewissen herum. Das Zitat ist zur bildlichen Bezeichnung für heftige, quälende Gewissensbisse geworden. S. dazu* Да! Жа́лок тот, в ком со́весть не чиста́.

24. **И моего́ хоть ка́пля мёду есть** (*И. Крылов. Орёл и Пчела*—1813 *г.*) Ich freue mich zu wissen, daß in unsern Waben/ Doch auch von mir ein kleiner Tropfen Honig ist (*I. Krylow. Der Adler und die Biene. Übers. R. Bächtold*). *Zitiert in der Bedeutung*: Ich habe auch mein Scherflein dazu beigetragen.

25. **И́мя им легио́н** (⟨ *Библия, Лука, 8, 30*) Ihre Zahl ist Legion (⟨ *Bibel*). *Im Evangelium* (*Luk., 8, 30*) *wird erzählt, wie Jesus einen bösen Geist aus einem Besessenen austrieb. Auf Jesus' Frage*: »*Wie heißt du?*« *antwortete der Geist*: »*Legion*« (»*Denn es waren viele böse Geister in ihn gefahren*«, *erklärt der Evangelist*). *Legion war eine Einheit der römischen Armee, die sechstausend Mann zählte*; *im Evangelium wird dieses Wort in der Bedeutung eine ungeheure Menge verwendet. In dieser Bedeutung ist der Ausdruck zu einem geflügelten Wort geworden.*

26. **И на челе́ его́ высо́ком/ Не отрази́лось ничего́** (*М. Лермонтов. Демон, ч. I, строфа III*—1842 *г.*) Auf der erhabnen Stirn erblicken/ Konnt niemand, was er trug im Sinn (*M. Lermontow. Der Dämon. Übers. J. von Guenther). Ironische Bezeichnung der Situation, wenn jmd. auf etw. nicht reagiert.* Чело́ (*veralt., geh.*) *svw.* лоб.

27. **Ины́х уж нет, а те дале́че** (,/ **Как Са́ди не́когда сказа́л**) (*А. Пушкин. Евгений Онегин, гл. 8, строфа LI*—1832 *г.*; *ранее изречение Саади было использовано Пушкиным*—*в прозаической форме*—*в качестве эпиграфа к поэме* «*Бахчисарайский фонтан*»—1824 *г.*) Sie sind, wie Sadi sprach, der Weise,/ Die einen fort, die andern tot (*A. Puschkin. Eugen Onegin. Übers. J. von Guenther*; *das Zitat aus Sadi, einem iranischen Dichter* (*die heutige russische Schreibung*: Саади́) *wurde von Puschkin noch früher verwendet*— *als Motto zu seinem Poem* »*Der Brunnen von Bachtschisarai*«). *Die Verszeilen werden zitiert, wenn man an die Gefährten seiner Jugend zurückdenkt und manche von ihnen vermißt.* Дале́че (*veralt., landsch.*) *svw.* далеко.

28. **Ио́в многострада́льный** (⟨ *Библия, Книга Иова*) »Der hartgeprüfte Hiob«, *d. h.* ein Mensch, der viel gelitten hat, vom Leben auf eine harte Probe gestellt wurde (⟨ *Bibel*). *Das Alte Testament* (*Das Buch Hiob*) *enthält die Geschichte Hiobs, eines reichen und mit einer großen Familie gesegneten Mannes, der sich durch Gottesfurcht und einen makellosen Lebenswandel auszeichnete. Der*

*Satan wollte Herrgott beweisen, Hiob werde an seiner Frömmigkeit*
*nur festhalten, solange er reich und glücklich ist. Um den Satan*
*Lügen zu strafen, unterzog der Herrgott Hiob einer Reihe von*
*harten Prüfungen: er nahm ihm seine Kinder, seinen Reichtum und*
*schlug ihn mit Aussatz. Der fromme Hiob ertrug aber alle Unbilden,*
*ohne zu murren.*

29. **И пе́сня, и стих — э́то бо́мба и зна́мя** (*В. Маяковский.*
*Господин «народный артист» — 1927 г.*) »Gesang und Gedicht,
sie sind Bombe und Fahne« (*W. Majakowski. Herr »Volkskünstler«*).

30. **И, по́лно, что за счёты!** (*И. Крылов. Демьянова уха —*
*1813 г.*) Ei, wer wird zählen! (*I. Krylow. Demjans Fischsuppe.*
*Übers. R. Bächtold*). *In Krylows Fabel* (s. Демья́нова уха́) *bewirtet Demjan seinen Nachbarn mit Fischsuppe. Der Gast ist schon
satt und mag keine Suppe mehr. »Ich hab drei Teller schon ge-
leert«, sagt er. Demjan nötigt ihm noch einen Teller auf und gebraucht
dabei den vorstehenden Ausdruck, der in der Bedeutung zitiert wird*:
Wer wird denn so kleinlich sein!

31. **И пусть у гробово́го вхо́да/ Млада́я бу́дет жизнь игра́ть**
(*А. Пушкин. Брожу́ ли я вдоль ули́ц шумны́х — 1830 г.*) Und
mögen jungen Lebens Töne/ Umspielen meines Grabes Spur
(*A. Puschkin. Schweif ich in menschenvollen Gassen. Übers. W. E. Groeger*); Und mag dann vor des Grabmals Innern/ Das junge Leben
spielen nur (*Übers. J. von Guenther*). *Ausdruck einer Lebensphilosophie, die die Unvermeidlichkeit des Todes gelassen und würdig
hinnimmt und den kommenden Generationen die Freuden des Lebens
gönnt.*

32. **Ирод** (*имя жившего в I в. до н. э. царя Иудеи, которому
евангельская легенда* (*Матф.*, 2, 1-5 и 16) *приписывает умерщвле-
ние всех младенцев мужского пола в его стране*) Herodes,
*König von Judäa, dem die von den Evangelisten* (*Matth.*, 2, 1-5
*und* 16) *erzählte Legende den sogenannten Kindermord von Bethlehem* (s. Избие́ние младе́нцев) *zuschreibt. Sein Name wird im Russischen als Synonym für Unmensch, Unhold, Scheusal, Peiniger,
auch als Schimpfwort schlechthin gebraucht und ist bereits zu einem
Gattungsnamen geworden* (*Kleinschreibung, Pluralform* и́роды).

33. **Иро́ния судьбы́** (*выражение, ставшее крылатым после
премьеры имевшего большой успех телефильма «Ирония судьбы,
или С лёгким паром» по сценарию Э. Брагинского — 1975 г.;
было известно намного ранее, но в несколько ином значении*)
Ironie des Schicksals (*Ausdruck, der nach dem Erscheinen der gleichnamigen lyrischen Fernsehkomödie nach einem Drehbuch von E. Braginski zu einem geflügelten Wort wurde*). *Eine turbulente, ereignisrei-
che Neujahrsnacht wirft mit einem Schlag die Heiratspläne eines
Dreißigers um. Er hat sich fest vorgenommen, in dieser Nacht einer
alten Bekannten seinen Heiratsantrag zu machen, stellt aber am*

*nächsten Morgen seiner Mutter eine andere Frau als Braut vor.
Der schon viel früher bekannte Ausdruck hatte die Bedeutung blinder
Zufall* (mit unangenehmen, eventuell tragischen Folgen); *heute wird
er auch in der Bedeutung* eine merkwürdige Schicksalsfügung,
eine ganz unerwartete Wendung der Dinge (*scherzh.*) *gebraucht.*

34. **Иску́сство для иску́сства** *цитируется также по-французски:* L'art pour l'art *(лозунг, провозглашённый во Франции
сторонниками «чи́стого» иску́сства, был впервые сформулирован
В. Кузе́ном в 22-й лекции его курса философии, читанного в 1818 г.
в Сорбо́нне и изданного в 1836 г.)* Die Kunst für die Kunst
(um der Kunst willen); ↑ *franz., Losung der Anhänger der »reinen«
Kunst in Frankreich, die die Meinung vertraten, die Kunst habe
keinem anderen Gesetz als ihrem eigenen zu dienen, und keine
anderen Maßstäbe dürften für sie gelten als nur künstlerische
(zum erstenmal formuliert von V. Cousin in seinen Philosophie-
-Vorlesungen, die er an der Sorbonne hielt und später in Form
eines Buches drucken ließ).*

35. **И ску́чно и гру́стно, и не́кому ру́ку пода́ть** (*М. Лермонтов. И скучно и грустно* — *1840 г.*) Und einsam und traurig!
Vergebens die Sehnsucht, im Leid/ Die Hand einem Freunde zu
reichen (*M. Lermontow. Und einsam und traurig. Übers. F. Fiedler*).

36. **И сно́ва бой!** см. **И ве́чный бой!/** Поко́й нам то́лько
сни́тся

37. **Истори́ческий путь — не тротуа́р Не́вского проспе́кта** (*из
статьи Н. Черныше́вского о книге Г. Кэ́ре «Политико-экономи-
ческие письма к президенту Америка́нских Соединённых Шта-
тов»* — *1861 г.*) »Der Weg der Geschichte ist nicht der Bürgersteig
des Newski-Prospekts«, *d. h.* keineswegs so glatt und gerade wie die
Hauptstraße Petersburgs (*aus einem Aufsatz N. Tschernyschewskis,
in dem er H. Careys Buch »Politisch-ökonomische Briefe an den
Präsidenten der Vereinigten Staaten von Amerika« bespricht). Tschernyschewski führt weiter aus:* ».....sondern verläuft durch staubige
Felder und schlammige Sümpfe, und wer Angst hat, sich die Stiefel
zu beschmutzen, nehme lieber von der gesellschaftlichen Tätigkeit
Abstand«. *Der Schriftsteller bediente sich des Wortes »gesellschaftlich«
(statt »politisch«), um seine Gedankengänge durch die Zensur zu
bringen.*

38. **И тот, кто с пе́сней по жи́зни шага́ет,/ Тот никогда́
и нигде́ не пропадёт** (*припев марша из кинофильма «Весёлые
ребя́та», слова В. Ле́бедева-Кумача́, музыка И. Дунае́вского* —
*1934 г.*) Wer mit dem Liede kann schreiten durchs Leben,/
Geht nicht verloren, erobert sich die Welt! (*Refrain des Marsches
im Film »Lustige Burschen«, Text von W. Lebedew-Kumatsch,
Musik von I. Dunajewski). Der Film, die erste musikalische Filmkomödie in der UdSSR, gehört zu den besten Werken der sowjetischen*

*Filmkunst. Die Hauptrolle spielte L. Utjossow, ein populärer Estra-densänger, Dirigent und Leiter einer Jazzkapelle, die am Film ebenfalls beteiligt war. Das trug zur außerordentlichen Beliebtheit des Films wie des Liedes bei.*

**39. И ты, Брут!** (*слова, приписываемые Юлию Цезарю, уби-тому в 44 г. до н. э. заговорщиками-республиканцами; Цезарь якобы произнёс их, увидев среди убийц своего сторонника и друга Брута; фраза приобрела популярность благодаря трагедии Шек-спира «Юлий Цезарь» — 1599 г.*) Auch du, mein Brutus! (*Worte, die der sterbende Julius Cäsar gesagt haben soll, als er unter seinen Mördern seinen Anhänger und Freund Brutus sah; sie sind durch Shakespeares Tragödie »Julius Cäsar« populär geworden*). *Der Ausdruck dient als Formel des Vorwurfs, wenn man sich von einem Freund bzw. einem Anhänger verraten sieht.*

**40. Иуда. Иудин поцелуй [Поцелуй Иуды]** (〈 *Библия, Матф.*, 26, 48 — 49*) Judas. Judaskuß (〈 *Bibel*). *Im Evangelium nach Mat-thäus (26, 48 — 49) wird erzählt, wie Judas, einer der zwölf Jünger Jesu, seinen Lehrer um dreißig Silberlinge an die Hohenpriester von Judäa verraten hat. Er brachte die Wache zu dem Hof Gethsemane, wo sich Jesus aufhielt, und sagte ihnen, sie sollen den Menschen greifen, den er küssen werde. Darauf ging er auf Jesus zu und küßte ihn. Dieser Legende verdankt der Ausdruck Judaskuß, d. h. ein mit Zeichen der Liebe, der Freundschaft heuchlerisch verhüllter* Verrat *seine Herkunft. Der Name* Judas *ist zu einem Synonym für* Verräter *geworden.*

**41. Иудушка Головлёв** (*М. Салтыков-Щедрин. Господа Го-ловлёвы — 1875 г.*) Iuduschka Golowljow, *Spitzname des Gutsbesitzers Porfiri Golowljow, der Hauptfigur in M. Saltykow-Stschedrins Ro-man »Die Herren Golowljow«, den er von seinen durch seine Ma-chenschaften ruinierten Verwandten bekam* (Иудушка *ist eine Di-minutivform des Vornamens* Иуда — Judas, *die sich wörtlich als* »Kleiner Judas« *wiedergeben läßt). Golowljow versteckt seine unersätt-liche Habgier und seine Grausamkeit unter salbungsvollen Reden von Nächstenliebe, die er beständig im Munde führt. Der Name* Iuduschka Golowljow *ist zu einem Gattungsnamen geworden, der in der Bedeutung* ein Raffer und Verräter unter einer frommen Maske *gebraucht wird.*

**42. Ищите женщину!** *цитируется также по-французски:* Cherchez la femme! (*А. Дюма-отец. Могикане Парижа, д. 2, явл. 16 — 1864 г.*) Erst mal sehen, welche Frau dahinter steckt!; ↑ *franz.* (*A. Dumas der Ältere. Die Mohikaner von Paris*). *Der Ausdruck* (*in A. Dumas' Stück Schlagwort eines Pariser Polizeibeam-ten*) *wird zitiert, wenn man seine Überzeugung zum Ausdruck brin-gen will, daß der Urheber eines Vorfalls, einer Notlage, eines Ver-brechens usw. eine Frau sein muß.*

43. **Ищи́те и обря́щете** (*из церковнославянского текста Библии, Матф.,* 7, 7) Suchet, so werdet ihr finden (*Bibel, Matth.* 7, 7). Обря́щете — *kirchenslawische Form der 2. Pers. Pl. Futur von* обрести́ (*geh.*) — найти́, получи́ть; *die heutige Form lautet* обрете́те.

44. **И щу́ку бро́сили — в реку́!** (*И. Крылов. Щука* — 1830 *г.*) Und in den Fluß warf man den Hecht (*I. Krylow. Der Hecht. Übers. R. Bächtold*). *Der Hecht in Krylows Fabel wird für seine Missetaten zum Tode verurteilt. Die Richter wählen aber »Ersäufen« als Strafe für ihn. Die Verszeile wird zur Bezeichnung der Situation zitiert, wenn ein Schuldiger mit einer Strafe davonkommt, die eher eine Begünstigung für ihn bedeutet und der Gerechtigkeit hohnspricht. Vgl.* Den Bock zum Gärtner machen.

# К

1. **Кавалери́ст-деви́ца** (*так назвала себя Н. Дурова, первая русская женщина-офицер, участница Отечественной войны 1812 г., опубликовавшая воспоминания под заглавием «Записки кавалерист-девицы»* — 1836 *г.*) *Wörtlich:* »Fräulein als Kavallerist« (*so hat sich N. Durowa, der erste russische weibliche Offizier, Teilnehmerin des Vaterländischen Krieges 1812, genannt, deren Memoiren »Aufzeichnungen eines weiblichen Kavalleristen« betitelt waren). Diese »russische Amazone« verließ 1806 als Kosak verkleidet ihr Vaterhaus und machte in den Reihen eines Ulanenregiments die Preußische Kampagne mit. Sie wurde mit dem Tapferkeitskreuz ausgezeichnet. Als der Kaiser Alexander I. erfuhr, daß der Ulan Sokolow eine Frau ist, beförderte er Durowa zum Offizier. In der Schlacht bei Borodino wurde sie verwundet, diente nachher als Ordonnanz beim Oberbefehlshaber M. Kutusow und wurde 1816 als Rittmeister aus der Armee entlassen.*

2. **Ка́ждому своё** *цитируется также по-латыни:* Suum cuique (*определение понятия справедливости в римском праве; выражение восходит* (?) *к Катону Старшему*) Jedem das Seine; ↑ *lat.* (*Definition des Begriffs der Gerechtigkeit im römischen Recht; der Ausdruck geht* (?) *auf Cato den Älteren zurück). Es bezeugt den brutalen Zynismus der Nazis, daß sie diese Worte als Inschrift in das Lagertor des KZ Buchenwald einschmieden ließen.*

3. **Кажи́нный раз на э́том ме́сте** (*И. Горбунов. На почтовой станции* — 1874 *г.*) »Jedesmal an dieser Stelle« (*I. Gorbunow. Auf der Posthalterei). In Gorbunows Erzählung prahlt ein Postkutscher gegenüber seinem Fahrgast, alle gefährlichen Stellen auf der Straße gut zu kennen, kippt dann aber den Wagen um. Als der Fahrgast zu schimpfen beginnt, antwortet der beschämte Kut-*

114

*scher mit den vorstehenden Worten. Das Zitat dient dazu, Verdruß über ein Malheur, eine Unannehmlichkeit auszudrücken, die einem wiederholt in ähnlicher Situation passiert.* Кажи́нный — *volkstümliche Nebenform des Pronomens* ка́ждый.

**4. Казённый пиро́г [Пиро́г с казённой начи́нкой]** (*выражения, принадлежащие М. Салтыкову-Щедрину; встречаются в ряде его произведений*) *Wörtlich:* »Staatskuchen«, »Kuchen mit Staatsfüllung«, *d. h.* Staatseigentum, Staatssäckel als Quelle der Bereicherung für raffgierige Beamten im zaristischen Rußland (*Ausdrücke, die in mehreren Werken des großen russischen Satirikers M. Saltykow-Stschedrin vorkommen*).

**5. Ка́ин. Ка́инова печа́ть** (*Библия, Бытие,* 4) Kain. Kainszeichen (*Bibel*). *In der biblischen Legende* (1. *Buch Mose,* 4) *ist Kain einer der Söhne Adams und Evas; nachdem er seinen Bruder Abel ermordet* (*und somit den allerersten Mord auf Erden verübt*) *hatte, verstieß ihn der Herr und* »*machte ein Zeichen an ihn*«. *Demnach wird heute der Name* Kain *in der Bedeutung* Mörder, Verbrecher, Scheusal, *im Russischen auch als Schimpfwort schlechthin gebraucht, und der Ausdruck* Kainszeichen *ist zu einem Sinnbild der Schuld geworden.*

**6. Кака́я смесь оде́жд и лиц (,/ Племён, наре́чий, состоя́ний!)** (*А. Пушкин. Братья-разбойники* — 1825 *г.*) *Ganz unterschiedlich von Gewand,/ Gesichtsschnitt, Mundart, Stamm und Stand!* (*A. Puschkin. Die Räuberbrüder. Übers. M. Remané*). *Die Puschkinschen Verszeilen* (*meist nur die erste*) *werden zitiert, um eine bunt zusammengewürfelte Gesellschaft zu bezeichnen.*

**7. Как бе́лка в колесе́** *см.* Верте́ться как бе́лка в колесе́

**8. Как бы чего́ не вы́шло** (*А. Чехов. Человек в футляре* — 1898 *г.*) *Wenn nur nichts daraus entsteht, d. h. das könnte Unannehmlichkeiten zur Folge haben* (*A. Tschechow. Der Mensch im Futteral. Übers. H. von Schulz*). *Näheres dazu s.* Челове́к в футля́ре.

**9. Как дошла́ ты до жи́зни тако́й?** (*Н. Некрасов. Убогая и наря́дная* — 1857 *г.*) *Sprich, wie konntest du sinken so sehr?* (*N. Nekrassow. Die Elende und die Aufgeputzte. Übers. F. Fiedler*). *Der Erzähler in N. Nekrassows Gedicht sieht ein Freudenmädchen auf der Straße und meint, sich an den Leser wendend, es wäre voreilig, ein allzu strenges moralisches Urteil über sie zu fällen:* »*Wär's nicht besser, wir riefen sie her/ Und befragten sie schlicht, voll Erbarmen: ...*« (*die vorhergehenden Zeilen*). *Das Zitat wird oft scherzhaft — als Ausdruck des Tadels, Vorwurfs gebraucht, verbunden mit Anteilnahme und der Bereitschaft, dem* »*Entgleisten*«, »*Gestrauchelten*« *zu helfen.*

**10. Как живо́й с живы́ми говоря́** (*В. Маяковский. Во весь голос* — 1930 *г.*) *Für Lebendige lebendger Orator* (*W. Majakowski.*

115

*Mit voller Stimmkraft. Übers. F. Leschnitzer). Majakowski wendet sich in seinem letzten Poem an die Nachkommen und äußert die Zuversicht, daß er von ihnen gelesen und verstanden wird. Man greift zu dem Zitat, wenn man sagen will, daß der Nachlaß eines Künstlers (Politikers usw.) für uns immer noch aktuell bleibt, daß wir in seiner Person gleichsam einen Zeitgenossen sehen.*

11. **Как закаля́лась сталь** (*загла́вие рома́на Н. Остро́вского*— 1935 *г.*) Wie der Stahl gehärtet wurde (*Titel eines Romans von N. Ostrowski*). *N. Ostrowski, mit 15 Jahren Mitglied des Komsomol, Teilnehmer am Bürgerkrieg und am sozialistischen Aufbau der 20er Jahre, infolge einer Verwundung an der Front seit 1927 teilweise gelähmt und seit 1928 erblindet, fand in sich die Kraft, durch angestrengtes Selbst- und Fernstudium Schriftsteller und so wieder ein aktiver Erbauer des Sozialismus zu werden. In seinem z. T. autobiographischen Roman schildert er den Lebensweg eines Komsomolzen der 20er Jahre und zeigt, wie die sittliche Kraft und der Wille seines Helden im revolutionären Kampf wuchs und erstarkte. Das Zitat wird verwendet, um den Werdegang des sowjetischen Menschen, die Herausbildung der Wesenszüge seiner Persönlichkeit bildlich zu charakterisieren. S. dazu auch* Корча́гин.

12. **Как ма́ло про́жито, как мно́го пережи́то** (*С. Надсо́н. Заве́са сбро́шена*— 1882 *г.*) Wie wenig hab' ich, ach, gelebt,/ durchlebt wie vieles! (*S. Nadson. Der Schleier ist gefallen. Übers. F. Fiedler*).

13. **Како́й свети́льник ра́зума уга́с!/ Како́е се́рдце би́ться переста́ло!** (*Н. Некра́сов. Па́мяти Добролю́бова*— 1864 *г.*) Welch eine Fackel in dem Chor der Geister/ Erlosch mit dir, welch Herz, welch ein Verstand! (*N. Nekrassow. Nachruf für Dobroljubow. Übers. M. Remané*). *Die Verszeilen werden zitiert, wenn man eines soeben verstorbenen hervorragenden Menschen gedenkt. W. I. Lenin hat sie dem von ihm verfaßten Nachruf für F. Engels als Leitspruch vorangestellt.*

14. **Как под ка́ждым ей листко́м/ Был гото́в и стол и дом** (*И. Крыло́в. Стреко́за и Мурав́ей*— 1808 *г.*) Wo ihr jedes Blättchen bot/ Nach Gelüsten Dach und Brot (*I. Krylow. Die Libelle und die Ameise. Übers. R. Bächtold*). *Die Libelle in Krylows Fabel genießt das Leben, solange ihr die warme Sommerzeit die Sorgen um Nahrung und Obdach erspart.— Scherzhafte Charakterisierung eines mühelos erreichten materiellen Wohlstands.*

15. **Как хоро́ш, как све́жи бы́ли ро́зы** (*И. Мя́тлев. Ро́зы*— 1835 *г.*; цита́та получи́ла изве́стность по́сле того́, как И. Турге́нев испо́льзовал её в одно́м из свои́х «Стихотворе́ний в про́зе»— 1882 г., озагла́вленном э́тим же стихо́м*) Wie frisch und duftig waren doch die Rosen (*Verszeile aus I. Mjatlews Gedicht »Die Rosen«; wurde populär, nachdem I. Turgenjew es in einem seiner*

*»Gedichte in Prosa«* benutzte, das mit derselben Zeile betitelt ist. Übers. Th. Commichau). Man greift zu dem Zitat, wenn man mit Wehmut an etw. Schönes, Fröhliches denkt, das schon weit zurückliegt.

16. **Как я оши́бся, как нака́зан** (*А. Пушкин. Евгений Онегин, гл. 8, Письмо Онегина к Татьяне* — 1832 г.) Mein Gott! wie sehr/ Irrt ich, wie sehr ward ich gerichtet! (*A. Puschkin. Eugen Onegin. Übers. J. von Guenther*). Onegin verliebt sich heftig in Tatjana, die er vor Jahren, als sie noch ein ganz junges Ding, ein naives Mädchen aus der Provinz war, wegen eines Liebesbriefs an ihn zurechtgewiesen hatte. Nun ist Tatjana eine schöne, unnahbare, von der ganzen mondänen Gesellschaft der Hauptstadt bewunderte Dame geworden. Als treue Frau eines angesehenen Menschen weist sie würdevoll Onegins Liebesgeständnisse zurück. In den vorstehenden Worten bereut Onegin, sein Glück verscherzt zu haben. Das Zitat drückt Verzweiflung darüber aus, durch eigenes Verschulden etw. überaus Wichtiges, Wertvolles unwiederbringlich verloren zu haben.

17. **Кали́ф на час** («*Ты́сяча и одна́ ночь*») »Kalif für einen Tag« (»*Tausendundeine Nacht*«). *In einem Märchen aus* »1001 *Nacht*« *wird erzählt, wie der weise und gutherzige Kalif Harun ar-Raschid den Wunsch seines Untertans, des jungen Abu Hassan, erfüllt, mindestens für einen Tag Kalif zu werden. Abu Hassan bekommt ein Schlafpulver und wird in den Palast gebracht; das Gefolge hat die Weisung, ihn als Kalifen zu behandeln. Einen ganzen Tag glaubt der junge Mann, Kalif zu sein, genießt das luxuriöse Leben eines Herrschers und beginnt sogar,* »*Verfügungen*« *zu erlassen. Das Zitat dient zur scherzhaften Bezeichnung für einen Menschen, der für eine kurze Zeit mit Machtbefugnissen ausgestattet ist.*

18. **Ка́менный гость** (*заглавие драмы А. Пушкина* — 1830 г.) Der steinerne Gast (*Titel eines Dramas von A. Puschkin; in Deutschland ist der Ausdruck aus dem Libretto der Mozartschen Oper* »*Don Giovanni*« (1787) *bekannt, dem das Drama* »*Der Verführer von Sevilla, oder Der steinerne Gast*« *von Tirso de Molina zugrunde liegt). Der steinerne Gast ist das Standbild auf dem Grabe eines Komturs, den Don Juan erstochen hat. In seinem Übermut lädt er es einmal zum Abendessen ein; der steinerne Gast erscheint, fordert Don Juan zur Reue auf und überliefert ihn* — *als dieser sich uneinsichtig zeigt* — *durch einen Händedruck der Hölle. Der Ausdruck wird heute in zweierlei Bedeutung verwendet: als scherzhafte Bezeichnung* 1) *für einen schweigsamen Gast oder* 2) *für eine Person, die einen überaus starken Händedruck hat.*

19. **Ка́мень преткнове́ния** (*Библия, Исаия, 8, 14 и в других местах*) Stein des Anstoßes (*Bibel, Jes., 8, 14 und an anderen*

117

*Stellen*). *Zitiert in der Bedeutung*: ein Hindernis, dem man bei einem Unternehmen begegnet.

20. **Ка́мня на ка́мне не оста́вить** (⟨ *Библия, Матф.*, 24, 2 *и в других местах*) Es wird hier kein Stein auf dem anderen bleiben (⟨ *Bibel, Matth.*, 24, 2 *und an anderen Stellen*). *Zitiert in der Bedeutung*: etw. restlos zerstören, vernichten.

21. **Ка́нуть в Ле́ту** (*из греческой мифологии*) »In der Lethe versinken«, *d. h.* spurlos verschwinden, vergessen werden (*in der griechischen Sage war die Lethe ein Fluß im Hades, d. h. der Unterwelt, aus dem die Toten trinken mußten, um die Erinnerung an ihr irdisches Leben auszulöschen*).

22. **Капита́л приобрести́ и неви́нность соблюсти́** (*выраже́ние, встречающееся в ряде произведений М. Салтыкова-Щедрина*) »Sich ein Kapital erwerben, ohne es mit der Moral zu verderben«, *d. h.* sein Schäfchen ins Trockne bringen, ohne den Schein der Anständigkeit zu verlieren (*der Ausdruck kommt in mehreren Werken des großen russischen Satirikers M. Saltykow-Stschedrin vor*).

23. **Ка́пля по ка́пле и ка́мень долби́т** [Ка́пля долби́т ка́мень] *цитируется также по-латыни*: Gutta cavat lapidem (⟨ *Овидий. Послания с Понта, IV*, 10, 5) Steter Tropfen höhlt den Stein; ↑ *lat.* (*Ovid. Epistolae ex Ponto, d. h. Briefe vom Schwarzen Meer*). *Es gibt zwei Verwendungsweisen des Zitats*: 1) *bildlicher Beweis für die langsame, aber alles zerstörende Wirkung der Zeit*; 2) ≈ *mit Geduld und Zeit kommt man mählich weit*; Mühe und Fleiß bricht alles Eis.

24. **Карама́зовщина** (*по фамилии героев романа Ф. Достоевского «Братья Карамазовы»* — 1880 *г.*) *Wörtlich*: »Karamasowerei«, *d. h.* äußerste moralische Zügellosigkeit (*»Alles ist erlaubt«*), *eine Art Zynismus, der die Hauptthelden des Romans »Die Brüder Karamasow« von F. Dostojewski kennzeichnet*.

25. **Кара́сь-идеали́ст** (*название сказки М. Салтыкова-Щедрина* — 1884 *г.*) Die idealistische Karausche, *d. h. ein naiver Idealist. Die Karausche in M. Saltykow-Stschedrins gleichnamigem satirischen Märchen glaubt fest an Frieden und Harmonie und kann sich nicht vorstellen, daß der Hecht sie ohne ihr Verschulden fressen könnte. Sie versucht, den Hecht zu überzeugen, daß alle Fische die gleichen Rechte haben, und auch er, der Hecht, arbeiten müsse. »Weißt du, was Tugend ist?« fragt sie ihn. Der Hecht sperrt vor Verwunderung das Maul auf und verschluckt, ganz ohne es zu wollen, die einfältige Karausche.*

26. **Карфаге́н до́лжен быть разру́шен** *цитируется также по-латыни*: Ceterum censeo Carthaginem esse delendam (А кроме того, я полагаю, что...) (*слова Катона Старшего, восстанавливаемые по их греческой передаче в «Сравнительных жизнеописаниях» Плутарха, «Марк Катон», XXVII*) Übrigens bin ich der

Meinung, daß Karthago zerstört werden muß; ↑ *lat.* (*ein Ausspruch Catos des Älteren, der aus seiner griechischen Wiedergabe in Plutarchs »Vergleichenden Lebensbeschreibungen« rekonstruiert wurde). Cato war ein unversöhnlicher Feind Karthagos und schloß mit diesem Satz alle seine Reden im Senat. Seine Worte werden zitiert, um eine hartnäckig verteidigte Ansicht zu bezeichnen.*

27. **Кащей [Кощей] Бессмертный** (*из восточнославянской мифологии*) Kastschej der Unsterbliche, *in der ostslawischen Mythologie ein reicher böser Zauberer, dessen Tod in mehreren ineinandergeschachtelten Tieren bzw. Gegenständen versteckt ist. »Im Meer liegt eine Insel, darauf wächst eine Eiche, darunter ist eine Truhe vergraben, darin sitzt ein Hase, der hat eine Ente drin, und die ein Ei, darinnen ist aber Kastschejs Tod versteckt«. In russischen Zaubermärchen entführt Kastschej die Heldin in seine »am Rande der Welt« gelegene Wohnung. Sie entlockt Kastschej das Geheimnis seines Todes und teilt es dem Helden mit, der Kastschejs Tod gewinnt, worauf Kastschej stirbt. Da man sich Kastschej als einen abgemagerten, knochigen Greis vorstellte, wurde sein Name (der ursprünglich mit* кость *Knochen, Bein nicht zusammenhing) an dieses Wort angelehnt, wodurch die Schreibung* Кощей *entstand. Als Gattungsname (Kleinschreibung) werden beide Formen in folgenden zwei Bedeutungen gebraucht:* 1) *großer magerer Mensch;* 2) *Geizhals.*

28. **Квазимо́до** (*один из героев «Собора Парижской богоматери» В. Гюго* — *1831 г.*) Quasimodo, *Gestalt in V. Hugos Roman »Nôtre Dame de Paris« (Titel der deutschen Übersetzung »Der Glöckner von Notre-Dame«), ein tauber, einäugiger, krummbeiniger und buckliger Zwerg, dessen Name im Russischen in der Bedeutung ein häßlicher Mensch mit einem guten Herzen gebraucht wird.*

29. **Квасно́й патриоти́зм** (*П. Вяземский. Письма из Парижа, ч. XV* — *1827 г.*) ≈ Hurrapatriotismus (*der Ausdruck stammt von dem Dichter P. Wjasemski, der ihn in seinen »Briefen aus Paris« erstmalig gebraucht hat).* Квасно́й *zu* квас, *ein volkstümliches russisches Getränk. Vgl. dazu* Deutschtümelei, Teutschtümelei.

30. **К добру́ и злу посты́дно равноду́шны** (*М. Лермонтов. Дума* — *1839 г.*) Zum Guten wie zum Bösen sind wir träge (*M. Lermontow. Betrachtung. Übers. F. Bodenstedt). Die Verszeile wird zitiert, um innerlich hohle, gesellschaftlichen Problemen gleichgültig gegenüberstehende Menschen zu charakterisieren.*

31. **Ке́сарево ке́сарю, а бо́жие бо́гу** (**отда́ть [возда́ть]**) (*Библия, Матф., 22, 21*) So gebet dem Kaiser, was des Kaisers ist, und Gott, was Gottes ist (*Bibel, Matth., 22, 21). Gefragt, ob ein Anhänger seiner Lehre dem römischen Kaiser die Steuern zahlen darf, antwortete Jesus mit den vorstehenden Worten, die heute in folgendem übertragenem Sinn zitiert werden:* Das eine stört das

andere nicht, schließt das andere nicht aus; man muß das eine tun und soll das andere nicht lassen.

32. **Кинжа́л в грудь [в се́рдце]** (⟨ *Ф. Шиллер. Разбойники, д. I, явл.* 2. *Пер. Н. Кетчера* — 1828 *г.*) »Ein Dolchstoß in die Brust« (⟨ *F. Schiller. Die Räuber). Im deutschen Originaltext steht der frei übersetzte Satz in folgendem Zusammenhang: Ihre (der Men-schen — Ju. A.) Augen sind Wasser! Ihre Herzen sind Erz! Küsse auf den Lippen! Schwerter im Busen! Einen ähnlichen Wortlaut hat das nachstehende Zitat aus der russischen Literatur:* Кинжа́л в грудь по са́мую рукоя́тку (*А. Островский. Таланты и поклонники, д. I, явл.* 2 — 1881 *г.*) »Ein Dolch, in die Brust gejagt bis zum Schaft« (*A. Ostrowski. Talente und Bewunderer). Beide Ausdrücke werden (oft iron.) in folgenden Bedeutungen gebraucht:* 1) *ein heimtückischer Schlag;* 2) *ein vernichtender Schlag.*

33. **Кисе́йная ба́рышня** (*Н. Помяловский. Мещанское счастье* — 1861 *г.) Wörtlich:* »Ein Fräulein in Mull«, *d. h.* ein geziertes, verwöhntes und unpraktisches junges Mädchen, das die Schwierigkeiten des Alltags nicht kennt; eine Zierpuppe (*N. Pomjalowski. Kleinbürgerglück).*

34. **Кни́га за семью печа́тями** (⟨ *Библия, Апокалипсис,* 5, 1) Ein Buch mit sieben Siegeln, *d. h.* etw. Schwerverständliches, der menschlichen Vernunft sich Entziehendes; etw., dessen Sinn uns verborgen ist (⟨ *Bibel, Offb.,* 5, 1).

35. **Кни́ги име́ют свою судьбу́** *цитируется также по-латыни:* Habent sua fata libelli (*Теренциан Мавр. О буквах, слогах и раз-мерах* — 1286 *г.) Bücher haben ihr Schicksal;* ↑ *lat.* (*Terentianus Maurus. Über die Laute). Die Fortsetzung der in der vorstehenden verkürzten Form zitierten Sentenz von Terentianus lautet:* Je nachdem, wie sie von dem Leser aufgenommen werden.

36. **Кни́жники и фарисе́и** (*Библия, Матф.,* 23, 14 *и в других местах*) Schriftgelehrte und Pharisäer (*Bibel, Matth.,* 23, 14 *und an anderen Stellen). Schriftgelehrte, im alten Judäa Kenner und Lehrer des Gesetzes, d. h. der Dogmen der judäischen Religion, gleichzeitig Theologen und Juristen, die das Gesetz auslegten und Gruppen von Jüngern in der Gesetzeskenntnis unterwiesen; Pharisäer, Anhänger einer die Interessen der wohlhabenden Schichten der städtischen Bevölke-rung vertretenden religiösen und politischen Partei, zeichneten sich durch äußersten Fanatismus, Intoleranz und eine zur Schau getragene peinlich genaue Einhaltung der religiösen Vorschriften aus. Daher die heutige Bedeutung des Ausdrucks:* hochmütige, selbstgerechte Heuchler.

37. **Кнут и пря́ник** (*выражение, известное в русском, немец-ком, английском и французском языках; происхождение не выясне-но*) Zuckerbrot und Peitsche (*der Ausdruck ist im Russischen, Deutschen, Englischen und Französischen bekannt; Herkunft unklar*).

Действовать кнутóм и пря́ником Mit Zuckerbrot und Peitsche vorgehen, *d. h.* bald mit Milde, bald mit Strenge. *Im Russischen wird die Wortverbindung oft in der Form* Полúтика кнутá и пря́ника *verwendet.*

**38. Ковёр-самолёт** (*из русских народных сказок*) Der fliegende Teppich, *in russischen Volksmärchen ein Zauberteppich, der seinen Besitzer an einen beliebigen Ort durch die Luft befördern kann.* Перенестúсь кудá-л. как на коврé-самолёте In eine Gegend, ein Land hinein-, an einen Ort hinüberverzaubert werden.

**39. Когдá в товáрищах соглáсья нет** (,/ **На лад их дéло не пойдёт**) (*И. Крылóв. Лебедь, Щука и Рак* — 1816 *г.*) Wenn unter Kameraden Eintracht fehlt (,/ it's um ihr Werk nicht gut bestellt) (*I. Krylow. Der Schwan, der Hecht und der Krebs. Übers. R. Bächtold*). *Näheres dazu s.* А воз и ны́не там.

**40. Когдá гремúт орýжие, мýзы молчáт** (*парафрáза латинской пословицы* Silent leges inter arma Средú орýжия закóны безмóлвствуют, *известной из речи Цицерóна «В защиту Милóна», IV,* 10; *происхождение не установлено*) Wenn die Waffen sprechen, schweigen die Musen, *d. h.* der Krieg ist eine ungünstige Zeit für die Kunst (*Periphrase des lateinischen Sprichworts* Wenn die Waffen sprechen, schweigen die Gesetze (↑ *lat.*), *das aus Ciceros Rede »Zur Verteidigung Milons« bekannt ist*). *S. dazu auch* Мýзы не молчáли.

**41. Когдá нарóды, рáспри позабы́в,/ В велúкую семью́ соединя́тся** (*А. Пýшкин. Он между нами жил* — 1834 *г.*) Wo die Völker/ Vergessen würden allen Zwist und Streit/ Als Glieder e i n e s großen Bruderbundes (*A. Puschkin. Er lebte unter uns. Übers. F. Fiedler*). *Puschkin gibt in seinem Gedicht die Gedanken des großen polnischen Dichters Adam Mickiewicz wieder, mit dem er bekannt und befreundet war.*

**42. Козёл отпущéния** (⟨ *Библия, Левúт,* 16, 20 — 22) Sündenbock (⟨ *Bibel*). *Dem Ausdruck liegt die Beschreibung eines religiösen Ritus im alten Judäa* (3. *Buch Mose,* 16, 20 — 22) *zugrunde: Ein Priester erließ »dem ganzen Volke« zugleich seine Sünden, indem er sie vor der versammelten Gemeinde auf einen Bock »legte«, worauf dieser in die Wüste gejagt wurde; die Anwesenden galten seit diesem Augenblick als gereinigt. Daraus erklärt sich die heutige Bedeutung des Ausdrucks:* jmd., der für die Verfehlungen anderer verantwortlich gemacht *bzw.* bestraft wird; Prügelknabe.

**43. Колесó Фортýны** (*из римской мифолóгии*) Das Rad der Fortuna (*aus der römischen Mythologie*). *Fortuna, die römische Göttin des Glücks und des Zufalls, wurde oft auf einer Kugel oder auf einem Rad stehend dargestellt, dessen Drehen die Wandelbarkeit des Glücks und die Launen des Zufalls symbolisierte. Zitiert in der Bedeutung:* blinder Zufall, Glücksfall, die Launen des Schicksals.

121

44. **Колóсс на глúняных ногáх** (⟨ *Библия, Даниил,* 2, 31 —
35) Ein Koloß auf tönernen Füßen (⟨ *Bibel, Daniel,* 2, 31 — 35).
*Die Redewendung geht auf die biblische Erzählung von dem baby-
lonischen König Nebukadnezar zurück. Dieser sah im Traum einen
riesigen Götzen auf tönernen Füßen, die durch einen herunterrollen-
den Stein zertrümmert wurden, worauf der Riese zusammenbrach.
Der Prophet Daniel legte diesen Traum des Königs als Sinnbild
seines Reiches aus, das bald untergehen sollte. Der Ausdruck wird
seit dem 18. Jh. in der Bedeutung* ein großer, aber innerlich
schwacher Staat *gebraucht (oft war damit das zaristische Rußland
gemeint).*

45. **Колýмбово яйцó** (*итальянский историк Дж. Бенцони*)
Das Ei des Kolumbus (*G. Benzoni*). *Der italienische Geschichtsschreiber überliefert eine von ihm gehörte Erzählung über Kolumbus, der
1493, während eines ihm zu Ehren veranstalteten Gastmahls auf die
Behauptung hin, seine Entdeckung sei gar nicht so schwierig gewesen,
wenn man nur früher daran gedacht hätte, ein Ei genommen und
gefragt haben soll, wer es auf einem der beiden Enden zum Stehen
bringen könne. Als es keinem gelang, drückte Kolumbus durch Auf-
schlagen die Eispitze ein und das Ei stand. Übertragene Bedeutung
des Ausdrucks:* originelle, überraschende Lösung einer schwierigen
Aufgabe.

46. **Колýмбы рóсские** (*М. Ломоносов. Пётр Великий, песнь I —
1761 г.*) »Russische Kolumbusse« (*M. Lomonossow. Peter der Große*).
*So nannte Lomonossow in seinem Poem die russischen Seefahrer
des 17. und 18. Jh., vor allem Semjon Deshnjow und Vitus Bering,
denen das Verdienst zukommt, das Nordostkap Asiens umschifft
und den Seeweg aus dem Nördlichen Polarmeer in den Stillen Ozean
entdeckt zu haben. Heute wird das Zitat auch auf andere hervorragende russische Seefahrer verwendet.* Рóсский (*veralt., geh.*) svw.
рýсский; *der Ausdruck wird auch in der Form* Колýмбы россúй-
ские *zitiert.*

47. **Колыбéль револю́ции** (*о Ленинграде*) Die Wiege der Revolution. *Bildliche Bezeichnung Leningrads (bis 1914 Petersburg,
1914—1924 Petrograd); der Sturm auf den Winterpalast in Petrograd,
den Sitz der bürgerlichen Provisorischen Regierung, war der Auftakt
zur Großen Sozialistischen Oktoberrevolution.*

48. **Комáндовать парáдом бýду я** (*И. Ильф, Е. Петров.
Золотой телёнок — 1931 г.*) »Mit der Anführung der Parade bin
ich beauftragt«, *d. h.* ich übernehme die Initiative, und andere
haben mir zu gehorchen (*I. Ilf, J. Petrow. Das Goldene Kalb,
oder Die Jagd nach der Million*). *Wenn Ostap Bender (s.* Остáп
Бéндер*), der Hauptheld des berühmten Romans der sowjetischen
Satiriker, übermütig wird, bedient er sich jedesmal dieser scherzhaften Worte, die eigentlich die übliche Schlußformel des Befehls zum*

*Abhalten einer Militärparade sind. Der Ausdruck wird auch in der verkürzten Form* командовать парадом *(scherzh.) gebraucht, d. h.* den Ton angeben.

49. **Коммуни́зм—э́то есть Сове́тская власть плюс электри-фика́ция всей страны́** (*В. И. Ленин. Доклад Всероссийского Центрального Исполнительного Комитета и Совета Народных Комиссаров о внешней и внутренней политике, 22 декабря 1920 г.— Полн. собр. соч., т. 42, с. 159*) Kommunismus— das ist Sowjetmacht plus Elektrifizierung des ganzen Landes (*W. I. Lenin. Bericht über die Tätigkeit des Rats der Volkskommissare. 22. Dezember 1920.— Werke, Bd. 31, S. 513*). *Gleich nach Beendigung des Bürgerkrieges stellte W. I. Lenin einen Plan zur Elektrifizierung Rußlands als Grundlage für die Wiederherstellung und Weiterentwicklung der Volkswirtschaft auf. Im Jahre 1920 wurde eine Kommission zur Elektrifizierung des Landes (gekürzt: GOELRO) gebildet; sie erarbeitete den konkreten Plan für den Bau von Kraftwerken in den nächsten 10 bis 15 Jahren, der dank dem Arbeitselan der Werktätigen schon 1931 erfüllt wurde. Die vorstehenden Worte Lenins aus seinem Bericht auf dem VIII. Gesamtrussischen Sowjetkongreß enthalten eine knappe Formulierung der Rolle der Elektrifizierung, die auch heute noch in der Sowjetpresse zitiert wird, wenn man die Bedeutung der Energetik für den Aufbau der materiellen Grundlagen des Kommunismus betonen will.*

50. **Коммуни́стом стать мо́жно лишь тогда́, когда́ обогати́шь свою па́мять зна́нием всех тех бога́тств, кото́рые вы́работало челове́чество** (*В. И. Ленин. Задачи союзов молодёжи —1920 г.— Полн. собр. соч., т. 41, с. 305*) Kommunist kann einer nur dann werden, wenn er sein Gedächtnis um alle die Schätze bereichert, die von der Menschheit gehoben worden sind (*W. I. Lenin. Die Aufgaben der Jugendverbände. Rede auf dem III. Gesamtrussischen Kongreß des Kommunistischen Jugendverbandes Rußlands. 2. Oktober 1920.— Werke, Bd. 31, S. 277*).

51. **Коммуни́сты, вперёд!** (*слова команды, по которой во время Великой Отечественной войны поднимались в атаку бойцы-коммунисты, подавая пример мужества; заглавие и рефрен стихотворения А. Межирова — 1946 г.*) Kommunisten, vorwärts! (*Worte des Kommandos, das während des Großen Vaterländischen Krieges bei einem Angriff auf die feindlichen Stellungen gegeben wurde, Signal für die Kommunisten eines Truppenteils, beispielgebend in den ersten Reihen zu stürmen; Titel und Refrain eines Gedichts von A. Meshirow). Heute wird der Ausdruck in erweitertem Sinn als Losung zitiert.*

52. **Кому́ мно́го дано́, с того́ мно́го и взы́щется** (‹ *Библия, Лука, 12, 48*) »Wem viel gegeben ist, von dem wird man auch viel fordern« (‹ *Bibel*). *Die entsprechende Stelle im deutschen*

*Bibeltext lautet*: »Welchem viel gegeben ist, bei dem wird man viel suchen; und welchem viel anbefohlen ist, von dem wird man viel fordern« (*Luk.*, 12, 48). *Das Zitat wird im Russischen in folgenden Bedeutungen gebraucht*: 1) je höher die gesellschaftliche Stellung, desto größer die Verantwortlichkeit; 2) je begabter der Mensch ist, desto mehr wird von ihm erwartet.

53. **Кому́ на Руси́ жить хорошо́** (*заглавие поэмы Н. Некрасова — 1866 г.*) Wer lebt glücklich in Rußland? (*Titel einer Dichtung von N. Nekrassow. Übers. R. Seuberlich*). *Im Poem wird erzählt, wie sieben Bauern in einen Streit darüber geraten,* »Wer lebt im weiten Rußland wohl/ Ganz glücklich und ganz frei?« *und sich vornehmen, durch ganz Rußland zu wandern und nicht eher nach Hause zurückzukehren, bis sie eine Antwort auf diese Frage gefunden haben.*

54. **Кому́ э́то вы́годно?** *цитируется также по-латыни*: Cui bono? *или* Cui prodest? (*Цицерон. Речь в защиту Милона, 12, 32*) Wem zum Vorteil?; ↑ *lat.* (*Cicero. Verteidigungsrede für Milon*). *In dieser Rede* (*und in einigen anderen*) *erinnert Cicero an den Volkstribun und weisen Richter Lucius Cassius, der von der Frage ausging, wem eine Tat nütze. Der Ausdruck ist eine knappe Formulierung des Gedankens, daß die Frage nach dem Motiv in der Kriminalistik* (*und von daher allgemein*) *Ausgangspunkt der Untersuchungen sein muß.*

55. **Ко́мплекс неполноце́нности** (*А. Адлер. О неполноценности органов, IV — 1907 г.*) Minderwertigkeitskomplex (*A. Adler. Studie über Minderwertigkeit von Organen*). *In der von A. Adler entwickelten Theorie der Neurosen affektive Reaktion eines Individuums auf tatsächliche oder eingebildete körperliche oder psychische Mängel. Der Ausdruck wird im Russischen in der Bedeutung allzu große Schüchternheit, mangelndes Selbstvertrauen* (*scherzh.*) *gebraucht.*

56. **Коня́! коня́! полца́рства за коня́!** (*Шекспир. Король Ричард III, д. 5, карт. 4. Пер. Я. Брянского — 1833 г.*) Ein Pferd! ein Pferd! (m)ein Königreich für'n Pferd! (*Shakespeare. Richard III. Übers. A. W. Schlegel und L. Tieck*). *Bildliche Bezeichnung der Situation, wenn jmd. etw. dringend braucht. Beim Zitieren wird das Wort* коня́ *vielfach durch andere Wörter ersetzt.*

57. **Коня́ на скаку́ остано́вит,/ В горя́щую и́збу войдёт** (*Н. Некрасов. Мороз, Красный нос, ч. I, IV — 1864 г.*) Sie zügelt ein rasendes Pferd,/ Dringt ein in die Hütte gelassen,/ An der schon das Feuer zehrt (*N. Nekrassow. Frost Rotnase. Übers. M. Remané*). *Im Nekrassowschen Poem ist ein poetisiertes Bild der russischen Bäuerin enthalten: gut gebaut, schön, würdig im Auftreten, bei jeder Arbeit geschickt, jeder Prüfung auf ihrem Lebensweg gewachsen. Die vorstehenden Zeilen werden als bewundernde*

124

*Charakteristik einer mutigen, entschlossenen Frau bzw. eines mutigen Menschen überhaupt zitiert.*

58. **Ко́рень зла** (*Библия, Тимофей,* 6, 10) Die Wurzel alles Übels, *d. h.* die Ursache, die Quelle des Übels (*Bibel, Timotheus,* 6, 10).

59. **Коро́бочка** (*персонаж «Мёртвых душ» Н. Гоголя* — 1842 *г.*) Korobotschka, *eine Gutsbesitzerin in N. Gogols »Toten Seelen«, furchtsam und dumm, kleinlich und gierig; ein sprechender Name:* коро́бочка *svw.* kleine Schachtel, *eine Anspielung auf die Geldkassette und zugleich auf die Einkapselung dieser Frau in ihren vier Wänden.*

60. **Коро́ль-то го́лый!** (*Г.-Х. Андерсен. Новое платье короля* — 1837 *г.*) »Aber der Kaiser hat ja nichts an!« (*H. Chr. Andersen. Des Kaisers neue Kleider). In Andersens Märchen erbieten sich zwei Betrüger, für den Kaiser neue Kleider zu nähen, und zwar aus einem Stoff, der angeblich die Eigenschaft besitzt, für Dumme unsichtbar zu sein. Als der Kaiser seine »neuen Kleider« anzog, bewunderten seine Hofleute und er selbst die kunstvolle Arbeit und das feine Gewebe, obwohl man natürlich nichts sah. Dasselbe wiederholte sich, als der Kaiser durch die Stadt zog, denn niemand wollte in den Ruf eines Dummen kommen, und alle taten entzückt. Schließlich rief ein Junge:* »Aber der Kaiser hat ja nichts an!«, *und alle begriffen, daß sie Opfer eines Betrugs waren. Der Ausdruck aus Andersens Märchen wird daher zitiert, wenn man von diskreditierten, falschen Autoritäten bzw. erwiesenermaßen lebensunfähigen Theorien u. ä. spricht.*

61. **Корча́гин** (*герой романа Н. Острovsкого «Как закалялась сталь»* — 1935 *г.*) Pawel Kortschagin, *Hauptgestalt des Romans »Wie der Stahl gehärtet wurde« von N. Ostrowski, Typ eines Komsomolzen der 20er Jahre, eines leidenschaftlichen und unbeugsamen jungen Kämpfers für den Sozialismus. Näheres s.* Как закаля́лась сталь.

62. **Кость от ко́сти и плоть от пло́ти** (〈 *Библия, Бытие,* 2, 21 — 23) Fleisch von jmds. Fleisch und Bein von jmds. Bein (〈 *Bibel). Dem Ausdruck liegen die (etwas abgewandelten) Worte Adams zugrunde, die er sagte, als er die aus seiner Rippe geschaffene Eva zum erstenmal sah:* »Das ist doch Bein von meinem Bein und Fleisch von meinem Fleisch« (1. *Buch Mose,* 2, 21 — 23). *Das Zitat dient zur bildlichen Bezeichnung einer Bluts- oder auch einer Gesinnungsverwandtschaft.*

63. **Ко́чка зре́ния** (*М. Го́рький. О кочке и о точке* — 1933 *г.*) *Auf die russische Wortfügung* то́чка зре́ния (= Gesichtspunkt, Standpunkt) *anspielend, hat M. Gorki in seinem Artikel »Gesichtskreis und Froschperspektive« den Ausdruck* ко́чка зре́ния *geprägt (*ко́чка — ein kleiner, dicht bewachsener Rasenhügel in einem Sumpf, eine Bülte), dessen Bedeutung sich durch die deutschen Ausdrücke enger,*

beschränkter Gesichtskreis; Froschperspektive *wiedergeben läßt (eigentlich die Aussicht, die sich von einer Bülte aus bietet)*.

64. **Ко́шка, кото́рая гуля́ла сама́ по себе́** (*заглавие русского перевода сказки Р. Киплинга «The Cat That Walked By Himself» из сборника «Сказки просто так»—»Just So Stories for Little Children«—1902 г.*) Die Katze geht ihre eigenen Wege (*Titel eines Märchens von R. Kipling, das in seinem Buch »Nur so Märchen« enthalten ist*). *Die Kiplingsche Katze* »spaziert für sich allein«, *d. h. läßt sich im Unterschied zu anderen Tieren vom Menschen nicht eigentlich zähmen, obwohl sie Nahrung und Obdach nicht verschmäht, die ihr dieser gewährt; sie will ihre Freiheit nicht ganz aufgeben. Daher die übertragene Bedeutung des Ausdrucks*: ein eigenwilliger, unberechenbarer Mensch mit anarchistischen Allüren (*abwertend oder scherzh.*).

65. **Коще́й Бессме́ртный** см. Каще́й Бессме́ртный

66. **Краеуго́льный ка́мень** (< *Библия, Исаия*, 28, 16) Eckstein [Grundstein] (< *Bibel, Jesaia*, 28, 16). *Zitiert in den Bedeutungen*: 1) Grundlage; 2) Grundidee von etw.

67. **Кра́йности схо́дятся** *цитируется также по-французски*: Les extrêmes se touchent (*выражение, ставшее крылатым после выхода в свет сочинения Л.-С. Мерсье «Tableau de Paris»— «Картины Парижа», т. IV, заголовок гл. 348—1788 г.; его прообразы встречаются ранее—у Монтеня, Лабрюейра, Паскаля, Руссо*) Wörtlich: Extreme berühren sich, *zitiert wird in der Form* Gegensätze ziehen sich an (*der Ausdruck wurde durch L.-S. Mercier geflügelt, der ein Kapitel in seinem Werk »Pariser Bilder« so betitelt hat; Vorformen gibt es bei einer Reihe von französischen Schriftstellern*).

68. **Кра́сная суббо́та** (*образное наименование субботы, в которую проводится Всесоюзный коммунистический субботник, посвящённый годовщине «Великого почина» в апреле месяце*) Der rote Sonnabend (*bildliche Bezeichnung des Sonnabends im April, an dem in der gesamten Sowjetunion der dem Jahrestag der »großen Initiative« (s. Вели́кий почи́н) gewidmete kommunistische Subbotnik durchgeführt wird*).

69. **Кра́сной ни́тью проходи́ть** (*Гёте. Родственные натуры, гл.* 2—1809 *г.*) Sich wie ein roter Faden ziehen (*durch etw.*), *d. h.* ein leicht zu erkennender Grundgedanke, die beherrschende Idee, die sichtbare Tendenz von etw. sein (*Goethe. Die Wahlverwandtschaften*). *Die Grundlage dieses Bilds erklärt Goethe an derselben Stelle, wo es im Roman steht*: »...*sämtliche Tauwerke der königlichen (d. h. englischen— Ju. A.) Flotte... sind dergestalt gesponnen, daß ein roter Faden durch das Ganze durchgeht, den man nicht herauswinden kann, ohne alles aufzulösen, und woran auch die kleinsten Stücke kenntlich sind, daß sie der Krone gehören*«.

70. **Кра́ткость — сестра́ тала́нта** (*А. Чехов. Письмо к Ал. П. Чехову* — 11.4.1889 *г.*) »Die Kürze ist eine Schwester des Talents« (*A. Tschechow. Brief an Alexander Tschechow 11.4.1889*). *Vgl.* In der Kürze liegt die Würze.

71. **Крез** (*по имени царя Лидии, обладавшего, по преданию, несметными богатствами*) Krösus, *d. h.* ein steinreicher Mensch (*Krösus, König von Lydien, einem antiken Staat in Kleinasien, soll unermeßliche Reichtümer besessen haben*).

72. **Крича́ли же́нщины ура́/ И в во́здух че́пчики броса́ли** (*А. Грибоедов. Горе от ума, д. 2, явл. 5* — 1824 *г.*) »Da schrien die Frauen: Hurra!/ Und warfen in die Luft die Häubchen« (*A. Gribojedow. Verstand schafft Leiden*). *Mit diesen Worten wird in der Komödie die Begeisterung geschildert, mit der die Teilnehmer des Vaterländischen Krieges (1812) und des Feldzugs der russischen Armee gegen Frankreich (1813 — 1814) bei ihrer Rückkehr empfangen wurden. Heute dient die Verszeile zur scherzhaften Bezeichnung der übertriebenen Begeisterung für etw.; sie wird auch in der verkürzten Form* В во́здух че́пчики броса́ть *zitiert.*

73. **Крокоди́ловы слёзы** (*выражение встречается в ряде произведений древнерусской письменности; основано на древнем поверьи, будто бы у крокодила, перед тем как он съест свою жертву, текут слёзы*) Krokodilstränen (*dem Ausdruck, der in mehreren Werken des altrussischen Schrifttums begegnet, liegt der alte Aberglaube zugrunde, nach dem das Krokodil weint, bevor er sein Opfer verzehrt; für den entsprechenden deutschen Ausdruck werden die* »Apostolischen Konstitutionen«, *eine um 380 in Syrien entstandene Sammlung kirchenrechtlichen und liturgischen Inhalts, als Quelle angenommen). Die Redewendung wird meist in der Form* Пролива́ть крокоди́ловы слёзы Krokodilstränen weinen *gebraucht, d. h.* eine geheuchelte Trauer zeigen, ein Bedauern über etw. vortäuschen.

74. **Кру́глый стол** (*выражение, восходящее к средневековым романам о короле Арту́ре и рыца́рях Кру́глого стола*) Runder Tisch, *metonymisch für* Rundtischkonferenz (*der Ausdruck geht auf die Sagen um den König Arthur [Artus] und die Ritter der Tafelrunde zurück*).

75. **Крыла́тые слова́** (*Гомер. Илиада и Одиссея; современное значение этому выражению придал Г. Бю́хман, издавший в 1864 г. сборник метких речений и афоризмов под заглавием* »Geflügelte Worte«) Geflügelte Worte, *d. h.* literarisch belegbare, in den allgemeinen Wortschatz einer Sprache übergegangene, allgemein geläufige Redensarten (*Homer. Ilias und Odyssee (in beiden Dichtungen begegnet der Ausdruck an vielen Stellen); seine heutige vorstehend formulierte Bedeutung verdankt er G. Büchmann, der 1864 sein berühmtes Lexikon* »Geflügelte Worte«, *eine Sammlung von Schlagworten und Aphorismen, herausgab; Homer verstand darunter wirklich*

*von Göttern und Menschen gesprochene und sozusagen »auf Flügeln«*
*das Ohr des Hörers erreichende Worte).*

76. **Ксанти́ппа** (*имя жены Сократа*) Xanthippe (*nach dem Na-*
*men der Frau des Sokrates*), *d. h.* eine zänkische Frau, ein »Haus-
drache«.

77. **Кто был ниче́м, тот ста́нет всем** (Э. Потье. «*Интернационал*» *в русском переводе А. Коца*—1902 *г.*) Ein Nichts zu
sein, tragt es nicht länger,/ alles zu werden strömt zu Hauf!
(*E. Pottier. Die Internationale. Übers. E. Luckhardt, vertont von
P. Degeyter*).

78. **Кто в лес, кто по дрова́** (*И. Крылов. Музыканты*—
1808 *г.*) *Wörtlich*:»Holz holen wollten nun die einen, die andern
wollten in den Wald« (*I. Krylow. Die Musikanten*). *Mit diesen
Worten wird in Krylows Fabel der Gesang eines Chors beschrieben,
der aus schlechten Sängern bestand und sich nicht eingesungen hatte:
Die Wackern stimmten an: nach seinem eignen Ton/ sang jeder,
wie's ihm eben paßte (Übers. R. Bächtold). Der Ausdruck
wird zitiert, um eine kollektive Tätigkeit zu bezeichnen, bei der das
Handeln jedes Einzelnen auf das der anderen schlecht abgestimmt
ist.*

79. **Кто есть кто** *цитируется также по-английски*: Who's
Who (*по названию серии биографических словарей-справочников,
издаваемых ежегодно в Англии с 1848, в США—с 1899 г.*)
Who's who *engl.*; »Wer ist wer?« (*Titel einer Folge von jährlich
erscheinenden biographischen Lexika, die in England seit 1848, in den
USA seit 1899 herausgegeben werden). Im Russischen wird der Ausdruck
zitiert, wenn man von der »Rollenverteilung« innerhalb einer Gemeinschaft spricht, z. B.*: Тепе́рь я зна́ю, кто есть кто Nun weiß
ich, wer hier welchen Posten bekleidet *bzw.* wer auf diesem Gebiet
führend ist, wer eine bescheidenere Rolle spielt *usw.*

80. **Кто не рабо́тает, тот не ест** (⟨ *Библия, Второе послание к фессалоникийцам, 3, 10*. Это выражение идеологии рабо-
владельческого общества переосмыслено: *в социалистическом об-
ществе все должны трудиться*) Wer nicht arbeitet, soll auch
nicht essen (⟨ *Bibel, 2. Brief an die Thessalonicher, 3, 10. Diese
alte Formel der Ideologie der Sklavenhaltergesellschaft hat in der
neueren Zeit einen anderen ideologischen Inhalt bekommen: in der
sozialistischen Gesellschaft sollen alle arbeiten*)

81. **Кто ра́ньше [пе́рвым] сказа́л «э»** (⟨ *Н. Гоголь. Ревизор,
д. I, явл. III*—1836 *г.*) »Wer hat als erster aha gesagt« (*N. Gogol. Der Revisor*). *In Gogols Lustspiel erzählen die Gutsbesitzer
Pjotr Iwanowitsch Bobtschinski und Pjotr Iwanowitsch Dobtschinski
von einem jungen Mann, der vor kurzem in ihre Stadt gekommen
ist. Als Bobtschinski in seiner Erzählung zu dem Augenblick kommt,
wo ihm über den Fremden ein Licht aufgegangen ist (denn er hält*

*diesen für einen Revisor), sagt er: »Aha, sag ich zu Pjotr Iwa-*
*nowitsch«. Da protestiert Dobtschinski: »Nein, Pjotr Iwanowitsch,*
*ich war es, der aha sagte«. Diese Szene liegt dem Ausdruck*
*»Wer hat als erster aha gesagt« zugrunde, der ironisch gebraucht*
*wird, wenn jmd. in einer nichtigen Angelegenheit auf seiner Priorität*
*besteht.*

82. **Кто се́ет ве́тер, пожнёт бу́рю** (⟨ Библия, Осия, 8, 7)
Wer Wind sät, wird Sturm ernten (⟨ Bibel, Hosea, 8, 7).

83. **Кто с мечо́м к нам войдёт, от меча́ и поги́бнет** [⟨ **Взя́в-**
**шие меч — мечо́м поги́бнут**] (*П. Павленко. Сценарий кинофильма*
*«Александр Невский» — 1938 г.; в основе выражения лежит ци-*
*тата из Библии, Матф., 26, 52)* »Wer mit dem Schwert zu
uns kommt, soll durch das Schwert umkommen« (*P. Pawlenko.*
*Drehbuch zum Film »Alexander Newski«; zugrunde liegt das Bi-*
*belzitat (Matth., 26, 52): Wer das Schwert nimmt, soll durchs*
*Schwert umkommen). Pawlenko legt diese Worte Alexander Newski*
*in den Mund, dem Fürsten von Nowgorod, der 1242 auf dem Eis*
*des Peipussees über die Ritter des deutschen Schwertbrüderordens*
*einen Sieg davontrug und damit deren weiteres Vordringen nach*
*Rußland verhinderte. Im Film wendet sich der Fürst mit dem*
*vorstehenden Spruch an einen von ihm gefangengenommenen Ritter.*
*Seine Ansprache schließt er mit den Worten:* На том стоя́ла
и стои́т ру́сская земля́! ≈ *Russenland hat es immer wahrge-*
*macht, und dabei soll es bleiben!*

84. **Куда́, куда́ вы удали́лись,/ Весны́ мое́й златы́е дни?**
(*А. Пушкин. Евгений Онегин, гл. 6, строфа XXI — 1828 г.;*
*широкую популярность этот стих приобрёл как слова арии Лен-*
*ского в опере П. Чайковского «Евгений Онегин» — 1878 г.)*
*Wohin, wohin bist du entschwunden,/ Du meiner Jugend güldner*
*Mai? (A. Puschkin. Eugen Onegin. Übers. Th. Commichau. Die*
*Verszeile ist vor allem als Anfangsworte der Lenski-Arie in P. Tschai-*
*kowskis Oper »Eugen Onegin« bekannt und beliebt). S. dazu auch*
Что день гряду́щий мне гото́вит?

85. **Ку́кольный дом** (*заглавие русского перевода пьесы Г. Иб-*
*сена «Et dukkehjem» — 1879 г.; на советской сцене пьеса стави-*
*лась под названием «Нора»*) Puppenheim (*Titel eines Stückes von*
*H. Ibsen, das in der UdSSR unter dem Titel »Nora« aufgeführt*
*wird; die deutschen Übersetzungen sind »Nora, oder Ein Puppenheim«*
*betitelt). Nora, die Hauptgestalt des gegen die Kaufehe gerichteten*
*Stücks, eine zum Selbstbewußtsein erwachende bürgerliche Frau,*
*lebt in Wohlstand, ist aber unglücklich, weil ihr Mann für ihre*
*geistigen Ansprüche kein Verständnis hat. »Puppenheim« nennt sie*
*ihr schönes und gemütliches Haus, das sich als eine Kulisse erweist,*
*die ihre ungleiche Stellung in der Familie verdeckt. Der Ausdruck*
*wird verwendet, um ähnliche Situationen zu bezeichnen.*

129

86. **Куку́шка хва́лит петуха́/ За то, что хва́лит он куку́шку** (*И. Крылов. Кукушка и Петух* — 1841 *г.*) »Der Kuckuck lobt den Hahn, weil der dem Kuckuck schmeichelt« (*I. Krylow. Der Kuckuck und der Hahn*). *Die beiden Vögel loben in Krylows Fabel gegenseitig den Gesang des anderen. Der erweiterte Sinn des Zitats:* Zwei Menschen ergehen sich in gegenseitigen Lobhudeleien.

87. **Куха́ркины де́ти** (*выражение возникло из циркуляра* — 1887 *г.* — *министра народного просвещения И. Делянова, в котором предписывалось не допускать в гимназии «детей кучеров, лакеев, поваров, прачек, мелких лавочников и тому подобных людей»*) »Kinder von Köchinnen« (*der Ausdruck geht auf ein von I. Deljanow, Minister für Volksbildung, erlassenes Rundschreiben zurück, nach dem »Kinder von Kutschern, Lakaien, Köchen, Wäscherinnen und dergleichen« zum Besuch eines Gymnasiums nicht mehr zugelassen werden durften*). Куха́ркин — *possessives Adjektiv, svw.* einer Köchin gehörend (*salopp*). *Im Munde der Vertreter privilegierter Klassen wurde der Ausdruck zu einer verächtlichen Bezeichnung für* »Menschen niederer Stände«; *da er aber das volksfeindliche Wesen seiner Urheber vortrefflich charakterisierte, ging er bald als historisches Schlagwort in den allgemeinen Sprachgebrauch ein.*

88. **К штыку́ приравня́ть перо́** см. Я хочу́, чтоб к штыку́ приравня́ли перо́

# Л

1. **Ла́вры Геростра́та** см. Геростра́това сла́ва

2. **Лебеди́ная пе́сня** (*выражение встречается у многих античных авторов*; *впервые, по-видимому, в трагедии Эсхила «Агамемнон»*) Schwanengesang [Schwanenlied], *d. h.* die letzte Schöpfung *oder* Darbietung eines Künstlers, überhaupt eines Menschen (*der Ausdruck kommt bei mehreren antiken Schriftstellern vor, zum ersten Mal wohl in Äschylus' Tragödie »Agamemnon«*). *Dem Vergleich liegt der Glaube zugrunde, nach dem Schwäne vor ihrem Tode singen; A. Brehm und andere Naturforscher bestätigen, daß die letzten Atemzüge eines sterbenden Schwans melodisch klingen.*

3. **Ле́бедь рвётся в облака́,/ Рак пя́тится наза́д, а Щу́ка тя́нет в во́ду** (*И. Крылов. Лебедь, Щука и Рак* — 1816 *г.*) Nach oben zerrt der Schwan,/ der Krebs strebt nur zurück, den Hecht zieht's in den Graben (*I. Krylow. Der Schwan, der Hecht und der Krebs. Übers. M. Remané*). *Bildliche Bezeichnung für die Situation, wenn die Anstrengungen der an einer Arbeit Beteiligten nicht aufeinander abgestimmt sind, was der Sache abträglich ist.*

*Näheres dazu s.* А воз и ны́не там. *Der Ausdruck wird auch in der kürzeren Form* (Как) Ле́бедь, рак и щу́ка *zitiert.*

4. **Лёгкость в мы́слях необыкнове́нная** (*Н. Гоголь. Ревизор, д. III, явл. VI* — 1836 *г.*) »Eine ungemeine Leichtigkeit in Gedanken« (*N. Gogol. Der Revisor*). *Ins Flunkern gekommen, gibt sich Chlestakow, eine Gestalt in Gogols Lustspiel* (s. Ива́н Алекса́ндрович, ступа́йте департа́ментом управля́ть), *für einen Schriftsteller aus, erklärt sich sogar für den Verfasser allgemein bekannter Werke und prahlt, das Dichten falle ihm gar nicht schwer, denn er habe »eine ungemeine Leichtigkeit in Gedanken«, d. h. die Gedanken strömten ihm nur so zu. Chlestakows Worte sind umgedeutet worden und dienen heute zur ironisch-abwertenden Charakterisierung eines geschwätzigen Menschen, der sich keine Gedanken darüber macht, was er spricht.*

5. **Ле́гче верблю́ду пройти́ сквозь иго́льное ушко́, чем...** (〈 *Библия, Матф.*, 19, 24; *Лука* 18, 25) Es ist leichter, daß ein Kamel durch ein Nadelöhr gehe, als daß... (〈 *Bibel, Matth.*, 19, 24; *Luk.*, 18, 25). *Die Fortsetzung* ...чем бога́тому войти́ в ца́рствие небе́сное ...als daß ein Reicher ins Reich Gottes komme *kann heute im Russischen wie im Deutschen durch einen beliebigen anderen Satz ersetzt werden; das Bibelzitat ist also zu einem bildlichen Ausdruck für den Begriff* völlige Unmöglichkeit *geworden.*

6. **Лёд тро́нулся (, господа́ прися́жные заседа́тели)!** (*И. Ильф, Е. Петров. Двена́дцать сту́льев* — 1928 *г.*) »Das Eis ist geborsten (‚meine Herren Geschworenen!)« (*I. Ilf, J. Petrow. Zwölf Stühle*). *Von Ostap Bender, dem Haupthelden des zitierten Romans* (s. Оста́п Бе́ндер), *oft gebrauchte scherzhafte Redensart (die Anrede an »die Herren Geschworenen« steht hier nur spaßeshalber). In dem Ausdruck, der in der Bedeutung etw. geht endlich los, es ist soweit gebraucht wird, schwingen gute Laune und Unternehmungslust mit.*

7. **Ле́нин и тепе́рь живе́е всех живы́х,/ на́ше зна́нье, си́ла и ору́жие** (*В. Маяко́вский. Владимир Ильич Ленин. Вступление* — 1924 *г.*) Lenin ist heut lebender als die am Leben sind./ Er verleiht uns Wissen, Kraft und Waffen (*W. Majakowski. Wladimir Iljitsch Lenin. Übers. H. Huppert*).

8. **Лет до ста́ расти́/ нам без ста́рости./ Год от го́да расти́/ на́шей бо́дрости** (*В. Маяко́вский. Хорошо́!, гл. 19* — 1927 *г.*) Laßt uns größer werden/ ohne Altersbeschwerden./ Jahraus und jahrein/ blühn, wachsen, gedeihn (*W. Majakowski. Gut und schön. Übers. H. Huppert*). *Schlußworte des Poems, das Majakowski zum 10. Jahrestag der Großen Sozialistischen Oktoberrevolution gedichtet hat.*

9. **Лету́чий голла́ндец** (*из средневекового предания*) Fliegender Holländer, *sagenhaftes Gespensterschiff bzw. dessen Kapitän, der*

*wegen seiner Freveltaten zu ewigem Kreuzen auf See verdammt ist*
*(aus einer mittelalterlichen Legende; in Deutschland vor allem als*
*Titel der gleichnamigen Oper von R. Wagner bekannt). Im Russi-*
*schen wird der Ausdruck auch als scherzhafte Bezeichnung für*
*einen Menschen gebraucht, der dauernd auf Reisen ist, oder einer*
*rastlosen Natur, die es nicht an einem Ort hält.*

10. **Лиса́ Патрике́евна** (*из русских народных сказок*) Wörtlich:
»Die Füchsin Patrikejewna«, *Name des Fuchses in russischen Volks-*
*märchen (die Grundbezeichnung dieses Tieres ist im Russischen*
*weiblichen Geschlechts, die Bezeichnung des Männchens лис kommt*
*seltener vor). Der scherzhafte »Vatersname« Patrikejewna geht nach*
*einer Sage auf den im 14. Jh. lebenden litauischen Fürsten Patrikej*
*Parimontowitsch zurück, der sich durch seine Schlauheit auszeichnete.*
*Der Ausdruck wird als scherzhafte Bezeichnung für einen schlauen,*
*durchtriebenen Menschen gebraucht. Vgl. Reineke Fuchs.*

11. **Лица́ нео́бщее [〈 необщье] выраже́нье** (*Е. Баратынский.*
*Муза* — *1829 г.*) »Des Gesichts keinem andern ähnlicher Ausdruck«,
d. h. unverwechselbare Individualität, Eigenart, besonderes Gepräge
(*J. Baratynski. Meine Muse*).

12. **Ли́шние лю́ди** (*выражение возникло на основе повести*
*И. Тургенева «Дневник лишнего человека»* — *1850 г.*) Überflüssige
Menschen (*dem Ausdruck liegt I. Turgenjews Erzählung »Tagebuch*
*eines überflüssigen Menschen« zugrunde). In der russischen Literatur*
*des 19. Jh. der (noch vor dem Erscheinen von Turgenjews Erzählung*
*entstandene) Typ eines Adeligen, der gegen die Ideologie der Leib-*
*eigenschaft eingestellt war und im damaligen Rußland für seine*
*Kräfte keine Verwendung finden konnte. Hierzu zählen: Onegin*
*in A. Puschkins Versroman »Eugen Onegin« (1823 — 1832), Petschjo-*
*rin in M. Lermontows »Ein Held unserer Zeit« (1840), Beltow in A. Her-*
*zens »Wer ist schuldig?« (1848), ferner die Gestalten der späteren*
*Werke Turgenjews Rudin (Titelheld des gleichnamigen Romans aus*
*dem Jahre 1856) und Lawrezki (»Adelsnest«, 1858). Später bekam*
*der Ausdruck einen weiteren Sinn*: Menschen, die aus irgendwelchen Gründen ihren Platz in der Gesellschaft nicht haben finden
können.

13. **Лишь тот досто́ин жи́зни и свобо́ды,/ Кто ка́ждый день
за них идёт на бой!** (*Гёте. Фауст, ч. II, д. 5, сцена «Большой*
*двор перед дворцом»* — *1831 г.; пер. Н. Холодковского* — *1878 г.*)
Nur der verdient sich Freiheit wie das Leben,/ Der täglich sie
erobern muß (*Goethe. Faust*).

14. **Ловела́с** (*герой романа С. Ричардсона «Кларисса»* —
*1748 г.*) Lovelace (*Gestalt in S. Richardsons Roman »Die*
*Geschichte der Clarissa«*), ≈ Don Juan, Schürzenjäger.

15. **Лови́те миг уда́чи** (*из ариозо Германна в опере П. Чай-*
*ковского «Пиковая дама», акт 3, картина 7* — *1890 г.; либретто*

*М. Чайковского на сюжет «Пиковой дамы» А. Пушкина)* »Hascht Fortunas Lächeln«, *d. h.* verlaßt euch auf Zufall, wartet eure Chance ab (*Worte aus dem Arioso Hermanns, der Hauptgestalt in P. Tschaikowskis Oper »Pique Dame«; Libretto von M. Tschaikowski nach der gleichnamigen Novelle von A. Puschkin). Der unbemittelte Offizier Hermann ist von dem Traum besessen, sich durch Glücksspiel zu bereichern; seine Worte sind Ausdruck der Psyche eines Abenteuerers und Glücksritters. Das Zitat wird scherzhaft in der Bedeutung* Faßt die Gelegenheit beim Schopf *gebraucht.*

16. **Лови́ть ры́бку в му́тной воде́** (*поговорка, восходя́щая преположи́тельно к коме́дии Аристофа́на «Вса́дники»*) Im Trüben fischen (*sprichwörtliche Redensart, geht vermutlich auf die »Ritter« des griechischen Lustspieldichters Aristophanes zurück). Zitiert in der Bedeutung:* Aus den Schwierigkeiten anderer (*auch aus politischen und/ oder wirtschaftlichen*) für sich selbst Vorteile ziehen.

17. **Ложь во спасе́ние** (*из неве́рно по́нятого церковнославя́нского те́кста Би́блии, Псал., 32, 17*) Eine fromme Lüge, *d. h.* eine Lüge zum Wohl des Belogenen (*der russische Ausdruck ist aus einer falsch übersetzten Stelle des kirchenslawischen Bibeltextes entstanden*).

18. **Лошади́ная фами́лия** (*загла́вие расска́за А. Че́хова —*) 1885 *г.*) Ein Pferdename (*Titel einer Erzählung von A. Tschechow. Übers. H. Röhl). Ein pensionierter General hat unerträgliche Zahnschmerzen. Der Verwalter seines Guts rät ihm, sich an einen bewährten Quacksalber zu wenden, kann sich aber dessen Familiennamens nicht entsinnen. Er weiß nur so viel, daß der Familienname etwas mit Pferden zu tun hat. Die Angehörigen des Generals nennen dem Verwalter Wörter über Wörter, die sich irgendwie auf Pferde beziehen, z. B. Stute, Hengst, Fohlen, Huf, Mähne, Halfter, Sattel, Zügel, Kummet usw., aber keines hilft ihm weiter. Erst nachdem ein Arzt gekommen ist und dem General den kranken Zahn gezogen hat, fällt dem Verwalter ein, daß der Quacksalber* Овсо́в (*von* овёс Hafer) *heißt. Der scherzhafte Ausdruck wird zur Bezeichnung folgenden Sachverhalts gebraucht:* Ein gut bekannter Name [ein Wort] ist einem entfallen, schwebt einem auf der Zunge und man kommt lange nicht darauf.

19. **Луку́ллов(ский) пир** (⟨ *Плута́рх. Паралле́льные жизнеопи́сания*) Lukullisches Mahl, *d. h.* ein üppiges Mahl (*der römische Konsul und Feldherr Lukullus hatte, wie Plutarch in seinen »Vergleichenden Lebensbeschreibungen« berichtet, ungeheure Reichtümer angehäuft und war durch seine luxuriöse Lebensweise und seine opulenten Gastmahle berühmt). Statt des Wortes* пир *wird auch* обе́д Mittagessen *gebraucht.* Жить по-луку́лловски = wie ein Lukullus leben.

20. **Луч све́та в тёмном ца́рстве** (*заглавие статьи Н. Добро-*
*любова*—*1860 г., посвящённой драме А. Островского «Гроза»*)
Ein Lichtstrahl im finsteren Reich (*Titel eines Essays von N. Dob-*
*roljubow über A. Ostrowskis Drama »Gewitter«*). *Ein finsteres Reich*
*nannte Dobroljubow das in Ostrowskis Dramen gestaltete Milieu*
*der russischen Kaufleute, das sich durch Unwissenheit, überlebte*
*Sitten, Despotismus des Familienoberhaupts, Rechtlosigkeit der Ehefrau*
*und der Kinder auszeichnete* (*s.* Тёмное ца́рство). *Katarina, die*
*Hauptgestalt des Dramas »Gewitter«, wird ihrem Mann untreu;*
*als ihr Liebesverhältnis an den Tag kommt, zieht sie den Freitod*
*den Schikanen vor, die auf sie als Ehebrecherin warten. Dobrolju-*
*bow sieht in ihrem Selbstmord ein sittliches Aufbegehren; dieses*
*erwachende Selbstbewußtsein einer menschlichen Persönlichkeit nennt*
*er einen Lichtstrahl im finsteren Reich. Man bezeichnet mit dem*
*Ausdruck* etw. Lichtes, Vielversprechendes inmitten von Roheit
und Unkultur.

21. **Лу́чше быть пе́рвым в дере́вне, чем вторы́м в го́роде**
(*слова Юлия Цезаря, приводимые Плутархом в его «Изречениях*
*царей и полководцев»*) Lieber der Erste hier (= in der Provinz),
als der Zweite in Rom (*durch Plutarchs »Aussprüche der Könige*
*und Feldherren« überlieferte Worte Julius Cäsars*). *Cäsar soll sie*
*beim Anblick eines kleinen Alpenstädtchens seinen Begleitern zu-*
*gerufen haben. Der Ausdruck wird zitiert, wenn man einen Menschen*
*als ehrgeizig charakterisieren will.*

22. **Лу́чше ме́ньше, да лу́чше** (*заглавие статьи В. И. Лени-*
*на*—1923 *г.*—*Ленин В. И. Полн. собр. соч., т.* 45, с. 389)
Lieber weniger, aber besser (*Titel eines Artikels von W. I. Lenin.—*
*W. I. Lenin. Werke, Bd.* 33, *S.* 474).

23. **Лу́чше умере́ть сто́я, чем жить на коле́нях** (*выражение*
*из речи, которую произнесла* 3.9.1936 *г. в Париже Долорес*
*Ибаррури*) »Lieber erhobenen Hauptes sterben als auf den Knien leben» (*Ausdruck Dolores Ibárruris, den sie in ihrer am* 3.9.1936 *in*
*Paris gehaltenen Rede gebrauchte*). *Vgl.* Lewwer duad üs slaav,
*d. h.* lieber tot als Sklave (*D.* von Liliencron. Pidder Lüng).

24. **Льви́ная до́ля** (*Эзоп. Лев, Лисица и Осёл*) Der Löwenan-
teil (*Äsop. Der Löwe, der Fuchs und der Esel*). *In Äsops Fabel*
*teilen sich die Tiere in die Beute, und der Löwe verlangt als*
*der Stärkste von ihnen den größten Anteil für sich. Der Ausdruck*
*bedeutet demnach svw.* Der (unverschämt) große Anteil, den jmd.
kraft des Rechts des Stärkeren beansprucht.

25. **Любви́ все во́зрасты поко́рны** (*А. Пушкин. Евгений Оне-*
*гин, гл.* 8, *строфа XXIX*—1832 *г.*) Ein jedes Alter front auf
Erden/ Der Liebe (*A. Puschkin. Eugen Onegin. Übers. Th. Commi-*
*chau*). *Die Verszeile aus »Eugen Onegin« ist als Anfangsworte der Gre-*
*min-Arie in P. Tschaikowskis gleichnamiger Oper* (1878) *außeror-*

*dentlich populär geworden. Der deutsche Arientext lautet:* Ein jeder
kennt die Lieb' auf Erden.

26. **Люби́ть иску́сство в себе́, а не себя́ в иску́сстве** (≪
*К. Станиславский. Моя жизнь в искусстве, гл. «Знаменательная встреча»*—1928 г.) »Die Kunst in sich lieben, nicht sich
selbst in der Kunst« (≪ *K. Stanislawski. Mein Leben in der Kunst).
In seinem Buch, in dem er ein System der realistischen Schauspielkunst entwickelt hat, charakterisiert Stanislawski eine Schauspielerin
mit den Worten:* Она не люби́т иску́сства, а то́лько себя́ в иску́стве Sie liebt nicht die Kunst, sondern nur sich selbst in der Kunst
(*Übers. K. Roose), deren vorstehende Periphrasierung als ethische
Anforderung an einen Schauspieler, in weiterem Sinn an einen Künstler
überhaupt zitiert wird.*

27. **Любо́вная ло́дка разби́лась о быт** (*В. Маяковский. Неоконченное*—1930 г.) »Der Kahn der Liebe ist am Alltagskram
zerschellt« (*W. Majakòwski. Unvollendetes).*

28. **Любо́вный треуго́льник** (*Г. Ибсен. Гедда Габлер, д. 2,
явл. 1*—1890 г.; *пер. А. и П. Ганзен*—1897 г.) Dreiecksverhältnis, *d. h.* ein Ehepaar und eine dritte Person, Geliebter oder
Geliebte (*H. Ibsen. Hedda Gabler). Vgl.* Glückseligkeits-Triangel
(*G. Chr. Lichtenberg. Ausführliche Erklärung der Hogarthischen
Kupferstiche).*

29. **Любо́вью дорожи́ть уме́йте,/ С года́ми дорожи́ть вдвойне́./
Любо́вь — не вздо́хи на скаме́йке/ И не прогу́лки при луне́**
(*С. Щипачёв. Любовью дорожить умейте...*—1939 г.) Die Liebe
haltet gut in Ehren,/ Zumal wenn erst die Jahre fliehn./ Die Liebe
ist nicht nur Begehren,/ Mondschein und Seufzermelodien (*S. Stschipatschjow. Die Liebe haltet gut in Ehren. Eine anonyme deutsche
Übersetzung).*

30. **Лю́ди до́брой во́ли** (*выражение, ставшее в русском языке
крылатым после опубликования Стокгольмского воззвания, принятого 19.3.1950 г. третьей сессией Постоянного комитета
Всемирного конгресса сторонников мира; восходит к латинскому
тексту Библии, Лука, 2, 14)* Menschen guten Willens (*der
Ausdruck geht auf die Vulgata zurück, Luk.,* 2, 14: Et in terra
pax hominibus bonae voluntatis »Und auf Erden (sei) Friede
für die Menschen guten Willens«; *im Russischen hat er sich nach der
Veröffentlichung des Stockholmer Appells eingebürgert, der am
19.3.1950 von der dritten Tagung des Ständigen Komitees des Weltfriedenskongresses angenommen wurde). Der Appell enthielt die Forderung, die Atomwaffe als Massenvernichtungswaffe zu verbieten.
Im Schlußsatz wurden alle Menschen guten Willens aufgerufen,
ihre Unterschrift unter den Appell zu setzen. Bedeutung des Zitats:*
Menschen, denen das Wohl des Volkes und der Frieden in der Welt
am Herzen liegen.

31. **Лю́ди с чи́стой со́вестью** (*заглавие книги П. Вершиго-ры* — 1946 *г.*) »Menschen mit reinem Gewissen« (*Titel eines Buches von P. Werschigora; deutsch unter dem Titel »Im Gespensterwald« erschienen). Werschigora war im Großen Vaterländischen Krieg Kommandeur einer Partisaneneinheit in der Ukraine und berichtet in seinem Buch über den Kampf gegen die deutschen Okkupanten. Der Ausdruck wird (hauptsächlich in der Presse) zur Bezeichnung von Menschen zitiert, die sich voll und ganz dem Kampf für fortschrittliche Ideale widmen, die ehrlich, prinzipienfest und ihrer Heimat ergeben sind.*

32. **Лю́ди, я люби́л вас, бу́дьте бди́тельны!** (*Ю. Фучик. Репортаж с петлёй на шее* — 1945 *г.*) »Menschen, ich hatte euch lieb. Seid wachsam!« (*J. Fučík. Reportage unter dem Strang geschrieben). Fučík, tschechischer Journalist und Literaturkritiker, Mitglied des illegalen Zentralkomitees der Kommunistischen Partei der Tschechoslowakei während der faschistischen Okkupation, wurde als Widerstandskämpfer vom nazistischen »Volksgerichtshof« in Berlin zum Tode verurteilt und am 9.8.1943 hingerichtet. Sein berühmtes Buch wurde von ihm in der Haft geschrieben und aus Kassibern aus dem Gefängnis geschmuggelt. Seine Frau sammelte nach dem Krieg die von tschechischen Patrioten aufbewahrten Teile des Manuskripts und besorgte 1945 in Prag den Druck des Buches, dessen vorstehender Schlußsatz als Mahnung zur Wachsamkeit gegenüber den Umtrieben der Reaktion zu einem geflügelten Wort wurde.*

33. **Людое́дка Э́ллочка [Э́ллочка-людое́дка]** (*И. Ильф, Е. Петров. Двенадцать стульев, гл. XXII* — 1928 *г.*) Ellotschka, die Menschenfresserin. *So wird in I. Ilfs und J. Petrows Roman »Zwölf Stühle« (Übers. F. von Eck) Ellotschka (≈ Elly) Stschukina, Typ einer Modepuppe, scherzhaft genannt, weil sie mit einem aus Jargonausdrücken und Interjektionen bestehenden Wortschatz von nur dreißig Vokabeln völlig auskommt, der also viel ärmer ist als der eines Kannibalen. Der Ausdruck hat zweierlei Verwendungsweise: 1) ein Mensch, dessen Sprache mit Jargon gespickt und primitiv ist; 2) eine putzsüchtige, auf Mode aus dem Ausland versessene junge Person. S. dazu auch* В лу́чших дома́х Филаде́льфии; Не учи́те меня́ жить.

# M

1. **Мавр сде́лал своё де́ло, мавр мо́жет уходи́ть** (*Ф. Шиллер. Заговор Фиеско в Генуе, д. III, явл. 4* — 1783 *г.; пер. Н. Гнеди-ча* — 1803 *г.*) Der Mohr hat seine Arbeit (*zitiert wird in der Form:* seine Schuldigkeit) getan, der Mohr kann gehen (*F. Schiller.*

*Die Verschwörung des Fiesco zu Genua). Nachdem der Mohr Muley Hassan, ein bezahlter Agent des Fiesco, diesem geholfen hat, eine Verschwörung der Republikaner gegen den Dogen Doria zu organisieren, sieht er sich von seinem gräflichen Auftraggeber verächtlich behandelt und spricht mit bitterem Spott die vorstehenden Worte. Der Ausdruck wird zitiert, um zynische Gleichgültigkeit einem Menschen gegenüber zu bezeichnen, dessen Dienste man nicht mehr braucht.*

2. **Маг и волшебник** (*А. Сухово-Кобылин. Свадьба Кречинского, д. 3, явл. 1 — впервые на сцене в 1855 г.*) »Magier und Hexenmeister« (*A. Suchowo-Kobylin. Kretschinskis Hochzeit*). *Mit diesen Worten wird im Stück Kretschinski charakterisiert, ein Glücksspieler und Abenteuerer, ein raffinierter Betrüger. Der Ausdruck findet zweierlei Verwendung: 1) als Bezeichnung für einen Gauner (iron.-abwertend); 2) als Bezeichnung für einen Menschen, der alles kann, alles »aus dem Boden stampft«, »aus dem Ärmel schüttelt«, einen Tausendkünstler (scherzh.-anerkennend).*

3. **Мальбру́к в похо́д собра́лся** (*французская народная песня начала XVIII в.*) Marlbruk zog aus zum Kriege (*scherzhaftes französisches Volkslied, gegen den Herzog Marlborough gerichtet, einen englischen Feldherrn, der im Spanischen Erbfolgekrieg (1700—1714) eine Reihe von Siegen über die französischen Truppen davontrug). Ende des 18. Jh. wurde das Lied, in dem der Name des Herzogs die entstellte Form Marlbrouk annahm, über die Grenzen Frankreichs hinaus, u. a. in Deutschland, bekannt, kam auch nach Rußland und fand hier 1812, während des Vaterländischen Krieges, große Verbreitung. Die russische Fassung behielt zwar den Namen* Мальбру́к, *spielte aber unzweideutig auf Napoleon und dessen mißlungenen Feldzug gegen Rußland an. Auf russischem Boden wurde das Lied zu einem recht derben Soldatencouplet, in dem ein Möchtegern-Feldherr aus Angst vor dem Feinde eine Magenverstimmung bekommt und daran stirbt. Der Ausdruck wird als ironische Charakteristik eines Menschen gebraucht, der sich bei einem Unternehmen blamiert hat.*

4. **Ма́льчик для по́рки [битья́]** (*М. Твен. Принц и нищий, гл. 14 — 1882 г.*) Prügelknabe (*M. Twain. Prinz und Bettelknabe*). *M. Twains minderjähriger Prinz hat in seinem Hofstaat einen* »Prügelknaben«*, d. h. einen Pagen, der für ihn Rutenhiebe bekommt, wenn der Prinz seine Hausaufgaben nicht gemacht und sein Lehrer eine Strafe für ihn angeordnet hat. Das Amt des »königlichen Prügelknaben« am englischen Hof ist historisch belegt. Der Ausdruck wird in der Bedeutung zitiert:* Jmd.*, der für die Verfehlungen anderer verantwortlich gemacht* bzw. *bestraft wird;* Sündenbock.

5. **Мама́ево побо́ище** (*название сражения между русским войском и войском татарского хана Мамая в 1380 г.*) »Große

Schlacht gegen Mamai«, *Bezeichnung der entscheidenden Schlacht zwischen den vereinigten russischen Heeren unter Führung des Moskauer Großfürsten Dmitri Donskoi und den mongolisch-tatarischen Truppen des Mamai, eines Heerführers der Goldenen Horde, die am 8.9.1380 auf dem Kulikowo Polje südöstlich von Tula stattfand und mit einem russischen Sieg endete. Der Sieg auf dem Kulikowo Polje befreite zwar das russische Volk noch nicht vom mongolisch-tatarischen Joch, trug aber entscheidend zum späteren Zerfall der Goldenen Horde bei und beschleunigte den Zusammenschluß der russischen Fürstentümer um Moskau. In erweitertem Sinn*: Eine blutige Schlacht [Rauferei] *u. ä.*

6. **Мани́ловщина** (*по и́мени Мани́лова, одного́ из персона́жей «Мёртвых душ» Н. Го́голя* — 1842 *г.*) *Wörtlich svw.* »Manilowtum«, *d. h.* untätiges Träumen, Schmieden von phantastischen, unausführbaren Plänen; unverbindliches liberales Geschwätz (*nach Manilow, einem Gutsbesitzer in N. Gogols* »Toten Seelen«, *Typ eines weltfremden Träumers, sentimental, selbstgefällig, übertrieben verbindlich im Umgang mit seinen Angehörigen und seinen Gästen*).

7. **Ма́нна небе́сная** (⟨ *Би́блия, Исхо́д,* 16, 14 — 16 *и* 31) Manna (in der Wüste), Himmelsspeise, *d. h.* eine seltene Labung, etw. Außerordentliches (⟨ *Bibel*). *In der Bibel wird erzählt* (2. *Buch Mose,* 16, 14 — 16 *und* 31): *Als die Juden durch die Wüste ins Land Kanaan zogen, schickte ihnen Gott Brot vom Himmel, weiß und graupenförmig, das* »wie Semmeln mit Honig schmeckte«. *Diese Nahrung nannten sie Manna.* Пита́ться ма́нной небе́сной Von der Hand in den Mund leben; Ждать как ма́нны небе́сной Auf etw. mit Ungeduld warten.

8. **Марс** (*из ри́мской мифоло́гии*) Mars, *in der römischen Mythologie Gott des Krieges; in übertragenem Sinn*: ein Militärangehöriger *oder* ein kriegerisch gesinnter Mensch. Ма́рсово по́ле Marsfeld 1) (*poet.*) Schlachtfeld; 2) *Bezeichnung von Plätzen in einigen europäischen Städten, u. a. in Paris und Petersburg — Leningrad, die ursprünglich für Militärübungen und Paraden bestimmt waren. Das Marsfeld in Leningrad heißt heute Platz der Kämpfer der Revolution. Hier sind mehrere während des bewaffneten Aufstandes im Oktober 1917 sowie im Bürgerkrieg gefallene Revolutionäre beigesetzt. Über ihren Gräbern ist ein Ehrenmal aus Granit errichtet.*

9. **Мартобря́ 86 числа́** (*Н. Го́голь. Запи́ски сумасше́дшего* — 1835 *г.*) Den 86. Märzember (*N. Gogol. Memoiren eines Wahnsinnigen. Übers. W. Lange und A. Scholz*). *Der Ausdruck wird gebraucht, um etw. als Unsinn, als Produkt einer krankhaften Phantasie zu bezeichnen.*

10. **Марты́шкин труд** (⟨ *И. Крыло́в. Обезья́на* — 1811 *г.*; ?*Д. Пи́сарев. Реали́сты, II* — 1864 *г.*) *Wörtlich*: »Meerkatzenarbeit«, *d. h.* unnützes Bemühen (*der Ausdruck scheint von D. Pissarew*

*in seinem Essay »Realisten« zum ersten Mal gebraucht worden zu sein; zugrunde liegt I. Krylows Fabel »Der Affe«, in der die Meerkatze den arbeitsamen Ackersmann um die Achtung beneidet, die ihm alle entgegenbringen; sie will seinem Fleiß nacheifern und »arbeitet« an einem Holzklotz, indem sie diesen umkippt und wieder aufstellt, hin und her bewegt usw.).*

11. **Мастера́ культу́ры** (*М. Го́рький. Рабо́чий класс до́лжен воспита́ть свои́х мастеро́в культу́ры* — 1929 г.) Meister der Kultur, *d. h.* Schriftsteller, Künstler (*M. Gorki. Die Arbeiterklasse muß sich ihre eigenen Meister der Kultur erziehen). Diesen in einem Zeitungsartikel aus dem Jahre 1929 geprägten Ausdruck gebrauchte Gorki später in seiner am 17.8.1934 gehaltenen Rede auf dem I. Schriftstellerkongreß der Sowjetunion. Allgemein bekannt wurde auch der Titel seines Interviews mit amerikanischen Journalisten vom 22.3.1932:* С кем вы, мастера́ культу́ры? *Auf wessen Seite steht ihr, Meister der Kultur?, in dem er die Künstler des Westens aufrief, angesichts des aufkommenden Faschismus wachsam zu sein.*

12. **Мать городо́в ру́сских** (*из ру́сских ле́тописей*) »Mutter der russischen Städte« (*aus russischen Chroniken). Poetische Bezeichnung Kiews, einer der ältesten Städte Rußlands (im Mai 1982 wurde ihre 1500-Jahrfeier begangen), Hauptstadt der Ukrainischen SSR seit 1934.*

13. **Медве́жья услу́га** (⟨ *И. Крыло́в. Пусты́нник и Медве́дь* — 1808 г.) Bärendienst (⟨ *I. Krylow. Der Eremit und der Bär). S. Услу́жливый дура́к опа́снее врага́.*

14. **Медо́вый ме́сяц** (*Вольте́р. Зади́г, или Судьба́* — 1747 г.) Flitterwochen (*die russische Wortfügung ist dem englischen Ausdruck honeymoon »Honigmonat« nachgebildet, dem seinerseits der von Voltaire in seinem philosophischen Roman »Zadig« geprägte französische Ausdruck lune de miel zugrunde gelegen haben soll).*

15. **Ме́жду мо́лотом и накова́льней** (*загла́вие ру́сского перево́да* — 1870 г. — *рома́на Ф. Шпильга́гена* — 1869 г.) Zwischen Hammer und Amboß, *d. h. zwischen zwei feindlichen Gewalten (so lautet in der russischen Übersetzung der Titel des Romans »Hammer und Amboß« von F. Spielhagen).*

16. **Междунаро́дный жанда́рм** (*западноевропе́йская пре́сса о ру́сском цари́зме в середи́не XIX в.) Der internationale Gendarm (die westeuropäische Presse über den russischen Zarismus um die Mitte des 19. Jh.). Der Ausdruck entstand unmittelbar nach der Unterdrückung der Revolution in Ungarn durch die von Nikolaus I. entsandten Truppen (1849) und meinte in erster Linie dieses Ereignis. Später wurde er auch auf frühere Zeiten ausgedehnt, z. B. auf die aktive Rolle des russischen Zarismus in der 1815 gegründeten reaktionären Heiligen Allianz.*

17. **Ме́жду Сци́ллой и Хари́бдой** (*Гомер. Одиссея, песнь 12, 85 — 142*) Zwischen Skylla und Charybdis (sein), *d. h. einer Gefahr ausgesetzt sein, die von zwei Seiten droht (der bildliche Vergleich geht auf Homers »Odyssee« zurück, in der von zwei Ungeheuern an der Meerenge zwischen Italien und Sizilien erzählt wird. Die sechsköpfige Skylla drohte den Seefahrern mit ihren unzähligen scharfen Zähnen, die auf der anderen Seite lauernde Charybdis sog ganze Schiffe in ihren Rachen ein).*

18. **Ме́нтор** (*Гомер. Одиссея*) Mentor, *in Homers »Odyssee« Name des weisen Erziehers und Betreuers von Telemach, Odysseus' Sohn. Mentor gilt daher als Bezeichnung für vorbildliche Erzieher und Ratgeber. Seit dem 19. Jh. wird das Wort meist mit einer ironischen Färbung gebraucht.* Ме́нторский тон *svw.* belehrender, schulmeisterlicher Ton.

19. **Ме́рзость запусте́ния** (⟨ *Библия, Даниил, 9, 27*) »Abscheuliches Bild der Verwüstung [Verödung]« (⟨ *Bibel, Daniel, 9, 27*). *Der Ausdruck wird im Russischen in der Bedeutung* Verfall, Verwahrlosung *gebraucht.*

20. **Мёртвая бу́ква** (*Библия, Второе послание к коринфянам, 3, 6*) Der tote Buchstabe, *Sinnbild des formalen Befolgens einer Lehre, eines Gesetzes, einer Vorschrift u. ä.* (⟨ *Bibel, 2. Kor., 3, 6). An der angegebenen Stelle wird der Buchstabe dem Geist, d. h. das Formale dem Sinn, dem Inhalt gegenübergestellt.*

21. **Мёртвые ду́ши** (*по названию поэмы Н. Гоголя — 1842 г.*) Tote Seelen (*Titel eines von dem Verfasser Poem genannten Romans von N. Gogol*). *Ursprüngliche Bedeutung des Ausdrucks, in der er im Roman gebraucht wird*: Verstorbene leibeigene Bauern, die amtlich als lebend galten, weil ihre Namen erst bei der nächsten Volkszählung aus den Listen gestrichen werden durften; *die Hauptfigur des Romans, Tschitschikow, ist damit beschäftigt, derartige tote Seelen zu spekulativen Zwecken aufzukaufen. Heute tritt der Ausdruck in zwei Bedeutungen auf*: 1) Menschen, die formal einer Organisation u. ä. angehören, in Wirklichkeit aber ausgeschieden sind; 2) Menschen mit einer »toten Seele«.

22. **Мёртвые сра́ма не и́мут** (*по летописи, слова князя Святослава*) »Die Toten können sich nicht mit Schande bedecken« (*Worte des Fürsten Swjatoslaw aus einer russischen Chronik*). *Vor einer Schlacht gegen die Griechen im Jahre 970 soll sich der Kiewer Fürst Swjatoslaw* (*s.* Иду́ на вы) *an seine Krieger mit den Worten gewandt haben*: »Wir dürfen dem Russenland keine Schande machen; lieber lassen wir unser Leben auf dem Schlachtfeld; denn die Toten können sich nicht mit Schande bedecken«. *Zitiert in der Bedeutung*: Lieber Tod als Schmach. И́мут (*altruss.*) 3. *Pers. Pl. Präs. von* има́ть ≈ bekommen, empfangen, annehmen.

23. **Мета́ть перу́ны [гро́мы и мо́лнии]** (*выражение, возникшее*

*уже в новое время на основе мифологии древних славян, в которой Перун был богом грома и молнии)* Blitz und Donner schleudern, *d. h.* zornige Reden führen, wie ein Donnerwetter dreinfahren, gegen jmdn. zu Felde ziehen (*der in neuerer Zeit entstandene Ausdruck geht auf die slawische Mythologie zurück, in der Perun ein Donnergott war; das von seinem Namen gebildete Substantiv* перу́ны (*veralt., geh.*) *ist nur im Pl. und nur innerhalb der vorstehenden Redewendung gebräuchlich). Heute wird der Ausdruck meist scherzhaft verwendet.*

24. **Мефисто́фельская улы́бка [Мефисто́фельский смех]** (‹ *Гёте. Фауст*) Ein mephistophelisches Lächeln [Gelächter] *d. h.* ein teuflisches, höhnisches, giftiges Lächeln [Gelächter] (*nach Mephistopheles in Goethes* »Faust«).

25. **Мецена́т** (*по имени жившего в I в. до н. э. римского патриция Мецената, покровительствовавшего поэтам и художникам*) Mäzen, *d. h.* Gönner und Beschützer der Künste und der Künstler (*nach Maecenas, einem römischen Patrizier, der einen großen Kreis von Literaten um sich zu versammeln wußte*).

26. **Мечта́м и го́дам нет возвра́та** (*А. Пушкин. Евгений Онегин, гл.* 4, *строфа XVI* — 1828 *г.*) Entschwundne Jahre, Träume, Triebe/ Sind ewig ohne Wiederkehr (*A. Puschkin. Eugen Onegin. Übers. F. Bodenstedt*).

27. **Меща́нин во дворя́нстве** (*заглавие русского перевода комедии Мольера* «*Le Bourgeois gentilhomme*» — 1671 *г.*) Der Bürger als Edelmann (*Titel eines Lustspiels von Molière*). *Im Russischen dient der Ausdruck zur Bezeichnung eines Emporkömmlings, dessen Bemühen, vornehm zu erscheinen, komisch wirkt.*

28. **Ми́лый друг** *цитируется чаще по-французски:* Bel ami (*заглавие русского перевода романа Г. де Мопассана* «*Bel ami*» — 1885 *г.*) ↑ *franz.*; *wörtlich:* »Lieber Freund« (*Titel eines Romans von Maupassant, der in Deutschland vor allem unter dem vorstehenden unübersetzten Titel bekannt ist). Die Hauptfigur des Romans, der Journalist George Durois, ein skrupelloser Karrierist, verdankt seinen Aufstieg in erster Linie seinen Erfolgen bei den Frauen, die er ohne Skrupel verläßt, sobald er sie nicht mehr braucht. Titel und Titelgestalt des Romans sind im Russischen wie im Deutschen zum Synonym für einen Liebling der Frauen und einen rücksichtslosen Streber geworden. Im Deutschen ist auch die zusammengesetzte Form* ein Belami *gebräuchlich.*

29. **Милья́н терза́ний** (*А. Грибоедов. Горе от ума, д.* 3, *явл.* 22 — 1824 *г.*) Millionen neuer Plagen (*A. Gribojedow. Geist bringt Kummer. Übers. J. von Guenther*). *Zur Verbreitung des Zitats hat der Schriftsteller I. Gontscharow beigetragen, der seinen 1871 verfaßten kritischen Aufsatz über Gribojedows Lustspiel mit diesen Worten betitelte.*

141

30. **Мину́й нас пу́ще всех печа́лей/ И ба́рский гнев, и ба́рская любо́вь** (*А. Грибоедов. Горе от ума, д.* 1, *явл.* 2 — 1824 *г.*) Mehr als den Satan muß man meiden/ Der Herrs haft Liebe und der Herrschaft Zorn (*A. Gribojedow. Geist bringt Kummer. Übers. J. von Guenther*). ≈ Mit großen Herren ist nicht gut Kirschen essen.

31. **Ми́ра не ждут — мир завоёвывают** (*цитата из Манифеста к народам мира, принятого на Втором всемирном конгрессе мира в Варшаве* 22.11.1950 *г.*) Auf Frieden wartet man nicht, man erkämpft ihn (*Zitat aus dem Manifest an die Völker der Welt, beschlossen von dem Zweiten Weltfriedenskongreß in Warschau am* 22.11.1950 *г.*)

32. **Ми́рное сосуществова́ние** (*разработанный В. И. Лениным принцип взаимоотношений между государствами с различным общественным строем; само выражение «мирное сосуществование» было употреблено впервые, по-видимому, в докладе народного комиссара иностранных дел Г. Чичерина на заседании ВЦИК* 17.6.1920 *г.*) Friedliche Koexistenz, *von W. I. Lenin entwikkeltes Prinzip der gegenseitigen Beziehungen von Staaten mit unterschiedlicher Gesellschaftsordnung; die Wortverbindung selbst wurde vermutlich von G. Tschitscherin, Volkskommissar für auswärtige Angelegenheiten, in seinem Bericht an das Allrussische Zentrale Exekutivkomitee am* 17.6.1920 *zum ersten Mal gebraucht*).

33. **Мирова́я скорбь** (*Жан Поль. Селина, или О бессмертии души* — 1827 *г.*; *значение, в котором эти слова приобрели крылатость, придал им Г. Гейне в своих статьях «С выставки картин* 1831 *года», статья* 3 — 1831 *г.*) Weltschmerz, *d. h.* Empfindlichkeit eines mit einem reichen Innenleben ausgestatteten Individuums gegen die Unzulänglichkeiten und Ungerechtigkeiten dieser Welt (*Jean Paul. Selina, oder Über die Unsterblichkeit der Seele; die vorstehende Bedeutung, in der dieser Ausdruck geflügelt wurde, hat H. Heine im dritten seiner Artikel über die »Gemäldeausstellung in Paris. 1831« hineingelegt*). *In der Literaturforschung wird der Ausdruck zur Bezeichnung pessimistischer Stimmungen verwendet, wie sie für zahlreiche literarische Helden in der europäischen Literatur des ausgehenden 18. und des beginnenden 19. Jh. charakteristisch waren. Im weiteren, alltäglichen Sinn*: pessimistische Stimmung überhaupt.

34. **Мир хи́жинам, война́ дворца́м!** (*сформулированный С. Н. Шамфором лозунг революционной армии во время французской буржуазной революции XVIII в.* — 1792 *г.*) Friede den Hütten! Krieg den Palästen! *Der von S. N. Chamfort in umgekehrter Reihenfolge* Guerre aux châteaux! Paix aux chaumières! *formulierte Aufruf wurde* 1792 *zur Losung der Truppen des revolutionären Frankreichs. Der deutsche revolutionäre Demokrat G. Büchner stellte ihn als*

*Leitspruch seiner 1834 verfaßten Flugschrift »Der hessische Landbote« voran. In den Tagen der Großen Sozialistischen Oktoberrevolution wurde dieser Aufruf vielfach für Plakate verwendet.*

35. **Митрофа́нушка** (*Д. Фонвизин. Недоросль* — 1783 *г.*) Mitrofanuschka (*Diminutivform des Namens* Митрофа́н), *Hauptgestalt des Lustspiels »Der Landjunker« von D. Fonwisin, ein verzogener, tölpelhafter und unwissender Gutsbesitzerssohn, der nicht lernen will, weil ihm das zu anstrengend ist. Sein Name wird als spöttische Bezeichnung für Menschen dieser Art verwendet. S. dazu auch* Не хочу́ учи́ться, хочу́ жени́ться.

36. **Михаи́л [Ми́шка] Топты́гин. Михаи́ло Пота́пыч Топты́гин** (*шутливое прозвище медведя в русском фольклоре*) Wörtlich: »Michail [Mischka] Taps«. »Michailo Potapytsch Taps« (*scherzhafter Name des Bären in der russischen Folklore*). Топты́гин *ein vom Verb* то́пать stampfen, stapfen *bzw.* топта́ться tappen, tapsen *abgeleiteter »Familienname«;* Пота́пыч *Vatersname* (*umgangssprachliche Nebenform statt der vollen Form* Пота́пович *zum Vornamen* Пота́п, *dessen Laute* р, т *an die Verben* то́пать, топта́ться *erinnern. Mit dem Ausdruck wird nicht nur ein Bär, sondern auch ein sich schwerfällig bewegender, ungeschickter Mensch, ein »Hans Taps« bezeichnet.*

37. **Мне наплева́ть на бро́нзы многопу́дье;/ мне наплева́ть на мра́морную слизь** (/ **Сочтёмся сла́вою,— ведь мы свои́ же лю́ди,—/ пуска́й нам о́бщим па́мятником бу́дет/ постро́енный в боя́х социали́зм**) (*В. Маяковский. Во весь голос* — 1930 *г.*) Ich spucke auf die bronzne Zentnerschwere,/ ich spucke auf den marmorn-schleimgen Krampf./ Schluß mit dem Ruhm,— wir sind aus e i n e r Sphäre,—/ sei Denkmal uns gemeinschaftlicher · Ehre/ der Sozialismus, aufgebaut im Kampf (*W. Majakowski. Mit aller Stimmkraft. Übers. F. Leschnitzer*). Многопу́дье, *eine für Majakowskis Manier typische Einmalbildung, Ableitung von* мно́го пудо́в (пуд, *eine russische Gewichtseinheit* = 16 kg).

38. **Мне не до́рог твой пода́рок,/ Дорога́ твоя́ любо́вь** (*русская народная песня «По улице мостово́й*») »Mich freut nicht, was du als Geschenk gebracht hast,/ Mich freut, daß du an mich gedacht hast« (*russisches Volkslied »Beim Wasserholen, auf der Straße«*).

39. **Мни́мый больно́й** (*заглавие русского перевода комедии Мольера «Le malade imaginaire*» — 1673 *г.*) Der eingebildete Kranke; malade imaginaire *franz.* (*Titel eines Lustspiels von Molière*).

40. **Многоуважа́емый шкап** (*А. Чехов. Вишнёвый сад, д.* 1 — 1901 *г.*) Teurer, hochverehrter Schrank (*A. Tschechow. Der Kirschgarten. Übers. G. Düwel*). *Mit diesen Worten wendet sich Gajew, eine Gestalt in Tschechows Stück, an seinen Bücherschrank und hält eine lange und schwülstige Rede. Der Ausdruck wird als iro-*

*nische Charakterisierung einer banalen und hochtrabenden Rede zitiert.*

41. **Мно́го шу́му из ничего́** (*заглавие русского перевода комедии Шекспира «Much Ado about Nothing»* — 1600 *г.*) Viel Lärm(en) um nichts (*Titel eines Lustspiels von Shakespeare*).

42. **Могу́чая ку́чка** (*название группы русских композиторов второй половины XIX в., которое было ей дано В. Стасовым в 1867 г.*) Das mächtige Häuflein (*von W. Stassow geprägte bildhafte Bezeichnung für eine Gruppe hervorragender russischer Komponisten, die in der zweiten Hälfte des 19. Jh. wirkte*). *Die Gruppe, der M. Balakirew, A. Borodin, C. Cui, M. Mussorgski und N. Rimski-Korsakow angehörten, forderte und schuf eine eigenständige Musik aus dem Geiste des russischen Volksliedes. Ihre weiteren Bezeichnungen im Deutschen sind:* Novatoren, Jungrussen, die Fünf.

43. **Мо́жет быть, вам [тебе́] дать ещё ключ от кварти́ры, где де́ньги лежа́т?** (*И. Ильф, Е. Петров. Двенадцать стульев —* 1928 *г.*) *Wörtlich:* »Soll ich Ihnen [dir] vielleicht noch den Schlüssel zu meiner Wohnung geben, wo ich Geld liegen habe?« (*I. Ilf, J. Petrow. Zwölf Stühle*). *Von Ostap Bender, dem Haupthelden des zitierten Romans* (*s.* Оста́п Бе́ндер), *oft gebrauchte ironisch-abweisende Redensart, deren Komik darin besteht, daß Bender ein Vagabundenleben führt und weder eine Wohnung noch Geld besitzt. Zitiert in der Bedeutung:* Sonst noch was! Da könnte jeder kommen!

44. **Мо́жет со́бственных Пла́тонов/ И бы́стрых ра́зумом Невто́нов/ Росси́йская земля́ рожда́ть** (*М. Ломоносов. Ода —* 1747 *г.*) »Daß eigene Platos, scharfsinnige Newtons/ Der russische Boden hervorbringen kann« (*М. Lomonossow. Ode.*). Невто́н — *alte Schreibung für* Нью́тон.

45. **Мозг кла́сса, де́ло кла́сса, си́ла кла́сса, сла́ва кла́сса —/ вот что тако́е па́ртия** (*В. Маяковский. Владимир Ильич Ленин —* 1924 *г.*) Hirn der Klasse, Sinn der Klasse, Kraft der Klasse, Ruhm der Klasse/ — das ist die Partei (*W. Majakowski. Wladimir Iljitsch Lenin. Übers. H. Huppert*).

46. **Мои́ университе́ты** (*заглавие автобиографической повести М. Горького —* 1923 *г.*) Meine Universitäten (*Titel des dritten Teils der autobiographischen Trilogie von M. Gorki*). *Seine* »Universitäten« *nannte der Schriftsteller die große Schule des Lebens, die er in seinen jungen Jahren durchgemacht hatte. Mit dem Ausdruck bezeichnet man die Prüfungen, denen ein Mensch unterworfen wird, die Schwierigkeiten, die er zu überwinden hat und denen er seine Lebenserfahrung verdankt. Das Pronomen* мои́ *wird entsprechend der Situation durch andere ersetzt:* на́ши, его́, их, э́ти *usw.*

47. **Мой дом — моя́ кре́пость** *цитируется также по-англий-*

ски: My house is my castle (*английский юрист Э. Кок*) ↑ *engl.*; Mein Haus (ist) meine Burg (*Edward Coke, englischer Jurist*).

48. **Моли́лась ли ты на́ ночь, Дездемо́на?** (*Шекспир. Отелло, д. V, явл. 2* — *1604 г.; пер. П. Вейнберга* — *1864 г.*) Hast du zur Nacht gebetet, Desdemona? (*Shakespeare. Othello. Übers. A. W. Schlegel und L. Tieck*). Othellos Frage an Desdemona, ehe er den Mord an ihr verübt. Das Zitat wird heute als scherzhafte Drohung verwendet.

49. **Молода́я гва́рдия** (*выражение, появившееся в 20-х гг. в советской печати как образное определение комсомола, боевой смены старого поколения большевиков* — «*старой гвардии*». Его распространению способствовала любимая песня комсомольцев тех лет — «*Молодая гвардия*» *на слова А. Безыменского, музыка Л. Шульгина* — *1923 г., в основе которой лежит немецкая революционная песня* »*Dem Morgenrot entgegen*« (*см. Вперёд, заре́ навстре́чу*) — *1907 г., текст Г. Эйльдермана, мелодия тирольской народной песни.* «*Молодой гвардией*» *назвали себя участники подпольной комсомольской организации, действовавшей во время Великой Отечественной войны в г. Краснодоне; её героическая борьба против немецких оккупантов описана в романе А. Фадеева* «*Молодая гвардия*» — *1946 г.*) Die junge Garde, *bildliche Bezeichnung der Komsomolzen als einer neuen Generation der Kämpfer für den Kommunismus, die die Sache ihrer Väter, der alten Garde der Bolschewiki, fortsetzt. Zur Verbreitung des Ausdrucks trug das Lied* »*Junge Garde*«, *ein Lieblingslied der Komsomolzen der 20er Jahre, Text von A. Besymenski, musikalische Bearbeitung von L. Schulgin bei, dem das von H. Eildermann auf die Melodie eines Tiroler Volksliedes geschriebene revolutionäre Lied* »*Dem Morgenrot entgegen*« *zugrunde liegt.* »*Junge Garde*« *nannte sich eine illegale Komsomolzenorganisation, eine Widerstandgruppe, die während des Großen Vaterländischen Krieges in der Stadt Krasnodon einen heldenhaften Kampf gegen die deutschen Okkupanten führte. Dieser Kampf ist in A. Fadejews Roman* »*Die junge Garde*« *beschrieben.*

50. **Молоды́м везде́ у нас доро́га** (,/ **Старика́м везде́ у нас почёт**) (*из* «*Песни о Родине*» *в кинофильме* «*Цирк*», *слова В. Лебедева-Кумача, музыка И. Дунаевского* — *1936 г.*) Überall die Bahn frei unsern Jungen,/ Überall dem Alter Schutz und Ehr'! (*aus dem* »*Lied vom Vaterland*« *in der lyrischen Filmkomödie* »*Zirkus*«, *Text von W. Lebedew-Kumatsch, Musik von I. Dunajewski. Übers. E. Weinert*). S. *dazu* От Москвы́ до са́мых до окра́ин; Широка́ страна́ моя́ родна́я; Я друго́й тако́й страны́ не зна́ю,/ Где так во́льно дышит человек.

51. **Молотка́стый, серпа́стый сове́тский па́спорт** (*В. Маяко́вский. Стихи о советском паспорте* — *1929 г.*) Der Sowjetpaß mit Sichel und Hammer (*W. Majakowski. Verse vom Sowjetpaß.*

145

*Übers. F. Leschnitzer). In seinem Gedicht drückt Majakowski seinen patriotischen Stolz aus, Bürger der Sowjetunion zu sein, des ersten Arbeiter- und Bauernstaates der Welt, in dessen Wappen Hammer und Sichel, Werkzeuge der friedlichen Arbeit, dargestellt sind. Stolz holt er seinen Sowjetpaß aus der Tasche und weist ihn dem Grenzbeamten eines kapitalistischen Landes vor. Die Adjektive* молотка́стый *und* серпа́стый *sind Majakowskis Neubildungen, Ableitungen von* мо́лот *bzw.* серп.

**52. Моло́чные ре́ки и кисе́льные берега́** (*из русских народных сказок*) *Wörtlich*: Ströme von Milch in Ufern aus Fruchtgelee, d. h. ein Land, darin Milch und Honig fließt, Schlaraffenland (*aus russischen Volksmärchen*).

**53. Молча́лин** (*один из персонажей комедии А. Грибоедова* «*Горе от ума*» — 1824 *г.*) Moltschalin, *handelnde Person in A. Gribojedows Lustspiel »Verstand schafft Leiden«, Typ eines vor seinen Vorgesetzten kriechenden und liebedienernden Strebers. Sein »sprechender« Name* (*von* молча́ть schweigen) *betont sein duckmäuserisches, leisetreterisches Wesen. S. dazu* А впро́чем, он дойдёт до степене́й изве́стных *sowie* В мой лета́ не до́лжно сметь/ Своё сужде́ние име́ть.

**54. Мора́ль сей ба́сни такова́** (*выражение, перефразирующее традиционные басенные концовки, в которых делается нравственный вывод из рассказанного; конкретную русскую басню с таким текстом обнаружить не удалось*) »*Der Fabel Lehre ist nun die*« (*Periphrase vieler ähnlicher Schlußzeilen in Fabeln, in denen aus dem Erzählten eine Lehre gezogen wird; eine konkrete russische Fabel, die einen Schluß mit dem vorstehenden Wortlaut enthielte, konnte nicht gefunden werden*). Сей (*veralt.*) *svw.* э́той. *Der scherzhaft gebrauchte Ausdruck leitet eine Warnung, einen Rat, die »sittliche Nutzanwendung« einer soeben erzählten Geschichte usw. ein. Vgl.* Und die Moral von der Geschicht'... (*W. Busch. Das Bad am Samstagabend*).

**55. Морфе́й** (*из греческой мифологии*) Morpheus, *in der griechischen Sage Gott des Schlafes und des Traumes.* В объя́тиях Морфе́я (быть, находи́ться *и т. д.*) In Morpheus' Armen ruhen, liegen, *d. h.* schlafen (*geh. oder scherzh.*).

**56. Москва́... как мно́го в этом зву́ке/ Для се́рдца ру́сского слило́сь!/ Как мно́го в нём отозвало́сь!** (*А. Пушкин. Евге́ний Оне́гин, гл.* 7, *строфа XXXVI* — 1830 *г.*) Moskau, was liegt in bloßem Klange/ Des Namens für den Russen all,/ Wie herzergreifend tönt sein Schall! (*A. Puschkin. Eugen Onegin. Übers. F. Bodenstedt*).

**57. Моя́ дража́йшая полови́на** (*Ф. Сидни. Аркадия графини Пемброк, ч.* 3 — 1590 *г.*) Meine bessere Hälfte, *d. h.* meine Frau (*Ph. Sidney. Das Arkadien der Gräfin von Pembroke*). *Im Russi-*

146

*schen tritt der ironische Klang des Ausdrucks noch deutlicher zutage,
weil das Wort* дражáйшая *(geh.; Superlativ von* драгáя, *einer
veralteten Nebenform zu* дорогáя) *schon an und für sich ironisch
klingt.*

58. **Мýза дáльних стрáнствий** (*Н. Гумилёв. Отъезжающе-
му* — 1916 *г.*) »Muse der weiten Reisen«, *d. h. Reiselust, Poesie
des Reisens (Zitat aus N. Gumiljows Gedicht »An einen Verreisen-
den«).*

59. **Мýза мéсти и печáли** (*Н. Некрасов. Замолкни, Муза
мести и печали!* — 1856 *г.*) »Der Rache und der Trauer Muse«,
*bildliche Charakterisierung der Poesie N. Nekrassows durch den Dich-
ter selbst, enthalten in seinem Gedicht »Schweig still, der Rache
und der Trauer Muse«; wurde später auch auf das Schaffen anderer
Dichter angewandt, die zum Kampf gegen die soziale Ungerechtigkeit
aufriefen.*

60. **Мýзы не молчáли** (*А. Сурков. Стихи в строю* — 1942 *г.*)
»Die Musen haben nicht geschwiegen« (*A. Surkow. Verse in Reih'
und Glied*). *In seinem Diskussionsbeitrag auf einer öffentlichen
Parteiversammlung der Moskauer Schriftsteller im Juni 1942 sprach
der Dichter A. Surkow über den patriotischen Beitrag der sowjeti-
schen Poesie zur Verteidigung des Landes gegen die faschistischen
Eindringlinge. Mit den vorstehenden Worten, die mit dem alten
Spruch* Wenn die Waffen sprechen, schweigen die Musen (*s.*
Когдá гремит орýжие, мýзы молчáт) *polemisieren, zog er die
Bilanz des verflossenen Kriegsjahres: die sowjetische Dichtkunst
war in dieser Zeit der harten Prüfungen in ihrer Entwicklung nicht
stehengeblieben und hatte bedeutende Werke aufzuweisen, die den
Kampfeswillen des Volkes stärkten. Später wurde der von Surkow
geprägte Ausdruck auch auf die Rolle anderer Gattungen der sowjetischen Kunst während des Großen Vaterländischen Krieges ausgedehnt. Den Namen* «Мýзы не молчáли» *trägt ein von jungen
Freunden der Geschichte und der Heimatkunde geschaffenes Museum
in Leningrad, in dem u. a. Gegenstände und Dokumente zusammen-
getragen sind, Zeugnisse der berühmten, in der belagerten Stadt
am* 9.8.1942 *stattgefundenen Aufführung der 7. Sinfonie von
D. Schostakowitsch.*

61. **Мýки слóва** *см.* Нет мук сильнéе мýки слóва

62. **Мýки Тантáла [Тантáловы мýки]** (*Гомер. Одиссея, песнь
XI,* 582 — 592) Tantalusqualen (*Homer. Odyssee*). *Als Buße für
seine Frevel gegen die Götter wurde Tantalus, der König von
Phrygien, in die Unterwelt verbannt, wo er, bis zum Kinn im Wasser
stehend und von früchtebehangenen Zweigen der Obstbäume um-
rauscht, ununterbrochen Durst und Hunger leiden mußte; denn wenn
er sich zum Trinken neigte, wich das Wasser zurück, und wenn er
sich nach dem Obst reckte, so entführte der Wind die Zweige.*

*Der Ausdruck wird in folgendem übertragenen Sinn zitiert*: Ein qualvolles, unstillbares Verlangen nach etw. Unerreichbarem.

63. **Мы в гимна́зиях не обуча́лись** (*И. Ильф, Е. Петров. Золотой телёнок, гл. XIII* — 1931 *г.*) »Unsereiner hat ein Gymnasium eben nicht besucht« (*I. Ilf, J. Petrow. Das Goldene Kalb, oder Die Jagd nach der Million*). *Zitiert in der Bedeutung*: Unsereiner hat es im Leben nicht so leicht gehabt wie Sie [ihr, du *usw.*], *d. h.* ich bin eben nur ein kleiner Mann (*die Worte werden von einem Menschen gesagt, der sich arm stellt, den Bemitleidenswerten spielt*).

64. **Мы в не́бо зе́млю преврати́м,/ Земля́ нам бу́дет ра́ем** (*цитата из поэмы Г. Гейне «Германия. Зимняя сказка», гл. I* — 1844 *г.; пер. В. Левика* — 1935 *г.*) Wir wollen hier auf Erden schon/ Das Himmelreich errichten (*H. Heine. Deutschland. Ein Wintermärchen. Caput I*). *Zu den russischen Übersetzungen der Heineschen Dichtung s.* Пусть лени́вое брю́хо корми́ть/ Не бу́дут приле́жные ру́ки.

65. **Мы все вы́шли из го́голевской «Шине́ли»** (*выражение, употреблённое Ф. Достоевским в беседе с французским литературоведом Э. М. де Вогюэ; стало известно из книги Вогюэ «Русский роман»* — 1886 *г.*) Wir kommen alle von Gogols »Mantel« her (*von dem französischen Literaturforscher E. M. de Vogüé in seinem Buch »Der russische Roman« überlieferte Äußerung F. Dostojewskis in einem Gespräch mit Vogüé*). *Bildhaft formulierte Würdigung der großen Verdienste N. Gogols als eines Bahnbrechers der realistischen Schule in der russischen Literatur und zugleich anschaulicher Hinweis auf die Kontinuität ihrer Traditionen. Zu Gogols Erzählung »Der Mantel« s.* Башма́чкин Ака́кий Ака́киевич.

66. **Мы все учи́лись понемно́гу/ Чему́-нибу́дь и ка́к-нибу́дь** (*А. Пушкин. Евгений Онегин, гл.* 1, *строфа V* — 1825 *г.*) Wir lernten nach und nach ja alle/ Ein Irgendetwas irgendwie (*A. Puschkin. Eugen· Onegin. Übers. J. von Guenther*). *Das Zitat wird verwendet, wenn jmd.* (*scherzhaft oder im Ernst*) *bekennt, daß seine Bildung Lücken aufweist.*

67. **Мы диале́ктику учи́ли не по Ге́гелю,/ Бряца́нием боёв она́ врыва́лась в стих** (*В. Маяковский. Во весь голос* — 1930 *г.*) Wir lernten Dialektik nicht nach Hegel,/ Kampfklirrend drang sie in den Vers als Ton (*W. Majakowski. Mit voller Stimmkraft. Übers. F. Leschnitzer*).

68. **Мы ещё повою́ем, чёрт возьми́!** (*цитата из стихотворения в прозе И. Тургенева «Мы ещё повою́ем»* — 1882 *г.*) Noch wollen wir kämpfen, Teufel auch! (*I. Turgenjew. Gedichte in Prosa. Übers. Th. Commichau*). *Ausdruck der optimistischen Zuversicht eines Menschen, der sich noch bei Kräften fühlt.*

69. **Мы лени́вы и нелюбопы́тны** (*А. Пушкин. Путешествие*

*в Арзрум, гл.* 2—1836 *г.*) Wir sind faul und nicht wißbegierig (*A. Puschkin. Die Reise nach Erzerum. Übers. M. Pfeiffer*). *Auf seiner im Jahre* 1829, *während des russisch-türkischen Kriegs, unternommenen Reise zum Kriegsschauplatz, nach Erzerum, begegnete Puschkin einem Bauernwagen, auf dem die Leiche des Dichters A. Gribojedow, der als russischer Botschafter in Persien einer fanatischen Menge zum Opfer gefallen war, von Teheran nach Tiflis gebracht wurde. Puschkin bedauerte es, daß Gribojedow keine Aufzeichnungen hinterlassen hat.* »Seine Biographie zu schreiben wäre Sache seiner Freunde; doch hervorragende Persönlichkeiten verschwinden bei uns, ohne Spuren zu hinterlassen«, *klagt Puschkin und schließt mit den vorstehenden Worten, die zu einem geflügelten Ausdruck geworden sind.*

70. **Мы паха́ли** (*И. Дмитриев. Муха* — 1803 *г.*) »Wir haben gepflügt« (*I. Dmitrijew. Die Fliege*). *In Dmitrijews Fabel hat der Ochse den ganzen Tag auf dem Acker hart gearbeitet und kehrt nun in seinen Stall zurück. Die Fliege, die die ganze Zeit auf seinen Hörnern gesessen hat, wird gefragt, was sie heute gemacht habe, und antwortet mit Stolz:* »Wir haben gepflügt«. *Das Zitat wird ironisch gebraucht, wenn jmd. den Eindruck erwecken will, er habe an einer Arbeit teilgenommen, während das in Wirklichkeit nicht der Fall war.*

71. **Мы рождены́, чтоб ска́зку сде́лать бы́лью** (*из популярной песни «Всё выше!», авиационный марш на слова П. Германа, музыка Ю. Хайта* — 1921 *г.*) *Wörtlich*: »Wir sind geboren, Sagen wahrzumachen« (*Anfangsworte des populären sowjetischen* »*Lieds der roten Flieger*« *von P. German, vertont von J. Chait; in der deutschen Übersetzung*: Wir sind geboren, Taten zu vollbringen). *Das Lied wurde erst in den 30er Jahren populär, während der großen Erfolge des jungen Sowjetlands bei der Schaffung einer eigenen Luftflotte und der berühmten Langstreckenflüge (Moskau — Nordpol — Vancouver, 1937, u. a.), es ist zu einer Art Marsch der sowjetischen Luftflotte und Luftstreitkräfte geworden. Die Liedzeile wird in der Presse zitiert, wenn man betonen will, daß die Sowjetmenschen Träume Wirklichkeit werden lassen.*

72. **Мысль изрече́нная есть ложь** (*Ф. Тютчев. Silentium!* — 1833 *г.*) Gesagt, wird ein Gedanke — Lug! (*F. Tjutschew. Silentium! Übers. F. Fiedler*). *Die Verszeile aus Tjutschews lyrisch-philosophischem Gedicht ist eine hyperbolisch zugespitzte Bezeichnung für die Unzulänglichkeit jedes sprachlichen Ausdrucks, da er einen Gedanken nur mit gewissen Einbußen wiederzugeben vermag.*

73. **Мыши́ный жеребчик** (*Н. Гоголь. Мёртвые души, ч. I, гл. VIII* — 1842 *г.*) *Wörtlich*: »Ein mausgrauer kleiner Hengst«, *aus N. Gogols* »*Tote Seelen*« *stammende scherzhafte Bezeichnung für einen alten, ergrauten Schürzenjäger, Schwerenöter.*

74. **Мюнхга́узен. Баро́н Мюнхга́узен** (*герой немецких анонимных рассказов XVIII в., собранных и изданных по-английски Р. Э. Распе в 1786 г.; в том же году Г. А. Бюргер перевёл книгу Распе на немецкий и существенно дополнил её; историческим прототипом героя книг Распе и Бюргера считается барон Иероним фон Мюнхгаузен, ганноверский юнкер, служивший в русской армии и участвовавший в двух русско-турецких войнах*) Münchhausen, *Titelgestalt der Ende des 18. Jh. in Deutschland anonym erschienenen Geschichten von unglaublichen Abenteuern im Krieg und auf der Jagd, die von R. E. Raspe gesammelt und in englischer Sprache in Oxford veröffentlicht wurden; Raspes Buch wurde von G. A. Bürger ins Deutsche übersetzt und wesentlich erweitert; als historisches Vorbild des »Lügenbarons« gilt Baron Hieronymus von Münchhausen, ein hannöverscher Junker, der in der russischen Armee gedient und an zwei Türkenfeldzügen teilgenommen hatte. In der Sowjetunion sind die Münchhausen-Geschichten in K. Tschukowskis Übersetzung sowie als eine von ihm besorgte Bearbeitung für Kinder sehr beliebt. Der Name Münchhausen gilt als Synonym für Aufschneider und Lügner.*

75. **Мягкоте́лый интеллиге́нт** (*М. Салтыков-Щедрин. Пошехонские рассказы, вечер 6 — 1884 г.*) »Ein rückgratloser Intellektueller«. *Mit diesen Worten bezeichnete M. Saltykow-Stschedrin in seinen »Erzählungen aus Poschechonien« russische liberale Intellektuelle der zweiten Hälfte des 19. Jh., charakterlose, willensschwache Menschen ohne feste Prinzipien. Dem von Stschedrin geprägten Ausdruck scheint auch das Adjektiv* мягкоте́лый *seine heutige übertragene Bedeutung* leicht beeinflußbar, schlapp *zu verdanken.*

# Н

1. **На всю оста́вшуюся жизнь** (*припев песни «На всю оставшуюся жизнь» в телефильме того же названия по повести В. Пановой «Спутники», слова Б. Вахтина и П. Фоменко, музыка В. Баснера — 1975 г.*) »Für den ganzen Rest des Lebens«, »Für das ganze restliche Leben« (*Refrain und Titel des Liedes im gleichnamigen Fernsehfilm nach W. Panowas Kurzroman »Weggenossen«, Text von B. Wachtin und P. Fomenko, Musik von W. Bassner). Zitiert meist in Verbindung mit dem Verb* запо́мнить: запо́мнить что-л. на всю оста́вшуюся жизнь = etw. für den Rest seines Lebens im Gedächtnis behalten.

2. **Наде́лала сини́ца сла́вы,/ А мо́ря не зажгла́** (*И. Крылов. Синица — 1811 г.*) »So viel Tamtam die Meise auch machte,/ das Meer hat sie bis jetzt noch nicht in Brand gesteckt« (*I. Kry-*

*low. Die Meise). Die Meise in Krylows Fabel rühmte sich, das Meer in Brand stecken zu können und posaunte ihre künftige Tat in alle Welt hinaus. Das Meer wollte aber nicht Feuer fangen, und die Sache endete für die Meise mit einer großen Blamage. Das Zitat dient zur ironischen Charakterisierung eines Prahlhanses, der etw. Großes zu vollbringen verspricht, aber nicht imstande ist, sein Versprechen zu halten.*

3. **На дерёвню дёдушке** (*А. Чехов. Ванька* — 1886 *г.*) An den Großvater im Dorf (*A. Tschechow. Wanka. Übers. G. Dick*). *Diese Adresse schreibt in Tschechows Erzählung der neunjährige Junge Wanka (saloppe, z. T. abwertende Dimitivform des männlichen Vornamens* Ивáн) *auf den Umschlag eines Briefes, den er in sein Heimatdorf absendet. Der Ausdruck wird in zwei Bedeutungen gebraucht:* 1) *eine ungenaue Adresse, die das Zustellen eines Briefes problematisch macht;* 2) ≈ *ins Ungewisse* [*ins Blaue, in den Raum*] *hinein.*

4. **На дне** (*заглавие пьесы М. Горького* — 1902 *г.*) *Wörtlich:* Auf dem Boden, auf dem Grund. *Damit ist die niedrigste soziale Stufe gemeint, d. h.* Heruntergekommene, von der Gesellschaft Ausgestoßene, Obdachlose *u. ä. Im Deutschen lautet der Titel dieses Theaterstücks von Maxim Gorki »Nachtasyl«.*

5. **Над схвáткой** [**В сторонё от схвáтки**] (*заглавие русского перевода сборника статей Р. Роллана «Au-dessus de la mêlée»* — 1915 *г.*) Über dem Getümmel (*Titel einer Aufsatzreihe von Romain Rolland*). *Zitiert in der Bedeutung:* In einem Kampf nicht Partei ergreifen; *sich vom gesellschaftlichen Leben, vom revolutionären Kampf fernhalten.*

6. **На Зáпадном фрóнте без перемён** (*частая формула в немецких сводках во время первой мировой войны; выражение стало крылатым после выхода в 1929 г. книги Э. М. Ремарка под этим названием* —*»Im Westen nichts Neues«*) Im Westen nichts Neues (*in deutschen Kriegsberichten während des I. Weltkriegs oft vorkommende Formulierung, die zu einem geflügelten Ausdruck wurde, nachdem E. M. Remarque 1929 ein Buch unter diesem Titel veröffentlicht hatte*). *Zitiert in der Bedeutung:* Alles bleibt beim Alten.

7. **На зарё тумáнной юности** (*А. Кольцов. Разлука* — 1840 *г.*) In der fernen Jugend Morgenrot (*Anfangsworte der »Trennung«, des lyrischen Gedichts von A. Kolzow. Übers. F. Fiedler*). *Kolzows Gedicht wurde von mehreren Komponisten vertont; in der Vertonung A. Guriljows ist es zu einer der beliebtesten russischen Romanzen geworden.*

8. **Наконёц/ Я слýшу речь не мáльчика, но мýжа** (*А. Пушкин. Борис Годунов, сцена «Ночь. Сад. Фонтан»* — 1831 *г.*) Ich hörte jetzt/ Nicht mehr des Knaben, hört des Mannes Rede (*A. Puschkin. Boris Godunow. Übers. J. von Guenther*).

9. **На ло́влю сча́стья и чино́в** (*М. Лермонтов. На смерть поэта* — 1837 *г.*) »Auf der Jagd nach Glück und Ämtern« (*M. Lermontow. Der Tod des Dichters*). *In seinem Gedicht spricht Lermontow die höchsten Kreise der russischen Adelsgesellschaft am Tode Puschkins schuldig, der, durch Intrigen am Zarenhof in ein Duell (27.1.1837) verwickelt, an einer schweren Verwundung starb. Wegen dieser kühnen Anklage wurde Lermontow an die Kaukasusfront geschickt. In der vorstehenden Verszeile wird Puschkins Mörder George Dantes charakterisiert, ein französischer Immigrant, der durch seine Verbindungen sehr schnell eine glänzende Karriere als Offizier gemacht hatte. Das Zitat wird zur Charakterisierung eines Abenteuerers, einer dunklen Existenz verwendet.*

10. **Нам не стра́шен се́рый волк** (*из мультипликационного фильма Уолта Диснея «Три поросёнка»* — 1934 *г.*) »Wer hat Angst vorm bösen Wolf?« (*aus Walt Disneys Zeichentrickfilm* »*Three Little Pigs*«). *Nachdem die drei Ferkel sich ein Haus aus Ziegelsteinen gebaut haben, brauchen sie sich vor dem Wolf nicht mehr zu fürchten. Sie werden übermütig und singen ein Liedchen, das mit den vorstehenden Worten beginnt. Die deutsche Entsprechung des scherzhaft gebrauchten Zitats:* Uns [mir] kann keiner!

11. **Нам пе́сня стро́ить и жить помога́ет** (*«Марш весёлых ребят» из кинофильма «Весёлые ребята», слова В. Лебедева-Кумача, музыка И. Дунаевского* — 1934 *г.*) Ja, unser Lied hilft uns bauen und leben (»*Marsch der fröhlichen Jugend« im Musikfilm »Fröhliche Burschen«, Text von W. Lebedew-Kumatsch, Musik von I. Dunajewski; eines der beliebtesten Lieder des sowjetischen Volks*).

12. **На песке́ стро́ить** (‹ *Библия, Матф.*, 7, 26 — 27) Auf Sand bauen (‹ *Bibel, Matth.*, 7, 26 — 27). *Zitiert als Umschreibung für unsichere, unsolide Aktivitäten, die dem Unterfangen des törichten Menschen gleichen,* »*der sein Haus auf Sand baute*«.

13. **Наро́д безмо́лвствует** (*А. Пушкин. Борис Годунов, сцена «Кремль. Дом Борисов»* — 1831 *г.*) Das Volk verharrt schweigend (*A. Puschkin. Boris Godunow. Übers. J. von Guenther*). *In der Schlußszene der Puschkinschen Tragödie, die im Jahre 1605 spielt, wird vor dem versammelten Volk der Selbstmord des (in Wirklichkeit ermordeten) minderjährigen Zaren Fjodor, Sohn Boris Godunows, bekanntgegeben. Seine Mörder sind Bojaren, Anhänger des Pseudodmitri, einer Kreatur der polnischen Magnaten, der mit einem polnischen Heer nach Moskau marschiert. Sie fordern das Volk auf, dem »legitimen Thronfolger Dmitri« zu huldigen. Die Menschenmenge beantwortet diese Aufforderung mit Schweigen. Das Zitat hat zwei Verwendungsweisen: 1) Charakteristik der rechtlosen Lage eines unterdrückten Volkes; 2) ironische Charakterisierung von Men-*

*schen, die sich bei der Besprechung einer Frage beharrlich ausschweigen.*

14. **Нарци́сс** (*из греческой мифологии*) Narziß, *in der griechischen Sage schöner Jüngling, verschmähte die Liebe der Nymphe Echo; zur Strafe verurteilten ihn die Götter dazu, sich in sein eigenes Spiegelbild zu verlieben. Von unstillbarer Liebe verzehrt, wurde er schließlich in die nach ihm genannte Blume verwandelt. Sein Name ist zur Bezeichnung eines nur an sich denkenden, nur mit sich selbst beschäftigten Menschen geworden.*

15. **Настоя́щий челове́к** (*Б. Полевой. Повесть о настоящем человеке* — 1946 *г.*) Ein wahrer Mensch (*B. Polewoi. Der wahre Mensch*). *Das Buch schildert die Heldentat des sowjetischen Fliegers Alexej Maressjew* (*in Polewois Roman Meressjew*), *der 1942 über dem von den faschistischen Truppen besetzten Territorium abgeschossen und schwer verletzt wurde — seine beiden Beine waren zerquetscht. Trotz Hunger und Schmerzen schleppte er sich 18 Tage zur Frontlinie und erreichte schließlich die Stellungen der Sowjetarmee. Obwohl ihm die Füße amputiert wurden, fand er in sich die Kraft, wieder fliegen zu lernen, er erwirkte die Erlaubnis, als Frontoffizier weiter zu dienen und setzte seine Kampftätigkeit bis zum Ende des Krieges fort. 1943 wurde ihm der Titel Held der Sowjetunion verliehen. Polewois Roman wurde 1948 verfilmt und in demselben Jahr von S. Prokofjew zur Oper verarbeitet. Der Ausdruck wird in der Bedeutung zitiert:* Ein wahrer Held, ein Mensch, der nach den hohen Idealen der kommunistischen Moral handelt.

16. **Наступа́ть** [< **Стать**] **на го́рло со́бственной пе́сне** (< *В. Мая́ковский. Во весь голос* — 1930 *г.*) Dem eigenen Lied auf die Kehle treten (< *W. Majakowski. Mit voller Stimmkraft*). *In den Jahren des Bürgerkriegs gab die ROSTA* (*Kurzform für Rossiskoje telegrafnoje agentstwo, d. h. Russische Telegraphenagentur*) *politische Agitationsplakate heraus, die mangels technischer Mittel mit Hilfe von handgefertigten Schablonen aus Pappe vervielfältigt und in Schaufenstern ausgestellt wurden; sie spielten eine bedeutende agitatorische Rolle. Für neun Zehntel der annähernd 1600 »ROSTA--Fenster« verfaßte die Texte Majakowski; ungefähr ein Drittel versah er mit seinen Zeichnungen. Auf diese Arbeit rückblickend, sagt der Dichter in seinem letzten Poem:* »Der Agitprop hing auch mir zum Halse heraus.../ Doch ich bezähmte mein eigenes Gebraus,/ trat dem eigenen Lied auf die Kehle« (*Übers. F. Leschnitzer*). *Der Ausdruck wird im weiteren Sinn gebraucht:* Eigene Interessen dem Gemeinwohl opfern.

17. **На том стоя́ла и стои́т ру́сская земля́!** см. Кто с мечо́м к нам войдёт, от меча́ и поги́бнет

18. **Нау́ка побежда́ть** (*заглавие книги А. Суворова* — 1806 *г.*) »Die Kunst zu siegen« (*Titel eines von dem russischen Feldherrn A. Suworow verfaßten Buches, einer Anleitung zur Gefechtsausbildung*

*der Truppen*). *S. dazu auch*: Глазомéр, быстротá, нáтиск; Не числóм, а умéньем; Пýля — дýра, штык — молодéц; Тяжелó в учéньи, легкó в бою́.

19. **Наýка сокращáет**/ **Нам óпыты быстротекýщей жи́зни** (*A. Пушкин. Борис Годунов, сцена «Царские палаты»* — 1831 *г.*) Die Wissenschaft verkürzt/ Die Lehren uns des raschen Laufs der Welt (*A. Puschkin. Boris Godunow. Übers. H. von Heiseler*); Es verkürzt das Wissen/ Die Prüfungen des allzuschnellen Lebens (*Übers. J. von Guenther*). *Als »Splitter« werden oft die Worte* Быстротекýщая жизнь Das allzuschnelle Leben *zitiert.*

20. **Наýки ю́ношей питáют,/ Отрáду стáрым подаю́т** (*M. Ломоносов. Ода* — 1747 *г.*) »Der Jugend gibt die Wissenschaft die Nahrung,/ Dem Alter gibt sie Labsal, Halt und Trost« (*M. Lomonossow. Ode*).

21. **На ходý подмётки рéжет** (*из русской народной сказки*) »Jmd. kann einem Laufenden die Schuhsohlen stehlen«, *d. h.* jmd. ist außerordentlich schlau, flink und geschickt (*aus einem russischen Volksmärchen*). *Vgl. das Märchen* »Der Meisterdieb« *in den* »Kinder- und Hausmärchen« *der Brüder Grimm.*

22. **Начáло концá** (*выражение, приписываемое французскому дипломату Талейрану, который будто бы сказал эти слова в 1815 г., в период «Ста дней», имея в виду неизбежность крушения восстановленной наполеоновской империи; восходит к комедии Шекспира «Сон в летнюю ночь», акт 5, сцена I* — 1596 *г., где оно, однако, ещё не имеет своего нынешнего значения*) Der Anfang vom Ende, *d. h.* Anfangsphase eines Untergangs, eines Zusammenbruchs, eines Verfalls (*der Ausdruck wird dem französischen Diplomaten Talleyrand zugeschrieben, der ihn 1815, in den* »Hundert Tagen«, *auf den unvermeidlichen Zusammenbruch des wiederhergestellten Napoleonischen Kaisertums bezogen haben soll; geht auf Shakespeares Lustspiel* »Ein Sommernachtstraum« *zurück, wo er jedoch noch nicht in seiner heutigen Bedeutung gebraucht ist*).

23. **Нáшего полкý при́было** (*из старинной русской игровой песни*) *Wörtlich*: »Unser Lager ist stärker geworden« ≈ wir haben Zugang bekommen, unser Kreis hat sich erweitert (*aus einem alten russischen Reigenlied*). *Das Wort* полк, *das heute* Regiment *bedeutet, steht hier in seiner älteren Bedeutung* Kreis, Gruppe, Lager.

24. **Нашéствие двунáдесяти язы́ков** (*возникшее в 1812 г., во время Отечественной войны, образное наименование агрессии Наполеона, вторгшегося в Россию с шестисоттысячной армией, которая была разноплемённой и разноязычной, так как более чем наполовину состояла из войск покорённых им стран Европы; предполагаемый источник выражения — «афишки» московского главнокомандующего Ф. Ростопчина, т. е. издававшиеся им объяв-*

154

*ления и листовки с сообщениями о ходе военных действий,
рассчитанные на «простой народ» и поэтому писавшиеся псевдо-
народным слогом)* »Invasion der zwölf Völkerstämme«, *im Jahre*
1812, *während des Vaterländischen Krieges entstandene bildhafte
Bezeichnung der Aggression Napoleons, dessen in Rußland eingefallene
sechshunderttausend Mann starke Armee mehr als zur Hälfte aus
Truppen der von ihm unterworfenen europäischen Länder bestand,
so daß ihre Angehörigen* »in zwölf verschiedenen Zungen« *sprachen.
Als Quelle des Ausdrucks werden die* »Rostoptschin-Anschläge« *angenommen, d. h. Berichte vom Kriegsschauplatz enthaltende patriotische Flugblätter und Anschläge, die von F. Rostoptschin, Befehlshaber
der in und um Moskau stationierten Truppen, verfaßt und herausgegeben wurden; sie waren für das »einfache Volk« bestimmt und
in einem pseudovolkstümlichen Stil gehalten.* Двуна́десять — *archaische
Form des Zahlworts* двена́дцать; языки (*die Betonung auf der zweiten
Silbe ist veraltet*) — *metonymisch für* племена́, наро́ды.

**25. На Ши́пке всё споко́йно** (*из официальных сообщений с
театра военных действий во время русско-турецкой войны
1877 — 1878 гг.; название триптиха В. Верещагина* — *1879 г.*)
Auf dem Schipkapaß alles still. *Aus den Kriegsberichten während
des Russisch-Türkischen Kriegs, als die russischen Truppen den* 1300
m *hohen Schipka-Gebirgspaß auf dem Balkan gegen die zahlenmäßig
überlegenen türkischen Kräfte heldenhaft verteidigten und durch deren
ständigen Beschuß große Verluste hatten. Die schlecht bekleideten
russischen Soldaten litten außerdem unter grimmiger Kälte, und es gab
viele Erfrorene. In den Berichten von diesem Frontabschnitt las man
aber immer nur den vorstehenden lakonischen Satz. Der Ausdruck
wurde zu einem geflügelten Wort, nachdem ihn der Schlachtenmaler
W. Werestschagin als Titel für sein Triptychon verwendete, drei
Gemälde, die den tragischen Tod eines unter Schnee begrabenen
russischen Postens darstellen. Das Zitat wird ironisch gebraucht,
wenn jmd. eine bittere Wahrheit zu verhüllen oder zu beschönigen
sucht.*

**26. На́ши пре́дки Рим спасли́** (*И. Крылов. Гуси* — 1811 *г.*)
»Denn unsere Ahnen sind's, die einst Rom gerettet« (*I. Krylow.
Die Gänse*). *Die Gänse in Krylows Fabel prahlen damit, von jenen
Gänsen abzustammen, die nach einer antiken Legende durch ihr
Schnattern die Wache des Kapitols geweckt haben sollen, als Feinde
bei Nacht und Nebel sich in die Stadt einschleichen wollten. Mit den
vorstehenden Worten werden Menschen gemeint, die, ohne selbst etw.
geleistet zu haben, immerzu auf die Verdienste ihrer Väter oder
Verwandten pochen.*

**27. Наш челове́к в Гава́не** (*заглавие русского перевода романа
Г. Грина «Our Man in Havanna»* — 1958 *г.*) Unser Mann in Havanna
(*Titel eines Romans von G. Green*). *Der Hauptheld dieses satiri-*

*schen Buchs wird als britischer Geheimagent auf Kuba angeworben;*
*seine Tätigkeit, vor der es ihm anfangs graut, erweist sich aber*
*bald als ausgesprochen fette Pfründe, weil die Bürokraten, die seinen*
*»Dienst« pünktlich—und gut—bezahlen, mit »ihrem Mann« nichts*
*anzufangen wissen. Der Ausdruck wird im Russischen in einem*
*ganz anderen Sinn verwendet, und zwar als eine scherzhafte Be-*
*zeichnung für den Angehörigen eines Kollektivs, der in ein Organ*
*gewählt bzw. auf einen Posten ernannt, sich bei passender Gelegenheit*
*für die Interessen seines früheren Kollektivs einsetzen kann.*

28. **Не́бо в алма́зах** (*А. Чехов. Дядя Ваня, д.* 4 — 1897 *г.*)
»Diamantenübersäter Himmel« (*A. Tschechow. Onkel Wanja*). *Sonja,*
*eine Person in Tschechows Stück, wendet sich an den ermüdeten,*
*abgehetzten Haupthelden Onkel Wanja mit folgenden Trostworten:*
Wir werden Ruhe haben! Wir werden die Engel hören, und der
ganze Himmel wird mit Diamanten übersät sein... (*Übers. G. Düwel*).
*Das Zitat* »Wir werden den Himmel mit Diamanten übersät
sehen« *wird—oft ironisch—zur bildlichen Bezeichnung von jmds.*
*Hoffnung auf künftiges Glück, Frieden und Harmonie gebraucht.*

29. **Не ве́дают, что творя́т** (*Библия, Лука,* 23, 34) Sie wissen
nicht, was sie tun (*Bibel*). *Als Jesus gekreuzigt wurde, soll er,*
*sich an den Herrgott wendend, gesagt haben:* Vater vergib ihnen,
denn sie wissen nicht, was sie tun (*Luk.,* 23, 34). *Zitiert in der*
*Bedeutung:* Jmd. ist sich des Verwerflichen [der Tragweite, der
Folgen, der Auswirkungen *usw.*] seines Tuns nicht bewußt. *Die*
*in veralteten Bedeutungen auftretenden Verben* ве́дать (*hier svw.*
знать) *und* твори́ть (*hier svw.* де́лать) *verleihen dem russischen*
*Bibelzitat einen gehobenen Klang.*

30. **Невзира́я на ли́ца** (〈 *Библия, Матф.,* 22, 16; *Марк,*
12, 14 *и в других местах*) Ohne Ansehen der Person (〈 *Bibel,*
1. *Petrus,* 1, 17 *und an anderen Stellen*). *In der Sowjetunion ist*
*das Zitat zur Formel für eine offene und objektive Kritik geworden,*
*die sich nicht scheut, auf die Mängel in der Tätigkeit eines Vor-*
*gesetzten hinzuweisen.*

31. **Не влива́ют молодо́е вино́ в мехи́ ста́рые** (*Библия, Матф.,*
9, 17; *Марк,* 2, 22) Man füllt nicht jungen Wein in alte Schläuche
(*Bibel, Matth.,* 9, 17; *Markus,* 2, 22). *Der übertragene Sinn des*
*Zitats:* Man kann nicht etw. Neues schaffen, ohne mit dem Alten
gebrochen zu haben.

32. **Не в ту степь** (〈 *оперетта* «Свадьба в Малиновке»,
*сцена* 15, *текст Л. Юхвида и В. Типота, музыка Б. Алек-*
*сандрова* — 1937 *г.*) *Unübersetzbarer umgangssprachlicher Ausdruck,*
*dem folgende Szene aus* »Hochzeit in Malinowka«, *einer populären*
*sowjetischen Operette, Text von L. Juchwid und W. Tipot, Musik*
*von B. Alexandrow, zugrunde liegt: Ein aus dem 1. Weltkrieg*
*heimkehrender russischer Soldat, der nach seinen Worten »durch*

*ganz Europa marschiert«* ist, *führt in einem Dorf den damals modischen Tanz Two-step vor, aus dessen englischer Bezeichnung er volksetymologisch die ähnlich klingende russische Wortverbindung* В ту степь, *wörtlich:* »In jene Steppe« *macht. Aus dieser Wortfügung hat sich der Ausdruck* Не в ту степь (танцева́ть) *(scherzh., salopp)* falsch tanzen, einen ganz anderen Tanz tanzen *entwickelt, im weiteren Sinn:* etw. verkehrt machen, ≈ umgekehrt wird ein Schuh daraus.

33. **Не вытанцо́вывается** (*Н. Гоголь. Заколдованное место*— 1832 *г.*) Das tanzt sich nicht aus, und damit basta (*N. Gogol. Die verhexte Stelle. Übers. J. von Guenther*). *In Gogols volkstümlicher Erzählung wird von einem alten Melonenfeldwächter berichtet, der, im Rausch übermütig geworden, vor seiner Feldhütte im Freien tanzt. Anfangs beschämt er mit seiner Kunst alle jüngeren Tänzer, aber auf seinem Weg gibt es eine* »verhexte Stelle«, *über die er nicht hinweg kann; sobald er diese im Tanzen erreicht hat, versagen ihm die Beine den Dienst, und er muß von vorn beginnen. Schließlich muß es der Alte aufgeben;* »Das tanzt sich nicht aus«, *sagt er mit Verdruß. Der Ausdruck wird in folgender Bedeutung zitiert:* Es will mir [uns *usw.*] nicht gelingen; es geht nicht, die Sache klappt nicht (*scherzh.*).

34. **Не говори́ с тоско́й: их нет,/ Но с благода́рностию: бы́ли** (*В. Жуковский. Воспоминание*— 1827 *г.*) »Sag nicht mit Wehmut: ‚Sie sind nicht mehr da',/ Sag lieber voller Dank: ‚Sie lebten'« (*W. Shukowski. Erinnerung). Der volle Wortlaut der Strophe aus Shukowskis Gedicht:* О ми́лых спу́тниках, кото́рые наш свет/ Свои́м сопу́тствием для нас животвори́ли,/ Не говори́ с тоско́й: их нет,/ Но с благода́рностию: бы́ли ≈ »Wenn du an die lieben Lebensgefährten zurückdenkst, die einst deinen Erdenwandel verschönerten, sag nicht mit Wehmut: ‚Sie sind nicht mehr da', sag lieber voller Dank: ‚Sie lebten'«.

35. **Неда́ром говори́тся, что де́ло ма́стера бои́тся** (*И. Крылов. Щука и Кот*— 1813 *г.*) ≈ Das Werk lobt den Meister (*I. Krylow. Der Hecht und der Kater). Krylow hat das russische Sprichwort* де́ло ма́стера бои́тся *durch die einleitenden Worte* неда́ром говори́тся, что... nicht umsonst .heißt es, daß... *ergänzt und somit eine erweiterte Fassung desselben geprägt, die heute neben dem ursprünglichen kürzeren Wortlaut gern gebraucht wird.*

36. **Не до́гма, а руково́дство к де́йствию** (‹ *В. И. Ленин. Детская болезнь «левизны» в коммунизме*— 1920 *г.*) Kein Dogma, sondern eine Anleitung zum Handeln (‹ *W. I. Lenin. Der »linke Radikalismus«, die Kinderkrankheit im Kommunismus*).

*Цитата:* Наша теория не догма, а *руководство к действию*— говорили Маркс и Энгельс... (*Ленин В. И. Полн. собр. соч., т. 41, с. 55*).

157

*Zitat*: Unsere Theorie ist kein Dogma, sondern eine *Anleitung zum Handeln*, pflegten Marx und Engels zu sagen... (*W. I. Lenin. Werke, Bd.* 31, *S.* 57).

*В основе ставшего крылатым выражения В. И. Ленина лежит видоизменённая им цитата из письма Ф. Энгельса к Ф. А. Зорге.*

*Цитата*: Они (немецкие социал-демократы, эмигрировавшие в США — *Ю. А.*) в большинстве случаев сами не понимают этой теории (марксизма — *Ю. А.*) и рассматривают её доктринёрски и догматически, как нечто такое, что надо выучить наизусть, и тогда уж этого достаточно на все случаи жизни. Для них это догма, а не руководство к действию (*Энгельс Ф. Письмо к Ф. А. Зорге от 29 ноября 1886 г.— Маркс К., Энгельс Ф. Соч., т.* 36, *с.* 488).

*Dem Ausdruck W. I. Lenins, der zu einem geflügelten Wort geworden ist, liegt ein von ihm abgewandeltes Zitat aus einem Brief F. Engels' an F. A. Sorge zugrunde.*

*Zitat*: Sie (in die USA emigrierte deutsche Sozialdemokraten — *Ju. A.*) verstehen die Theorie (den Marxismus — *Ju. A.*) großenteils selbst nicht und behandeln sie doktrinär und dogmatisch als etwas, das auswendig gelernt werden muß, dann aber auch allen Bedürfnissen ohne weiteres genügt. Es ist ihnen ein Credo, keine Anleitung zum Handeln (*F. Engels. Brief an F. A. Sorge vom 29. November* 1886.— *K. Marx, F. Engels. Werke, Bd.* 36, *S.* 578).

**37. Недосто́ин развяза́ть реме́нь у сапо́г его́** (⟨ *Библия, Марк,* 1, 7 *и в других местах*) Nicht wert sein, jmdm. die Schuhriemen zu lösen, *d. h.* jmdm. unterlegen sein (⟨ *Bibel, Mark,* 1, 7 *und an anderen Stellen*). *In den Evangelien wird über Johannes erzählt, einen Vorgänger Jesu, der in seinen Predigten prophezeite, nach ihm komme ein Stärkerer als er,* »des ich nicht wert bin, daß ich seine Schuhriemen auflöse«.

**38. Недрема́нное о́ко** (*заглавие сказки М. Салтыкова-Щедрина* — 1885 *г.*) Wachauge. *Dieses altertümlichen Ausdrucks bedient sich M. Saltykow-Stschedrin in seinem gleichnamigen satirischen Märchen, um die Überwachung der Bürger und ihrer Gesinnung durch den Staat, die Polizei im zaristischen Rußland bildlich-ironisch zu charakterisieren. Im weiteren Sinn*: Jmd., der jmdn. oder etw. wachsam beaufsichtigt; Argusaugen.

**39. Не зараста́ет наро́дная тропа́** *см.* Я па́мятник себе́ воздви́г нерукотво́рный,/ К нему́ не зараста́ет наро́дная тропа́

**40. Неизбе́жное зло** (*восходит к греческому комедиографу Менандру*) Ein notwendiges Übel, *d. h.* ein unvermeidliches Übel (*der Ausdruck geht auf den griechischen Lustspieldichter Menander zurück*).

**41. Неизве́стный солда́т** (*понятие стало крылатым после*

158

*первой мировой войны, в связи с захоронением останков неизвестного солдата 11.11.1921 г. в Париже под Триумфальной аркой и в Лондоне в Вестминстерском аббатстве; в дальнейшем могилы Неизвестного солдата были созданы и в других странах; в СССР — в 1967 г. в Москве у Кремлёвской стены, а также во многих других городах)* Unbekannter Soldat (*der Begriff wurde nach dem 1. Weltkrieg allgemein bekannt, nachdem am 11.11.1921 ein unbekannter Soldat in Paris unter dem Arc de Triomphe und in London im Westminster Abbey beigesetzt worden war; später wurden Gräber des Unbekannten Soldaten auch in anderen Ländern geschaffen, so z. B. in der UdSSR 1967 in Moskau an der Kremlmauer sowie in vielen anderen Städten*).

42. **Не име́ть, где приклони́ть го́лову** (⟨ *Библия, Лука, 9, 58*) Nicht haben, wo man sein Haupt hinlege (⟨ *Bibel, Luk., 9, 58*). *Bildlicher Ausdruck für* kein Obdach haben.

43. **Не искуша́й меня́ без ну́жды** (*Е. Бараты́нский. Разуверение — 1821 г.*) »Versuch mich nicht unnöt'gerweise« (*Anfangsworte eines lyrischen Gedichts von J. Baratynski, das in der Vertonung* (1825) *M. Glinkas zu einer der beliebtesten russischen Romanzen geworden ist*).

44. **Неи́стовый Виссарио́н** (*так друзья называли великого русского критика В. Белинского за его необычайную горячность и энергию в спорах по вопросам, которые его живо затрагивали; эпитет «неистовый» восходит к прозванию главного героя поэмы Л. Арио́сто «L'Orlando furioso» — «Неистовый Роланд»* — 1516 г.) Der rasende Wissarion. *So wurde der große russische Literaturkritiker W. Belinski wegen seines großen Eifers beim Diskutieren der ihn bewegenden Probleme von seinen Freunden scherzhaft-liebevoll genannt; dieser charakterisierenden Bezeichnung liegt der Zuname des Titelhelden in L. Ariostos Dichtung »Der rasende Roland« zugrunde.*

45. **Не казнь страшна́; страшна́ твоя́ неми́лость** (*А. Пушкин. Борис Годунов, сцена «Царские палаты»* — 1831 г.) Die Ahndung nicht, nur deine Ungunst schreckt mich (*A. Puschkin. Boris Godunow. Übers. H. von Heiseler*). *Boris Godunow verlangt von dem Bojaren Wassili Schuiski, er solle Godunows Frage, ob der Thronfolger Dmitri wirklich tot sei* (*s.* Да! Жа́лок тот, в ком со́весть не чиста́ sówie И ма́льчики крова́вые в глаза́х), *wahrheitsgetreu beantworten, und droht Schuiski, ihn einen qualvollen Tod sterben zu lassen, wenn dieser ihm die Wahrheit vorenthält. Auf diese Drohung antwortet Schuiski mit den vorstehenden Worten, die als Ausdruck höchster Achtung und Ergebenheit für jmdn.* (*heute oft scherzh.*) *zitiert werden.*

46. **Нельзя́ ли для прогу́лок/ Пода́льше вы́брать заку́лок** (*А. Грибоедов. Горе от ума, д. 1, явл. 4* — 1824 г.) Mein Bester.

dringend bitten möcht' ich,/ sich, wenn Sie morgens früh spazie-
rengehn,/ nach einer andern Gegend umzusehn (*A. Gribojedow.
Verstand schafft Leiden. Übers. A. Luther*). *Ein junger Mann
wird, von einem nächtlichen Rendez-vous kommend, von dem Vater
seiner Geliebten in deren Gastzimmer angetroffen. Auf die Frage,
was ihn so früh hierherführe, rechtfertigt sich der Liebhaber, er
komme von einem Morgenspaziergang, und bekommt die vorstehenden
Worte zur Antwort. Die Verszeile wird zitiert, wenn man jmdm.
höflich-ironisch zu verstehen gibt, daß er an einem Ort nichts
zu suchen habe.*

47. **Немези́да** (*из греческой мифологии*) Nemesis, *in der griechischen Sage Göttin der gerechten Vergeltung, der Strafe, die jmdn.
für ein Verbrechen ereilt*; *ihr Name symbolisiert diese Begriffe.*

48. **Не мечи́те би́сера пе́ред сви́ньями** (*Библия, Матф.*, 7, 6)
Eure Perlen sollt ihr nicht vor die Säue werfen, *d. h.* laßt euch
nicht vor Menschen aus, die nicht imstande sind, eure Worte zu
verstehen, zu schätzen *usw.* (*Bibel, Matth.*, 7, 6).

49. **Не могу́ молча́ть** (*заглавие статьи Л. Толстого* —
1908 *г.*) Ich kann nicht schweigen (*Titel eines Artikels von L. Tolstoi aus dem Jahre* 1908, *in dem er die zaristische Regierung
aufrief, mit den unter Ministerpräsidenten P. Stolypin vorgenomme-
nen Massenhinrichtungen von Revolutionären sowie von Teilnehmern
der »Unruhen auf dem Lande« Schluß zu machen*).

50. **Не мо́жет быть свобо́ден наро́д, угнета́ющий други́е наро́ды**
(*Ф. Энгельс. Эмигрантская литература* — 1894 *г.* — *Маркс К.,
Энгельс Ф. Соч., т.* 18, *с.* 509) Ein Volk, das andere unterdrückt,
kann sich nicht selbst emanzipieren (*F. Engels. Flüchtlingsliteratur* —
*K. Marx, F. Engels. Werke, Bd.* 18, *S.* 527).

51. **Не му́дрствуя лука́во** (*А. Пушкин. Борис Годунов, сцена
«Ночь. Келья в Чудовом монастыре»* — 1831 *г.*) Ohne schlaue
Künste (*A. Puschkin. Boris Godunow. Übers. H. von Heiseler*).
*In Puschkins Tragödie äußert der alte Chronist Pimen den Wunsch,
der junge Mönch Grigori möge sein Werk fortsetzen, er solle ...be-
schreiben ohne schlaue Künste/ All das, dem du ein Zeuge wirst
im Leben* (*in J. von Guenthers Übersetzung*: ohne listiges Erklügeln).
*Die Verszeile wird in der Bedeutung offen, einfach, ohne Umschwei-
fe zitiert.*

52. **Ненави́жу вся́ческую мертвечи́ну,/ обожа́ю вся́ческую
жизнь!** (*В Маяковский. Юбилейное* — 1924 *г.*) Ich hasse alles
Leichenhafte, Tote/ Und ich vergöttre all was Leben heißt!
(*W. Majakowski. Jubiläumsverse. Übers. H. Huppert*).

53. **Не от ми́ра сего́** (*Библия, Иоанн*, 8, 23) Nicht von dieser
Welt (*Bibel, Joh.*, 8, 23). *Im Russischen wird der Ausdruck in der
Bedeutung* weltfremd, weltentrückt, lebensfern *verwendet.*

54. **Не от хоро́шей жи́зни** [< **От хоро́шего житья́ не поле-**

ти́шь] (*И. Горбунов. Воздухоплаватель* — 1874 г.) *Wörtlich*: »Nicht weil es einem zu gut geht« (*I. Gorbunow. Luftschiffer*). *In Gorbunows humoristischer Erzählung begafft eine Menschenmenge die Vorbereitungen zum Start eines Luftballons und beklatscht das Ereignis. Es hat sich herumgesprochen, daß auch ein Schneider den Flug mitmachen will.* »*Wieso? Was hat ein Schneider mit der Sache zu tun?*« *fragt einer.* »*Gegen Bezahlung, versteht sich*«, *bekommt er zur Antwort,* »*man fliegt eben nicht aus Wohlleben heraus*«. *Der Ausdruck wird in der Bedeutung zitiert*: nicht aus freien Stücken, sondern notgedrungen, durch Umstände getrieben (*scherzh., iron.*).

55. **Непи́саный зако́н** (*выражение встречается впервые в одном из законов афинского политического деятеля Солона, дошедшем до нас в передаче греческого ритора Андокида*) Ungeschriebenes Gesetz (*der Ausdruck begegnet uns zum erstenmal in einem der Gesetze des athenischen Politikers Solon, überliefert von dem griechischen Rhetor Andokides*).

56. **Не по дням, а по часа́м** (*из русских народных сказок; популяризировано А. Пушкиным в «Сказке о царе Салтане»* — 1832 г.) Nicht bloß täglich, stündlich gar (*aus russischen Volksmärchen; zur Verbreitung des Ausdrucks trug A. Puschkins* »*Märchen vom Zaren Saltan*« *bei*). *In Puschkins Märchen bezieht sich die Verszeile* И растёт ребёнок там/ Не по дням, а по часа́м *Doch ihr Kind wächst wunderbar,/ Nicht bloß täglich, stündlich gar (Übers. F. Bodenstedt) auf Saltans neugeborenen Sohn Gwidon. Im weiteren Sinne hyperbolisierende Bezeichnung für ein schnelles Wachstum, das schnelle Tempo, in dem etwas zunimmt.*

57. **Непо́мнящие родства́** (*старинный юридический термин, применявшийся к беспаспортным бродягам; М. Салтыков-Щедрин называл так в «Мелочах жизни»* — 1887 г.— *и в других своих произведениях беспринципных журналистов, отказавшихся от своего либерального прошлого; выражение употребляется как характеристика ренегатов и перебежчиков*) »Herkunftlose Gesellen«, *ein alter Rechtsausdruck, Bezeichnung für Vagabunden ohne Paß; M. Saltykow-Stschedrin bezeichnete damit in* »*Kleinigkeiten des Lebens*« *und in anderen Werken prinzipienlose Journalisten, die ihre liberale Vergangenheit verleugnen. Heute wird der Ausdruck als verächtliche Charakterisierung von Überläufern und Renegaten verwendet.*

58. **Не посрами́м земли́ ру́сской** см. Мёртвые сра́ма не и́мут

59. **Не по чи́ну берёшь** (*Н. Гоголь. Ревизор, д. I, явл. IV* — 1836 г.) »Du versorgst dich mit mehr als deinem Rang zukommt« (*N. Gogol. Der Revisor*). *In Gogols Komödie ermahnt mit diesen Worten der Stadthauptmann einen Polizisten, der aus seinem Amt unverschämt materielle Vorteile zieht. Heute wird der Ausdruck in*

161

*einer harmloseren, scherzhaften Bedeutung zitiert*: Du leistest dir
mehr, als deine gesellschaftliche Stellung es dir erlaubt.

60. **Непротивле́ние злу (наси́лием)** (*основно́й при́нцип толсто́в-
ства — религио́зно-филосо́фского уче́ния Л. Толсто́го, с кото́рым
он вы́ступил в нача́ле 80-х гг.*) Verzicht auf (gewaltsamen) Widerstand gegen das Böse (*Hauptprinzip des Tolstojanertums, der
religiösen und philosophischen Lehre L. Tolstois*). *In der russischen
Alltagsrede wird der Ausdruck* (*unter Auslassung des Wortes* наси́-
лие) *simplifizierend als scherzhaftes oder ironisches Synonym für*
Charakterlosigkeit, Schlappheit, Unfähigkeit, sich notfalls zur Wehr
zu setzen *gebraucht*.

61. **Не ра́ди сла́вы, ра́ди жи́зни на земле́** *см.* Ра́ди жи́зни
на земле́

62. **Не ра́дуйся, мой свет,/ И не наде́йся по-пусто́му!**
(*И. Крыло́в. Мы́шь и Крыса́ — 1816 г.*) Freu dich nicht zu früh/
und hoffe nie/ auf so niedagewes'ne Sachen! (*I. Krylow. Maus
und Ratte. Übers. R. Bächtold*). *Zum scherzhaft-ironischen Klang
des Zitats trägt die alte volkstümliche Anredeformel* мой свет *mein
Schätzchen bei. S. dazu* Сильне́е ко́шки звере́й нет.

63. **Неразме́нный рубль [пята́к]** (*из ру́сских наро́дных ска́зок*)
*In russischen Volksmärchen eine Münze, die, wenn man sie ausgibt
oder wechselt, in den Geldbeutel des Besitzers zurückkehrt,* ≈ Heck-
pfennig [Hecktaler], Glückspfennig.

64. **Нерукотво́рный па́мятник** *см.* Я па́мятник себе́ воздви́г
нерукотво́рный,/ К нему́ не зарастёт наро́дная тропа́

65. **Несокруши́мая и легенда́рная** (*припе́в «Пе́сни о Сове́тской
А́рмии», слова́ О. Колычева́, му́зыка А. Алекса́ндрова — 1943 г.*)
»Unüberwindlich, legendenumwoben« (*Refrain des »Lieds von der
Sowjetarmee«, Text von O. Kolytschew, Musik von A. Alexandrow*).
*Das Lied wurde zum 25. Jahrestag der Sowjetischen Streitkräfte
geschaffen. Die Liedzeile wird als Charakteristik der Sowjetarmee
zitiert*.

66. **Не сотвори́ себе́ куми́ра** (*Би́блия, Исхо́д, 20, 4; загла́вие
пье́сы А. Фа́йко — 1956 г.*) Du sollst dir kein Bildnis machen
(*Bibel, 2. Mose, 20, 4; Titel eines Theaterstücks von A. Faiko*).
*Eigentlich das zweite Gebot Mose, das mit dem ersten* (»*Du sollst
keine anderen Götter haben neben mir«*) *eng verbunden ist und
von dem Gläubigen verlangt, keine Götzen, keine »falschen« Götter
anzubeten. Im Russischen wird der Ausdruck in der Bedeutung
gebraucht*: Bete nichts blind an, mache nichts zu deinem Abgott,
deinem Idol. Куми́р *svw.* Götzenbild, *übertragen* (jmds.) Abgott.

67. **Нести́ свой крест** (*Би́блия, Матф́., 10, 38; Лука́, 14, 27*)
Sein Kreuz tragen [auf sich nehmen], *d. h.* seine Leiden geduldig
ertragen (*Bibel, Matth., 10, 38; Luk., 14, 27*). *Nach dem Evangelium
mußte Jesus Christus selbst das Kreuz tragen, an dem er gekreuzigt*

162

*werden sollte. In dem übertragenen Sinn* Leid, Mühsal *wird das Wort* Kreuz *schon an den angegebenen Bibelstellen gebraucht.*

68. **Несть проро́ка в оте́честве своём** (*церковнославянский текст Библии, Матф.*, 13, 57 *и в других местах*) Der Prophet gilt nichts in seinem Vaterland (< *Bibel, Matth.*, 13, 57 *und an anderen Stellen*). *Beim Zitieren wird neben dem archaischen* несть *auch die heutige Form dieses Wortes* нет *gebraucht.*

69. **Не суди́те, да не суди́мы бу́дете** (*Библия, Матф.*, 7, 1) Richtet nicht, auf daß ihr nicht gerichtet werdet, *d: h.* beurteilt nicht allzustreng eure Mitmenschen, damit auch ihr nicht allzu streng beurteilt werdet (*Bibel, Matth.*, 7, 1).

70. **Нет бо́га, кро́ме бо́га, и Магоме́т проро́к его́** (*Коран*) Es gibt nur einen einzigen Gott [Allah ist Allah], und Mohammed ist sein Prophet (*Koran*). *Dogmen des Islams. Das Zitat wird meist ironisch gebraucht, statt* Gott *und* Mohammed *werden oft andere durch die Situation bedingte Namen eingesetzt.*

71. **Нет мук** [< **Нет на све́те мук**] **сильне́е му́ки сло́ва** (*заглавие и первая строка стихотворения С. Надсона — 1882 г.; словосочетанием «Муки слова» озаглавил свою книгу литературовед А. Горнфельд — 1906 г.*) »Nach einem rechten Wort zu ringen/ Ist eine Qual, der keine andre gleicht« (*Titel und Anfangsworte eines Gedichts von S. Nadson*). *Zu einem geflügelten Wort ist nicht nur die Verszeile im ganzen geworden, sondern auch die daraus entstandene Wortfügung* му́ки сло́ва, *d. h. das* mühevolle Ringen eines Schriftstellers nach einem seinen Gedanken und Gefühlen adäquaten Ausdruck. *Den Titel «Му́ки сло́ва» trägt ein Buch von A. Gornfeld, einem russisch-sowjetischen Literaturforscher.*

72. **Нет по́вести печа́льнее на све́те** (*Шекспир. Ромео и Джульетта, д. 5, сцена 2. Пер. Н. Грекова — 1862 г.*) *Wörtlich:* »Nie gab es eine traurigere Geschichte« (*Shakespeare. Romeo und Julie*). *Die Tragödie schließt mit den Worten des Herzogs, die in der russischen Übersetzung wie folgt lauten:* Нет по́вести печа́льнее на све́те,/ Чем по́весть о Роме́о и Джулье́тте; *in der deutschen Übersetzung von A. W. Schlegel und L. Tieck:* Denn niemals gab es ein so herbes Los/ Wie Juliens und ihres Romeos.

73. **Неуважа́й-Коры́то** (*Н. Гоголь. Мёртвые души, ч. I, гл. VII — 1842 г.*) *Eine der «toten Seelen», die Tschitschikow aufkauft* (s. Мёртвые ду́ши), *trägt den ausgefallenen Familiennamen* Njeuwashai-Koryto, *wörtlich:* Verachte-den-Trog, *d. h.* einer, »der in seine eigene Suppe spuckt«. *Obwohl der Verfasser diesen Mann in keiner Weise charakterisiert und nichts weiteres über ihn mitteilt, ist sein Name zur Bezeichnung eines rohen, unkultivierten Menschen geworden, der nichts respektiert, dem nichts heilig ist.*

74. **Не учи́те меня́ жить** (*И. Ильф, Е. Петров. Двенадцать сту́льев, гл. XXII — 1928 г.*) *Wörtlich:* »Lehren Sie mich nicht

leben«, *d. h.* ich lasse mir von niemandem dreinreden. *Lieblingsworte Ellotschka Stschukinas* (*s.* Людоéдка Эллóчка) *in I. Ilfs und J. Petrows Roman »Zwölf Stühle«.*

75. **Не хлéбом едúным жив человéк** [< **Не о хлéбе едúном бýдет жив человéк**] (*Библия, Второзаконие,* 8, 3) Der Mensch lebt nicht von Brot allein, *d. h.* die geistigen Bedürfnisse eines Menschen sind nicht minder wichtig als die materiellen (*Bibel,* 5, *Mose,* 8, 3).

76. **Не хочý учúться, хочý женúться** (Д. Фонвизин. Недоросль, *д.* 3, *явл.* 7 — 1783 *г.*) »Ich will nicht lernen, ich will heiraten«, *sagt Mitrofanuschka* (*s.* Митрофáнушка) *in D. Fonwisins Lustspiel »Der Landjunker«.*

77. **Не числóм, а умéньем** (< *А. Суворов. Наука побеждать* — 1806 *г.*) »Nicht auf das Wieviel kommt es an, sondern auf das Wie«, *d. h.* nicht die Zahl der an einer gemeinsamen Arbeit Beteiligten ist entscheidend, sondern deren Können (< *A. Suworow. Die Kunst zu siegen*). *Der dem Ausdruck zugrunde liegende Aphorismus A. Suworows lautet:* Воюют не числóм, а умéньем, *d. h.* im Krieg kommt es nicht auf die Stärke des Heeres an, sondern auf die Ausbildung der Soldaten. *Durch das Weglassen des ersten Wortes hat der Spruch einen viel allgemeineren Sinn bekommen. Über Suworow und seine Aphorismen s.* Наýка побеждáть.

78. **Ни в скáзке сказáть, ни перóм описáть** (*из русских народных сказок*) Die Zunge stockt, es sträubt sich die Feder (*stehende Redewendung in russischen Volksmärchen*). *Zu ergänzen ist:* ...wenn man mündlich *bzw.* schriftlich wiederzugeben versucht, wie..., *d. h.* etw. ist unbeschreiblich [schön *usw.*]; etw. spottet jeder Beschreibung.

79. **Ни дня без стрóчки [черты́, лúнии]** *цитируется также по-латыни:* Nulla dies sine linea (*по рассказу Плиния Старшего в его «Естественной истории», XXXV,* 12 — *правило, которого придерживался в своей работе греческий художник Апеллес, придворный живописец Александра Македонского; заглавие книги Ю. Олеши* — 1961 *г.*) Kein Tag ohne einen Strich!; ↑ *lat.* (*Plinius d. Ä. Naturgeschichte; Titel eines Buchs von J. Olescha, das Tagebuchblätter und Gedanken über die Kunst enthält*). *Plinius berichtet von Apelles, Hofmaler Alexanders des Großen, er habe es sich zur Gewohnheit gemacht, keinen Tag vergehen zu lassen, ohne sich durch einen Strich in seiner Kunst zu üben. Der Ausdruck wird als Künstlergrundsatz zitiert.*

80. **Никтó не забы́т и ничтó не забы́то** (*надпись на гранитной стене Пискарёвского мемориального кладбища в Ленинграде; слова О. Берггóльц* — 1960 *г.*) Nichts ist vergessen und niemand ist vergessen (*Inschrift an der Granitmauer des Piskarjow-Friedhofs in Leningrad; Text von O. Berggolz*). *Auf dem Friedhof sind Le-*

*ningrader begraben, die während der Blockade der Stadt in den Jahren*
*1941—1943 umgekommen sind, sowie die in den Jahren des Großen*
*Vaterländischen Krieges gefallenen Soldaten und Offiziere der Le-*
*ningrader Front, insgesamt 470 000 Menschen. Am 9. Mai 1960 wurde*
*hier ein Ehrenmal eingeweiht, dessen Mittelpunkt die bronzene Figur*
*der Mutter Heimat bildet. Die Inschriften für das Ehrenmal stammen*
*von den Leningrader Dichtern M. Dudin und O. Berggolz, die die*
*ganze Zeit der Blockade in Leningrad erlebt haben. Der Ausdruck*
*wird zitiert, um zu betonen, daß die heutige Generation der Sowjetmen-*
*schen den im Großen Vaterländischen Krieg Gefallenen ein ehrenvolles*
*Gedenken bewahrt. Unter diesem Leitspruch wird nach den Spuren*
*unbekannter Helden des Krieges gesucht.*

81. **Никто́ не обни́мет необъя́тного** (*Козьма́ Прутко́в. Плоды*
*раздумья. Мысли и афоризмы*—1854 · *г.*) »Niemand kann das
Unerfaßbare erfassen« (*Kosma Prutkow. Gedanken und Aphorismen*).
*Dieser scherzhafte Aphorismus Prutkows (s. Баро́н фон Грин-*
*ва́льюс...) findet sich in abgewandelter Form mehrere Male in*
*seiner Sammlung und ist, wie so oft bei ihm, ein auf tiefen Sinn*
*Anspruch erhebender Gemeinplatz (≈ Niemand kann das Unergründ-*
*liche ergründen, das Unermeßliche ermessen usw.). Als geflügeltes*
*Wort wird der Ausdruck oft in verkürzter Form* (пыта́ться) объя́ть
необъя́тное *zitiert, d. h.* sich eine Aufgabe stellen, die wegen ihres
umfassenden Charakters unausführbar ist; *in dieser Form verliert*
*der Ausdruck seine scherzhafte Färbung.*

82. **Ни на йо́ту** (⟨ *Би́блия, Матф.*, 5, 18) Um kein Jota,
*d. h.* nicht im geringsten (⟨ *Bibel, Matth.*, 5, 18). *In der altgrie-*
*chischen Schrift war das Jota nicht nur ein Buchstabe, sondern auch*
*ein Strich, ein Tüpfelchen unter einem Buchstaben, das dessen lautli-*
*che Bedeutung differenzierte, also »eine Kleinigkeit«, »etwas Geringes«.*
*Daher die heutige Bedeutung des Ausdrucks.*

83. **Ни па́ва, ни воро́на** (*И. Крыло́в. Воро́на*—1825 *г.*) »Weder Pfau noch Krähe«, *d. h.* jmd., der sich zwischen zwei Stühle
gesetzt, es mit beiden Lagern verdorben hat (*I. Krylow. Die Krähe*).
*Näheres dazu s.* Воро́на в павли́ньих пе́рьях.

84. **Ни сна, ни о́тдыха изму́ченной душе́** (*слова из а́рии Иго́-*
*ря в о́пере А. Бороди́на «Князь И́горь»*—1890 *г.*; *либретто*
*написано компози́тором*) »Nicht Schlaf noch Ruh' hat meine
vielgeplagte Seele« (*Igor-Arie aus der Oper »Fürst Igor« von A. Bo-*
*rodin, Libretto vom Komponisten). Die Handlung spielt im Jahre*
*1185, als Igor Swjatoslawitsch, Fürst von Nowgorod-Sewersk, während*
*eines mißlungenen Feldzugs gegen die Steppennomaden (Polowzer)*
*von diesen gefangengenommen wurde. In seiner Arie beklagt er sein*
*trauriges Schicksal. Das Zitat wird meist scherzhaft gebraucht.*

85. **Ни уба́вить, ни приба́вить** (*А. Твардо́вский. За да́лью—*
*даль, гл.* 14—1960 *г.*) »Kein Wort ist hier zu wenig, und kein

Wort ist hier zu viel«, *d. h.* das ist die Wahrheit, ohne Beschönigung und ohne Schwarzmalerei (*A. Twardowski. Fernen über Fernen*).

86. **Ничтóже сумня́шеся** (*из церковнославянского текста Библии, Послание апостола Иакова*, 1, 6) Ohne zu zweifeln und ohne zu schwanken (*Bibel, Brief des Jakobus,* 1, 6). *Der sprachliche Reiz des Zitats liegt an dessen archaischen Wortformen, denen in der russischen Gegenwartssprache etwa folgende entsprechen*: нимáло не сомневáясь ≈ ohne jeglichen Zweifel. *Der Ausdruck wird ironisch zitiert.*

87. **Ничтó не нóво под лунóю** (*из стихотворения Н. Карамзина «Опытная Соломонова мудрость»* — 1797 г., *являющегося подражанием Екклезиасту* (1, 9 — 10), *одной из книг Библии*) »Es geschieht nichts Neues unter dem Mond« (*aus N. Karamsins Gedicht »Die Weisheit Salomos«, einer Nachahmung des Bibelbuches Prediger Salomo,* 1, 9 — 10). *Der Bibeltext lautet:* Es geschieht nichts Neues unter der Sonne.

88. **Ни́щие дýхом** (*Библия, Матф.,* 5, 3) Die da geistlich arm sind (*Bibel, Matth.,* 5, 3). *Im Russischen wird der Ausdruck in zwei Bedeutungen gebraucht:* 1) Menschen, die sich selbst für gering halten, Demütige; 2) Menschen, denen geistige Interessen fehlen.

89. **Нóвое — э́то хорошó забы́тое стáрое** (*слова, приписываемые модистке королевы Марии-Антуанетты мадемуазель Бертен, якобы сказавшей их по поводу обновлённого ею старого платья королевы*) Das Neue ist das längst vergessene Alte (*diese Worte soll Mademoiselle Bertin, Modistin Marie-Antoinettes, gesagt haben, nachdem sie ein altes Kleid der Königin umgeändert hatte*).

90. **Нóвый Свет** (*первоначальное название Америки; возникло, по-видимому, из девиза на гербе Колумба, пожалованного ему в 1493 г. испанским королём Фердинандом V:* «Для Кастилии и Леона новый свет Колумб нашёл») Die Neue Welt (*ursprüngliche Bezeichnung Amerikas, dürfte aus dem Wappenspruch »Für Castilien und Leon fand Kolumbus eine neue Welt« entstanden sein, den dieser 1493 von dem spanischen König Ferdinand V. verliehen bekam*).

91. **Нóев ковчéг** (‹ *Библия, Бытие,* 6, 14) Die Arche Noahs (‹ *Bibel, 1. Mose,* 6, 14). *Man gebraucht das geflügelte Wort zur bildlichen Bezeichnung:* 1) eines Raums, der zum. Bersten gefüllt ist; 2) eines Rettungsmittels. *S. dazu* Вся́кой твáри по пáре.

92. **Ноздрёв** (*персонаж «Мёртвых душ» Н. Гоголя* — 1842 г.) Nosdrjow, *handelnde Person in Gogols »Toten Seelen«, ein Schwätzer, Klatschbruder und Randalierer; biedert sich bei jedermann mit einer Schlag-auf-die-Schulter-Kameraderie an und beschwindelt seine Bekannten.*

93. **Но недóлги бы́ли рáдости** (*Н. Некрасов. Орина, мать солдатская* — 1863 г.) Doch mein Glück, es währte nicht gar lang

*(N. Nekrassow. Orina, die Soldatenmutter. Übers. M. Remané).*
*In Nekrassows Gedicht freut sich die Bäuerin Orina über die Heimkehr ihres einzigen Sohnes, eines entlassenen Soldaten. Ihr Glück ist aber nur von kurzer Dauer, denn ihr Sohn, der vor seiner Dienstzeit kerngesund war, stirbt bald an den Folgen einer an ihm vollzogenen grausamen körperlichen Züchtigung wie sie unter Nikolaus I. in der russischen Armee gang und gäbe waren.*

94. **Ну как не порадеть родному человечку!** (*А. Грибоедов. Горе от ума, д. 2, явл. 5 — 1824 г.*) Da muß man ja an ein verwandtes Menschlein denken! (*A. Gribojedow. Geist bringt Kummer. Übers. J. von Guenther*). *Famussow, eine handelnde Person des Stücks* (s. Фамусов), *tut sich mit den vorstehenden Worten zugute, seine Verwandten in das Amt hineinzuschleusen, das er verwaltet, ihnen zu Orden und Titeln zu verhelfen. Das Zitat dient zur ironischen Charakterisierung einer Vetternwirtschaft.*

95. **Нынче здесь, (а) завтра там** (*из припева русской народной песни XX в. «Ты моряк, красивый сам собою», особенно популярной в 20-е гг.; в основе песни лежат куплеты из пьесы «Артур, или Шестнадцать лет спустя», слова и музыка В. Межевича — 1839 г.*) »Heute hier, und morgen dort« (*Worte aus dem Refrain des im 20. Jh. entstandenen russischen Volkslieds »Du schöner Seemann«, das besonders in den 20er Jahren beliebt war; das Lied geht auf das Couplet im Singspiel »Arthur, oder Sechzehn Jahre später« zurück, Text und Musik von W. Meshewitsch). Das Zitat wird verwendet, um Menschen zu charakterisieren, die (von Berufs wegen) ein Wanderleben führen (z. B. Seeleute, Geologen u. dgl.).*

# O

1. **Обетованная земля** (⟨ *Библия, Исход, 3, 8 и 17*) Das verheißene [gelobte] Land (⟨ *Bibel*). *In der Bibel* (2.*Mose, 3, 8 und 17*) *verspricht Herrgott dem Propheten Moses, sein Volk, die Juden, aus der ägyptischen Gefangenschaft herauszuführen »in ein gutes und weites Land, darin Milch und Honig fließt«. Dieses Land, Palästina, wird im Neuen Testament (Brief an die Hebräer, 11, 9) das verheißene, d. h. versprochene Land genannt. Der Ausdruck wird im Russischen in zwei Bedeutungen gebraucht:* 1) ein Land, wo man ein glückliches Leben führt; 2) ein Ort (oder überhaupt etw.), wonach man sich sehnt.

2. **Обломов** (*герой одноимённого романа И. Гончарова — 1859 г.*) *Der Gutsbesitzer Ilja Oblomow, Hauptheld des gleichna-*

*migen Romans von I. Gontscharow, ist ein willenschwacher, apathischer Mensch, der, in Träumereien versunken, ein untätiges Leben führt. Sein Freund Stolz bezeichnet seine Lebensweise mit dem Wort* обло́мовщина Oblomowerei, Oblomowtum, *d. h.* geistige Trägheit, ein Dahinvegetieren. *Der Ausdruck wurde durch N. Dobroljubows 1859 erschienenen Essay »Was ist Oblomowerei?« popularisiert.*

3. **Обыкнове́нная исто́рия** (*загла́вие рома́на И. Гончаро́ва —* 1847 *г.*) Eine gewöhnliche Geschichte (*Titel eines Romans von I. Gontscharow*). *Der Roman schildert den Lebensweg eines jungen Mannes aus der Provinz, der als Schwärmer und Idealist nach Petersburg kommt, dort aber bald zu einem kalt berechnenden und auf seine Karriere bedachten Beamten wird. Der Ausdruck wird in der Bedeutung* eine typische, schablonenhafte Situation im Alltag *gebraucht.*

4. **О времена́! О нра́вы!** *цити́руется та́кже по-латы́ни*: O tempora! O mores! (*Цицеро́н. Речь про́тив Катили́ны, 1, 1; встреча́ется и в други́х его́ реча́х*) O diese Zeiten, diese Sitten!; † *lat.* (*Cicero. Gegen Catilina; diese Worte kommen auch in anderen Reden Ciceros vor*). *Ausdruck einer starken sittlichen Entrüstung über irgendwelche gesellschaftliche Erscheinungen, Zustände.*

5. **О вре́мени и о себе́** (*В. Мая́ковский. Во весь го́лос —* 1930 *г.*) »Von meiner Zeit und von mir selbst« (*W. Majakowski. Mit voller Stimmkraft*). *Das geflügelte Wort* (jmd. erzählt, berichtet) von seiner Zeit und von sich selbst *besagt, daß das Objektive und das Subjektive in einem literarischen Werk miteinander verschmolzen sind; das Autobiographische, Intime gibt über die Epoche Aufschluß, und umgekehrt: der Tatsachenbericht weist oft eine persönliche Note auf, ist lyrisch gefärbt.*

6. **Огнём и мечо́м** *цити́руется та́кже по-латы́ни*: Igni et ferro (*восхо́дит к афори́зму Гиппокра́та о лече́нии ран* ferro et igni желе́зом и огнём, *т. е. ножо́м хиру́рга и прижига́нием; у ри́мских а́второв I. в. до н. э. выраже́ние получи́ло значе́ние «уничтожа́ть неприя́теля мечо́м и пожа́рами»*) Mit Feuer und Schwert (*der Ausdruck geht auf einen von Hippokrates geprägten Aphorismus über die Heilung von Wunden durch Eisen und Feuer zurück, d. h. durch das Messer des Wundarztes und Ausbrennen*). *Seine heutige Bedeutung* rücksichtslos, mit roher Gewalt, barbarisch (Krieg führen) *hat der Ausdruck bei römischen Schriftstellern des 1. Jhs. v. u. Z. erhalten. Den Aphorismus von Hippokrates hat Schiller seinen »Räubern« als Motto vorangestellt. S. dazu auch* Желе́зом и кро́вью.

7. **Одино́кая гармо́нь** (⟨ *М. Исако́вский. Сно́ва за́мерло всё до рассве́та —* 1945 *г.*) »Die einsame Ziehharmonika« (⟨ *M. Issakowski. Alles wieder so stumm und verlassen*). *In Issakowskis lyrischem Gedicht, das in B. Mokroussows Vertonung zu einem*

*außerordentlich populären Lied geworden ist, bekundet ein junger Bursche seine heimliche (aber ungeteilte) Liebe, indem er die ganze Nacht Ziehharmonika spielend durch die Straßen seines Dorfs wandert. Mit dem Ausdruck eine einsame Ziehharmonika wird scherzhaft ein junger Bursche bezeichnet, der kein Schätzchen hat finden können und in seiner Einsamkeit eine komisch-traurige Figur abgibt.*

8. **Одиссе́я** (*название поэмы Гомера, в которой описываются приключения Одиссе́я, одного из героев Троянской войны*) Odyssee (*Titel einer epischen Dichtung von Homer, in der die Abenteuer des Odysseus, eines Helden des Trojanischen Krieges, geschildert sind*). *Zitiert in der Bedeutung*: lange abenteuerliche Irrfahrt *bzw.* eine Erzählung, ein Bericht darüber.

9. **Одна́ ла́сточка весны́ не де́лает** (*пословица, восходящая к басне Эзопа; басня И. Крылова «Мот и Ласточка» — 1818 г.*) Eine Schwalbe macht noch keinen Sommer (*ein Sprichwort, das auf eine Fabel Äsops zurückgeht; I. Krylows Fabel »Der Verschwender und die Schwalbe«*). *In Äsops wie in Krylows Fabel verkauft ein verschwenderischer junger Mann, nachdem er seine Habe bereits bis auf einen Mantel vergeudet hat, auch diesen, sobald er im Frühjahr die erste Schwalbe heimkehren sieht, denn nun werde es ja bald Sommer. Als es dann aber wieder so kalt wird, daß die Schwalbe erfriert, fühlt sich der leichtsinnige Jüngling betrogen und schilt den unschuldigen Vogel. Die Redensart wird zitiert, wenn man auf Grund ungenügender Anzeichen zu einem voreiligen, falschen Schluß kommt.*

10. **Одна́, но пла́менная страсть** (⟨ *М. Лермонтов. Мцыри, строфа 3* — *1839 г.*) Nur ein Gefühl war Nacht und Tag/ In meiner Seele glühend wach (*M. Lermontow. Der Novize. Übers. M. Ascharin*). *Zitiert in der Bedeutung*: jmds. leidenschaftliche Begeisterung für etw.; (*scherzh.*) jmds. Hobby, Steckenpferd.

11. **Одни́м ма́хом семеры́х [сто] побива́хом** (*из русской сказки «Фома Беренников»*) Sieben auf einen Streich (*aus dem russischen Volksmärchen »Foma Berennikow«*). *Foma gibt sich, wie das tapfere Schneiderlein im gleichnamigen Märchen der Brüder Grimm, für einen bärenstarken, schrecklichen Mann aus. Er tötet mit einem Schlag sieben [hundert] Fliegen und stellt die Sache so hin, als wäre er mit sieben [hundert] Gegnern auf einmal fertig geworden. Der Ausdruck dient zur spöttischen Charakterisierung eines Aufschneiders, eines Prahlhanses.* Побива́хом *ist eine (in der Gegenwartssprache nicht mehr vorhandene) altrussische Vergangenheitsform des Verbs* поби́ть (= я поби́л, переби́л).

12. **О друг мой, Арка́дий Никола́ич, не говори́ краси́во** (*И. Тургенев. Отцы и дети, гл. 21* — *1862 г.*) O mein Freund Arkadi Nikolaitsch, fang nicht an, schön daherzureden (*I. Turgenjew. Väter und Söhne. Übers. J. von Guenther*).

169

*Arkadi Nikolajewitsch Kirsanow, eine handelnde Person in Turgenjews Roman, vergleicht die Bewegungen eines vom Baum herniederschwebenden dürren Ahornblatts mit denen eines flatternden Falters.* »Ist es nicht sonderbar, daß so etwas Totes, Trauriges so viel Ähnlichkeit hat mit diesem quicklebendigen, lustigen Wesen?« *philosophiert er. Sein Freund Basarow antwortet ihm mit den vorstehenden Worten, die als geflügelter Ausdruck zur Bezeichnung einer unangebrachten Beredsamkeit geworden sind.*

13. **Окно́ в Евро́пу** (*А. Пушкин. Медный всадник. Вступление* — 1834 *г.; выражение восходит к* «*Письмам о России*» *итальянского писателя Ф. Альгаротти* — 1733 *г.*) Ein Fenster nach Europa, *d. h.* ein Zugang zu Europa, ein Hafen, der eine Verbindung Rußlands mit Westeuropa ermöglichen sollte (*A. Puschkin. Der eherne Reiter*; *der Ausdruck geht auf die* »*Briefe über Rußland*« *von F. Algarotti zurück, worauf Puschkin selbst in den Anmerkungen zu seinem Poem hinweist*). *Der Dichter legt die Worte* В Евро́пу проруби́ть окно́ Ein Fenster nach Europa brechen *Peter I. in den Mund, dessen großes historisches Verdienst die Gründung Petersburgs war, einer Hafenstadt, die zu einem solchen* »*Fenster*« *wurde. S. dazu auch* Все фла́ги в го́сти бу́дут к нам.

14. **О́ко за о́ко, зуб за зуб** (*Библия, Исход,* 21, 24) Auge um Auge, Zahn um Zahn, *d. h.* Böses in gleichem Maß mit Bösem vergeltend (*Bibel,* 2. *Mose,* 21, 24).

15. **Оли́вковая [Масли́чная] ветвь** (*Библия, Бытие,* 8, 7 — 11) Ölzweig [Ölblatt] (*Bibel*). *In der biblischen Sage von der Sintflut* (1. *Mose,* 8, 7 — 11) *wird erzählt, wie Noah, der sich in seiner Arche gerettet hatte* (*s.* Но́ев ковче́г; Ка́ждой тва́ри по па́ре), *erfahren wollte, ob das Wasser gesunken war, und eine Taube aussandte, die ihm beim zweiten Versuch ein Ölblatt im Schnabel brachte, ein Zeichen dafür, daß die Erde stellenweise schon trocken war und folglich Gott den Menschen nicht mehr zürnte. Nach dieser Erzählung gilt ein Ölzweig als Zeichen der Beschwichtigung, der Versöhnung und des Friedens.*

16. **Оли́мп** (*Гомер. Илиада, песнь VIII,* 456) Olymp, *ein Gebirge in Griechenland, das nach Homers* »*Ilias*« *Sitz der unsterblichen Götter gewesen sein soll. Bei späteren Dichtern der Antike wird mit diesem Wort auch das Himmelsgewölbe bezeichnet, wo die Götter wohnen. Übertragene Verwendungen des Wortes*: Литера-ту́рный [Музыка́льный] Оли́мп Literarischer [*bzw.* Musikalischer] Olymp, *d. h.* ein Kreis berühmter Schriftsteller [*bzw.* Musiker]. Олимпи́йское споко́йствие (*Гомер. Одиссея, песнь VI,* 42 — 46) Olympische Ruhe, *d. h.* erhabene, heitere Ruhe, ein Zustand weltferner Abgeschiedenheit (*aus der Beschreibung des Olymps in Homers* »*Odyssee*«). *Im Russischen wird dieser Ausdruck auch in der Bedeutung* unerschütterliche Seelenruhe (*scherzh.*) *gebraucht.*

17. **О мёртвых и́ли хорошо́, и́ли ничего́** *цитируется также по-латыни*: De mortuis aut bene, aut nihil [nil nisi bene] (*?изречение Хилона, одного из семи мудрецов древности, которое в форме «об умерших не злословить» приводит Диоген Лаэртий в сочинении «Жизнь, мнения и учение знаменитых философов»*, 1, 3, 2, § 70) Über Tote (soll man) nur gut (sprechen), *d. h.* in guter, wohlwollender Art sprechen; ↑ *lat.* (*?Ausspruch des Chilon, eines der Sieben Weisen des Altertums, mitgeteilt von Diogenes Laertios in seiner Schrift »Leben und Meinungen berühmter Philosophen«*).

18. **(Оне́гин), я тогда́ моло́же,/ Я лу́чше, ка́жется, была́** (*А. Пушкин. Евгений Онегин, гл.* 8, *строфа XLIII* — 1832 *г.*) (Onegin), jünger war an Jahren/ Ich dort und besser, wie mir scheint (*A. Puschkin. Eugen Onegin. Übers. J. von Guenther*). *Die Worte Tatjanas aus der Schlußszene des Versromans, in der sie die Liebesgeständnisse Onegins würdevoll zurückweist, der vor Jahren ihre Liebe zu ihm nicht zu schätzen gewußt hatte* (*s. dazu* Как я ошибся, как наказан). *Der Ausdruck wird scherzhaft zitiert* (*trotz der weiblichen Form* была́ *auch von Männern auf sich bezogen!*), *wenn man von seinen jungen Jahren, von seiner entschwundenen Jugendkraft u. ä. spricht.*

19. **Они́ не пройду́т!** *цитируется чаще по-испански*: ¡No pasarán! (*лозунг, провозглашённый Долорес Ибаррури 18.6.1936 г., в первый день мятежа испанских фашистов против правительства Народного фронта*) ¡No pasarán! (*span.*); Sie kommen nicht durch! (*Losung, die von Dolores Ibárruri am ersten Tag des Aufruhrs der Faschisten gegen die Regierung der Volksfront in Spanien ausgegeben wurde*). *Sie wurde vom Volk begeistert aufgenommen und lebt in Gedichten und Liedern der spanischen Freiheitskämpfer weiter.*

20. **Они́ ничего́ не забы́ли и ничему́ не научи́лись** (*происхождение спорно; адмирал де Пана в одном из своих писем* — 1796 *г.*— *приписывает это выражение Талейрану*) Sie haben nichts (dazu)gelernt und nichts vergessen (*Herkunft umstritten; als Urheber des Ausspruchs wird u. a. in einem Brief des Admirals de Panat Talleyrand bezeichnet*). *Mit dem Ausdruck wurde ursprünglich die Haltung der durch die Französische Revolution entmachteten und emigrierten Aristokraten und Royalisten charakterisiert. Im weiteren Sinn bezeichnet man damit die Unbelehrbarkeit der Vertreter historisch überlebter Gesellschaftssysteme.*

21. **Они́ хо́чут свою́ образо́ванность показа́ть** (*А. Чехов. Свадьба* — 1890 *г.*) Die wollen ihre Bildung zeigen (*A. Tschechow. Die Hochzeit. Übers. G. Düwel*). *In Tschechows Posse beginnt einer der Hochzeitsgäste, der Telegraphist Jat, der der Braut den Hof gemacht hatte, aber als keine gute Partie abgewiesen worden war, bei Tisch über den Nutzen der Elektrizität zu sprechen. Der Vater*

*der Braut, der ihm das Wort abschneiden will, bemerkt darauf*
*»tiefsinnig«, Elektrizität sei »nichts als Schwindel«, für die Beleuch-*
*tung brauche man ein »natürliches«, nicht ein »erklügeltes« Licht.*
*Die Braut unterstützt ihn: »Herr Jat wollen seine Bildung zeigen*
*und reden immer, was keiner versteht«. Der grammatisch inkorrekte*
Ausdruck Они хо́чут свою́ образо́ванность показа́ть *(они —*
*volkstümliche höfliche Form der Erwähnung einer Person im Gespräch,*
*statt der normativen Singularformen* он, она́; хо́чут — *volkstümliche*
*Form für* хотя́т*) wird scherzhaft gebraucht, wenn jmd. versucht,*
*durch seine Bildung, Belesenheit zu imponieren, zu brillieren.*

22. **Он лови́т зву́ки одобре́нья/ Не в сла́дком ро́поте хвалы́,/**
**А в ди́ких кри́ках озлобле́нья** (*Н. Некрасов. В день смерти*
*Гоголя* — 1852 *г.*) Nicht an des Lobes sanft Tribut,/ Am wilden
Haßgeschrei der Wut/ Erkennet er des Beifalls Stimme (*N. Nek-*
*rassow. Am Todestag Gogols. Übers. F. Fiedler*). *Die Zeilen aus*
*Nekrassows Gedicht werden als Charakterisierung eines Dichters zi-*
*tiert, für den als Ankläger sozialer Mißstande die Schmähung seitens*
*seiner politischen Gegner das beste Lob seiner Tätigkeit bedeutet.*

23. **Оптимисти́ческая траге́дия** (*заглавие пьесы В. Вишневско-*
*го* — 1933 *г.*) Optimistische Tragödie (*Titel eines Stücks von*
*W. Wischnewski*). *In Wischnewskis Drama, das während des Bür-*
*gerkriegs spielt, kämpft eine Gruppe Kommunisten mit einem weibli-*
*chen Kommissar an der Spitze um die Verwandlung eines anarchistisch*
*gesinnten Marineinfanterietrupps in ein diszipliniertes Regiment der*
*Roten Armee. Der selbstlose Einsatz des Regiments und dessen*
*Untergang wird von dem Verfasser als eine »optimistische Tragödie«*
*gezeigt, als Triumph der Ideen der Bolschewiki.*

24. **Оре́ст и Пила́д** (*из греческой мифологии*) Orest und
Pylades, *in der griechischen Sage eng befreundete Verwandte und*
*Waffengefährten, deren Treue zueinander ihre Namen zum Symbol*
*eines unzertrennlichen Freundespaars gemacht hat.*

25. **Орфе́й** (*из греческой мифологии*) Orpheus, *in der griechi-*
*schen Sage Sänger und Held, Sohn einer der Musen, bewegte mit sei-*
*nem alles bezaubernden Gesang nicht nur Menschen, sondern auch*
*Pflanzen und Tiere und konnte sogar Felsen versetzen; sein Name*
*wird als Bezeichnung für einen hervorragenden Sänger bzw. Musiker*
*gebraucht.*

26. **О свята́я простота́!** *цитируется также по-латыни:* O
sancta simplicitas! (*приписывается Яну Гусу, вождю чешского*
*национального движения начала XV в.*) O heilige Einfalt!; ↑ *lat.*
(*der Ausdruck wird Jan Hus, dem Führer der tschechischen Na-*
*tionalbewegung am Anfang des 15. Jh., zugeschrieben*). *Hus wurde*
1415 *vom Konzil als Ketzer zum Tod durch Verbrennen verurteilt;*
*die vorstehenden Worte soll er auf dem Scheiterhaufen ausgerufen*
*haben, als er sah, wie eine alte Bäuerin in blindem Glaubenseifer*

*eine von ihr mitgebrachte Tracht Reisig ins Feuer warf. Als geflügeltes Wort dient der Ausdruck zur Bezeichnung eines äußerst naiven Menschen.*

27. **Оседла́ть Пега́са** *см.* Пега́с

28. **Осёл оста́нется осло́м, хотя́ осы́пь его́ звезда́ми** (*Г. Держа́вин. Вельмо́жа*—*1794 г.*) »Ein Esel bleibt ein Esel, übersäte man ihn auch mit Ordenssternen« (*G. Dershawin. Der Würdenträger*).

29. **Оста́вь наде́жду, всяк сюда́ входя́щий** *цитируется также по-итальянски:* Lasciate ogni speranza voi ch'entrate (*Данте. Божественная комедия. Ад, III, 9. Пер. Д. Мина*—*1855 г.*) Laßt, die ihr eingeht, alle Hoffnung fahren!; ↑ *ital.* (*Dante. Die Göttliche Komödie. Hölle, III, 9. Übers. K. Witte*). *Inschrift über der Höllenpforte in Dantes Dichtung, wird im weiteren Sinne als Bezeichnung für eine beliebige hoffnungslose Situation verwendet. Im Russischen wird die Verszeile auch in einer älteren Übersetzung* Оста́вь наде́жду навсегда́ *sowie in der von M. Losinski* (1945) Входя́щие, оста́вьте упова́нья *zitiert.*

30. **Оста́лись от ко́злика [у ба́бушки] ро́жки да но́жки** (*из песенки неизвестного автора*) »Hörner und Beine, das war alles, was von dem Zicklein übrigblieb [was die Alte von ihrem Zicklein behielt] (*aus einem Scherzlied von einem unbekannten Verfasser*). *Das dumme Zicklein, das im Lied der Liebling einer Alten ist, geht in den Wald spazieren und wird dort von Wölfen zerfleischt. Der Ausdruck wird in der Bedeutung zitiert:* etw. ist so gut wie ganz verbraucht; *seine verkürzte Form ist* ро́жки да но́жки— klägliche Reste von etw.

31. **Остано́ви́сь, мгнове́нье, ты прекра́сно!** (*Гёте. Фауст, ч. I, сцена 4 «Кабинет Фауста». Пер. М. Вронченко*—*1844 г.*) Verweile doch! du bist so schön! (*Goethe. Faust, Teil I, Studierzimmer II*).

32. **Оста́п Бе́ндер [Вели́кий комбина́тор]** (*главный герой «Двенадцати стульев»*—*1928 г. и «Золотого телёнка»*—*1931 г. И. Ильфа и Е. Петрова*) Ostap Bender, *der Hauptheld der »Zwölf Stühle« und des »Goldenen Kalbs«, der beiden in der UdSSR sehr beliebten satirischen Romane von I. Ilf und J. Petrow, ist ein auf Bereicherung bedachter Gauner, der eine Reihe von Betrügereien verübt; ungewöhnlich gewandt, kühn, findig, auf seine Art großzügig, Hohnworte, Aphorismen und Paradoxa versprühend, entbehrt dieser Schelm nicht einiger sympathischer Züge. Sein Name sowie sein Beiname* Вели́кий комбина́тор *werden als Bezeichnung für findige, mit raffinierten Methoden arbeitende Gauner gebraucht.*

33. **Оста́ться у разби́того коры́та** (« *А. Пушкин. Сказка о рыбаке и рыбке*—*1835 г.*) Wörtlich: »Bei seinem geborstenen Waschtrog bleiben«, *d. h.* nichts bekommen, leer ausgehen ((

*A. Puschkin. Märchen vom Fischer und dem Fischlein). Ein Fischer fängt ein Goldfischlein, läßt es aber auf seine Bitte hin wieder schwimmen. Dafür soll ihm das Fischlein alle seine Wünsche erfüllen. Da der Fischer selbst sich nichts gewünscht hat, schickt ihn seine Frau zur See, er solle das Fischlein um einen neuen Waschtrog bitten. Nachdem die Alte einen neuen Trog bekommen hat, verlangt sie ein neues Haus, wünscht zuerst Edelfrau, dann Zarin zu werden. Auch diese Wünsche erfüllt das Fischlein. Als aber die gierige Alte Herrscherin des Meeres werden will, reißt dem Fischlein die Geduld. Nach Hause zurückgekehrt, findet der Fischer alles, wie es vorher war; das Schloß der Zarin ist verschwunden, seine Alte sitzt an der Schwelle ihrer Hütte, und vor ihr liegt ihr alter geborstener Waschtrog. Vgl. das deutsche Volksmärchen »Vom Fischer und seiner Frau« in den »Kinder- und Hausmärchen« der Brüder Grimm.*

34. **Óстров свобóды** (*из совéтской прéссы 60-х годóв*) Freiheits-insel (*in der sowjetischen Presse der 60er Jahre entstandene Bezeichnung für das sozialistische Kuba*).

35. **От велúкого до смешнóго одúн шаг** (*эту фрáзу чáсто повторял Наполеóн во врéмя бéгства из Россúи в декабрé 1812 г. своемý послý в Варшáве де Прáдту, котóрый сообщáет об этом в своéй кнúге «Истóрия посóльства в Велúкое герцóгство Варшáвское» — 1816 г.*) Vom Erhabenen zum Lächerlichen ist nur ein Schritt (*diese Worte hat Napoleon I. nach dem Zeugnis von de Pradt, seinem Gesandten in Warschau, während seiner Flucht aus Rußland mehrmals geäußert, wovon de Pradt in seinem Buch »Geschichte der Gesandtschaft in das Großherzogtum Warschau« berichtet.*)

36. **Отдáть на потóк и разграблéние** (*«Рýсская прáвда»*) Plündern und rauben lassen (*eine Stadt u. ä.*); der Brandschatzung preisgeben (*»Russische Prawda«, ältestes russisches Gesetzbuch aus dem 11. Jh.*). Потóк (*in dieser Bedeutung veralt.*) svw. Ausplünderung.

37. **Отделя́ть плéвелы от пшенúцы** (⟨ *Бúблия, Матфéй,* 13, 24 — 30) »Die Spreu vom Weizen sondern«, *d. h.* Schädliches vom Nützlichen, Schlechtes vom Guten absondern (⟨ *Bibel, Matth.,* 13, 24 — 30). Плéвелы (*veralt., nur im Pl. gebräuchlich*) svw. сорняќи Unkraut.

38. **Отéлло** (*герóй одноимённой трагéдии Шекспúра — 1604 г.*) Othello (*Titelheld der gleichnamigen Tragödie von Shakespeare, dessen Name sprichwörtlich für einen eifersüchtigen Ehemann wurde*).

39. **Отéц рýсской авиáции** (*о профéссоре Н. Жукóвском, вúдном учёном в óбласти аэродинáмики и авиáции*) Vater des russischen Flugwesens. *Der durch seine grundlegenden Forschungen*

*auf dem Gebiet der Aerodynamik und der Luftfahrt berühmte Professor N. Shukowski wurde nach der Errichtung der Sowjetmacht mit dem Aufbau des sowjetischen Flugwesens betraut. Im Jahre 1920, am 50. Jahrestag seiner wissenschaftlichen Tätigkeit, würdigte die Sowjetregierung seine Verdienste in einem von W. I. Lenin unterzeichneten Grußschreiben, in dem Shukowski »Vater des russischen Flugwesens« genannt wurde. Seinen Namen trägt heute die Akademie der Luftflotte der UdSSR, in der u. a. die ersten sowjetischen Kosmonauten ausgebildet wurden.*

40. **Отéчество слáвлю, котóрое есть, но трúжды — котóрое бýдет** (*В. Маякóвский. Хорошó!, гл.* 17 — 1927 *г.*) Ich preise die Heimat, so wie sie ist:/ doch dreifach die kommende preis ich (*W. Majakowski. Gut und schön. Übers. H. Huppert*).

41. **Откýда ты, прекрáсное дитя́?** (*А. Пýшкин. Русáлка, последняя сцена* — 1837 *г.; одноимённая опера А. Даргомыжского* — 1856 *г.*) Von wannen kommst du, wunderholdes Kind? (*A. Puschkin. Die Wassernixe. Übers. F. Fiedler; gleichnamige Oper von A. Dargomyshski, Libretto vom Komponisten*). *Diese in Puschkins volkstümlichem Drama gestellte Frage an eine gerade aus dem Wasser emporgetauchte kleine Nixe wird als geflügeltes Wort scherzhaft oder ironisch an jmdn. gerichtet, der unerwartet kommt (meistens an ein Kind oder ein junges Mädchen). Statt des Adjektivs* прекрáсное *wird es seit Synonym* прелéстное *gebraucht.*

42. **От лукáвого** (*Библия, Матф.*, 5, 37) *Wörtlich:* vom Teufel, *d. h.* vom Übel (*Bibel, Matth.*, 5, 37). *Im Russischen wird der Ausdruck in folgender Bedeutung gebraucht:* etw., das über das Geforderte hinausgeht und deswegen falsch oder schädlich ist.

43. **От Москвы́ до сáмых до окрáин** (,/ **С ю́жных гор до сéверных морéй**) (*из «Песни о Родине» в кинофильме «Цирк», слова В. Лебедева-Кумача, музыка И. Дунаéвского* — 1936 *г.*) *Wörtlich:* »Von Moskau bis zu den entlegensten Landstrichen«; Vom Amur bis fern zum Donaustrande,/ Von der Taiga bis zum Kaukasus (*»Das Lied vom Vaterland« in der lyrischen Filmkomödie »Zirkus«, Text von W. Lebedew-Kumatsch, Musik von I. Dunajewski. Übers. E. Weinert*). *Die Verszeilen werden als bildliche Beschreibung der unübersehbaren Weiten der Sowjetunion zitiert. S. dazu auch* Молодым везде́ у нас доро́га; Широкá странá моя́ роднáя; Я другóй такóй страны́ не зна́ю,/ Где так вóльно ды́шит человéк.

44. **От рáдости в зобý дыхáнье спёрло** (*И. Крылóв. Ворона и Лисица* — 1808 *г.*) »Vor Freude bleibt (jmdm.) die Puste weg« (*I. Krylow. Die Krähe und der Fuchs*). *Dem Fuchs in Krylows Fabel gelüstet es nach einem Stück Käse, das eine Krähe im Schnabel hält. »Was für ein schöner Vogel du bist«, schmeichelt*

175

*er der Krähe, »du mußt sicherlich auch sehr schön singen können.*
*Zier dich nicht und zeig deine Kunst«. Die dumme Krähe, die sich*
*durch diese Schmeichelreden geehrt fühlt, fällt darauf herein, sperrt*
*den Schnabel auf und läßt ihren Käse fallen, der sofort von dem*
*Fuchs weggeholt wird. Der Ausdruck wird ironisch in der Bedeutung*
*zitiert:* Jmd. ist außer sich vor Freude (so daß er die Selbstkontrolle
verliert und sich eine Blöße gibt).

45. **Отречёмся от ста́рого ми́ра,/ Отряхнём его́ прах с на́ших**
**ног** (*начало «Новой песни» П. Лаврова —1875 г., свободной пере-*
*работки текста «Марсельезы» Руже де Лиля —1792 г. В конце*
*XIX в. песня была озаглавлена в песенниках «Рабочая марсельеза»*
*и под этим названием приобрела известность как революцион-*
*ная песня русского рабочего класса; с февраля по октябрь*
*1917 г. была .официальным гимном России* )»Die alte Welt, wir
wollen mit dir brechen/ Und von den Füßen schütteln deinen
Staub« (*Anfangszeilen des »Neuen Liedes« von P. Lawrow, einer*
*freien Nachdichtung der »Marseillaise« von Rouget de Lisle; wurde*
*Ende des 19. Jh. in Liedersammlungen »Arbeitermarseillaise« be-*
*titelt und fand unter dieser Bezeichnung große Verbreitung als re-*
*volutionäres Lied der russischen Arbeiterklasse; ofizielle russische*
*Hymne von Februar bis Oktober 1917). Die Anfangszeilen des*
*»Liedes der deutschen Arbeiter« oder der sog. »Arbeitermarseillaise«*
*von J. Audorf* (1864) *lauten:* Wohlan, wer Recht und Arbeit
achtet,/ Zu unsrer Fahn' steht all' zu Hauf! *Das russische wie*
*das deutsche Lied wird nach der Melodie von Rouget de Lisle*
*gesungen.*

46. **От Ро́мула до на́ших дней** (*А. Пушкин. Евгений Оне-*
*гин, гл. 1, строфа VI —1825 г.*) Seit den Tagen/ Des Romulus
herab bis heut (*A. Puschkin. Eugen Onegin. Übers. Th. Commichau*).
*Die Zeile aus Puschkins Versroman wird zur Charakterisierung einer*
*umständlichen, weit ausholenden Erzählung zitiert. S. dazu* Дней ми-
ну́вших анекдо́ты,/ От Ро́мула до на́ших дней,/ Храни́л он
в па́мяти свое́й.

47. **Отряси́ прах от ног свои́х** (*Библия, Матф., 10, 14*
*и в других местах*) Den Staub von den Füßen schütteln, *d. h.*
mit jmdm. auf immer brechen, jmdn. mit Entrüstung verlassen
(*Bibel, Matth., 10, 14 und an anderen Stellen*).

48. **От фи́нских хла́дных скал до пла́менной Колхи́ды**
(*А. Пушкин. Клеветникам России —1831 г.*) Von Finnlands Felsen
bis zur heißen Kolchis Strande (*A. Puschkin. An die Verleumder*
*Rußlands. Übers. M. Remanė*). Хла́дный (*veralt., poet.*) *swv.* хо-
ло́дный. Колхи́да —*mit diesem Namen bezeichnete man im Altertum*
*die Schwarzmeerküste des Kaukasus. Die Puschkinsche Verszeile*
*wird zitiert, um Rußlands gewaltige geographische Ausdehnung und*
*die krassen klimatischen Unterschiede zwischen seinen einzelnen Ge-*
*bieten bildlich zu charakterisieren.*

49. **Отцы́ и де́ти** (*заглавие романа И. Тургенева* — 1862 *г.*) Väter und Söhne (*Titel eines Romans von I. Turgenjew*). *Im Roman ist der Zusammenstoß zwischen zwei Generationen der russischen Adeligen in den 60er Jahren des 19. Jh. geschildert, der konservativen älteren Generation und deren Kindern, den Vertretern einer fortschrittlicheren Gesinnung. Der Ausdruck wird gebraucht, wenn man von Generationskonflikten spricht, oft scherzhaft, indem man resignierend die Unvermeidlichkeit derartiger Konflikte zugibt.*

50. **Отыска́лся след Тара́сов** (*Н. Гоголь. Тарас Бульба, гл. XII* — 1835 *г.*) »Endlich fand sich Taras Bulbas Fährte wieder« (*N. Gogol. Taras Bulba*). *Der Ausdruck wird gebraucht, wenn jmd., dessen Aufenthaltsort lange Zeit unbekannt war, endlich wieder auftaucht.*

51. **Охо́та к переме́не мест** (*А. Пушкин. Евгений Онегин, гл.* 8, *строфа XIII* — 1832 *г.*) Die Lust nach Ortsveränderung, *d. h.* eine Unrast, die einen immer weiter treibt (*A. Puschkin. Eugen Onegin. Übers. J. von Guenther*).

52. **Ох, тяжела́ ты, ша́пка Монома́ха!** (*А. Пушкин. Борис Годунов, сцена «Царские палаты»* — 1831 *г.*) Wie schwer bist du, der Monomachen Krone! (*A. Puschkin. Boris Godunow. Übers. J. von Guenther*). Ша́пка Монома́ха, *mit Zobelfell und Edelsteinen verzierte Krone in Form einer Mütze mit einem Kreuz auf der Spitze, eines der Insignien der Zarengewalt in Rußland. Diese Krone soll der Kiewer Großfürst Wladimir Monomach (Anfang des 12. Jh.), von dem die russischen Zaren abstammen, von den byzantinischen Kaisern erhalten haben. Zur Zeit wird sie in der »Rüstkammer«, einem Museum im Moskauer Kreml, aufbewahrt. Die vorstehenden Worte, die Puschkin in seiner Tragödie Boris Godunow in den Mund legt, werden zitiert, um Schwierigkeiten zu bezeichnen, die ein hohes Amt, eine hohe Stellung bzw. Popularität mit sich bringen. Vgl.* Würde bringt Bürde.

53. **О чём шуми́те вы, наро́дные вити́и?** (*А. Пушкин. Клеветникам России* — 1831 *г.*) Was soll das Wortgelärm, Tribunen fremder Staaten? (*A. Puschkin. An die Verleumder Rußlands. Übers. W. E. Groeger*). *Der Ausdruck wird zitiert, um ein hitziges Wortgefecht ironisch zu charakterisieren.* Вити́я (*veralt., poet.*) *svw.* Redner, beredsamer Mensch; Tribun.

54. **О че́стности высо́кой говори́т** (*А. Грибоедов. Горе от ума, д.* 4, *явл.* 4 — 1824 *г.*) Doch wenn er vom Gewissen spricht... (*A. Gribojedow. Verstand schafft Leiden. Übers. A. Luther*). *Diese Verse Gribojedows werden auch in vollständiger Form zitiert:* Когда ж о(б) че́стности высо́кой говори́т... сам пла́чет, и мы все рыда́ем Doch wenn er vom Gewissen spricht... er selber weint, wir alle heulen. *Ironisch von einem unehrlichen, gewissenlosen Menschen, der sich über Ehrlichkeit ausläßt.*

# П

1. **Па́мять се́рдца** (*К. Батюшков. Мой гений* — 1816 *г.*) »Gedächtnis des Herzens« (*K. Batjuschkow. Mein Genius*). *In Batjuschkows lyrischem Gedicht wird dem rein intellektuellen »Gedächtnis des Verstandes« das viel stärkere emotionelle »Gedächtnis des Herzens« gegenübergestellt, d. h.* all das, was ein Mensch nie vergessen kann, weil er es erlebt und empfunden und es ihn einmal tief bewegt hat.

2. **Пану́ргово ста́до** (*Ф. Рабле. Гаргантюа и Пантагрюэль, кн. 4, гл. 6—8* — 1552 *г.*) ·Die Schafe des Panurge (*François Rabelais. Gargantua und Pantagruel). Panurge, einer der Haupthelden des Romans von Rabelais, fährt auf einem Schiff, auf dem ein Kaufmann Schafe transportiert. Nach einem Streit mit dem Kaufmann wird Panurge auf diesen böse, kauft bei ihm einen Hammel und wirft ihn über Bord. Alle anderen Schafe springen sofort dem Hammel nach, reißen ihren Besitzer mit ins Wasser und ertrinken mit ihm zusammen. Der Ausdruck wird zur abwertenden Bezeichnung einer Menschenmasse angewendet, die jmdm. blindlings folgt, gehorcht. Vgl.* Herdenmensch, Herdentrieb.

3. **Пари́ж сто́ит ме́ссы [обе́дни]** (*Генрих Наваррский* — 1593 *г.*) Paris [Die Krone] ist eine Messe wert. *Ausspruch Heinrichs von Navarra, eines Prinzen aus dem Hause der Bourbonen, den er 1593 getan haben soll, als er, bis dahin Oberhaupt des protestantischen Lagers in Frankreich, zum Katholizismus übertreten mußte, um sich nach dem Erlöschen des Hauses Valois den Weg zum Thron zu ebnen, den er dann unter dem Namen Heinrich IV. bestieg. Das Zitat wird auf Menschen bezogen, die aus eigennützigen Erwägungen einen Kompromiß eingehen.*

4. **Парна́с** (*из греческой мифологии*) Parnaß, *ein Gebirge in Thessalien, in der griechischen Mythologie der Sitz Apollos und der Musen. Übertragen*: Symbol der Dichtkunst, Gesamtheit der Dichter eines Volkes, *z. B.* Ру́сский парна́с Der russische Parnaß, *d. h.* alle (hervorragenden) russischen Dichter, die russische Dichtkunst.

5. **Па́ртия — ум, честь и со́весть на́шей эпо́хи** (⟨ *В. И. Ленин. Политический шантаж* — 1917 *г.*) Die Partei ist die Vernunft, die Ehre und das Gewissen unserer Epoche (⟨ *W. I. Lenin. Politische Erpressung*).

*Цитата*: ...ей (партии — *Ю. А.*) мы верим, в ней мы видим ум, честь и совесть нашей эпохи... (*Ленин В. И. Полн. собр. соч., т. 34, с. 93*).

*Zitat*: ...der Partei glauben wir, in ihr sehen wir die Vernunft, die Ehre und das Gewissen unserer Epoche... (*W. I. Lenin. Werke, Bd. 25, S. 266*).

*Mit dem Ausdruck wird die Kommunistische Partei der Sowjet-union charakterisiert.*

6. **Патро́нов не жале́ть!** (*из объявления петербургского ге-нерал-губернатора Д. Трепова 14.10.1905 г.*) »Mit Patronen wird nicht gespart!« *Der Ausdruck hängt mit folgender Episode aus den Jahren* 1905—1906, *der Zeit der ersten russischen Revolution, zusammen. Der Petersburger Generalgouverneur Trepow machte am* 14.10.1905 *der Bevölkerung der Hauptstadt durch Anschläge bekannt, er wolle gegen die* »*Unruhen*« *energisch vorgehen und habe den Truppen der Garnison den Befehl erteilt, scharf zu schießen und mit Patronen nicht zu sparen. Der Ausdruck wird zitiert, um eine rücksichtslose, brutale Behandlung der Volksmassen durch den bürgerli-chen Staatsapparat zu charakterisieren.*

7. **Пега́с** (*Гесиод. Теогония*, 280—286; *Овидий. Метаморфо-зы*, *V*, 256—264) Pegasus, *Flügelroß der griechischen Sage* (*Hesiod. Theogonie*; *Ovid. Metamorphosen*), *unter dessen hartem Hufschlag auf dem Berg Helikon, einem Kultort der Musen, die Hippokrene* (*Roßquelle*) *entstand. Wer daraus trank, wurde zum Dichter. Daher gilt Pegasus als Sinnbild der Dichtkunst.* Оседла́ть Пега́са Den Pegasus satteln [besteigen, *auch* reiten], *d. h.* Verse machen (*scherzh.*).

8. **Пена́ты** (*из римской мифологии*) Penaten, *in der römischen Mythologie Hausgötter, die das Hauswesen und die Wirtschaft schützen sollten; in übertragenem Sinn:* Wohnung, Heim, Heimat. Ре́пинские «Пена́ты» — *kleines Gut* (*Wohnhaus und Park*) *I. Repins in Kuokkala* (*heute Repino*) *bei Leningrad, auf dem der große russische Maler in den Jahren* 1900—1930 *lebte; heute eine vielbesuchte Repin--Gedenkstätte.*

9. **Пе́пел Клаа́са стучи́т в мое́ се́рдце** (*Ш. де Костер. Легенда об Уленшпигеле* — 1867 г.; *пер. А. Горнфельда* — 1919 г.) Claesens Asche pocht auf meinem Herzen (*Ch. de Coster. Die Geschichte von Ulenspiegel und Lamme Goedzak. Übers. K. Wolfskehl*). *Diese Worte werden von Till Ulenspiegel, dem Titelhelden des Buchs, oft wiederholt. Tills Vater wurde bei der Inquisition denunziert und auf dem Scheiterhaufen verbrannt; Till trägt auf der Brust einen Beutel mit seiner Asche. Das Zitat wird in der Bedeutung gebraucht:* gefallene Kampfgefährten mahnen, den Kampf weiter-zuführen; gefallene Kämpfer schreien nach Rache.

10. **Пе́рвый среди́ ра́вных** *цитируется также по-латыни:* Pri-mus inter pares (*выражение, характеризовавшее принципат — форму правления, установленную в Риме Октавианом до про-возглашения его императором: Октавиан носил с 28 г. до н. э. титул* princeps senatus «*Первый в сенате*») Erster unter Gleichen; ↑ lat. (*der Ausdruck charakterisierte ursprünglich das Prinzipat, die Regierungsform, die Octavianus in Rom eingeführt hatte, bevor er zum Kaiser ausgerufen wurde:* Octavianus trug den Titel Princeps

*senatus »Erster im Senat«). Später diente diese Formel dazu, die Stellung des Fürsten in einem feudalen Staat zu charakterisieren; heute wird sie in einem weiteren Sinn verwendet.*

11. **Перейти́ Рубико́н** (*когда Юлий Цезарь в 49 г. до н. э. перешёл пограничную реку Рубикон, началась война между ним и сенатом*) Den Rubikon überschreiten (*der Rubikon war der Grenzfluß zwischen dem eigentlichen Römischen Reich und der Provinz Gallien, die Julius Cäsar regierte. Der Römische Senat hatte Cäsar verboten, sich ein eigenes Heer zu halten. Trotz des Verbotes rief er sein Heer zusammen und überschritt im Jahre 49. v. u. Z. den Rubikon, was einen Bürgerkrieg zwischen ihm und dem Senat entfesselte). Man gebraucht den Ausdruck in der Bedeutung:* einen entscheidenden Schritt tun; eine Entscheidung herbeiführen. *Beim Überschreiten des Rubikons sagte Cäsar:* Der Würfel ist gefallen! *Diese Worte sind ebenfalls zu einem geflügelten Ausdruck geworden.* S. Жре́бий бро́шен.

12. **Перекова́ть мечи́ на ора́ла** (*выражение, восходящее к Библии, Исаия, 2, 4; послужило темой для советского скульптора Е. Вучетича, который в 1957 г. создал фигуру кузнеца, перековывающего меч в плуг; эта скульптура, символизирующая миролюбивую политику СССР, установлена в парке перед зданием ООН в Нью-Йорке*) Die Schwerter zu Pflugscharen machen (*den auf die Bibel, Jesaja, 2, 4, zurückgehenden Ausdruck benutzte der sowjetische Bildhauer J. Wutschetitsch als Motiv für eine Skulptur, einen Schmied darstellend, der ein Schwert zu einer Pflugschar umschmiedet. Diese die Friedenspolitik der UdSSR symbolisierende Plastik steht im Park vor dem UNO-Gebäude in New York).* Ора́ла (*Plural von* ора́ло *veralt.) svw.* плуги́.

13. **Переоце́нка це́нностей** (*выражение из посмертно изданной в 1901 г. книги Ф. Ницше «Воля к власти. Переоценка всех ценностей»; подзаголовок добавлен к заглавию издателями в 1911 г.*) Umwertung aller Werte (*Ausdruck aus dem Buch »Der Wille zur Macht. Versuch einer Umwertung aller Werte« von F. Nietzsche; der Untertitel wurde von den Herausgebern hinzugefügt). Zitiert in der Bedeutung:* eine gründliche Revision in der Wissenschaft herrschender Theorien, der Ansichten und Überzeugungen eines Menschen *u. ä.*

14. **Пери́од бу́ри и на́тиска** *см.* Бу́ря и на́тиск.

15. **Песнь пе́сней** (*заглавие книги, по преданию, написанной царём Соломоном и входящей в состав Библии*) Das Hohelied Salomos *heißt eines der Bücher der Bibel, welches, der Sage nach, von König Salomo geschrieben wurde. Der poetische Wert dieses Buches trug dazu bei, daß sein Titel zu einem geflügelten Wort wurde. Man nennt das Hohelied das schönste Werk eines Dichters oder einer ganzen Kunstgattung.*

16. **Пе́сню дру́жбы запева́ет молодёжь,/ Э́ту пе́сню не заду́шишь, не убьёшь!** (*припев песни «Гимн демократической молодёжи», слова Л. Ошанина, музыка А. Новикова—1947 г.*) Unser Lied die Ländergrenzen überfliegt,/ Freundschaft siegt! Freundschaft siegt! (*Refrain des »Weltjugendliedes« von L. Oschanin (Text) und A. Nowikow (Musik), Übers. W. Dehmel). Das Lied wurde aus Anlaß der I. Weltfestspiele der Jugend und Studenten (1947 Prag) geschaffen und fand große Verbreitung. Sein Refrain wurde als Ausdruck der Solidarität der Jugend aller Länder im Kampf für den Frieden zu einem geflügelten Wort.*

17. **Печо́рин** (*главное действующее лицо романа М. Лермонтова «Герой нашего времени»—1840 г.*) Petschorin, *Hauptfigur des Romans »Ein Held unserer Zeit« von M. Lermontow, Typ eines gebildeten, klugen, talentierten und tapferen Mannes, der im Rußland der 30er Jahre des vorigen Jh., einer Zeit der gesellschaftlichen Stagnation, für seine Begabungen keine Verwendung finden kann, sich vereinsamt fühlt und sein Leben als nichtig ansieht.*

18. **Пир во вре́мя чумы́** (*название драматических сцен А. Пушкина—1832 г., в основе которых лежит сцена из поэмы Дж. Вильсона «Город чумы»—1816 г.*) Das Gelage während der Pest (*Titel einer der »Dramatischen Szenen« von A. Puschkin, der eine Episode aus J. Wilsons Gedicht »The City of the Plague« zugrunde liegt). Der Ausdruck wird in der Bedeutung zitiert:* Lustbarkeiten, Vergnügen, sorgloser Zeitvertreib zu einer Zeit, wo die Gemeinschaft von einem Unglück heimgesucht wird.

19. **Пиро́г с казённой начи́нкой** *см.* Казённый пиро́г

20. **Пи́ррова побе́да** (*по имени эпирского царя Пирра, который в 279 г. до н. э. одержал победу над римлянами, однако ценой таких больших потерь, что воскликнул: «Ещё одна такая победа, и мы погибли!»*) Pyrrhussieg (*Pyrrhus, König von Epirus, dem nordwestlichen Teil Griechenlands, hatte im Jahre 279 v. u. Z. einen Sieg über die Römer davongetragen. Die Verluste in seinem Heer waren jedoch so groß, daß er ausrief: »Noch ein solcher Sieg, und ich bin verloren!«). Der Ausdruck wird zur Bezeichnung eines zu teuer erkauften Erfolgs gebraucht, der die damit verbundenen Opfer nicht rechtfertigt.*

21. **Плато́н мне друг, но и́стина доро́же** *цитируется также по-латыни*: Amicus Plato, sed magis amica veritas (*Сервантес. Дон Кихот, ч. 2, гл. 51—1615 г.; выражение восходит к сочинению Платона «Федон»*) Plato ist mir lieb, noch lieber die Wahrheit; ↑ *lat.* (*Cervantes. Don Quichote; der Ausdruck geht auf Platos Werk »Phaidon« zurück).*

22. **Плоды́ просвеще́ния** (*заглавие комедии Л. Толстого—1891 г.*) Früchte der Bildung (*Titel einer Komödie von L. Tolstoi). Das Stück verspottet den Spiritismus, der in den 70er und 80er*

*Jahren in den vornehmen und gebildeten Kreisen der russischen Gesellschaft Mode geworden war. Daher wird der aus seinem Titel entstandene geflügelte Ausdruck ironisch gebraucht.*

23. **Плох тот солда́т, кото́рый не ду́мает быть генера́лом** (*А. Пого́сский. Солда́тские заме́тки* — 1855 *г.*) »Ein Soldat, der nicht General zu werden träumt, ist ein erbärmlicher Krieger« (*aus dem »Lesebuch für Soldaten«, einem in Form einer Sammlung von Aphorismen und Sprichwörtern verfaßten didaktischen Buch des russischen Militärschriftstellers A. Pogosski*). *Vgl.* Jeder französische Soldat trägt den Marschallstab *Frankreichs* in seiner Patronentasche [seinem Tornister] (*Napoleon Bonaparte*).

24. **Плю́шкин** (*персона́ж* «*Мёртвых душ*» *Н. Го́голя* — 1842 *г.*) Pljuschkin, *handelnde Person in N. Gogols »Toten Seelen«, ein Gutsbesitzer, dessen krankhafter Geiz sprichwörtlich geworden ist. Vgl.* Harpagon (*Hauptheld in Molières Lustspiel »Der Geizige«*).

25. **Победи́телей [Победи́теля] не су́дят** (*приписывается Екатери́не II*) »Man sitzt nicht über einen Sieger zu Gericht«, *d. h.* wer gesiegt hat, hat immer recht (*der Ausspruch wird Katharina II. zugeschrieben. Sie soll diese Worte 1773 gesagt haben, als der russische Feldherr Suworow wegen des von ihm eigenmächtig unternommenen, von dem Oberbefehlshaber Marschall Rumjanzew nicht sanktionierten Sturms auf die türkische Festung Turtukai angeblich vor Gericht gestellt wurde. Das wurde später von den Biographen Suworows als den Tatsachen nicht entsprechend widerlegt*).

26. **По большо́му [〈 га́мбургскому] счёту** (*выраже́ние, возни́кшее в среде́ ци́рковых борцо́в-профессиона́лов; получи́ло изве́стность* — *снача́ла в фо́рме* По га́мбургскому счёту — *по́сле вы́хода в свет в 1928 г. кни́ги литературове́да и кри́тика В. Шкло́вского под э́тим загла́вием; в его́ совреме́нной фо́рме* По большо́му счёту *встреча́ется впервы́е, по-ви́димому, в вы́шедшем в 1935 г. рома́не В. Каве́рина «Исполне́ние жела́ний»*) »Nach der rigorosesten [〈 der Hamburger] Wertung« (*im Artistenmilieu entstandener Ausdruck der Ringkämpfer, der, zuerst in der Form* Nach der Hamburger Wertung, *durch das so betitelte Buch des Literaturkritikers W. Schklowski bekannt wurde; in seiner heutigen Form* Nach der rigorosesten Wertung *scheint er erstmalig von W. Kawerin in seinem Roman »Erfüllung der Wünsche« gebraucht worden zu sein). Nach einer Überlieferung sollen in Hamburg alljährlich geschlossene Veranstaltungen der Zirkusringkämpfer stattgefunden haben, in denen der wahre sportliche Rang eines jeden in einem ehrlichen und objektiv gewerteten Kampf ermittelt wurde. Man war gezwungen, zu diesen »Meisterschaften ohne Publikum« zu greifen, weil ein Kampf in der Zirkusarena, vor den Zuschauern, sehr oft gerade mit dem Sieg des Schwächeren endete, dem der Stärkere*

*aus allerlei geschäftlichen Rücksichten »unterliegen« mußte, so daß die offiziell verliehenen Meistertitel der tatsächlichen sportlichen Leistung ihrer Träger nicht immer entsprachen. Der Ausdruck wird in der sowjetischen Presse in der Bedeutung zitiert:* an etw., an jmdn., an sich selbst höchste Ansprüche stellen, strengste Maßstäbe anlegen, *z. B.* жить по большо́му счёту, оце́нивать что-л. по большо́му счёту.

27. **Поверну́ть наза́д колесо́ исто́рии** (*К. Маркс, Ф. Энгельс. Манифест Коммунистической партии*—1848 *г.*) Das Rad der Geschichte zurückdrehen (*K. Marx, F. Engels. Manifest der Kommunistischen Partei*).

*Цитата*: Они (средние сословия—*Ю. А.*), следовательно, не революционны, а консервативны. Даже более, они реакционны: они стремятся повернуть назад колесо истории (*Маркс К., Энгельс Ф. Соч., т. 4, с. 434*).

*Zitat*: Sie (die Mittelstände—*Ju. A.*) sind also nicht revolutionär, sondern konservativ. Noch mehr, sie sind reaktionär, sie suchen das Rad der Geschichte zurückzudrehen (*K. Marx, F. Engels. Werke, Bd. 4, S. 472*).

28. **Поверя́ть а́лгеброй гармо́нию** (⟨ *А. Пушкин. Моцарт и Сальери, сцена I*—1832 *г.*) Harmonie durch Algebra prüfen (⟨ *A. Puschkin. Mozart und Salieri*). *Цитата*: Зву́ки умертви́в,/ Му́зыку я разъя́л как труп. Пове́рил/ Я а́лгеброй гармо́нию Da ich den Klang ertötet,/ Schnitt ich Musik wie einen Leichnam auf. Ich prüfte/ Harmonie durch Algebra (*Übers. H. von Heiseler*). *In diesen Worten charakterisiert der Komponist Salieri in Puschkins kleiner Tragödie die analytische, rationalistische Beschaffenheit seines musikalischen Talents. Der oft ironisch gebrauchte Ausdruck wird zitiert, um Versuche zu bezeichnen, sich mit Vernunft und genauer Berechnung etwas zu erklären, was nur gefühlsmäßig erschlossen werden kann. In der Alltagsrede wird das in dieser Bedeutung veraltete Verb* пове́рить *durch das heute übliche* прове́рить *ersetzt.*

29. **Подожди́ немно́го,/ Отдохнёшь и ты** (*М. Лермонтов. Из Гёте*—1840 *г.*) Warte nur, balde/ Ruhest du auch (*Zitat aus Goethes Gedicht »Wanderers Nachtlied« in M. Lermontows freier Übersetzung*).

30. **Подпи́сано, и** [⟨ так] **с плеч доло́й** (*А. Грибоедов. Горе от ума, д.* 1, *явл.* 4—1824 *г.*) Was unterschrieben ist, das ist für mich vorbei (*A. Gribojedow. Geist bringt Kummer. Übers. J. von Guenther*). *Mit diesen Worten erklärt in Gribojedows Stück ein Beamter (s.* Фа́мусов) *seine Art, die Akten zu behandeln, die ihm vorgelegt werden: Er ist nur darauf bedacht, daß sie sich nicht häufen, liest sie kaum und beeilt sich, seine Unterschrift darunter zu setzen, um sie möglichst schnell loszuwerden. Das Zitat*

*charakterisiert die Handlungsweise eines Bürokraten, der seine Dienst-*
*pflichten ganz mechanisch erledigt.*

31. **Подпору́чик Киже́** (*заглавие рассказа Ю. Тынянова —*
*1929 г., в основе которого лежит исторический анекдот. Во*
*времена Павла I военный писарь ошибся, неправильно разделив*
*слова в приказе о производстве в офицерский чин, в результате*
*чего из слов «пра́порщики ж» возник несуществующий пра́порщик*
*Киж. Тынянов придал его имени французское звучание Киже́.*
*Рассказ был экранизирован в 1934 г.*) »Fähnrich Kishé«, *Titel*
*einer Novelle von J. Tynjanow* (*Titel der deutschen Übersetzung*
»*Secondeleutnant Saber*«), *der folgende Anekdote aus der Regierungs-*
*zeit Pauls I. zugrunde liegt. In einer Order über die Beförderung*
*zum Offizier stand geschrieben:* пра́порщики ж таки́е-то в подпо-
ру́чики *die und die Fähnrichs aber zum Leutnant. Der Schreiber*
*trennte irrtümlicherweise die letzte Silbe des Wortes* пра́порщики
*ab, verband diese mit der Partikel* ж *zu einem Wort und begann*
*damit — großgeschrieben — eine neue Zeile, woraus ein imaginärer*
пра́порщик Киж *Fähnrich Kish entstand* (*in J. von Guenthers*
*Übersetzung:* die Leutnants aber — Leutnant Saber). *Paul I. beförderte*
*Kish sehr bald zum Oberleutnant, dann zum Hauptmann usw.*
*Als Kish Oberst werden sollte, bestellte ihn der Kaiser zu sich.*
*Man war gezwungen, Paul I. zu melden, Kish sei gestorben.* »Schade«,
*sagte dieser,* »er war ein braver Offizier«. *Tynjanow gab dem Namen*
*des Offiziers die Form Kishé, wodurch dieser einen französischen*
*Klang annahm. Der Ausdruck* Подпору́чик [Пору́чик] Киже́ *wird*
*als Bezeichnung für eine fiktive, nicht existierende Person gebraucht,*
*die man durch ein Mißverständnis oder infolge eines Betrugs für*
*einen realen Menschen hält.*

32. **Позво́льте вам вы́йти вон!** (*А. Чехов. Свадьба — 1890 г.*)
*Die handelnde Person, die in Tschechows Posse* »Hochzeit« *diese*
*Worte sagt, bildet einen lexikalisch und grammatisch falschen Satz:*
*statt der in diesem Zusammenhang zu erwartenden Konstruktion*
изво́льте + *Infinitiv* (*höflich-ironische Aufforderung*) *steht die Kon-*
*struktion* позво́льте + *Infinitiv* (= gestatten Sie...), *die hier ebenso*
*fehl am Platz ist wie das Pronomen* вам. *Der komische Satz,*
*der dadurch entseht, läßt sich etwa wie folgt wiedergeben:* »Gestatten Sie sich, daß Sie rausgehen!« *Das Zitat wird scherzhaft*
*gebraucht.*

33. **Позво́льте вам э́того не позво́лить** (*Н. Гоголь. Мёртвые*
*души, часть I, гл. II — 1842 г.*) Gestatten Sie mir, daß ich Ihnen
dieses nicht gestatte (*N. Gogol. Tote Seelen. Übers. M. Pfeiffer*).
*Der Gutsbesitzer Manilow* (s. Мани́лов), *ein übertrieben höflicher*
*Mensch, fordert seinen Gast Tschitschikow auf:* »Gestatten Sie mir,
Sie zu bitten, in diesem Sessel Platz zu nehmen. Hier haben Sie
es am gemütlichsten«.—»Gestatten Sie, daß ich mich auf einen

Stuhl setze«,—*ziert sich Tschitschikow. Darauf antwortet Manilow mit den vorstehenden Worten, die als geflügeltes Wort zum Ausdruck eines milden Einwandes geworden sind.*

34. **Познáй самогó себя** (*по преданию, сообщаемому Платоном в диалоге «Протагор», семь мудрецов древней Греции, сойдясь вместе в храме Аполлона в Дельфах, написали на его стенах несколько афоризмов — образцов своей мудрости, в том числе и данное изречение*) Erkenne dich selbst (*nach einer Sage, die Platon in seinem Dialog »Protagoras« mitteilt, sollen die Sieben Weisen, Denker und Männer des praktischen Lebens aus der Anfangsperiode der griechischen Philosophie, in Delphi zusammengekommen sein und Apollo als dem Gott der Weissagung Proben ihrer Weisheit gewidmet haben, die als Inschriften seinen dort befindlichen Tempel zierten; zu diesen Denksprüchen gehörte auch die vorstehende Sentenz*).

35. **Пойдý искáть по свéту,/ Где оскорблённому есть чýвству уголóк** (*А. Грибоедов. Горе от ума, д. 4, явл. 14 — 1824 г.*) Die Welt will ich durchjagen,/ bis sich für mein beleidigtes Gefühl/ ein stiller Winkel auftut als Asyl (*A. Gribojedow. Verstand schafft Leiden. Übers. A. Luther*). *Tschazki, der Hauptheld des Gribojedowschen Lustspiels, ist von der Moskauer vornehmen Welt verstoßen und für geisteskrank erklärt worden. Auch seine Heiratspläne sind gescheitert. Mit den vorstehenden Worten aus seinem Schlußmonolog erklärt er seine Absicht, Moskau zu verlassen. Das Zitat drückt die Bitternis aus, die ein Mensch empfindet, wenn er sich verkannt sieht und die ihn mißverstehende Gemeinschaft verläßt.*

36. **Покá свобóдою горúм,/ Покá сердцá для чéсти жúвы,/ Мой друг, отчúзне посвятúм/ Душú прекрáсные порьíвы!** (*А. Пушкин. К Чаадаеву — написано в 1818 г., при жизни Пушкина не публиковалось, распространялось в списках*) Uns lockt der Ehre Himmelsschein,/ Der Freiheitsdrang reißt uns von hinnen —/ Laß uns dem Vaterlande weihn/ All unser Streben, unser Sinnen! (*A. Puschkin. An Tschaadajew. Übers. F. Fiedler*); Solang für Freiheit wir entbrannt,/ Der Ehre unsre tiefste Liebe,/ Solang, mein Freund, sind unserm Land/ Geweiht der Seele schönste Triebe (*Übers. J. von Guenther*).

37. **Полúтика (балансúрования) на грáни войньí** (*Д. Ф. Даллес. Война и мир — 1950 г.*) Politik am Rande des Krieges, *d. h.* die aggressive, auf die Erhaltung der internationalen Spannung und Entfesselung eines neuen Krieges gerichtete Politik der imperialistischen Kreise der USA in der Nachkriegszeit (*von John Forster Dulles, Staatssekretär der USA in den Jahren 1953 — 1959, in seinem Buch »War and Peace« — »Krieg und Frieden« formuliert*).

38. **Положéние обязывает** *цитируется также по-французски*: Noblesse oblige (*Герцог де Леви. Изречения и мысли о различных*

*вопросах морали и политики*—1808 *г.*) Adel verpflichtet (zu »standesgemäßer« Lebensart und Haltung); ↑ *franz. (Herzog de Lévis. Maximen und Reflexionen über verschiedene Fragen der Moral und Politik). Im Russischen wird der Ausdruck in der Bedeutung* etw. seiner Stellung schuldig sein *zitiert.*

**39. Положи́ть [Бро́сить] меч на весы́ [на ча́шу весо́в]** Sein Schwert in die Waagschale werfen. *Näheres dazu s.* Го́ре побеждённым.

**40. Помира́ть нам ранова́то (,/ Есть у нас ещё до́ма дела́!)** (*припев песни «Доро́жка фронтова́я», слова Б. Ла́скина и Н. Лабко́вского, музыка Б. Мокро́усова* — 1946 *г.*) »Es wäre halt verfrüht, ins Gras zu beißen (,/ Wir haben noch zu Hause zu tun!)« (*Refrain des Liedes »Auf Frontstraßen«, Text von B. Laskin und N. Labkowski, Musik von B. Mokroussow).* Помира́ть (*salopp*) *svw.* умира́ть. *Die vorstehenden Zeilen des Liedes, das von dem mutigen Einsatz der sowjetischen Frontkraftfahrer während des Großen Vaterländischen Krieges handelt, werden heute in erweitertem Sinn zitiert, wenn ein nicht mehr junger Mensch derb-humoristisch erklärt, daß er noch voll Lebenslust und Schaffenskraft ist.*

**41. По о́бразу и подо́бию кого́-л.** (⟨ *Библия, Бытие* 1, 26) »Nach jmds. Ebenbild (geschaffen sein)«. *Zugrunde liegt folgendes Bibelzitat* (1. *Mose*, 1, 26): Und Gott sprach: Lasset uns Menschen machen, ein Bild, das uns gleich sei. *Daraus ist der Ausdruck* По о́бразу и подо́бию бо́жьему (= *Nach Gottes Ebenbild) entstanden, das im Russischen in der vorstehenden verallgemeinerten Form gebraucht werden kann.*

**42. Последний из могика́н** (*заглавие русского перевода романа Ф. Ку́пера «The Last of the Mohicans»* — 1826 *г.*) Der letzte (der) Mohikaner (*Titel eines Romans von F. Cooper). Zitiert in der Bedeutung*: Der letzte Vertreter einer gesellschaftlichen Gruppe, einer Generation, einer im Absterben begriffenen sozialen Erscheinung *usw.*

**43. По́сле нас хоть пото́п** *цитируется также по-французски*: Après nous le déluge! (*приписывается Людовику XV или же его фавори́тке марки́зе Помпаду́р*) Nach uns die Sintflut!, *d. h.* wir leben flott, nach uns geschehe, was da will!; ↑ *franz. (die Worte werden Ludwig XV. oder seiner Mätresse Marquise de Pompadour zugeschrieben).*

**44. Послу́шай, ври, да знай же ме́ру** (*А. Грибоедов. Го́ре от ума́, д.* 4, *явл.* 4 — 1824 *г.*) Freund, es empfiehlt sich dann und wann /Im Flunkern auch ein wenig maßzuhalten! (*A. Gribojedow. Verstand schafft Leiden. Übers. A. Luther). Deutsche Entsprechung der Wendung*: Trag nicht zu stark auf.

**45. Посыла́ть от По́нтия к Пила́ту** (⟨ *Библия, Лука,* 23, 1 — 16) Von Pontius zu Pilatus schicken (⟨ *Bibel). Im Evange-*

*lium (Luk., 23, 1—16) wird erzählt, daß Jesus von seinen Gegnern zu Pontius Pilatus, dem römischen Statthalter in Palästina, vors Gericht gebracht wurde. Da Jesus aus Galiläa stammte, schickte ihn Pilatus zu Herodes, dem Herrscher von Galiläa. Jesus aber wollte auf Herodes' Fragen keine Antwort geben und wurde von diesem wieder zu Pilatus geschickt. Der Ausdruck müßte also richtig heißen* von Pontius Pilatus zu Herodes schicken. *Im Volksmunde fiel der Name Herodes aus, und der Doppelname Pontius Pilatus wurde als zwei einzelne Namen aufgefaßt. So entstand im Russischen wie im Deutschen die Redewendung* von Pontius zu Pilatus schicken, *d.h.* einen Bittsteller von Amt zu Amt schicken.

46. **Посыпа́ть пе́плом главу́** (*Библия, Иов, 2, 12 и в других местах*) Sich Asche aufs Haupt streuen (*Bibel*). *In der Bibel* (*Hiob, 2, 12 und an anderen Stellen*) *wird der alte Brauch der Juden beschrieben, sich Asche auf den Kopf zu streuen, um einer tiefen Trauer Ausdruck zu geben. Im Russischen wird die Redewendung in folgenden zwei Bedeutungen gebraucht:* 1) *einer tiefen Trauer Ausdruck geben* (*selten*); 2) *seine eigenen Fehler reumütig bekennen und Besserung versprechen; Selbstkritik üben* (*meist iron.*).

47. **Потёмкинские дере́вни** (*о бутафорских селениях, возведённых, по рассказам иностранцев, князем Г. Потёмкиным на пути следования Екатерины II во время её поездки по Новороссии в 1787 г.*) Potjomkinsche Dörfer. *Der russische Staatsmann Fürst G. Potjomkin war Statthalter des im Ergebnis der Russisch-Türkischen Kriege neueroberten Gebiets am Schwarzen Meer; als die Kaiserin Katharina II. 1787 dieses Gebiet bereiste, soll er auf ihrem Wege »Dörfer« angelegt haben, die nur Kulissen waren, um ihr auf diese Weise das Gedeihen des von ihm regierten Landes vorzutäuschen. Der Ausdruck ist zur Bezeichnung für allerlei Blendwerk und Attrappe geworden, für etw., das eine wahre Sachlage durch ein glänzendes Äußeres verschönern soll.*

48. **Поте́рянное поколе́ние** (*выражение, впервые употреблённое американской писательницей Г. Стайн; использовано Э. Хемингуэем в посвящении к его роману «И восходит солнце» («Фиеста»)* — 1926 *г.*) Verlorene Generation (*von der amerikanischen Schriftstellerin G. Stein geprägter Ausdruck, wurde von E. Hemingway seinem Roman »The Sun Also Rises« (»Fiesta«) als Widmung vorangestellt). Zitiert in folgenden zwei Bedeutungen:* 1) *Bezeichnung für eine Gruppe amerikanischer und westeuropäischer bürgerlicher Schriftsteller, Teilnehmer des 1. Weltkrieges, die in ihren Werken der 20er Jahre eine Lebensauffassung des Verlorenseins, der geistigen Heimatlosigkeit und des Mißtrauens gegenüber traditionellen Werten und überkommenen Idealen ausdrückten;* 2) *Bezeichnung für die ganze aus dem 1. Weltkrieg*

*heimgekehrte Generation der desillusionierten und geistig entwurzelten*
*westeuropäischen bürgerlichen Jugend.*

49. **Потéрянный рай** (*заглавие русского перевода поэмы*
*Дж. Мильтона «Paradise Lost» — 1667 г.*) Das verlorene Paradies,
*d.h.* vergangenes oder auch verscherztes glückliches, sorgloses Leben,
nach dem man sich zurücksehnt (*Titel einer Dichtung von J. Mil-*
*ton, der die biblische Sage von der Vertreibung Adams und Evas aus*
*dem Paradies zugrunde liegt*).

50. **По ту стóрону добрá и зла** (*заглавие русского перевода*
*книги Ф. Ницше »Jenseits von Gut und Böse« — 1886 г.; у*
*Ницше — идеал «сверхчеловека», представителя касты «господ»,*
*одержимого волей к власти, который для осуществления своих*
*целей не останавливается ни перед чем; в более широком смысле*
*характеристика людей, стоящих в стороне от общественной*
*жизни, мнящих себя «сверхчеловеками», аморальных*) Jenseits von
Gut und Böse (*Titel eines Buches von F. Nietzsche*). *Zitiert in der*
*Bedeutung*: Eine völlig unparteiische Einstellung zu irgendwelchen
Gegensätzen, meist als geistige Haltung eines Zynikers, der dem
gesellschaftlichen Leben fernsteht, weil er sich einbildet, ein
»Übermensch« zu sein.

51. **Поцелýй Иýды** *см.* **Иýда**

52. **Пошлá писáть губéрния** (*Н. Гоголь. Мёртвые души,*
*ч. I, гл. VIII — 1842 г.*) *Wörtlich:* »Das Gouvernement hat sich
an das Schreiben gemacht«, *d.h.* alles ist in Bewegung geraten,
alles rührt sich, macht sich an die Arbeit (*N. Gogol. Tote*
*Seelen*). *Das Wort* **губéрния** *steht hier in der übertragenen Bedeu-*
*tung* вся. губéрнская канцеля́рия die ganze Kanzlei des Gouverneurs *bzw.* alle Gouvernementsämter.

53. **По щýчьему велéнью (, по моемý хотéнью)** (*заглавие*
*русской народной сказки*) *Wörtlich:* »Nach des Hechts Geheiß
(, auf meinen Wunsch hin)«, *d.h.* wie durch éinen Zauberspruch,
gleichsam von selbst. *In dem russischen gleichnamigen Volksmärchen*
*fängt der Bauer Jemelja einen Hecht und läßt ihn auf dessen*
*Bitte wieder frei. Dafür erfüllt der Hecht alle seine Wünsche,*
*sobald Jemelja die Zauberworte* Nach des Hechts Geheiß...
*ausspricht. Der Ausdruck wird scherzhaft oder ironisch zitiert,*
*wenn etw. wie von selbst gelingt, ohne daß man sich viel Mühe*
*zu geben braucht.*

54. **Поэ́зия — вся́!** — **езда́ в незна́емое** *см.* **Езда́ в незна́е-**
**мое**

55. **Поэ́зия — та же добы́ча ра́дия.** /В грамм добы́ча, в год
труды́. /Изво́дишь, сло́ва еди́ного ра́ди, /Ты́сячи тонн слове́сной
руды́ (*В. Маяковский. Разговор с фининспектором о поэзии —*
*1926 г.*) Dichten ist dasselbe wie Radium gewinnen. /Arbeit:
ein Jahr. Ausbeute: ein Gramm. /Man verbraucht, um ein einziges

Wort zu ersinnen, /Tausende Tonnen Schutt oder Schlamm (*W. Maja-kowski. Gespräch mit dem Steuerinspektor über die Dichtkunst. Übers. H. Huppert*).

56. **Поэти́ческая во́льность** *цитируется также по-латыни*: Licentia poëtica (*Сенека Младший. Естественно-научные вопросы, кн. 2, 44*) Dichterische Freiheit; ↑ *lat.* (*Seneca d.J. Naturwissenschaftliche Untersuchungen*). *In der russischen Alltagsrede wird dieser Ausdruck, der ursprünglich eine in der dichterischen Sprache zulässige Abweichung von den Sprachnormen, dem Versmaß bzw. Reim zuliebe bezeichnete, vielfach scherzhaft zitiert, und zwar in folgenden Bedeutungen:* 1) Abweichung von den geltenden Umgangsformen; 2) nicht ganz genaue Wiedergabe von jmds. Worten.

57. **Поэ́том мо́жешь ты не быть, /Но граждани́ном быть обя́зан** (*Н. Некрасов. Поэт и гражданин—1856 г.*) *Wörtlich*: »Ein Dichter brauchst du nicht zu sein, /Doch Staatsbürger sein mußt du« (*N. Nekrassow. Dichter und Bürger*). *In M. Remanés Übersetzung*: Den Dichter zwingt zwar nichts zum Dichten, /Doch muß auch er mit aller Kraft /Genügen seinen Bürgerpflichten.

58. **Пою́ моё оте́чество, респу́блику мою́!** (*В. Маяковский. Хорошо!, гл. 17—1927 г.*) So sing ich mein Vaterland, Heimat des Ruhms, /Meine Republik! (*W. Majakowski. Gut und schön. Übers. H. Huppert*).

59. **Права́ челове́ка и граждани́на** (*из «Декларации прав человека и гражданина», политического манифеста Французской буржуазной революции 1789—1794 гг.*) Menschen- und Bürgerrechte (*aus der »Erklärung der Menschen- und Bürgerrechte«, einem politischen Manifest der bürgerlichen Großen Französischen Revolution von 1789—1794*).

60. **Пра́вда путеше́ствует без виз** (*выражение из речи Ф. Жолио-Кюри на открытии Всемирного конгресса сторонников мира в Париже 20.4.1949 г.*) Die Wahrheit reist ohne Visa (*Ausdruck aus der Rede F. Joliot-Curies bei der Eröffnung des Weltkongresses der Friedensanhänger in Paris am 20.4.1949*). *Joliot-Curie meinte mit diesen Worten die Hindernisse (Verweigerung der Einreisevisa), die die bürgerliche Regierung Frankreichs mehreren Delegierten des Kongresses in den Weg legte, sowie die Aussichtslosigkeit, durch diese Maßnahmen die Friedensbewegung aufzuhalten.*

61. **(Пра́вилу сле́дуй упо́рно:/) Что́бы слова́м было те́сно, /Мы́слям—просто́рно** (*Н. Некрасов. Форма. Подражание Шиллеру—1879 г.*) Feile die Form stets mit Strenge, /Müh dich um Treffsicherheit, /Sei es den Worten auch enge, /Sind die Gedanken nur weit! (*N. Nekrassow. Im Geiste Schillers. Form. Übers. M. Remanè*). *Aphoristisch formulierte Forderung nach Lakonismus des (dichterischen) Ausdrucks eines Gedankens.*

**62. Превосхо́дная до́лжность — быть на земле́ челове́ком** (*М. Горький. Рождение человека* — 1912 *г.*) Welch köstliche Aufgabe ist es doch, ein Erdenmensch zu sein! (*M. Gorki. Wie ein Mensch geboren wurde. Übers. A. Scholz*)

**63. Презре́нный мета́лл** (*популяризировано И. Гончаровым в романе «Обыкновенная история», ч. 2, гл. 5* — 1847 *г.*) Wörtlich: das verächtliche Metall, *d.h.* schnödes Geld, der schnöde Mammon (*der Ausdruck ist durch I. Gontscharows Roman »Eine gewöhnliche Geschichte« populär geworden*)

**64. Прекра́сное есть жизнь** (*Н. Чернышевский. Эстетические отношения искусства к действительности* — 1855 *г.*) Das Schöne ist das Leben (*Definition des ästhetischen Begriffs des Schönen, wie sie von dem russischen revolutionären Demokraten N. Tschernyschewski in seiner Magisterdissertation »Die ästhetischen Beziehungen der Kunst zur Wirklichkeit« gegeben wurde*).

**65. Прекра́сный Ио́сиф** см. Целому́дренный Ио́сиф

**66. Прему́дрый песка́рь** (*из сказки того же названия М. Салтыкова-Щедрина* — 1883 *г.*) Der erzgescheite Gründling *in M. Saltykow-Stschedrins gleichnamigem satirischem Märchen wohnt ganz zurückgezogen in einem dunklen Loch und ist bemüht, möglichst wenig aufzufallen; trotzdem schwebt er in ewiger Angst und zittert fortwährend um sein Leben. Der Ausdruck wird als ironische Bezeichnung für bürgerliche Liberale, feige Spießer gebraucht.*

**67. Привы́чка — втора́я нату́ра** (*Цицерон. О пределах добра и зла, V, 25, 74*) Gewohnheit ist wie eine zweite Natur; Consuetudo quasi altera natura *lat.* (*Cicero. Das größte Gut und das größte Übel*.)

**68. Привы́чка свы́ше нам дана́** (:/Заме́на сча́стию она́) (*А. Пушкин. Евгений Онегин, гл. 2, строфа XXXI* — 1826 *г.*) Hat Gott doch dem, der Glück entbehrt, /Gewohnheit als Ersatz beschert (*A. Puschkin. Eugen Onegin. Übers. Th. Commichau*).

**69. При́зрак бро́дит по Евро́пе — при́зрак коммуни́зма** (*К. Маркс, Ф. Энгельс. Манифест Коммунистической партии* — 1848 *г.* — *Маркс К., Энгельс Ф. Соч., т. 4, с. 423*) Ein Gespenst geht um in Europa — das Gespenst des Kommunismus (*K. Marx, F. Engels. Das Kommunistische Manifest.* — *Werke, Bd. 4, S. 461*).

**70. Принести́ что-л. на блю́дечке [на таре́лочке] с голубо́й каёмкой** (*И. Ильф, Е. Петров. Золотой телёнок, гл. II и в других местах* — 1931 *г.; в основе выражения лежит легенда о Саломее* (*Библия, Марк, 6, 21* — 28), *падчерице царя Галилеи Ирода Антипы, которая потребовала у своего отчима преподнести ей на блюде голову Иоанна Крестителя*) Wörtlich: »Etw. auf einer Untertasse [auf einem Teller] mit blauem Rand bringen« (*I. Ilf, J. Petrow. Das Goldene Kalb, oder Die Jagd nach der Million; dem Ausdruck liegt die in der Bibel, Mark, 6, 21* — 28, *erzählte*

*Geschichte von Salome zugrunde, die von ihrem Stiefvater Herodes Antipa, König von Galiläa, verlangt haben soll, ihr das Haupt Johannes' des Täufers in einer Schüssel darzubringen). In übertragenem Sinn*: Etw. bereitwillig hergeben, auf einem Präsentierteller herbringen. *Das Zitat wird verwendet, um jmds. zu weit gehende Ansprüche bzw. Hoffnungen zu verspotten, z. B.*: Ты думаешь, что тебе это принесут на блюдечке с голубой каёмкой? ≈ Glaubst du, daß es dir einfach in den Schoß fällt?

71. **Принцесса на горошине** (*заглавие русского перевода сказки Г.-Х. Андерсена «Prinsessen på ærten»* — 1835 *г.*) Die Prinzessin auf der Erbse (*Titel eines Märchens von H. Chr. Andersen*). *Ein Königssohn sucht eine Prinzessin zur Frau; sie soll aber eine echte sein. Eines Tages kommt, von Unwetter überrascht, ein junges Mädchen vor das Tor des Königsschlosses und bittet um Obdach. Da sie sich als Prinzessin ausgibt, wird sie auf die Probe gestellt: man legt in ihr Bett eine Erbse und darauf zwanzig Federbetten. Am nächsten Morgen beklagt sich das Mädchen, sie habe auf etwas Hartem gelegen und sehr schlecht geschlafen. Nun wird es allen klar, daß das Mädchen die Prüfung bestanden hat, denn nur eine richtige Prinzessin kann durch zwanzig Federbetten hindurch eine Erbse spüren. Im Russischen wird der Ausdruck zur ironischen Bezeichnung einer verwöhnten und verzärtelten jungen Person verwendet.*

72. **Природа не храм, а мастерская, и человек в ней работник** (*И. Тургенев. Отцы и дети, гл. IX* — 1862 *г.*) Die Natur ist kein Tempel, sondern eine Werkstatt, und der Mensch ist der Arbeiter darin (*I. Turgenjew. Väter und Söhne. Übers. J. von Guenther*).

73. **Притча во языцех. Стать притчею во языцех** (*из церковнославянского текста Библии, Второзаконие,* 28, 37) Zum Sprichwort und zum Spott unter allen Völkern werden (*Bibel,* 5. *Mose,* 28, 37). Притча *svw.* Gleichnis, Parabel; во языцех (*kirchenslawische Form des* 6. *Falls Plural von* язык) ≈ bei den Völkern aller Sprachen. *Die heutige Bedeutung des Ausdrucks* Притча во языцех: Etw., was in aller Munde ist, Ablehnung und Spott hervorruft.

74. **При царе Горохе** (*из русских народных сказок*) *Wörtlich*: »Zur Zeit des Königs Erbserich«, *d.h.* vor [zu, in] Olims Zeiten (*aus russischen Volksmärchen*). *Der Ausdruck wird scherzhaft oder ironisch zitiert.*

75. **Пришёл, увидел, победил** *цитируется также по-латыни*: Veni, vidi, vici (*слова Юлия Цезаря, которыми он известил, как передаёт Плутарх в его биографии, одного из своих друзей в Риме о быстро одержанной им победе над понтийским царём Фарнаком в* 47 *г. до н.э.*) Ich kam, ich sah, ich siegte; ↑ lat. (*der griechische Historiker Plutarch erzählt, daß der rö-*

*mische Feldherr Gaius Julius Cäsar mit diesen Worten einem seiner Freunde in Rom von dem schnell errungenen Sieg über den pontischen König Farnak berichtete.) Der Ausdruck wird in folgenden Situationen zitiert: 1) wenn es sich um einen schnell errungenen Sieg (auf einem beliebigen Gebiet) handelt; 2) wenn die Rede von einem Menschen ist, der sich einbildet, ein schwieriges Problem schnell und mühelos gelöst zu haben (iron.).*

76. **Прогни́ло что́-то в Да́тском короле́встве** (*Шекспир. Гамлет, акт I, явл. 4. Пер. М. Лозинского* — 1936 г.) Etwas ist faul im Staate Dänemark (*Shakespeare. Hamlet. Übers. A. W. Schlegel und L. Tieck). Worte, mit denen Hamlets Freund Marcell die Zustände in seiner Heimat kennzeichnet. Im Russischen wird das Zitat verwendet, um darauf hinzuweisen, daß etw. nicht stimmt oder nicht so geht, wie es gehen müßte. Der Ausdruck wird auch in älteren Übersetzungen zitiert:* Всё гни́ло в Да́тском короле́встве; Нела́дно [Нечи́сто] что́-то в Да́тском короле́встве.

77. **Прода́ть своё перворо́дство [пра́во перворо́дства] за чечеви́чную похлёбку** (< *Библия. Бытие*, 25, 31 — 34) Sein Erstgeburtsrecht [Seine Erstgeburt] für ein Linsengericht verkaufen (< *Bibel). In der Bibel wird erzählt (1. Mose, 25, 31—34), wie Esau, der ältere der beiden Söhne des Altvaters Isaak, sein Erstgeburtsrecht, mit dem viele Vorteile verbunden waren, seinem Bruder Jakob für ein Linsengericht verkaufte, nur weil er im Augenblick hungrig war. Im Russischen wird der biblische Ausdruck in der Bedeutung zitiert: Etw. Wertvolles, Unersetzbares leichtfertig weggeben bzw. gegen etw. Nichtiges, Wertloses eintauschen. Die Worte* чечеви́чная похлёбка *treten im Russischen als ein selbständiges geflügeltes Wort auf und bezeichnen ein völlig wertloses Ding, für das man etw. Kostbares gegeben hat bzw. geben will.*

78. **Прозаседа́вшиеся** (*заглавие стихотворения В. Маяковского* — 1922 г.) Die auf Sitzungen Versessenen (*Titel eines Gedichts von W. Majakowski. Übers. H. Huppert). Das Gedicht verspottet den in den 20er Jahren verbreiteten Arbeitsstil mancher Institutionen in der UdSSR, der darin bestand, zur Lösung fast jedes Problems eine Sitzung bzw. Beratung mit möglichst vielen Teilnehmern einzuberufen. Majakowskis Satire, die in der Zeitung »Iswestija« abgedruckt war, wurde von W. I. Lenin gebilligt und als politisch sehr aktuell bezeichnet.*

79. **Прокру́стово ло́же** (*из греческой мифологии*) Prokrustesbett. *Prokrustes soll nach einer griechischen Sage ein Räuber gewesen sein, der alle, die in seine Hände fielen, auf ein Bett legte. War das Opfer zu kurz, »streckte« er es mit dem Hammer; war es zu lang, »kürzte« er es mit dem Beil. Das aus dieser Sage entstandene geflügelte Wort »Prokrustesbett« dient zur Bezeich-*

*nung einer Zwangslage oder eines starren Schemas, in das etwas gewaltsam gezwängt wird.*

**80. Пролетариа́т — моги́льщик буржуази́и** (< *К. Маркс, Ф. Энгельс. Манифест Коммунистической партии* — 1848 *г.*) Das Proletariat ist der Totengräber der Bourgeoisie (< *K. Marx, F. Engels. Manifest der Kommunistischen Partei).*

*Цитата*: Она (буржуазия — *Ю. А.*) производит прежде всего своих собственных могильщиков. Её гибель и победа пролетариата одинаково неизбежны *(Маркс К., Энгельс Ф. Соч., т. 4, с. 436).*

*Zitat*: Sie (die Bourgeoisie — *Ju. A.*) produziert vor allem ihre eigenen Totengräber. Ihr Untergang und der Sieg des Proletariats sind gleich unvermeidlich *(K. Marx, F. Engels. Werke, Bd. 4, S. 474).*

**81. Пролета́рии всех стран, соединя́йтесь!** *(К. Маркс, Ф. Энгельс. Манифест Коммунистической партии* — 1848 *г.* — *Маркс К., Энгельс Ф. Соч., т. 4, с. 459)* Proletarier aller Länder, vereinigt euch! *(K. Marx, F. Engels. Manifest der Kommunistischen Partei.— Werke, Bd. 4, S. 493).*

**82. Пролета́риям не́чего теря́ть, кро́ме свои́х цепе́й. Приобрету́т же они́ весь мир** (< *К. Маркс, Ф. Энгельс. Манифест Коммунистической партии* — 1848 *г.)* Die Proletarier haben nichts zu verlieren als ihre Ketten. Sie haben eine Welt zu gewinnen (< *K. Marx, F. Engels. Manifest der Kommunistischen Partei).*

*Цитата*: Пролетариям нечего в ней (Коммунистической Революции — *Ю. А.*) терять, кроме своих цепей. Приобретут же они весь мир *(Маркс К., Энгельс Ф. Соч., т. 4, с. 459).*

*Zitat*: Die Proletarier haben nichts in ihr (der Kommunistischen Revolution — *Ju. A.*) zu verlieren als ihre Ketten. Sie haben eine Welt zu gewinnen *(K. Marx, F. Engels. Werke, Bd. 4, S. 493).*

**83. Промедле́ние сме́рти подо́бно** *(выражение из письма Петра I в Сенат во время Прутского похода 1711 г.; было использовано В. И. Лениным в его письме членам ЦК РСДРП(б) от 24 октября (6 ноября) 1917 г., в котором он указал на необходимость без промедления начинать вооружённое восстание)* Eine Verzögerung bedeutet den Tod *(Worte aus einem Schreiben Peters I., in dem er 1711, während seines Pruth-Feldzuges, von dem Senat des Russischen Reichs Verstärkungen verlangte; der Ausdruck wurde von W. I. Lenin in seinem Brief an die Mitglieder des ZK der RSDAP(B) vom 24. Oktober (6. November) 1917 verwendet, in dem er auf die Notwendigkeit hinwies, unverzüglich mit dem bewaffneten Aufstand zu beginnen).*

*Цитата*: Промедление в выступлении смерти подобно *(Ленин В. И. Полн. собр. соч., т. 34, с. 436).*

*Zitat*: Eine Verzögerung der Aktion bedeutet den Tod (*W. I. Lenin. Werke, Bd. 26, S. 224*).

84. **Промете́ев ого́нь** (*выражение, возникшее на основе греческого мифа*) Das Feuer des Prometheus (*dem Ausdruck liegt die griechische Sage von Prometheus, einem der Titanen, zugrunde, der für die Menschen das Feuer vom Himmel gestohlen und sie den Umgang mit Feuer gelehrt haben soll*). *Dieses geflügelte Wort wird im Russischen in der Bedeutung gebraucht*: Das heilige Feuer in der Seele des Menschen, sein unauslöschliches Streben nach höheren Zielen.

85. **Профсою́зы — шко́ла коммуни́зма** (⟨ *В. И. Ленин. Детская болезнь «левизны» в коммунизме —* 1920 *г.*) Die Gewerkschaften sind eine Schule des Kommunismus (⟨ *W. I. Lenin. Der «linke Radikalismus», die Kinderkrankheit im Kommunismus*).

*Цитата*: Завоевание политической власти пролетариатом есть гигантский шаг вперёд пролетариата, как класса, и партии приходится ещё более и по-новому, а не только по-старому, воспитывать профсоюзы, руководить ими, вместе с тем однако не забывая, что они остаются и долго останутся необходимой «школой коммунизма» и подготовительной школой для осуществления пролетариями их диктатуры, необходимым обществинением рабочих для постепенного перехода в руки рабочего *класса* (а не отдельных профессий), и затем всех трудящихся, управления всем хозяйством страны (*Ленин В. И. Полн. собр. соч., т. 41, с. 34*).

*Zitat*: Die Eroberung der politischen Macht durch das Proletariat bedeutet für das Proletariat als Klasse einen riesigen Schritt vorwärts, und die Partei muß noch mehr und auf neue, nicht nur auf alte Art die Gewerkschaften erziehen und leiten, darf aber gleichzeitig nicht vergessen, daß sie eine unentbehrliche «Schule des Kommunismus» sind und noch lange bleiben werden, eine Vorbereitungsschule für die Proletarier zur Verwirklichung ihrer Diktatur, eine unentbehrliche Vereinigung der Arbeiter für den allmählichen Übergang der Verwaltung der gesamten Wirtschaft des Landes in die Hände der *Arbeiterklasse* (aber nicht einzelner Berufszweige) und sodann aller Werktätigen (*W. I. Lenin. Werke, Bd. 31, S. 35 — 36*).

86. **Пти́ца-тро́йка** (*Н. Гоголь. Мёртвые души, ч. I, гл. II —* 1842 *г.*) Vogel von einem Dreigespann (*N. Gogol. Tote Seelen. Übers. M. Pfeiffer*). *Das Bild eines unaufhaltsam dahinsprengenden Dreigespanns, einer »fliegenden« Troika, symbolisiert bei Gogol die stürmische Entwicklung Rußlands, sein Vorwärtsstreben einer besseren Zukunft entgegen.*

87. **Пти́чка бо́жия не зна́ет /Ни забо́ты, ни труда́** (*А. Пушкин. Цыганы —* 1824 *г.*) Vöglein kennt, von Gott geborgen, /Kein

Mühsal und kein Leid (*A. Puschkin. Die Zigeuner. Übers. A. Luther*). *Der Ausdruck wird ironisch gebraucht, um einen sorglosen Menschen zu charakterisieren.*

88. **Пти́чье молоко́** (*у ряда древнегреческих авторов*) »Vogelmilch«, *d.h.* etw. Unmögliches oder Rares, Seltsames (*bei mehreren altgriechischen Schriftstellern*). *Der Ausdruck wird oft in folgenden festgeprägten Sätzen gebraucht:* Там есть всё, кро́ме пти́чьего молока́ Dort kann man alles haben; Захоте́л пти́чьего молока́! Sonst noch was!

89. **Пу́ля — ду́ра, штык — молоде́ц** (*A. Суворов. Наука побеждать — 1806 г.*) »Die Kugel ist dumm, auf das Bajonett ist Verlaß« (*A. Suworow. Die Kunst zu siegen*). *S. dazu auch* Нау́ка побежда́ть.

90. **Пуп земли́** (*выражение возникло из религиозных представлений древних иудеев, согласно которым в центре мира находится Палестина, в центре Палестины — Иерусалим, в центре Иерусалима — храм, а в центре храма — святое святых, т. е. алтарь*) Der Nabel der Welt (*der Ausdruck geht auf die religiösen Vorstellungen der Hebräer zurück, nach denen Palästina den Mittelpunkt der Welt, Jerusalem den Mittelpunkt von Palästina, der Tempel den Mittelpunkt Jerusalems und das Allerheilige, d.h. der Altar, den Mittelpunkt des Tempels bildet*). *Im Russischen ironische Bezeichnung für einen Menschen, der sich einbildet, die wichtigste Person innerhalb eines Kreises, die bewegende Kraft bei einem Unternehmen u. dgl. zu sein* (*umg., salopp*).

91. **Пусть всегда́ бу́дет со́лнце!** (*заглавие и слова припева песни, текст Л. Ошанина, музыка А. Островского — 1962 г.; припев представляет собой сочинённое четырёхлетним мальчиком четверостишие, которое приводит К. Чуковский в своей книге «От двух до пяти» — 1928 г.*) »Immer scheine die Sonne!« (*Worte des Refrains, mit denen ein Lied von L. Oschanin, Musik von A. Ostrowski, betitelt ist; als Refrain übernahm Oschanin folgenden von einem vierjährigen Jungen gedichteten Vierzeiler, den K. Tschukowski in seinem Buch »Kinder von zwei bis fünf« mitgeteilt hatte:* Пусть всегда́ бу́дет не́бо! /Пусть всегда́ бу́дет со́лнце! /Пусть всегда́ бу́дет ма́ма! /Пусть всегда́ бу́ду я! *Das Lied wurde mit dem Ersten Preis des Internationalen Song- und Chansonfestivals in Sopot ausgezeichnet und zum musikalischen Symbol der Friedensbewegung vorgeschlagen. Das Zitat wird als eine Formel des Optimismus und der Lebensbejahung verwendet.*

92. **Пусть лени́вое брю́хо корми́ть /Не бу́дут приле́жные ру́ки** (*цитата из поэмы Г. Гейне «Германия. Зимняя сказка», гл. I — 1844 г.; пер. В. Левика — 1935 г.*) Verschlemmen soll nicht der faule Bauch, /Was fleißige Hände erwarben (*H. Heine. Deutschland. Ein Wintermärchen, Caput I*). *Das Heine-Zitat ist auch*

195

*in früheren russischen Übersetzungen bekannt; die von W. Lewik gilt als die beste von den neun Übersetzungen, die zwischen 1861 und 1959 erschienen sind.*

**93. Пусть ненави́дят — лишь бы боя́лись** *цитируется также по-латыни*: Oderint dum metuant (*из трагедии Акция «Атрей»; выражение часто цитировалось другими римскими писателями; по свидетельству Светония в «Жизни двенадцати цезарей», «Калигула», XXX, оно было любимым изречением этого императора*) Mögen sie hassen, wenn sie nur fürchten; ↑ *lat.* (*Ausdruck aus der Tragödie »Atreus« des römischen Dramatikers Accius, der von anderen römischen Schriftstellern oft zitiert wurde und, wie Sueton in seinem »Leben der Caesaren«, »Kaligulabiographie« berichtet, ein Lieblingsspruch dieses Kaisers war). Charakteristik einer mit Terrormethoden regierenden Diktatur.*

**94. Пусть сильне́е гря́нет бу́ря!** (*M. Горький. Песня о Буревестнике* — *1901 г.*) Tobe, Sturmwind! Tobe stärker! (*M. Gorki. Das Lied vom Sturmvogel. Übers. B. Brecht). Schlußworte des berühmten Gedichts von M. Gorki, die als Aufruf zum revolutionären Kampf zitiert werden* (s. Буреве́стник).

**95. Путёвка в жизнь** (*название первого советского звукового кинофильма по сценарию Н. Экка и А. Столпера* — *1931 г.*) »Start ins Leben« (*Titel des ersten sowjetischen in Deutschland als »Weg ins Leben« bekannten Tonfilms nach dem Drehbuch von N. Ekk und A. Stolper). Der Film zeigt die Umerziehung der verwahrlosten, kriminell gewordenen Jugendlichen in einer als Kommune funktionierenden Arbeitskolonie, ihren Weg zur bewußten Beteiligung am Aufbau des Sozialismus, also ihren »Start in ein menschenwürdiges Leben«. Der Ausdruck ist zu einem geflügelten Wort mit folgender Bedeutung geworden: Alles, was jmdm. hilft, ein nützliches Mitglied der Gesellschaft, ein guter Staatsbürger zu werden. Er wird meist mit den Verben* дава́ть: дава́ть кому́-л. чему́-л. путёвку в жизнь ≈ *etw.* starten, jmdn. startbereit machen *sowie* получа́ть: получа́ть путёвку в жизнь ≈ starten *gebraucht.*

**96. Пу́шечное мя́со** (< *Шекспир. Король Генрих IV, ч. I, д. 4, явл. 2* — *1597 г.*) Kanonenfutter, *d.h.* sinnlos und gewissenlos im Krieg geopferte Soldaten (< *Shakespeare. König Heinrich IV.*).

**97. Пу́шки вме́сто ма́сла** (*милитаристский лозунг, сформулированный в 1936 г. Р. Гессом, одним из заправил гитлеровской Германии*) Kanonen statt Butter (*militaristisches Schlagwort, das von R. Hess, einem der Naziführer, in Umlauf gesetzt wurde*).

**98. Пя́тая коло́нна** (*в 1936 г., во время Национально-революционной войны в Испании, войска франкистских мятежников во главе с генералом Э. Мола наступали на Мадрид четырьмя колоннами; пятой колонной Э. Мола назвал своих агентов, действовавших в самом Мадриде; выражение «Пятая колонна»* *получило широкую известность благодаря пьесе Э. Хемингуэя—1938 г.—под этим названием, в которой он описал действия республиканских органов безопасности против фашистских диверсантов)* Die fünfte Kolonne (*im Jahre 1936, während des Bürgerkriegs in Spanien, rückten die putschenden Truppen Francos mit General E. Mola an der Spitze in vier Kolonnen nach Madrid vor; fünfte Kolonne nannte E. Mola seine Agenten, die in Madrid selbst am Werk waren. Seine Verbreitung verdankt der Ausdruck »Die fünfte Kolonne« einem Stück von E. Hemingway unter diesem Titel, in dem der Verfasser die Tätigkeit des republikanischen Sicherheitsdienstes gegen die faschistischen Diversanten beschreibt). Der Ausdruck hat sich bis auf den heutigen Tag als Bezeichnung für im Untergrund tätige Spionage- und Diversionsgruppen erhalten.*

# Р

**1. Ра́ди жи́зни на земле́** (*А. Твардовский. Василий Тёркин—1945 г.*) »Es geht ums Leben auf der Welt« (*A. Twardowski. Wassili Tjorkin*). *Einige Kapitel in A. Twardowskis Dichtung; einer Art lyrische Chronik des Soldatenlebens* (*s. Васи́лий Тёркин*). *enden mit folgendem, variierten Refrain:* Бой идёт свято́й и пра́вый (*вариант:* Стра́шный бой идёт, крова́вый, /Сме́ртный бой не ра́ди сла́вы, /Ра́ди жи́зни на земле́ Und im düstern Nachtgefechte /geht es nicht um Ruhm noch Geld,— /gehts ums reine und ums rechte /Leben auf der ganzen Welt; *Variante:* Blutige Schlacht zerwühlt das Feld, /wilde Schlacht—nicht Ruhmes wegen, /nein—ums Leben auf der Welt (*Übers. H. Huppert*). *Dieser Refrain ist eine knappe poetische Formulierung des Gedankens, daß die Sowjetmenschen im Großen Vaterländischen Krieg nicht nur ihr Heimatland verteidigten, sondern auch für eine bessere Zukunft der ganzen Menschheit kämpften. Oft wird nur die Schlußzeile* Ра́ди жи́зни на земле́ *zitiert. Die erste Zeile des Refrains ist ebenfalls zu einem geflügelten Wort geworden* (*s.* Бой идёт свято́й и пра́вый).

**2. Ра́ди прекра́сных глаз** (*Мольер. Жеманницы, сцена 16—1660 г.*) Um jmds. schönen Augen willen, *d. h.* aus purer Sympathie für jmdn. (etw. tun); umsonst, ohne eine Gegenleistung zu verlangen (*Molière. Die lächerlichen Preziösen*). *Der Ausdruck wird ironisch gebraucht.*

**3. Ра́дуюсь я—э́то мой труд /влива́ется в труд мое́й респу́блики** (*В. Маяковский. Хорошо!, гл. 19—1927 г.*) Das macht froh—denn hier mündet mein eignes Bemühn / in das große Bemühn

197

meiner Republik (*W. Majakowski. Gut und schön. Übers. H. Huppert*). *Diese Zeilen aus Majakowskis zum* 10. *Jahrestag der Oktoberrevolution gedichtetem Poem stehen in folgendem Zusammenhang: der Dichter sieht seine Bücher im Schaufenster einer Buchhandlung und drückt seine Freude darüber in den vorstehenden Worten aus. Zu einem geflügelten Wort ist das Zitat als poetische Formel des Kollektivismus und der sozialistischen Einstellung zur Arbeit geworden: ein jeder betrachtet seine Arbeit als seine patriotische Pflicht, als Quelle des Reichtums seines sozialistischen Vaterlandes und somit als Unterpfand seines eigenen Wohlergehens.*

4. **Разве́рзлись хля́би небе́сные** (*Библия, Бытие*, 7, 11 — 12) Die Schleusen [< die Fenster] des Himmels haben sich aufgetan; Der Himmel öffnet seine Schleusen (*Bibel*, 1. *Mose*, 7, 11 — 12). *Scherzhafte Bezeichnung für einen starken Regen.* Хлябь (*veralt.*, *poet.*) *svw.* Tiefe (des Meeres, des Himmels), Abgrund, Schlund; разве́рзнуться (*schriftspr.*) *svw.* sich weit auftun, eine Öffnung bilden.

5. **Разве́систая клю́ква** (*происхождение спорно*) *Wörtlich*: »ein weitverzweigter Moosbeerbaum«, *d. h.* ein Phantsiegespinst, etwas Erdichtetes. *Der Ausdruck soll aus einer von einem Franzosen verfaßten Beschreibung seines Aufenthalts in Rußland stammen, wo er »unter einem weitverzweigten Moosbeerbaum« (sous l'ombre d'un kliukva majestueux) gesessen haben will. Die scherzhafte Redewendung wird als Bezeichnung für allerlei von Ausländern stammende »frei erfundene« Geschichten über Rußland und die Russen gebraucht, im weiteren Sinn für unglaubwürdige, erlogene Berichte überhaupt, deren Einzelheiten die völlige Unwissenheit ihrer Urheber über den betreffenden Gegenstand verraten.*

6. **Разделя́й и вла́ствуй** *цитируется также по-латыни*: Divide et impera (*происхождение этого возникшего уже в новое время выражения спорно*; *П. Мериме в предисловии к своему роману «Хроника времён Карла IX» приписывает его Людовику XI; по другой версии, его автором является итальянский политик Н. Макиавелли*) Teile und herrsche!; ↑ lat. (*der Ursprung dieses erst in neuerer Zeit entstandenen Ausdrucks ist unsicher; P. Mérimée schreibt ihn im Vorwort zu seinem Roman »Chronik der Zeit Karls IX.« Ludwig XI. zu; nach anderen Quellen soll der italienische Politiker N. Machiavelli sein Urheber gewesen sein). Der Ausdruck charakterisiert das Schüren der nationalen Zwietracht als eines der Prinzipien der imperialistischen Politik.*

7. **Раззуди́сь, плечо́! /Размахни́сь, рука́!** (*А. Кольцов. Косарь —* 1835 *г.*) Reck dich, Schulter! Arm, /Hol gewaltig aus! (*A. Kolzow. Der Schnitter. Übers. F. Fiedler*). *Diese Zeilen aus A. Kolzows volksliedhaftem Gedicht werden als abwertende Charakteristik eines allzu eifrigen Kritikers zitiert.*

8. **Распа́лась связь времён** (*Шекспир. Гамлет, акт I, сцена 5. Пер. А. Кронеберга* — 1844 *г.*) Die Zeit ist aus den Fugen (*Shakespeare. Hamlet. Übers. A. W. Schlegel und L. Tieck*).

9. **Распни́ его́!** (*Библия, Марк*, 15, 13 *и Иоанн*, 19 15) Kreuzige ihn! (*Bibel*). *Ausdruck aus dem Evangelium* (*Mark.*, 15, 13 *und Joh.*, 19, 15). *Geschrei der Menschenmenge, die mit fanatischem Haß die Hinrichtung Jesu verlangte; wird in einer Situation verwendet, in der von Haß verblendete Menschen die härteste Strafe für jmdn. fordern.*

10. **Рассу́дку вопреки́, наперекóр стихи́ям** (*А. Грибоедов. Горе от ума, д.* 3, *явл.* 22 — 1824 *г.*) Ein Spott auf die Vernunft und die Natur (*A. Gribojedow. Verstand schafft Leiden. Übers. A. Luther*). *Im Text des Gribojedowschen Lustspiels ist mit dem Ausdruck der unbequeme Schnitt der modischen Kleidung gemeint; heute wird er als geflügeltes Wort auf alles verwendet, was der Logik, dem gesunden Menschenverstand widerspricht.*

11. **Растека́ться мы́слью по дрéву** («*Слово о полку Игореве*») *Wörtlich*: »Seine Gedanken über das Geäst des Baums schweifen lassen« (*Die Mär von der Heerfahrt Igors, ein Ende des 12. Jh. von einem umbekannten Verfasser geschaffenes Heldenepos, das als bedeutendstes Denkmal der altrussischen Literatur gilt*). *Im* »Igorlied« *ist der verlorene Feldzug der Russen unter dem Fürsten Igor Swjatoslawitsch von Nowgorod-Sewersk gegen die Steppennomaden (Polowzer) im Jahre 1185 beschrieben (s. dazu* Ни сна, ни о́тдыха изму́ченной душé). *Der vorstehende Ausdruck gehört zu den* «dunklen Stellen« *im Text des Epos und wird von den Forschern auf zweierlei Weise gedeutet*: 1) *der Baum ist als allegorischer Baum der Weisheit und der dichterischen Inspiration zu verstehen;* 2) мысль *ist eine spätere Entstellung des altrussischen Wortes* мысь = Eichhörnchen, *vgl. das heutige* мышь (*dementsprechend in A. Luthers Übersetzung*: als Eichhorn über Stamm und Geäst hüpfen). *Heute wird die Redewendung in der Bedeutung zitiert*: Sich umständlich über etw. verbreiten (*iron.*).

12. **Револю́цией мобилизóванный и при́званный** (*В. Маяковский. Во весь голос* — 1930 *г.*) *Wörtlich*: »Durch die Revolution mobilisiert und einberufen« (*W. Majakowski. Mit voller Stimmkraft*); *in F. Leschnitzers Übersetzung*: Durch die Revolution dem Heere einverleibt. *Diese Worte Majakowskis, in denen er sich und seiner Dichtung eine Selbstcharakteristik gibt, sind als eine poetische Bezeichnung für einen Dichter geflügelt geworden, der sein Schaffen voll und ganz in den Dienst der Revolution stellt.*

13. **Револю́ции — локомоти́вы истóрии** (*К. Маркс. Классовая борьба во Франции с* 1848 *по* 1850 *г.*— *Маркс К., Энгельс Ф. Соч., т.* 7, *с.* 86) Die Revolutionen sind die Lokomotiven der Geschichte

*(K. Marx. Die Klassenkämpfe in Frankreich 1848 bis 1850.—
K. Marx, F. Engels. Werke, Bd. 7, S. 85).*

**14. Революцио́нный держи́те шаг! (/Неугомо́нный не дре́млет
враг!)** *(А. Блок. Двена́дцать, Гла́вки 2, 6, 10—1918 г.)* Revolutionäre, den Schritt vereint! Nicht ruht, nicht rastet, der zähe Feind
*(A. Block. Die Zwölf. Übers. W. E. Gröger). Die refrainartig
sich wiederholenden Verszeilen (öfter nur die erste) aus A. Blocks
Poem werden in der Publizistik als Losung zitiert, die zur Treue
gegenüber der Sache der Revolution, Wachsamkeit und Disziplin
aufruft. Die Schreibung* революцио́нный *(statt der normativen
Form* революцио́нный) *widerspiegelt eine umgangssprachliche Aus-
sprachevariante dieses Adjektivs.*

**15. Рог изоби́лия [Амалфе́ин рог]** *(из гре́ческой мифоло́гии)*
Füllhorn [Das Horn der Amalthea] *(aus der griechischen Mythologie). Amalthea, eine Ziege, die den auf Kreta versteckt gehaltenen
Zeusknaben säugte, brach sich einmal ein Horn ab. Eine Nymphe
füllte es mit Früchten und brachte es Zeus dar. Zeus schenkte
das Horn den Nymphen, die ihn großgezogen hatten, und versprach
ihnen, das Horn werde ihnen alles spenden, was sie sich nur wünschen
mögen. Der Ausdruck* Рог изоби́лия *(die Variante* Амалфе́ин рог
*ist heute im Veralten begriffen) wird als Symbol für Reichtum
und Überfluß verwendet.*

**16. Роди́мые пя́тна капитали́зма** *(⟨ К. Маркс. Кри́тика
Го́тской програ́ммы—1891 г.)* Muttermale des Kapitalismus
*(⟨ K. Marx. Kritik des Gothaer Programms).*

*Цита́та:* Мы имеем здесь дело не с таким коммунисти-
ческим обществом, которое *развило́сь* на своей собственной
основе, а, напротив, с таким, которое только что *выхо́дит*
как раз из капиталистического общества и которое поэтому
во всех отношениях, в экономическом, нравственном и умствен-
ном, сохраняет ещё родимые пятна старого общества, из недр
которого оно вышло *(Маркс К., Энгельс Ф. Соч., т. 19, с. 18).*

*Zitat:* Womit wir es hier zu tun haben, ist eine kommunistische Gesellschaft, nicht wie sie sich auf ihrer eigenen Grundlage
*entwickelt hat, sondern umgekehrt, wie sie eben aus der kapita-
listischen Gesellschaft hervorgeht, also in jeder Beziehung, ökono-
misch, sittlich, geistig, noch behaftet ist mit den Muttermalen der
alten Gesellschaft, aus deren Schoß sie herkommt (K. Marx,
F. Engels. Werke, Bd. 19, S. 20).*

**17. Родство́ душ** *см.* Сродство́ душ

**18. Рождённые бу́рей** *(загла́вие неоко́нченного рома́на Н. Ост-
ро́вского—1936 г.)* Die Sturmgeborenen *(Titel eines unvollendeten
Romans von N. Ostrowski). Die jungen Helden des Romans, dessen
Handlung während des Bürgerkriegs spielt, führen einen revolutio-
nären Kampf für die Errichtung der Sowjetmacht in der Ukraine.
Der Ausdruck wird zur Bezeichnung junger Menschen zitiert, deren*

*Charakter sich unter dem Einfluß der Revolution herausgebildet hat.*

19. **Рождённый по́лзать лета́ть не мо́жет** (*М. Го́рький. Песня о Соколе* — 1898 *г.*) Was zum Kriechen geboren, taugt nicht zum Fliegen (*M. Gorki. Das Lied vom Falken. Übers. H. Huppert*). *Die Natter in Gorkis Gedicht will verstehen, warum der stolze, tödlich verwundete Falke seine letzten Kräfte aufbietet, um sich in den freien Himmel aufzuschwingen. Die Natter macht einen Versuch, sich in die Luft zu erheben, plumpst auf den Erdboden zurück und beginnt, sich über die »seltsame Sehnsucht der Vögel nach dem Fliegen« lustig zu machen. Der Ausdruck wird in der übertragenen Bedeutung zitiert:* Ein niedrig denkender Mensch kann nie etw. Erhabenes vollbringen.

20. **Ро́жки да но́жки** *см.* Оста́лись от ко́злика ро́жки да но́жки

21. **Роме́о и Джулье́тта** (*герои одноимённой трагедии Шекспира* — 1597 *г.*) Romeo und Julia, *Helden der gleichnamigen Tragödie von Shakespeare, deren Namen metaphorisch für ein Liebespaar gebraucht werden. Vgl.* »Romeo und Julia auf dem Dorfe« (*Titel einer Novelle von G. Keller*).

22. **Росина́нт** (*конь гла́вного геро́я рома́на Серва́нтеса «Дон Кихо́т»* — 1615 *г.*) Rosinante, *Name des Pferdes, das dem Titelhelden in Cervantes Roman* »Don Quichote« *als* »Kampfroß« *diente; scherzhafte Bezeichnung für einen elenden Gaul.*

23. **Рука́ ру́ку мо́ет** (*поговорочное выраже́ние, восходя́щее к гре́ческому комедиогра́фу Эпиха́рму*) Eine Hand wäscht die andere; manus manum lavat *lat.* (*eine schon in der Antike bekannte sprichwörtliche Redensart, die auf den griechischen Komödiendichter Epicharm zurückgeht*). *Zitiert in folgenden Bedeutungen:* 1) wenn jmd. etw. für den anderen tut, erwartet er dasselbe für sich; 2) ein Gauner hilft dem anderen (*abwertend*).

24. **Ру́ки прочь!** (*выраже́ние, впервы́е испо́льзованное как полити́ческий ло́зунг англи́йским мини́стром В. Гладсто́ном в 1878 г., когда́ Австрия заня́ла Босни́ю и Герцего́вину*) Hände weg! (*der Ausdruck ist als politische Losung erstmalig von dem englischen Minister W. Gladstone verwendet worden, als Österreic[h] 1878 Bosnien und Herzegowina besetzte*). *Das Zitat wird im politischen Leben als Forderung verwendet, sich in die Angelegenheiten eines Staates* (*oder auch einer Person*) *nicht einzumischen, die Integrität eines Landes nicht anzutasten usw. Im Russischen wird der Ausdruck mit der Präposition* от *gebraucht. z.B.* Ру́ки прочь от Сальвадо́ра!

25. **Ры́льце в пушку́** [〈 в пуху́] (*И. Крыло́в. Лисица и Суро́к* — 1813 *г.*) »Daunen an der Schnauze (haben)« (*I. Krylow. Der Fuchs und das Murmeltier*). *Der Fuchs in Krylows Fabel*

*klagt im Gespräch mit dem Murmeltier über die Ungerechtigkeit, die ihm widerfahren ist*: Er sei, angeblich ohne sein Verschulden, der Korruptheit angeklagt und aus seinem Amt als Richter in einem Hühnerstall verjagt worden; das Murmeltier antwortet darauf: »Ich aber habe mehrmals Daunen an deiner Schnauze gesehen«. *Der Ausdruck wird, meist in der Form* у кого-л. рыльце в пушку *in der Bedeutung zitiert:* jmd. hat Dreck am Stecken.

26. **Ры́цари плаща́ и кинжа́ла** (*в основе выражения лежит, по-видимому, литературоведческий термин* «комедия плаща и шпаги», *обозначающий жанр в испанской драматургии XVI—XVII вв.— пьесы с острым сюжетом, богатые действием*) »Ritter von Dolch und Mantel«, *d.h.* gedungene Mörder; *im weiteren Sinne ironische Bezeichnung für* Abenteuerer, dunkle Existenzen, die von reaktionären politischen Kräften dazu benutzt werden, allerlei schmutzige Aufträge gegen Bezahlung auszuführen (*dem in der sowjetischen Presse oft zitierten Ausdruck scheint der Terminus der Literaturforschung* »Mantel- und Degenkomödie« *zugrunde zu liegen, der ein Genre in der spanischen Dramaturgie des 16. und 17. Jh. bezeichnet, intrigenreiche Stücke mit spannender Handlung; auch die bildliche Vorstellung von Dolch und Mantel als Attribute eines* »klassischen« *gedungenen Mörders aus vergangenen Zeiten mag hineingespielt haben*).

27. **Ры́царь без стра́ха и упрёка** (*прозвание французского рыцаря Пьера дю Террайля Баярда*) Ritter ohne [< sonder] Furcht und Tadel (*Beiname des tapferen und großmütigen französischen Ritters Pierre du Terrail Bayard, als ehrende Bezeichnung für Menschen mit diesen Eigenschaften zu einem geflügelten Wort geworden*).

28. **Ры́царь на час** (*заглавие стихотворения Н. Некрасова —1863 г.*) Eintags-Held (*Titel eines Gedichts von N. Nekrassow*). *Charakteristik eines edel gesinnten, nach Höherem strebenden, aber willensschwachen Menschen, der für die Verwirklichung seiner Ideale nicht zu kämpfen vermag. S. dazu* Сужден́ы нам блаѓие пор́ывы, /Но сверш́ить ничего́ не дан́о.

29. **Ры́царь печа́льного о́браза** (*Сервантес. Дон Кихот, ч. I, гл. 19—1615 г.*) Ritter von der traurigen Gestalt (*Cervantes. Don Quichote*). *Diese Worte, mit denen Sancho Pansa seinen Herrn charakterisiert, werden im Russischen als ironische Bezeichnung für Menschen vom Schlage eines Don Quichote zitiert*.

30. **Ры́царь револю́ции** (*так называли Ф. Э. Дзержинского, выдающегося советского партийного и государственного деятеля, активного участника русского и польского революционного движения, его соратники по партии, характеризуя его благородство, самоотверженность и преданность делу революции; этими словами озаглавлены воспоминания о нём, написанные его преемни-*

ком на посту председателя ВЧК—ОГПУ *В. Р. Менжинским,
а также сборник воспоминаний о Дзержинском, вышедший в
1967 г.*) Ritter der Revolution (*so wurde von seinen Kampfgefährten Feliks Dzierżyński genannt, hervorragender Funktionär der
KPR*(*B*) *und sowjetischer Staatsmann, aktiver Teilnehmer der russischen
und polnischen Arbeiterbewegung; mit dem Beinamen würdigten sie
seinen Edelmut, seine Selbstlosigkeit und seine Treue für die Sache
der Revolution; Titel der vom W. R. Menshinski, seinem Nach-
folger im Amt des Vorsitzenden der Allrussischen Außerordentlichen Kommission zur Bekämpfung der Konterrevolution und Sabo-
tage (Tscheka) geschriebenen Erinnerungen an Dzierżyński sowie
eines 1967 erschienenen Sammelbands mit Erinnerungen an ihn*). S.
auch Желéзный Фéликс.

# C

1. **Сáду цвесть** (*В. Маяковский. Рассказ о Кузнецкстрое
и людях Кузнецка* — 1929 г.) »Der Garten, er wird blühn«
(*W. Majakowski. Erzählung vom Kusnezkstroi und den Leuten von
Kusnezk*). *Majakowskis Gedicht ist dem Bau des Kusnezker Hütten-
kombinats* (*Gebiet Kemerowo*) *gewidmet, einem der größten Vorhaben
des 1. Planjahrfünfts. Gleichzeitig* (*1929*) *wurde mit dem Bau der
Stadt Nowokusnezk begonnen,· die als Gartenstadt angelegt ist.
Die Strophe aus diesem Gedicht*: Ich weiß: die Stadt wird werden
/Und auch der Garten blühn, /wenn auf der Sowjet-Erde /sich
solche Menschen mühn! (*Übers. H. Huppert*) *atmet das Pathos
des Schaffens, den Arbeitselan der Sowjetmenschen jener Jahre,
ihre Zuversicht, die großartigen Pläne zur sozialistischen Umgestaltung ihres Landes in die Tat umzusetzen. Die vorstehende Zeile
ist als poetische Formel dieses Umgestaltungswillens der Sowjetmenschen zu einem geflügelten Wort geworden.*

2. **Сапогú-скорохóды** (*из русских народных сказок*) *In russischen Volksmärchen Zauberstiefel, die ihren Besitzer mit Windeseile
an einen anderen Ort versetzen können; entsprechen den* Siebenmei-
lenstiefeln *der deutschen Volksmärchen*.

3. **Сбрóсить когó-л. с парохóда совремéнности** (*из литературного манифеста русских футуристов «Пощёчина обществен-
ному вкусу»* — 1913 г.) »Jmdn. vom Dampfer der Moderne hinun-
terwerfen«, *d. h.* einen Schriftsteller, Denker usw. für überholt erklären und als Ballast über Bord werfen (*aus dem Sammelband
»Eine Ohrfeige dem Geschmack des Publikums«, einem literarischen
Manifest der russischen Futuristen*). *Die Futuristen riefen dazu auf,
Puschkin* (*also die klassische russische Literatur*) *über Bord zu werfen.*

*Der Ausdruck ist verallgemeinert worden und dient heute zur ironischen Bezeichnung allerlei nihilistischer Versuche, Kulturgüter der Vergangenheit »als überflüssig und störend abzuschaffen«.*

4. **Сва́дебный генера́л** (< *А. Чехов. Свадьба* — 1890 *г.; по мотивам этого водевиля и лежащего в его основе рассказа А. Чехова «Свадьба с генералом»* — 1884 *г.* — *была создана кинокомедия «Свадьба» с участием ряда выдающихся советских артистов* — 1944 *г., способствовавшая популярности выражения*) »Hochzeitsgeneral« (< *A. Tschechow. Hochzeit; nach Motiven dieses Einakters von Tschechow sowie seiner früheren, diesem zugrunde liegenden Erzählung* »Hochzeitsfeier mit einem General« *wurde die populäre Filmkomödie* »Hochzeit« *unter Mitwirkung mehrerer hervorragender sowjetischer Schauspieler gedreht, die zur Verbreitung des Ausdrucks beigetragen hat*). *Kleinbürger in einer Provinzstadt möchten die Hochzeit ihrer Tochter möglichst* »imposant« *gestalten. Zu diesem Zweck bitten sie einen Verwandten, einen General a.D. als Gast zu gewinnen, der als lebendiger Beweis ihrer* »weitreichenden Beziehungen« *auftreten und die Tafelrunde* »schmücken« *soll. Die von Tschechow beschriebene Sitte hat im kleinbürgerlichen Milieu schon früher bestanden, der Ausdruck* Сва́дебный генера́л *scheint jedoch gerade dem Tschechowschen Einakter bzw. dem Film seine Verbreitung zu verdanken. Er wird heute in der Bedeutung gebraucht*: Ein Mensch, der nicht als aktiver Teilnehmer, sondern lediglich »zu Repräsentationszwecken« zu einer Sitzung, Beratung *u. dgl. bzw.* als 'Attraktion zu einer Abendgesellschaft eingeladen wird (*scherzh.*).

5. **Свежо́ преда́ние, а ве́рится с трудо́м** (*А. Грибоедов. Горе от ума, д. 2, явл. 2* — 1824 *г.*) Es klingt nach alten, halbverklungnen Sagen / und liegt kein Menschenalter noch zurück (*A. Gribojedow. Verstand schafft Leiden. Übers. A. Luther*). *Eigentliche Bedeutung des Zitats*: Eine Begebenheit, gewisse Zustände liegen gar nicht weit zurück, sind aber für heutige Begriffe unfaßbar. *Der Ausdruck hat einen wesentlichen Bedeutungswandel durchgemacht und wird heute fast ausschließlich in dem Sinn* Diese Neuigkeit ist schwer zu glauben (*iron.*) *gebraucht. Vgl.* Die Botschaft hör ich wohl, allein mir fehlt der Glaube (*Goethe. Faust, Teil I, Szene* »Nacht«).

6. **С ве́ком наравне́** (*А. Пушкин. Чаадаеву* — 1822 *г.*) »Mit der Zeit Schritt haltend« (*A. Puschkin. An Tschaadajew*). *Isoliert gebrauchter* »Splitter« *des nachstehenden umfangreicheren Zitats aus dem genannten Gedicht Puschkins*: В просвеще́нии стать с ве́ком наравне́ Den Bildungsstand der Zeit will ich erklimmen (*Übers. M. Remanê*). *Der* »Splitter«, *der einen allgemeineren Sinn hat, wird öfter zitiert als die vollständige Verszeile.*

7. **Свети́ть — и никаки́х гвозде́й!** (*В. Маяковский. Необычай-*

*ное приключение, бывшее с Владимиром Маяковским летом на даче* — 1920 *г.*) Sei Licht — und keine Flausen nicht! (*W. Majakowski. Seltsames Abenteuer Wladimir Majakowskis, sommers auf dem Lande. Übers. H. Huppert*). *In diesem Gedicht vergleicht Majakowski seine soziale Aufgabe als Dichter mit der Funktion der Sonne, Licht zu spenden. Vgl. den vollen Wortlaut der Strophe*: »Licht überall und immer Licht /bis auf den Grund der Tonne! /Sei Licht — und keine Flausen nicht!« /Mein Wahlspruch und — der Sonne!

8. **Свобо́да, ра́венство, бра́тство** *цитируется также по-французски*: Liberté, egalité, fraternité (*этот лозунг Французской буржуазной революции* 1789 — 1794 *гг. расширен в Программе Коммунистической партии Советского Союза, принятой на XXII съезде КПСС в* 1961 *г.*) Freiheit, Gleichheit, Brüderlichkeit; ↑ *franz.* (*Losung der Französischen bürgerlichen Revolution* 1789 — 1794, *die in dem vom XXII. Parteitag der Kommunistischen Partei der Sowjetunion beschlossenen Programm der KPdSU erweitert wurde*).

*Цитата*: Коммунизм выполняет историческую миссию избавления всех людей от социального неравенства, от всех форм угнетения и эксплуатации, от ужасов войны и утверждает на земле **Мир, Труд, Свободу, Равенство, Братство** и **Счастье** всех народов (*Программа Коммунистической партии Советского Союза. Принята XXII съездом КПСС. М.*, 1968, *с.* 6).

*Zitat*: Der Kommunismus erfüllt die historische Mission, die darin besteht, die Menschen von der sozialen Ungleichheit, von jedweden Formen der Unterdrückung und Ausbeutung und von den Schrecken des Krieges zu erlösen und begründet auf Erden **Frieden, Arbeit, Freiheit, Gleichheit, Brüderlichkeit** und **Glück** aller Völker (*Programm der Kommunistischen Partei der Sowjetunion. Beschlossen vom XXII. Parteitag der KPdSU am* 31. *Oktober* 1961. *Moskau*, 1968, *S.* 8).

9. **Свята́я простота́!** *см.* О свята́х простота́!

10. **Свята́я святы́х** (*Библия, Исход*, 26, 33 — 34) Das Allerheiligste, *in der Bibel* (2. *Mose*, 26, 33 — 34) *der streng abgeschlossene innerste Bezirk im jüdischen Tempel zu Jerusalem, den ausschließlich der Oberpriester — und auch dieser nur einmal jährlich — betreten durfte*; *in übertragenem Sinn*: das Geheimste; *etw.* Uneingeweihten völlig Unzugängliches.

11. **Се́верная Пальми́ра** (*образно о Петербурге* — *Петрограде* — *Ленинграде*; *употребляется с середины XVIII в.*) »Ein Palmyra des Nordens« (*eine seit der Mitte des* 18. *Jh. bekannte bildliche Bezeichnung für Petersburg* — *Petrograd* — *Leningrad*; *nach Palmyra, einer Stadt im heutigen Syrien, die im Altertum durch ihre prächtigen Gebäude berühmt war*).

12. **Сеза́м, отвори́сь [откро́йся]!** (*из арабской сказки «Али Баба и сорок разбойников»*) Sesam! Öffne dich! (*aus dem ara-*

*bischen Volksmärchen »Ali Baba und die vierzig Räuber«). Auf
diese Zauberworte hin öffnet sich im Märchen die Tür zu der Höhle,
in der die Räuber ihre Schätze aufbewahrten. Der Ausdruck wird
als ein scherzhafter Zauberspruch gebraucht, der jmdm. helfen soll,
etw. Verschlossenes, Verborgenes zu öffnen bzw. zu erschließen.*

13. **Сейте разумное, доброе, вечное** (*Н. Некрасов. Сеятелям —
1877 г.*) Säet das Gute, das Wahre, Vernünftige! (*N. Nekrassow.
An die Säer. Übers. M. Remané*). *Der Ausdruck aus Nekrassows
Gedicht wird gebraucht, um die Tätigkeit der Lehrer, Kulturschaf-
fenden u.a. zu charakterisieren, die Wissen und höhere Ideale verbreiten. Das Verb* сеять *kann in beliebiger Form stehen.*

14. **Секрет полишинеля** (*по имени Полишинеля, комического
персонажа французского народного театра с конца XVI в.*)
*Wörtlich*: Polichinelles Geheimnis, *d.h.* öffentliches Geheimnis, ein
Geheimnis, das in Wirklichkeit jedermann längst bekannt ist (*nach
Polichinelle, einer komischen Figur im französischen Volkstheater*).

15. **Семь чудес света** (*название семи грандиозных сооруже-
ний древности*) Sieben Weltwunder (*Bezeichnung der sieben großartigen Bauten des Altertums, die als Höchstleistungen menschlicher
Kunst und Technik von den alten Griechen bewundert wurden:
die ägyptischen Pyramiden, die hängenden Gärten der Semiramis
in Babylon, der Tempel der Artemis in Ephesos u.a.). Zitiert in
der Bedeutung*: etw. Hervorragendes, Bewunderungswürdiges. *In
derselben Bedeutung* (*oft iron.*) *wird der Ausdruck* Восьмое чудо
света Das achte Weltwunder *gebraucht.*

16. **Сердитые [рассерженные] молодые люди** (*принятое в литературной критике название группы английских писателей, высту-
пивших в 50-е гг. XX в.*; *термин восходит к автобиографической книге Л. А. Пола «Рассерженный молодой человек» —
1951 г., но широко распространился после постановки пьесы
Дж. Осборна «Оглянись во гневе» — 1956 г.*) Zornige junge
Männer (*in der Literaturkritik übliche Bezeichnung für eine Gruppe
englischer Schriftsteller der 50er Jahre des 20. Jh., die auf L. A. Pauls
autobiographisches Buch »Ein zorniger junger Mann« zurückgeht,
sich jedoch erst nach der Aufführung von John Osbornes Stück
»Blick zurück im Zorn« weit verbreitet hat). Ohne ein klares Programm
zu haben, erhob die Gruppe Protest gegen die Folgen der in ihrem
Lande herrschenden Gesellschaftsordnung. Der Ausdruck wird in der
Bedeutung zitiert*: mit den herrschenden Zuständen unzufriedene,
gegen sie aufbegehrende junge Leute.

17. **Сердце красавицы склонно к измене** (*начало арии герцога
из оперы Дж. Верди «Риголетто» — 1851 г.; русский текст
П. Калашникова*) O wie so trügerisch sind Weiberherzen; La
donna è mobile *ital.* (*Anfangsworte der Herzog-Arie in G. Verdis
Oper »Rigoletto«, deutscher Text von J. C. Grünbaum*).

18. **Сжечь свои корабли** (*выражение, восходящее к древ-ности: некоторые полководцы, чтобы лишить свои войска воз-можности отступить или бежать, сжигали свои корабли; в новое время Э. Кортес подавил таким образом мятеж, вспыхнувший среди его наёмников, когда его корабли в 1519 г. прибыли в Мексику*) Seine Schiffe [Die Brücken] hinter sich ver-brennen (*ein auf das Altertum zurückgehender bildlicher Ausdruck: manche Feldherren sollen ihre Schiffe bzw. die Brücken hinter sich verbrannt haben, um ihrem Heer jeden Rückzug unmöglich zu machen; in neuerer Zeit unterdrückte H. Cortés auf diese Weise eine Meuterei, die unter seinen Landsknechten ausbrach, als seine Schiffe 1519 Mexiko erreichten). In übertragenem Sinn*: einen Schritt tun, der nicht rückgängig gemacht werden kann und andere Ent-scheidungen ausschließt.

19. **Сидеть на пище святого Антония** (*из легенды о христиан-ском отшельнике III — IV вв. Антонии Фивском, жившем в пустыне и питавшемся травами и кореньями*) »Sich ernähren wie der heilige Antonius« (*aus der Legende von Antonius dem Großen, einem christlichen Heiligen, der als Einsiedler in der Wüste lebte und sich von Kräutern und Wurzeln ernährte). Scherzhafter Ausdruck für*: sich nicht richtig satt essen können *bzw.* dürfen (*z.B. wegen zeitweiligem Geldmangel oder weil man strenge Diät zu halten hat*).

20. **Сие от меня [нас, них** *и т. д.*] **не зависит** (*М. Сал-тыков-Щедрин. О ретивом начальнике — 1882 г.*) »Dies hängt aber nicht von mir [uns, ihnen *usw.*] ab« (*M. Saltykow-Stschedrin. Der übereifrige Vorgesetzte). In Saltykow-Stschedrins satyrischem Märchen wird von einem Bürokraten erzählt, dem das Projekt vorgelegt wird, »Amerika wieder zuzudecken«. Er billigt das Projekt, ist aber, trotz seiner Stupidität, gerade noch vernünftig genug, seine Stellungnahme mit den Worten zu schließen: »Aber das hängt anscheinend nicht von mir ab« (Übers. G. Kischke). Zitiert in der Bedeutung*: So weit reicht jmds. Macht nicht (*iron.*).

21. **Сизифов труд [Сизифова работа]** (*из греческой мифо-логии; Гомер. Одиссея, песнь XI, 598 — 600*) Sisyphusarbeit (*aus der griechischen Mythologie; Homer, Odyssee). Der griechische Sa-genheld Sisyphus hatte für seine auf Erden begangenen Sünden in der Unterwelt ein immer wieder herabrollendes Felsstück von neuem bergaufwärts zu wälzen. Der Ausdruck wird in der Bedeutung zitiert*: eine mühevolle und sinnlose Arbeit.

22. **Сильнее кошки зверя нет** (*И. Крылов. Мышь и Крыса — 1816 г.*) »Es gibt kein stärkeres Tier als die Katze«, *sagt die Maus in I. Krylows Fabel »Maus und Ratte«, als sie erfährt, daß die Katze dem Löwen in die Tatzen gefallen ist*; »Im Kampfe

Katz und Löwe, wie? /Da hat der Löwe nichts zu lachen! /Es gibt kein stärkres Tier als sie!« (*Übers. R. Bächtold*). *Das Zitat wird verwendet, um eine subjektive Überbewertung von jmds. Kraft (bzw. Macht, Einfluß, Autorität) bildlich zu bezeichnen.*

23. **Си́мвол ве́ры** (*краткое изложение догматов христианства; переносно*: кре́до) ≈ Katechismus (*kurze Darlegung der Dogmen der christlichen Religion*); *übertr.*: Kredo, (politisches, philosophisches *usw.*) Glaubensbekenntnis.

24. **Сим победи́ши** (*по легенде, рассказанной Евсевием Памфилом в сочинении «Жизнь царя Константина»* (1, 28), *когда римский император Константин Великий в 312 г. выступил в поход против своего соперника Максенция, ему накануне сражения явился на небе крест с греческой надписью над ним:* «*Сим знаменем победиши*») In hoc signo (vinces) *lat.*; In diesem Zeichen (wirst du siegen) (*dem Ausdruck liegt die von Eusebios in seiner Schrift »Über das Leben Konstantins« erzählte Legende zugrunde, wonach dem römischen Kaiser Konstantin dem Großen am Vorabend der entscheidenden Schlacht gegen seinen Rivalen Maxentius ein Kreuz mit den vorstehenden Worten darüber am Himmel erschienen sein soll. Nachdem Konstantin gesiegt hatte, stellte er unter dem Einfluß dieser Vision die Verfolgungen der Christen ein und begann die christliche Kirche zu unterstützen*). Сим (*veralt.*)—э́тим; победи́ши (*veralt. Form*)—победи́шь. *Das Zitat wird gebraucht, um die Zuversicht auszudrücken, daß ein Vorhaben mit Erfolg gekrönt sein wird, wenn man an die Richtigkeit des eingeschlagenen Weges fest glaubt.*

25. **Си́ний чуло́к** (*выражение, возникшее в Англии в 80-е годы XVIII в.; первоначально—пущенное в оборот адмиралом Э. Боскавеном название кружка, собиравшегося у леди Монтэгю*) Blaustrumpf, *spöttische Bezeichnung für eine gelehrte Frau, die über ihrer geistigen Arbeit die Fraulichkeit verloren hat (der Ausdruck, der ursprünglich keine abwertende Färbung hatte, ist in den 80er Jahren des 18. Jh. in England entstanden; er wurde von Admiral E. Boscawen in Umlauf gesetzt als Bezeichnung einer Gesellschaft um Lady Montagu, in der Kartenspiel verpönt und deren Hauptzweck geistvolle Unterhaltung war; bezog sich ursprünglich auf einen Stammgast dieses Zirkels, den Gelehrten B. Stillingfleet, der gegen die Mode immer in blauen Strümpfen erschien*).

26. **Си́няя борода́** (*заглавие сказки Ш. Перро—*1697 *г.*) Blaubart (*Titel eines Märchens von Ch. Perrault*). *Der Ritter Blaubart verbietet seiner jungen Frau, ein bestimmtes Zimmer zu betreten. Als sie es dennoch tut, entdeckt sie darin die Leichen von sechs Vorgängerinnen. Als ihr Mann dies erfährt, will er auch sie töten, doch sie wird im letzten Augenblick gerettet. Im Russischen*

*wird der Ausdruck zur Bezeichnung eines eifersüchtigen Ehemannes gebraucht, der seine Frau schlecht behandelt.*

27. **Си́няя пти́ца** (*загла́вие пье́сы-ска́зки* М. Метерли́нка — 1908 г.) Der blaue Vogel (*Titel eines Märchendramas von M. Maeterlinck, das 1908, noch vor seinem Erscheinen in Druck, im Moskauer Künstlertheater mit großem Erfolg uraufgeführt wurde*). *Symbol eines schönen Traums.*

28. **Ска́зка ложь, да в ней намёк!** /**До́брым мо́лодцам уро́к** (*А. Пу́шкин. Ска́зка о золото́м пету́шке* — 1835 г.) Märchen flunkern, doch ihr Kern /Wäre lehrreich manchem Herrn (*A. Puschkin. Märchen vom goldenen Gockel. Übers. W. E. Groeger*).

29. **Ска́зка про бе́лого бычка́** (*ру́сская ска́зка-дра́знилка*) *Wörtlich:* »Märchen vom weißen Bullenkalb« (*russische Scherzformel, mit der man ein Kind hinhält und hänselt, wenn dieses Erwachsene mit der Bitte belästigt, ihm ein Märchen zu erzählen). In übertragenem Sinn:* endlose Wiederholung desselben; das alte Lied.

30. **Скалозу́б** (*персона́ж коме́дии А. Грибое́дова «Го́ре от ума́»* — 1824 г.) Skalosub (*handelnde Person in A. Gribojedows Lustspiel* »Verstand schafft Leiden«*. Oberst Skalosub ist ein Vertreter der zaristischen Soldateska, wie sie für die Regierungszeit Nikolaus' I. typisch war: nur auf Karriere bedacht, unwissend, roh, soldatisch stur, selbstzufrieden. Ein* »sprechender« *Name (abgeleitet von* ска́лить зу́бы: 1) die Zähne zeigen; 2) (blöde) grinsen). *S. dazu* Фельдфе́беля в Вольте́ры дам.

31. **Сканда́л в благоро́дном семе́йстве** (*назва́ние анони́много водеви́ля, поста́вленного в Москве́ в 1874 г.*) »Skandal in einer vornehmen Familie« (*Titel eines anonymen Liederspiels, das 1874 in Moskau aufgeführt wurde*). *Der Ausdruck wird ironisch gebraucht.*

32. **Сканда́льная хро́ника** *цити́руется та́кже по-францу́зски:* Chronique scandaleuse (*заголо́вок кни́ги о правле́нии Людо́вика XI, вы́шедшей в Пари́же в 1611 г.; а́втор то́чно не устано́влен, загла́вие да́но изда́телем второ́го изда́ния*) Skandalgeschichte, Klatschgeschichte, ↑ *franz.* (*unter diesem von dem Herausgeber stammenden Titel erschien 1611 in Paris — als zweite Ausgabe — ein Buch über die Regierung König Ludwigs XI., dessen Verfasser nicht genau festgestellt werden konnte*).

33. **Ска́терть-самобра́нка** (*из ру́сских наро́дных сказок*) *Tischdecke in russischen Volksmärchen, die auf Wunsch mit köstlichen Speisen und Getränken aufwartet, entspricht dem* Tischleindeckdich *der deutschen Volksmärchen.*

34. **С корабля́ на бал** (*А. Пу́шкин. Евге́ний Оне́гин, гл. 8, строфа́ XIII* — 1832 г.) Vom Schiff auf den Ball (*A. Puschkin. Eugen Onegin. Übers. J. von Guenther*). *Zitat:* Heimkehrend, wie dies Tschazkis Fall, /Geriet vom Schiff er auf den Ball. *Der Ausdruck wird zitiert, wenn man direkt von einer Reise zu einem Fest u.a.*

*kommt, wie es mit Tschazki, dem Haupthelden in Gribojedows Lustspiel »Geist bringt Kummer« (s.* Го́ре от ума́) *der Fall war. Im weiteren Sinne Bezeichnung eines jähen Wechsels der Situation, der Umstände.*

35. **Скре́жет зубо́вный** (*Библия. Матф.*, 8, 12) Zähneklappern (*Bibel, Matth.*, 8, 12). *Mit diesen Worten werden im Evangelium die Höllenqualen beschrieben. Man beachte den Unterschied in heutigem Gebrauch in beiden Sprachen*: *während der deutsche Ausdruck Verzweiflung bezeichnet, wird damit im Russischen wilder Haß gemeint.*

36. **Скупо́й ры́царь** (*герой одноимённой драмы А. Пушкина —* 1836 *г.*) Der geizige Ritter (*Hauptheld in A. Puschkins gleichnamigem Drama*), ≈ Harpagon (*Molière*).

37. **Сла́дкая жизнь** (*выражение, ставшее крылатым как обозначение аморальной жизни в высших кругах капиталистического общества после выхода в* 1960 *г. итало-французского фильма режиссера Ф. Феллини под этим названием*) Das süße Leben; La dolce vita *ital.* (*Titel eines 1960 erschienenen italienisch-französischen Films des Regisseurs F. Fellini, der als Bezeichnung für das unmoralische Leben höchster Kreise der kapitalistischen Gesellschaft zu einem geflügelten Ausdruck geworden ist*).

38. **Сли́вки о́бщества** (*французское выражение, возникшее около* 1840 *г.; происхождение не установлено*) Creme der Gesellschaft; Crème de la crème *franz., d.h. die vornehmste Oberschicht der Gesellschaft* (*um 1840 entstandener französischer Ausdruck; Ursprung unsicher*).

39. **Слова́, слова́, слова́** (*Шекспир. Гамлет, д.* 2, *сцена* 2. *Пер. Н. Полево́го —* 1837 *г.*) Worte, Worte, nichts als Worte (*Shakespeare. Hamlet. Übers. A. W. Schlegel und L. Tieck*).

40. **Слона́ не приме́тить** (< *И. Крыло́в. Любопы́тный —* 1814 *г.*) »Den Elefanten nicht bemerkt haben«, *d.h.* das Wichtigste, Wesentlichste an etw. übersehen, nicht beachtet haben (< *I. Krylow. Der Neugierige*). *Der Held der Krylowschen Fabel erzählt mit Begeisterung von allerlei Insekten, die er in einem Museum gesehen hat. Auf die Frage, wie ihm der Elefant gefallen habe, antwortet er*: »*Den habe ich gar nicht bemerkt*«. *Vgl.* Er ist in Rom gewesen und hat den Papst nicht gesehen.

41. **Слуга́ двух госпо́д** (*заглавие русского перевода комедии К. Гольдо́ни «Il Servitore di due padroni» —* 1753 *г.*) Der Diener zweier Herren (*Titel eines Lustspiels von C. Goldoni*). *Truffaldino, der Hauptheld der Komödie, bringt es fertig, zwei Herren gleichzeitig zu dienen; er verheimlicht geschickt dem einen seinen Dienst bei dem anderen und bekommt so doppelten Lohn. Der Ausdruck wird im Russischen als abwertende Bezeichnung für einen Doppelzüngler zitiert.*

42. **Служе́нье муз не те́рпит суеты́** (*А. Пушкин.* 19 октября 1825 года — 1827 г.) Der Musendienst, er duldet keine Hast (*A. Puschkin. Der 19. Oktober 1825. Übers. M. Remané*); Der Musen Dienst versagt den Dienst der Welt (*Übers. J. von Guenther*).

43. **Служи́ть бы рад, прислу́живаться то́шно** (*А. Грибоедов. Горе от ума, д. 2, явл. 2 — 1824 г.*) Das Dienen ist zwar gut, das Dienern unerträglich (*A. Gribojedow. Geist bringt Kummer. Übers. J. von Guenther*). *Das Zitat wird gebraucht, wenn jmd. seiner Abscheu vor Liebedienerei und Unterwürfigkeit Ausdruck geben will.*

44. **Служи́ть де́лу, а не ли́цам** (⟨ *А. Грибоедов. Горе от ума, д. 2, явл. 2 — 1824 г.*; эта цита́та лежи́т в осно́ве загла́вия рома́на Ю. Ге́рмана «Де́ло, кото́рому ты слу́жишь» — 1957 г.) »Der Sache dienen, nicht dem Vorgesetzten« (⟨ *A. Gribojedow. Verstand schafft Leiden; das Zitat liegt dem Titel des Romans »Die Sache, der du dienst« von J. German zugrunde). Mit den vorstehenden Worten charakterisiert Tschazki, die Hauptfigur der Komödie, fortschrittliche junge Adelige, die gleich ihm nicht zum Karrieremachen in den Staatsdienst treten, sondern um ihrem Vaterland nützlich zu sein, und das »Dienern« (Служи́ть бы рад, прислу́живаться то́шно) verabscheuen. J. German hat die Gribojedowsche Verszeile in abgewandelter Form zum Titel seines Romans gemacht, dessen Hauptgestalt in seiner Arbeit als Arzt ganz aufgeht, weil er seinen Beruf über alles liebt und diese Tätigkeit mit seinen Pflichten als sowjetischer Staatsbürger harmonisch zu vereinigen weiß. Mit den Worten Де́ло, кото́рому ты слу́жишь ist eine ständige Spalte in der »Prawda« mit Reportagen über Sowjetmenschen überschrieben, die Enthusiasten ihres Berufs sind und in ihrer Arbeit hervorragende Leistungen erzielt haben.*

45. **Слу́шайте Револю́цию** (*А. Блок. Интеллиге́нция и револю́ция — 1918 г.*) Hört die Revolution (*A. Block. Intelligenz und Revolution*). *Mit diesen Worten schließt A. Block seinen im Januar 1918 verfaßten Artikel, in dem er die russische Intelligenz dazu aufruft, sich in den Dienst der Oktoberrevolution zu stellen. Der Dichter gebraucht das Wort* слу́шать, *weil er im vorausgehenden Text die Revolution mit Musik vergleicht. Die Schlußworte des Artikels werden daher auch in abgewandelter Form* Слу́шайте му́зыку Револю́ции *zitiert.*

*Цита́та*: Всем те́лом, всем се́рдцем, всем созна́нием — слу́шайте Револю́цию.

*Zitat*: Mit jeder Faser des Körpers und des Herzens, mit dem ganzen Bewußtsein hört die Revolution (*Übers. I. Schröder*).

46. **Слу́шайте, това́рищи пото́мки!** (*В. Маяковский. Во весь го́лос — 1930 г.*) Hört, Genossen künftiger Zeiten! (*W. Majakowski. Mit voller Stimmkraft. Übers. F. Leschnitzer*). *So redet der Dichter*

211

*in seinem letzten Poem die Nachkommen, die Menschen der kommunistischen Gesellschaft an, zu deren Erbauern er mit Stolz auch sich zählt.*

47. **С люби́мыми не расстава́йтесь** (*А. Кочетков. Баллада о прокуренном вагоне* — 1932 *г.; заглавие пьесы А. Володина* — 1980 *г.*) »Man hüte sich, von seinem Lieb zu scheiden« (*A. Kotschetkow. Ballade vom verräucherten Eisenbahnwagen; Titel eines Stücks von A. Wolodin*). *Zu der besonders seit dem Großen Vaterländischen Krieg populär gewordenen »Ballade« wurde der Dichter durch folgenden Vorfall angeregt: Nach einem Aufenthalt im Süden mußte er nach Moskau zurück, und seine Frau wollte ihm erst später folgen. Am Vorabend der Abreise verkaufte er seine Karte, um mit seiner Frau zusammen noch einige Urlaubstage zu genießen. Als er nach Moskau kam, wurde er von seinen Freunden wie ein vom Tode Auferstandener begrüßt, denn der Zug, mit dem er ursprünglich kommen sollte, war entgleist, und viele Reisende waren tödlich verunglückt. Die Zeile aus der Schlußstrophe des Gedichts (die wie folgt weitergeht:* »Und wenn es sein muß, soll man Abschied nehmen, als gebe es kein Wiedersehen mehr«) *wird als Mahnung zitiert, das Gefühl tief empfundener Liebe als höchstes Glück zu hegen und ihm immer treu zu bleiben.*

48. **Сме́лого пу́ля бои́тся,** /**Сме́лого штык не берёт** (*припев «Песни смелых», слова А. Суркова, музыка В. Белого и С. Прокофьева* — 1941 *г.*) »Den Kühnen scheut die Kugel, /Ihm weicht das Bajonett« (*Refrain im »Lied der Kühnen«, Text von A. Surkow, Musik von W. Bely und S. Prokofjew*). *Das in den ersten Tagen des Großen Vaterländischen Krieges entstandene Lied rief die Sowjetmenschen auf, im Kampf gegen den Feind mutig zu sein. Heute wird der aphoristische Refrain des Lieds im weiteren Sinn zitiert:* Wer wagt, gewinnt.

49. **Смесь [⟨ Смеше́нье языко́в] францу́зского с нижегоро́дским** (*А. Грибоедов. Горе от ума, д.* 1, *явл.* 7 — 1824 *г.*) Ein Durcheinander zweier Dialekte, /Von Nishni-Nowgorod und von Paris (*A. Gribojedow. Verstand schafft Leiden. Übers. A. Luther*). *Gribojedow verspottet den Brauch des russischen Adels zu Anfang des 19. Jhs., in Gesellschaft französisch zu sprechen. Menschen, die diese Sprache wirklich gut beherrschten, waren in der Minderheit, die meisten radebrechten nur, sprachen ein Gemisch* ⌣ *aus Französisch und Russisch.* Нижегоро́дский: *hier svw. die im Gebiet um Nishni-Nowgorod an der Wolga (heute die Stadt Gorki) gesprochene Mundart, die sich durch das sog. о́канье von der Aussprachenorm stark unterscheidet. Das Zitat wird in zwei Bedeutungen gebraucht:* 1) Kauderwelsch, Radebrechen einer Fremdsprache; 2) aus Nachahmungssucht entstehendes, mangelnde Kultur verratendes Vermengen unvereinbarer Dinge.

50. **Смеша́лись в ку́чу ко́ни, лю́ди** (*М. Лермонтов. Бородино* — *1837 г.*) »Verknäult die Rosse und die Reiter« (*M. Lermontow. Borodino*). *In seinem Gedicht, in dem die Schlacht bei Borodino geschildert wird* (*s.* Да, бы́ли лю́ди в на́ше вре́мя), *beschreibt Lermontow auch den Augenblick, in dem der Kampf seinen Höhepunkt erreichte und die Masse der Kämpfenden ein geballtes Durcheinander von Menschen und Pferden zu sein schien. Heute wird die Verszeile scherzhaft in der Bedeutung* Wirrwarr, Durcheinander, große Unordnung *zitiert.*

51. **Смея́ться, пра́во, не грешно́ /Над тем [< всем], что ка́жется смешно́** (*Н. Карамзин. Послание к Алексею Александровичу Плещееву* — *1796 г.*) »Ist etwas wirklich lachenswert, /So lache man darüber unverdrossen« (*N. Karamsin. Sendschreiben an Alexej Alexandrowitsch Plestschejew*).

52. **Смея́ться [< Улыба́ться] сквозь слёзы** (*Гомер. Илиада, песнь VI, 482* — *484*) Unter Tränen lächeln (*nach der Szene in Homers* »Ilias«, *in der Hektor von seiner Frau Andromache und seinem kleinen Sohn Abschied nimmt; Andromache drückt das Kind an ihren Busen* »lächelnd mit Tränen im Blick«).

53. **С ми́лым рай и в шалаше́** (*Н. Ибрагимов. Русская песня* — *1815 г.*) *Wörtlich:* »Mit dem Liebsten fühlt man sich auch in einer Laubhütte wie im Paradies« (*Zeile aus dem* »Russisches Lied« *betitelten Gedicht des heute wenig bekannten Dichters N. Ibragimow, das zu einem Volkslied geworden ist*). *Vgl.* Raum ist in der kleinsten Hütte /Für ein glücklich liebend Paar (*F. Schiller. Jüngling am Bache*).

54. **Смотри́ в ко́рень!** (*Козьма Прутков. Плоды раздумья. Мысли и афоризмы* — *1854 г.*) »Geh (immer) der Sache auf den Grund« (*Kosma Prutkow. Gedanken und Aphorismen*). *Prutkows Aphorismus ist nicht nur wegen des darin enthaltenen Gedankens beliebt, sondern auch wegen seiner köstlich komischen, weil unbeholfenen Form, denn der Satz lautet wörtlich:* »Siehe in die Wurzel!«, *wobei der auf lakonische Kürze bedachte* »Philosoph« *die notwendige Ergänzung* »Wurzel (= Kern) einer Sache« *fehlen läßt. Näheres über Prutkow s.* Баро́н фон Гринва́льюс...

55. **С ним была́ плуто́вка такова́** (*И. Крылов. Ворона и Лисица* — *1808 г.*) »Weg schnappte es der Schelm, war auf und davon« (*Schlußworte in I. Krylows Fabel* »Die Krähe und der Fuchs«). *Der Fuchs listet der Krähe ein Stück Käse ab, das diese im Schnabel hält, und verschwindet damit* (*Näheres zum Inhalt der Fabel s.* От ра́дости в зобу́ дыха́нье спёрло). *Der Ausdruck wird spöttisch zitiert, wenn sich jmd. mit List einer Sache bemächtigt hat und sich nicht mehr sehen läßt.*

56. **Собаке́вич** (*персонаж* «*Мёртвых душ*» *Н. Гоголя* — *1842 г.*) Sobakewitsch, *Gestalt in N. Gogols* »Toten Seelen«,

*ein knauseriger, nur auf seinen Vorteil bedachter Mensch, grob, kurz angebunden, gegen alle und alles feindlich eingestellt. Ein von* собáка Hund *abgeleiteter »sprechender Name«.*

57. **Сóбственность — э́то воровствó** (*П.-Ж. Прудон. Что такое собственность?* — 1840 *г.*) Eigentum ist Diebstahl (*P.-J. Proudhon. Was ist Eigentum?*). *Mit dem Diebstahl meint Proudhon in seiner Schrift den Diebstahl des von den Produzenten geschaffenen Mehrprodukts.*

58. **Содóм и Гомóрра** (*Библия, Бытие,* 19, 24 — 25) Sodom und Gomorrha, *in der Bibel* (1. *Mose,* 19, 24 — 25) *zwei Städte in Palästina, die wegen des sündhaften Lebens ihrer Einwohner von Gott durch Feuerregen und Erdbeben zerstört wurden. Der Ausdruck wird in folgenden zwei Bedeutungen zitiert:* 1) Stätten des Lasters; 2) Stätten großer Unordnung.

59. **Соедини́ть прия́тное с поле́зным** (*Гораций. Искусство поэзии, стих* 343) Das Angenehme mit dem Nützlichen verbinden (*Horaz. Dichtkunst*). *Die Aufgaben der Dichtkunst formulierte Horaz in seiner Schrift mit den Worten:* »*Die Dichter wollen entweder nützen oder erfreuen*«; *ein Dichter, dem es gelinge, das Angenehme mit dem Nützlichen zu verbinden, habe die größten Aussichten auf Erfolg.*

60. **Сóлнце ру́сской поэ́зии** (*из опубликованного в печати* 30.1.1837 *г. анонимного краткого извещения о смерти А. Пушкина, автором которого, как установлено советскими исследователями, является В. Одоевский*) Sonne der russischen Dichtung (*Ausdruck aus einer am* 30.1.1837 *anonym erschienenen Anzeige über den Tod A. Puschkins, deren Verfasser, wie von sowjetischen Forschern festgestellt wurde, W. Odojewski war*). *Bildliche Würdigung der Rolle Puschkins für die russische Literatur, Zeugnis der Liebe, die ihm schon seine Zeitgenossen entgegenbrachten.*

61. **Соломóново реше́ние** [**Суд Соломóна**] (⟨ *Библия, Третья книга царств,* 3, 16 — 28) Salomonisches Urteil. *In der Bibel* (1. *Könige,* 3, 16 — 28) *wird erzählt, wie der weise König Salomo den Streit zweier Frauen schlichtete, von denen eine die andere beschuldigte, sie habe ihr in der Nacht ihr totes Kind, das sie im Schlaf erdrückt hatte, untergeschoben und statt dessen ihren kleinen Sohn an sich genommen. Die zweite Frau leugnete, es getan zu haben, und behauptete, die andere sei es gewesen, die ihr Kind im Schlaf erdrückt habe. Salomo befahl seinen Dienern, das Kind mit einem Schwert entzweizuhauen und jeder Frau eine Hälfte zu geben. Eine der Frauen war damit einverstanden, die andere aber sagte:* »*Nein, lieber gebe ich das Kind her, aber tötet es nicht*«. *Nun wußte Salomo, welche die Mutter des Kindes war, und sprach ihr das Kind zu. Daher entstand das geflügelte Wort* Соломóново реше́ние *mit der Bedeutung* Eine auf Weisheit und Güte beruhende, gerechte Entscheidung.

62. **Соль земли** (*Библия, Матф.*, 5, 13) Das Salz der Erde, *d.h.* hervorragende Vertreter einer gesellschaftlichen Gruppe, der wertvollste, wichtigste Teil einer Gesellschaft (*nach dem biblischen Ausdruck, mit dem Christus (Matth.*, 5, 13) *seine Jünger bezeichnet*).

63. **Сотри случайные черты —** /**И ты увидишь: мир прекрасен** (*А. Блок. Возмездие. Пролог*—1917 *г.*) Und prüfen kannst du mit den Augen, /Was Zufall ist — du hast gesehn: /Die Welt — sie kann zur Schönheit taugen! (*A. Block. Vergeltung. Übers. H. Chechowski*).

64. **Со щитом или на щите** (*Плутарх. Изречения лакедемонянок*, 15) Mit dem Schild oder auf dem Schild (*Plutarch. Aussprüche der Lakedaimonierinnen*). *Die Lakedaimonierinnen, d.h. die Frauen Spartas, zeichneten sich, wie antike Geschichtsschreiber berichten, durch Heimatliebe, Mut, Willenskraft und Zurückhaltung im Ausdruck ihrer Gefühle aus. Nach dem Bericht Plutarchs soll eine spartanische Frau, die von ihrem ins Feld ziehenden Sohn Abschied nahm, diesem seinen Schild mit den lakonischen Worten gereicht haben:* Damit oder darauf (sollst du zurückkehren)!, *d.h.* entweder als Sieger oder tot (*gefallene Krieger wurden im alten Griechenland auf ihrem Schild vom Schlachtfeld getragen*). *Demnach wird der Ausdruck im Russischen in der Bedeutung zitiert:* als Sieger oder als Besiegter aus einer Sache hervorgehen, sein Ziel erreichen oder eine völlige Niederlage erleiden.

65. **Союз нерушимый республик свободных** /**Сплотила навеки великая Русь** (*начало Государственного гимна СССР, слова С. Михалкова и Г. Регистана, музыка А. Александрова; гимн исполняется с 1.1.1944 г.*) Von Rußland, dem großen, auf ewig verbündet, /Steht machtvoll der Volksrepubliken Bastion (*Anfangsworte der Staatshymne der UdSSR, Text von S. Michalkow und G. Registan, Musik von A. Alexandrow, Übers. E. Weinert; die Hymne wurde am 1.1.1944 eingeführt*).

66. **Спасение утопающих — дело рук самих утопающих** [< Дело помощи утопающим — дело рук самих утопающих] (*И. Ильф, Е. Петров. Двенадцать стульев, гл. XXXIV —*1928 *г.*) »Die Rettung Ertrinkender ist Sache der Ertrinkenden selbst« (*Worte auf einem Plakat, das in Ilfs und Petrows satirischem Roman während einer Veranstaltung des »Vereins zur Rettung Ertrinkender« den Saal schmückte; Parodie auf unangebrachte und ungeschickt formulierte Losungen*). *Der Ausdruck wird scherzhaft in der Bedeutung* Hilf dir selbst! *zitiert*.

67. **Спящая красавица** (*заглавие русского перевода французской народной сказки «La Belle au bois dormant» в обработке Ш. Перро —*1697 *г.; название балета П. Чайковского на сюжет этой сказки —*1889 *г.*) »Die schlafende Schöne« (*Titel der russischen Übersetzung des von Ch. Perrault bearbeiteten französischen*

*Volksmärchens, dessen Sujet dem des »Dornröschens« der Brüder
Grimm entspricht; Titel eines Balletts von P. Tschaikowski, dem
das Märchen von Perrault zugrunde liegt). Der Ausdruck wird
im Russischen oft als ironische Bezeichnung für ein hübsches, aber
allzu verträumtes, apathisches junges Mädchen gebraucht bzw. für
eine schläfrige Schülerin oder Studentin, die im Unterricht schlecht
aufpaßt.*

68. **Спя́щий в гро́бе, ми́рно спи, /Жи́знью по́льзуйся, живу́-
щий** (*В. Жуковский. Торжество победителей* — 1829 *г.; перевод
стихотворения Ф. Шиллера* »Das Siegesfest«) »Schlaf ruhig, wer
im Grabe schläft, /Wer aber lebt, genieß das Leben« (*Schlußzeilen in W. Shukowskis Gedicht* »Triumph der Sieger«, *einer
Übersetzung des* »Siegesfestes« *von F. Schiller). Die von Shukowski
frei wiedergegebenen Schlußzeilen des Schillerschen Gedichts lauten:*
Morgen können wir's nicht mehr, /Darum laßt uns heute leben!

69. **Сража́ться с ветряны́ми ме́льницами** (‹ *Сервантес. Дон
Кихот, ч. 1, гл. 8* — 1615 *г.*) Mit Windmühlen kämpfen, *d.h.*
einen sinnlosen, von vornherein aussichtslosen Kampf um etw.
führen (*dem Ausdruck liegt eine Szene in Cervantes' »Don Quichote«
zugrunde, in der dieser einen Kampf mit Windmühlen aufnimmt,
weil er sie für böse Riesen hält).*

70. **Сродство́ [Родство́] душ** (*заглавие выполненного А. Кро-
небергом русского перевода* — 1879 *г.* — *романа Гёте* »Die Wahlverwandtschaften«, *в настоящее время более известного под заглавием* «Избирательное сродство») »Seelenverwandtschaft« (*Titel
der von A. Kroneberg besorgten russischen Übersetzung von Goethes
»Wahlverwandtschaften«; neuere Übersetzungen des Romans tragen
den Titel* «Избирательное сродство»). *Im 4. Kapitel des 1. Buches
bezeichnet Goethe mit dem Wort »Wahlverwandtschaften« die Ursache
chemischer Verbindungen der Elemente miteinander und überträgt
diese Bezeichnung auf Verhältnisse zwischen Personen. Obwohl der
heutige Titel dem Goetheschen Ausdruck näher steht, ist gerade der
alte in der Bedeutung große geistige Nähe zwischen zwei Menschen
zu einem geflügelten Wort geworden.*

71. **Срыва́ние всех и вся́ческих ма́сок** (*В. И. Ленин. Лев
Толстой, как зеркало русской революции* — 1908 *г.*) Herunterreißen
jeglicher Masken (*W. I. Lenin. Leo Tolstoi als Spiegel der russischen
Revolution). W. I. Lenin geht in seinem Artikel auf die Widersprü-
che im Schaffen Tolstois ein und charakterisiert sie in folgenden
Worten.*

*Цитата*: С одной стороны, самый трезвый реализм, срыва-
ние всех и всяческих масок; — с другой стороны, проповедь
одной из самых гнусных вещей, какие только есть на свете,
именно: религии... (*Ленин В. И. Полн. собр. соч., т. 17, с. 209*).

*Zitat: Einerseits nüchternster Realismus, Herunterreißen jegli-*

cher Masken; anderseits Predigt eines der abscheulichsten Dinge, die es überhaupt auf der Welt gibt, nämlich der Religion... (*W. I. Lenin. Werke, Bd. 15, S. 198*). *Der Ausdruck W. I. Lenins wird als Bezeichnung für die anklägerische, entlarvende Haltung eines Schriftstellers, eines Publizisten zitiert.*

72. **Срыва́ть цветы́ удово́льствия** (*Н. Го́голь. Реви́зор, д. III, явл. V*— *1836 г.*) »Die Blumen des Vergnügens pflücken« (*N. Gogol. Der Revisor*). *Der Ausdruck wird in der Bedeutung zitiert*: den Annehmlichkeiten des Daseins leben; das Leben sorglos und egoistisch genießen (*abwertend*).

73. **Стань передо мно́й, как лист перед траво́й** (*из ру́сской наро́дной ска́зки «Си́вка-Бу́рка»*) *Wörtlich*: »Stell dich vor mich hin wie ein Blatt vor dem Gras!«, *d.h.* stell dich sofort ein! (*formelhafter Ausdruck im russischen Volksmärchen »Siwka-Burka«, Aufforderung an ein Zauberpferdchen, einen dienstbaren Geist, unverzüglich zu erscheinen). Der Name des Pferdchens ist aus zwei verbreiteten Pferdenamen zusammengesetzt*: Си́вка *svw.* си́вая ло́шадь ≈ Schimmel, *und* Бу́рка *svw.* бу́рая ло́шадь ≈ Brauner. *Die beiden Namen, die vor allem Bauernpferden gegeben werden, sind vertraulich, liebkosend klingende Diminutivformen.*

74. **Ста́рая гва́рдия** (*первонача́льно — наименова́ние отбо́рных часте́й войск Наполео́на*) Die alte Garde (*ursprünglich Bezeichnung für besonders bewährte Truppenteile Napoleons I., Kerntruppe seiner Armee*). *Übertragen*: Gruppe von Menschen, die seit langem durch gemeinsame Interessen bzw. Arbeit verbunden sind oder sich durch besondere Verdienste auszeichnen. *S. dazu* Молода́я гва́рдия.

75. **Старика́м везде́ у нас почёт** *см.* Молоды́м везде́ у нас доро́га

76. **Стари́к Держа́вин нас заме́тил /И, в гроб сходя́, благослови́л** (*А. Пу́шкин. Евге́ний Оне́гин, гл. 8, строфа́ II*—*1832 г.*) Der Greis Dershawin selbst bemerkte /Und segnete uns, eh er schied (*A. Puschkin. Eugen Onegin. Übers. J. von Guenther*). *In diesen Verszeilen erinnert sich Puschkin an eine Episode aus der Zeit seines Studiums im Lyzeum zu Zarskoje Selo. In einer Prüfung im Jahre 1815 trug er ein von ihm verfaßtes Gedicht vor und wurde von dem greisen Dichter Dershawin, der den Prüfungen als Ehrengast beiwohnte, herzlich umarmt und zu weiteren dichterischen Versuchen ermuntert* (нас — *den jungen Dichter und seine Muse*). *Das Zitat wird, unter Einsetzung eines anderen Namens, angeführt, wenn ein Schriftsteller, Künstler, Wissenschaftler usw., der einer älteren Generation angehört, eine junge Begabung ermuntert.*

77. **Ста́рое, но гро́зное ору́жие** (*В. Маяко́вский. Во весь го́лос*— 1930 *г.*) Alte, doch bedrohlich scharfe Waffen (*W. Majakowski.*

*Mit voller Stimmkraft. Übers. F. Leschnitzer). Bildlicher Vergleich des Dichterworts mit einer Waffe.*

78. **Старосве́тские поме́щики** (*герои одноимённой повести Н. Гоголя*— 1835 *г.*) Gutsbesitzer aus alter Zeit, *Gestalten aus der gleichnamigen Erzählung N. Gogols, ukrainische Landedelleute mit bescheidenem Auskommen, ein kinderloses, aber glückliches Ehepaar, bieder und einfältig, genügsam und idyllisch dahinlebend. Als Bezeichnung für Menschen dieses Schlages werden auch ihre Namen* Афана́сий Ива́нович и Пульхе́рия Ива́новна *gebraucht.*

79. **Ста́рый режи́м [поря́док]** (*выражение, встречающееся впервые в декретах французского Национального собрания в период революции* 1789 — 1794 *гг. и обозначавшее феодальные порядки в дореволюционной Франции; в России после Февральской буржуазной революции* 1917 *г. этим выражением стали обозначать режим, существовавший в стране до революции* Die Alte Ordnung; l'ancien régime *franz.* (*Ausdruck, der erstmalig in den Dekreten der französischen Nationalversammlung während der Revolution von* 1789 — 1794 *begegnet, bezeichnete die feudalen Zustände im vorrevolutionären Frankreich; in Rußland wurde er nach der bürgerlichen Februarrevolution* 1917 *auch zur Bezeichnung des Regimes verwendet, das vor der Revolution bestand). Das von dieser Wortverbindung abgeleitete Adjektiv* старорежи́мный *wird auch in der weiteren Bedeutung* rückständig, reaktionär *gebraucht.*

80. **Стать на го́рло со́бственной пе́сне** *см.* Наступа́ть на го́рло со́бственной пе́сне

81. **Стать при́тчей во язы́цех** *см.* При́тча во язы́цех

82. **Стиль — э́то челове́к** (*из речи естествоиспытателя Бюффона, произнесённой им в* 1753 *г. при избрании его в члены французской академии*) Wie der Stil, so der Mensch (*aus der Antrittsrede des Naturforschers de Buffon in der Französischen Akademie*).

83. **Столпы́ о́бщества** (*заглавие русского перевода драмы Г. Ибсена* «*Samfundets støtter*»— 1877 *г.*) Die Stützen der Gesellschaft, *d.h.* hervorragende, namhafte, angesehene Mitglieder einer Gemeinschaft (*Titel eines Dramas von H. Ibsen*). *Der Ausdruck wird ironisch gebraucht.*

84. **Столы́пинский га́лстук** (*обозначение виселицы или петли по фамилии П. Столыпина, председателя Совета министров с* 1906 *по* 1911 *г., известного кровавыми расправами с рабочими и крестьянами* — *участниками первой русской революции* 1905 — 1906 *гг.*) »Stolypinsche Krawatte« (*Bezeichnung des Galgens bzw. des Strangs, nach P. Stolypin, dem Vorsitzenden des Ministerrats in den Jahren* 1906 — 1911, *der durch blutige Repressalien gegen die Arbeiter und Bauern, Teilnehmer der ersten russischen Revolution* 1905 — 1906, *bekannt ist*).

85. **Сто ты́сяч Почему́** (*из стихотворения Р. Киплинга «Есть у меня шестёрка слуг» в переводе С. Маршака* — *1926 г.; заглавие книги для детей М. Ильина* — *1929 г.*) »Zehntausend Warums« (*aus R. Kiplings Gedicht »Sechs Diener stehn mir zu Gebot« in S. Marschaks Übersetzung; Titel eines Kinderbuchs von M. Iljin). Der Ausdruck dient zur bildlichen Bezeichnung der Wißbegier eines Kindes, das nie müde wird, Fragen an Erwachsene zu stellen.*

86. **С то́чки зре́ния ве́чности** *цитируется также по-латыни*: Sub specie aeternitatis (*Б. Спиноза. Этика* — *1677 г.*) Unter dem Gesichtspunkt der Ewigkeit; ↑ *lat.* (*B. Spinoza. Ethik*). *Zitiert in der Bedeutung*: Von konkreten Umständen, der Wirklichkeit abgezogen, zu abstrakt (*etw. betrachten, beurteilen usw.*) *S. dazu* Всё пустяки́ в сравне́нии с ве́чностью.

87. **Стри́жено — нет, бри́то** (*из русской народной сказки*) ≈ Abgeschnitten, abgeschnitten! (*aus einem russischen Volksmärchen*). *In dem Märchen wird erzählt, wie ein Mann und seine Frau darüber streiten, ob des Ehemanns Bart, den er sich hat abnehmen lassen, mit einer Schere abgeschnitten oder mit einem Messer abrasiert worden ist. Gegen besseres Wissen behauptet die Frau, der Bart sei abgeschnitten, und neckt damit ihren Mann. Von Zorn gepackt, droht er ihr schließlich, sie im Fluß zu ertränken, wenn sie nicht Vernunft annimmt. Da sie unbelehrbar bleibt, macht er seine Drohung wahr. Aber selbst als das Wasser über ihrem Kopf zusammenschlägt und sie nicht mehr sprechen kann, macht sie mit den Fingern eine Schere nach. Mit dem Ausdruck bezeichnet man einen Streit, bei dem die Streitenden in ihrem Starrsinn über die Grenzen des Vernünftigen hinausgehen. Eine ähnliche Situation ist in Goethes Ballade »Gutmann und Gutweib« geschildert.*

88. **Суди́ не вы́ше сапога́** (*А. Пушкин. Сапожник* — *1836 г.*) Versteig dich höher als das Schuhwerk nicht (*A. Puschkin. Der Schuhmacher. Übers. J. voh Guenther*). *In seinem Gedicht erzählt Puschkin eine alte Geschichte über den griechischen Maler Apelles nach. Ein Schuhmacher machte Apelles auf einen Fehler an seinem Gemälde aufmerksam, eine Sandale, die eine Öse zu wenig hatte. Der Maler korrigierte das Fehlende hinein. Als aber der auf seinen Erfolg stolze Schuhmacher begann, auch andere Dinge an dem Gemälde zu kritisieren, antwortete ihm Apelles mit den vorstehenden Worten. Der Ausdruck wird in der Bedeutung zitiert*: Man soll nicht über Dinge urteilen, von denen man nichts versteht. *Vgl.* Schuster, bleib bei deinem Leisten.

89. **Суд Соломо́на** *см.* Соломо́ново реше́ние

90. **Судьба́ игра́ет челове́ком** (*из русской народной песни начала XX в. «Шумел, горел пожар московский», в основе которой лежит стихотворение Н. Соколова «Он»* — *1850 г.*)

»Des Schicksals Spielball ist der Mensch« (*Zeile aus dem Anfang des 20. Jhs. entstandenen russischen Lied* »*Es loderte der Brand von Moskau*«. *Dem Lied liegt das Gedicht N. Sokolows* »*Er*« *zugrunde*; *mit diesem Pronomen wird Napoleon gemeint, der im Gedicht dem Brand des von ihm besetzten Moskau zusieht*).

91. **Суета́ суе́т и вся́ческая суета́** (*Библия, Екклезиаст*, 1, 2) Es ist alles ganz eitel (*Bibel, Der Prediger Salomo, 1, 2*). *Zitiert in der Bedeutung*: kleinliche Sorgen, alles Nichtige und Unnütze, das keinen wahren Wert hat.

92. **Сужде́ны нам блаѓие поры́вы, /Но сверши́ть ничего́ не дано́** (*Н. Некрасов. Рыцарь на час* — 1863 *г.*) Nach Höherem steht euer Streben, /Doch Frucht nicht trägt eure Saat! (*N. Nekrassow. Der Eintags-Held. Übers. F. Fiedler*); An edlen Aufwallungen seid ihr reich, /Nichts aber könnt ihr vollbringen (*Übers. M. Remané*).

93. **Суро́вая про́за** (⟨ *А. Пушкин. Евгений Онегин, гл.* 6, *строфа XLIII* — 1828 *г.*) Trockene Prosa (⟨ *A. Puschkin. Eugen Onegin. Übers. Th. Commichau*). *Zitiert in der Bedeutung*: das Alltägliche, das alles Poetischen entbehrt.

94. **С учё́ным ви́дом знатока́** (/Храни́ть молча́нье в ва́жном спо́ре) (*А. Пушкин. Евгений Онегин, гл.* 1, *строфа V* — 1825 *г.*) »Mit Kennerblick«, »mit Kennermiene« (*A. Puschkin. Eugen Onegin*). *Der Titelheld des Puschkinschen Versromans besaß das Talent, ...in ernstem Streit /Mit klugem Kennerblick zu schweigen* (*Übers. F. Bodenstedt*), *..sich zu Disputen ernster Art /Stumm würdevoll dazuzusetzen* (*Übers. Th. Commichau*); Nur wenn der Streit um Ernstes ging, /Fand schweigend er des Kenners Haltung (*Übers. J. von Guenther*).

95. **Сучо́к в глазу́ замеча́ть** (⟨ *Библия, Матф.*, 7, 3 — 5; *Лука*, 6, 41) Den Splitter in seines Bruders Auge sehen, *d.h.* unwesentliche Fehler eines anderen bemerken, ohne seine eigenen, viel schlimmeren zu beachten. *Zugrunde liegt folgende Bibelstelle*: Was siehest du aber den Splitter in deines Bruders Auge und wirst nicht gewahr des Balkens in deinem Auge? (*Matth.*, 7, 3 — 5; *Luk.*, 6, 41). *Dieser Gedanke wird im Russischen auch in Form eines Sprichworts ausgedrückt*: В чужо́м глазу́ сучо́к ви́дим, а в своём бревна́ не замеча́ем.

96. **Сфи́нксова зага́дка [Зага́дка Сфи́нкса]** (*из греческой мифологии*) Das Rätsel der Sphynx, *d.h.* ein unlösbares Rätsel; etw. Unergründliches (*die Sphynx, als geflügelter Löwe mit dem Oberkörper einer Frau dargestellt, ist ein Ungeheuer der griechischen Sage, das den tötet, der sein Rätsel nicht lösen kann*).

97. **Сце́на у фонта́на** (⟨ *А. Пушкин. Борис Годунов* — 1831 *г.*) *Wörtlich*: »Szene am Brunnen« (*nach einer Szene in Puschkins Drama* »*Boris Godunow*«, *die den Titel* »*Nacht. Garten. Fontäne*«

*trägt). Der Ausdruck wird scherzhaft in der Bedeutung* eine erregte, dramatische Auseinandersetzung, eine »Szene« *gebraucht.*

98. **Счастли́вые часо́в не наблюда́ют** (*А. Грибоедов. Горе от ума, д.* 1, *явл.* 3—1824 *г.*) Wer glücklich ist, der sieht nicht nach der Uhr (*A. Gribojedow. Verstand schafft Leiden. Übers. A. Luther). Vgl.* Dem Glücklichen schlägt keine Stunde (*F. Schiller, Piccolomini, III,* 3).

99. **С чу́вством, с то́лком, с расстано́вкой** (*А. Грибоедов. Горе от ума, д.* 2, *явл.* 1—1824 *г.*) Mit Gefühl, mit Sinn und mit Betonung (*A. Gribojedow. Geist bringt Kummer. Übers. J. von Guenther). Bei Gribojedow bezieht sich der Ausdruck aufs Vorlesen* (с расстано́вкой *svw.* unter Beachtung aller logischen Pausen). *Verallgemeinert in dem Sinn:* ohne Übereilung, mit Verstand, gründlich (*etw. machen*).

100. **Сыновья́ лейтена́нта Шми́дта** (*И. Ильф, Е. Петров. Золотой телёнок, гл. I и II*—1931 *г.*) Söhne des Leutnants Schmidt (*I. Ilf, J. Petrow. Das Goldene Kalb, oder Die Jagd nach der Million. Übers. Th. Reschke). Im Roman wird von Gaunern erzählt, die sich in kleinen Provinzstädten für Söhne des Leutnants Schmidt ausgaben. Leutnant P. Schmidt hatte 1905, während der ersten russischen Revolution, an der Spitze eines Matrosenaufstandes in Sewastopol gestanden und wurde nach der Unterdrückung des Aufstandes hingerichtet. Die Gauner spekulierten auf die Achtung und Liebe, die von der Bevölkerung den gefallenen Kämpfern der Revolution entgegengebracht wurde. Der Ausdruck wird als Bezeichnung für durchtriebene, einfallsreiche Gauner zitiert.*

101. **Сюже́т для небольшо́го расска́за** (*А. Чехов. Чайка, д.* 2— 1896 *г.*) Ein Stoff für eine kurze Erzählung (*A. Tschechow. Die Möwe. Übers. G. Düwel). Zitiert in der Bedeutung:* eine köstliche (lehrreiche) Geschichte (*scherzh.*).

# Т

1. **Та́бель о ра́нгах** (*название списка чинов, установленного законом Петра I от* 1722 *г. о порядке государственной службы в России*) Rangliste, Rangtafel (*von Peter I. gesetzlich eingeführtes Verzeichnis der Dienstgrade im russischen Militär- und Staatsdienst). Heute wird der Ausdruck —oft scherzhaft—in der Bedeutung* Rangordnung, Subordinationssystem *gebraucht.*

2. **Та́йна сия́ велика́ есть** (*Библия, Послание апостола Павла к ефесянам,* 5, 32) Dieses Geheimnis ist groß (*Bibel, Eph.,* 5, 32).

*Bildliche Bezeichnung für etw. Geheimes, ein sorgsam gehütetes Geheimnis (oft scherzh.).* Сия́ (veralt.)—э́та.

3. **Та́йны мадри́дского двора́** (*заглавие русского перевода —
1870 г.—романа Г. Борна—1869 г.*) »Geheimnisse des Madrider
Hofs« (*Titel der russischen Übersetzung des Romans von G. Born,
der im Original »Die Geheimnisse einer Weltstadt, oder Sünderin
und Büßerin« betitelt ist*). *Der Ausdruck wird im Russischen als
scherzhafte Bezeichnung für Machtverhältnisse und Ränkespiel innerhalb eines Kreises verwendet.*

4. **Так бы́ло, так бу́дет** (*из выступления царского министра
внутренних дел А. Макарова в Государственной думе 11.4.1912 г.
по поводу расстрела рабочих на Ленских золотых приисках,
которое вызвало волну возмущения и резкую критику со стороны
прогрессивной общественности России*) »So war es, und so soll
es auch bleiben« (*aus der Rede des Innenministers A. Makarow in
der Staatsduma, in der er das Vorgehen des zaristischen Militärs zu
rechtfertigen suchte, das am 4.4.1912 unter den unbewaffneten
streikenden Arbeitern der Lena-Goldfelder ein Blutbad angerichtet
hatte). Makarows Worte machten das Wesen der sich auf bloße
Polizeigewalt stützenden zaristischen Selbstherrschaft jedermann sichtbar.*

5. **Так вот где таи́лась поги́бель моя́!** (*А. Пушкин.
Песнь о вещем Олеге—1825 г.*) »Hier also lauert der Tod auf
mich« (*А. Puschkin. Lied vom weisen Oleg). In Puschkins Ballade
wird dem Kiewer Fürsten Oleg prophezeit, die Ursache seines Todes
werde sein Roß sein. Seitdem besteigt der Fürst 'nie mehr sein
gutes Tier. Als Oleg nach Jahren erfährt, daß es schon tot ist,
will er dessen Gebeine sehen. Bei ihrem Anblick schilt er den
Wahrsager einen Betrüger und sagt mit bitterem Spott: Soll
hier mein Verderben verborgen sein? Droht Tod mir aus morschen
Knochen? (Übers. A. Luther und J. Gerlach). Der Wahrsager behielt
jedoch recht, denn eine Schlange kroch aus dem Pferdeschädel und
gab Oleg den tödlichen Biß. Die Verszeile wird scherzhaft in der
Bedeutung zitiert: Jetzt weiß ich, was für eine Gefahr mich bedroht.*

6. **Так прохо́дит сла́ва ми́ра** *цитируется часто по-латыни:*
Sic transit gloria mundi (*выражение из ритуала избрания папы
римского*) So vergeht der Ruhm der Welt; ↑ *lat. (Worte aus
dem Ritual der Papstwahl: wenn der neue Papst zur Krönung die
Peterskirche betritt, wird dreimal ein Bündel Werg vor ihm angezündet und bei jedem Male wird ausgerufen: »Heiliger Vater, so
vergeht der Ruhm der Welt!« Das geflügelte Wort wird heute
zur (oft ironischen) Bezeichnung schnell verblassenden Ruhms
verwendet.*

7. **Там ру́сский дух, там Ру́сью па́хнет** (*А. Пушкин. Руслан
и Людмила. Пролог—1828 г.*) Ált-Rußlands Geist kann̓ man dort

spüren (*A. Puschkin. Ruslan und Ludmilla. Übers. M. Remané*).
*Zitiert in der Bedeutung:* Etw. ist echt russisch.

8. **Тантáловы мýки** см. Мýки Тантáла

9. **Танцевáть на вулкáне** (*французский посол в Неаполе граф Сальванди* — 31 *мая* 1830 *г.*) Auf dem Vulkan tanzen (*dem Ausdruck liegen die Worte des französischen Gesandten in Neapel, Graf Salvandy, zugrunde, der auf einem Ball in Paris zu Ehren des Königs von Neapel sagte:* »*Das ist ein ganz neapolitanisches Fest, wir tanzen auf einem Vulkan*«. *Seine Worte sollten prophetisch werden, denn schon nach zwei Monaten, im Juli 1830, wurde die bourbonische Herrschaft in Frankreich durch die Revolution gestürzt*). *Heute gebraucht man den Ausdruck in der Bedeutung:* unruhig, in Erwartung eines Unglücks leben; ein leichtsinniges Leben angesichts einer nahenden Gefahr führen.

10. **Танцевáть от пéчки** (? *В. Слепцов. Хороший человек* — 1871 *г.*) *Wörtlich:* »Vom Ofen tanzen« (*in W. Slepzows Roman* »*Ein guter Mensch*« *erinnert sich der Hauptheld, wie er als Kind in der Tanzstunde immer den Ofen zum Ausgangspunkt nehmen mußte, und wenn er aus dem Takt kam, immer zum Ofen zurückgeschickt wurde*). *Zitiert in der Bedeutung:* von vorn beginnen, bei einer Tätigkeit etw. Gewohntes zum Ausgangspunkt nehmen; etw. routinemäßig erledigen.

11. **Тартарéн из Тараскóна** (*герой одноимённой трилогии А. Доде* — 1890 *г.*) Tartarin von Tarascon (*Hauptperson der Romantrilogie von A. Daudet*). *Tartarin, der eine Bergpartie in den Alpen und eine Jagd in Afrika mitgemacht hat, erzählt gern von seinen* »*Abenteuern*« *Wunderdinge. Sein Name ist im Russischen zur Bezeichnung für einen Aufschneider vom Schlage eines Münchhausens geworden.*

12. **Тартюф** (*герой одноимённой комедии Мольера* — 1667 *г.*) Tartuffe (*Hauptperson in Molières gleichnamigem Lustspiel*). *Sein Name ist ein allgemein verbreiteter Ausdruck für* Scheinheiliger *geworden.*

13. **Таскáть вам — не перетаскáть** см. Возúть вам — не перевозúть

14. **Таскáть каштáны из огня́** (*Ж. Лафонтен. Обезьяна и Кот* — 1678 *г.*) Die Kastanien aus dem Feuer holen (*J. de La Fontaine. Der Affe und die Katze*). *In La Fontaines Fabel läßt der Affe die Katze geröstete' Kastanien aus dem Feuer holen, die er sofort verspeist, so daß die Katze, die sich obendrein die Pfoten dabei verbrennt, von der ganzen Sache nur das Nachsehen hat. Der Ausdruck wird in der Bedeutung zitiert:* für jmdn. eine unangenehme, gefährliche Aufgabe übernehmen, von der man selbst keinen Vorteil hat.

15. **Тащи́ть и не пуща́ть** (*Г. Успенский. Будка*—1868 *г.*)
»Zerren und nicht reinlassen« (*G. Uspenski. Schilderhaus*).
*Der Polizist Mymrezow in Uspenskis Erzählung hatte zwei Pflichten:*
»die Leute dahin zu zerren, wohin sie gar nicht wollten, und
sie nicht reinzulassen, wo sie hineinwollten« (пуща́ть—
*volkstümliche Form für* пуска́ть). *Das Zitat wird gebraucht, um
brutale Polizeigewalt und rohe Willkür zu kennzeichnen.*

16. **Твори́, выду́мывай, про́буй** (*В. Маяковский. Хорошо!,
гл.* 19 — 1927 *г.*) Drum: wage! entwirf! und beweise! (*W. Majakowski.
Gut und schön. Übers. H. Huppert*). *Die Zeile aus Majakowskis
Dichtung wird als Aufruf zitiert, sich in einer schöpferischen Tätigkeit* (*als Laienkünstler, Erfinder usw.*) *zu versuchen.*

17. **Теа́тр начина́ется с ве́шалки** (? *К. Станиславский*) »Das
Theater beginnt an der Garderobe« (*Worte, die K. Stanislawski,
Mitbegründer des Moskauer Künstlertheaters, zugeschrieben werden*).
*Der nähere Sinn des Ausdrucks:* In einem guten Theater muß
der Zuschauer schon an der Garderobe einwandfrei bedient werden,
damit seine Vorfreude auf die Begegnung mit der Kunst nicht beein-
trächtigt wird; *der weitere Sinn, in dem der Spruch zu einem
geflügelten Wort geworden ist:* Bei einem großen Beginnen kommt
es auf jede Kleinigkeit an; das Große beginnt oft mit Dingen,
die auf den ersten Blick geringfügig scheinen.

18. **Темна́ вода́ во о́блацех** (*из церковнославянского текста
Библии, Псал.,* 17, 12) *Wörtlich:* »Dunkel ist das Wasser in den
Wolken« (*Bibel; die entsprechende deutsche Bibelstelle,—Psalm*
18, 12,—*weist einen anderen Wortlaut auf*). Во о́блацех—*kirchenslawische Form für* в облака́х. *Zitiert in der Bedeutung:* Man wird
nicht klug daraus (*scherzh.*).

19. **Тёмное ца́рство** (*заглавие статьи Н. Добролюбова*—
1859 *г.*) Das finstere Reich (*Titel eines Aufsatzes von N. Dobroljubow, in dem er eine Reihe von Bühnenstücken A. Ostrowskis
analysiert*). *Dobroljubow bezeichnete mit dem Ausdruck das von
Ostrowski dargestellte Milieu der russischen Kaufleute, die drückende
Atmosphäre ihres Familienlebens, in dem der Ehemann ein Haustyrann
und seine Angehörigen rechtlos waren* (*s.* Домостро́й); *später wurde
diese Bezeichnung auf die Zustände im zaristischen Rußland zur
Zeit der Leibeigenschaft ausgedehnt.*

20. **Тео́рия, друг мой, сера́, но зе́лено ве́чное де́рево жи́зни**
(〈 *Гёте. Фауст, ч. I, сцена IV*—1808 *г.*) Grau, teurer Freund,
ist alle Theorie, /Und grün' des Lebens goldner Baum (*Goethe.
Faust*). *Das Faustzitat ist im Russischen in vorstehender prosaischer
Form zu einem geflügelten Wort geworden. In dieser Form wird
es von W. I. Lenin angeführt* (*В. И. Ленин. Письма о тактике.—
Полн. собр. соч., т.* 31, *с.* 134). *Die Verszeilen aus* »Faust«
*sind auch in folgenden russischen Nachdichtungen bekannt:* Суха́, мой

друг, тео́рия везде́,/ А дре́во жи́зни пы́шно зелене́ет (*Пер. Н. Холодковского*—1878 *г.*); Сера́, мой друг, тео́рия везде́, /Злато́е дре́во жи́зни зелене́ет (*Пер. В. Брюсова*—1909 *г.*)

**21. Тео́рия стано́вится материа́льной си́лой, как то́лько она́ овладева́ет ма́ссами** (*К. Маркс. К критике гегелевской философии права*—1844 *г.*—*Маркс К., Энгельс Ф. Соч., т.* 1, *с.* 422) Die Theorie wird zur materiellen Gewalt, sobald sie die Massen ergreift (*K. Marx. Zur Kritik der Hegelschen Rechtsphilosophie.*— *K. Marx, F. Engels. Werke, Bd.* 1, *S.* 385).

**22. Те́рра инко́гнита** *цитируется чаще в латинском написании:* Terra incognita (*латинские слова, которыми на старинных географических картах обозначались неисследованные части земной поверхности*) Terra incognita *lat.* (*mit diesen Worten wurden auf alten Landkarten unerforschte Teile der Erdoberfläche bezeichnet*). *Wörtlich:* unbekanntes Land; *übertr.:* etw. völlig Unbekanntes. *Die Schreibung mit russischen Buchstaben begegnet hauptsächlich in Zeitungen.*

**23. То акаде́мик, то геро́й, /То морепла́ватель, то пло́тник** (*А. Пушкин. Стансы*—1828 *г.*) Den Hammer schwang er, stand am Mast,/ Die Feder führt' er wie die Klinge (*A. Puschkin. Stanzen. Übers. A. Luther*); Bald Akademiker, bald Held, /Bald Tischler, bald ein Meerbefahrer (*Übers. J. von Guenther*). *Puschkins Gedicht enthält eine Charakteristik Peters I., der nicht nur ein hervorragender Staatsmann und Feldherr war, sondern auch ein Mensch von umfangreichem Wissen und außerdem mehrere handwerkliche Berufe* (*Zimmermann, Schmied, Drechsler u.a.*) *erlernt hatte. Die Verszeilen werden zitiert, um die Vielseitigkeit der Interessen und der Begabungen eines Menschen zu charakterisieren.*

**24. Това́рищ, верь: взойдёт она́, /Звезда́ плени́тельного сча́стья, /Росси́я вспря́нет ото сна́, /И на обло́мках самовла́стья /Напи́шут на́ши имена́!** (*А. Пушкин. К Чаадаеву*—*написано в* 1818 *г., при жизни Пушкина не печаталось, распространялось в списках*) Freund, sei getrost: bald wirst du sehn /Des Glückes Frühlingssonne schimmern! /Das Volk erwacht bei Lenzeswehn, /Und auf des Thrones morschen Trümmern /Wird unser Name leuchtend stehn! (*A. Puschkin. An Tschaadajew. Übers. F. Fiedler*).

**25. То́лько пе́рвый шаг тру́ден [Тру́ден то́лько пе́рвый шаг]** (*маркиза Дюдеффан, известная своей перепиской с Вольтером и другими литераторами, в письме к французскому философу Ж. д'Аламберу*—1763 *г.*) *Wörtlich*: »Nur der erste Schritt verursacht Mühe« (*aus einem Brief der durch ihre Korrespondenz mit Voltaire und anderen Literaten bekannten Marquise Du Deffand an den französischen Philosophen J. d'Alembert*). *Nach christlichem Wunderglauben mußten die hingerichteten Martyrer ihren abgeschlagenen Kopf in den Händen tragen und oft lange Wege gehen, um ihn*

225

*Jesus Christus darzubringen. Auf den heiligen Dionysius ironisch*
*Bezug nehmend, der nach seiner Enthauptung von Paris nach St. Denis*
*gewandert sein soll, schrieb Du Deffand:* »*Die Entfernung macht dabei*
*nichts aus; es ist nur der erste Schritt, auf den es ankommt*«.
*Im Russischen ist der Ausdruck zu einem geflügelten Wort mit*
*der Bedeutung* Aller Anfang ist schwer *geworden.*

26. **Тре́тьего не дано́** *цитируется также по-латыни*: Ter-
tium non datur (*один из законов мышления в формальной*
*логике — закон исключённого третьего*) Es gibt kein Drittes,
*d.h.* keine dritte Möglichkeit, man steht vor einem Entweder-Oder
(*das Gesetz des ausgeschlossenen Dritten, eines der Denkgesetze*
*in der formalen Logik*).

27. **Три́дцать пять [Три́дцать, со́рок] ты́сяч (одни́х) курье́ров**
(*Н. Го́голь. Ревизо́р, д. III, явл. VI* — 1836 *г.*) Fünfunddreißig-
[Dreißig-, vierzig-] tausend Kuriere (*N. Gogol. Der Revisor. Übers.*
*V. Tornius*). *In Gogols Lustspiel erzählt Chlestakow* (*s.* Хлеста-
ко́в), *ihm sei einmal die Leitung eines Departaments anvertraut*
*worden* (*s.* Ива́н Алекса́ндрович, ступа́йте департа́ментом управ-
ля́ть!), *und man habe, um ihn möglichst schnell zu holen*, 35000
*Kuriere nach ihm ausgesandt. Das Zitat dient zur bildlichen Bezeichnung*
*einer starken Übertreibung.*

28. **Три́дцать сре́бреников** (*Би́блия, Матф́., 26*, 15) Dreißig
Silberlinge (*dem Ausdruck liegt die biblische Legende — Matth.,*
*26,* 15 — *zugrunde, nach der Judas, einer der Jünger Jesu, für*
*den Verrat an seinem Lehrer dreißig Silberlinge erhalten habe*).
*Zitiert in der Bedeutung*: Lohn eines Verrats, Belohnung eines
Verräters.

29. **Три кита́** (*из дре́вних космогони́ческих сказа́ний*) »Die
drei Walfische«, *d.h.* die drei wichtigsten Grundpfeiler von etw.
(*nach alten kosmogonischen Vorstellungen stützte sich die Erde auf*
*drei Walfische*).

30. **Три мушкетёра** (*загла́вие рома́на А. Дюма́-отца́* — 1844 *г.*)
Die drei Musketiere (*Titel eines Romans von Alexander Dumas d.*
*Ä.*). *Im Russischen wird der Ausdruck als scherzhafte Bezeichnung*
*für drei unzertrennliche Freunde, ein* »*Kleeblatt*«, *gebraucht.*

31. **Три́шкин кафта́н** (*загла́вие ба́сни И. Крыло́ва* — 1815 *г.*)
»Trischkas Rock« (*Titel einer Fabel von I. Krylow*). *Um seinen*
*zerschlissenen Rock auszubessern, kürzt Trisc̆ka* (*volkstümliche ab-*
*wertende Diminutivform des männlichen Vornamens* Три́фон) *die*
*Ärmel desselben und flickt damit die Ellenbogen, und um die*
*Ärmel zu verlängern, kürzt er die Rockschöße, so daß sein Rock*
*ganz unbrauchbar wird. Der Ausdruck wird ironisch gebraucht,*
*wenn durch unüberlegte Behebung von Mängeln neue Mängel ent-*
*stehen, so daß die Lage im ganzen nicht besser wird.*

32. **Троя́нский конь** (*Го́мер. Одиссе́я, песнь 8, 493 — 515*)

Das Trojanische Pferd (*Homer. Odyssee*). *Homer berichtet, daß die Griechen die befestigte Stadt Troja nur mit List haben erobern können. Sie traten zum Schein den Rückzug an und ließen an der Mauer der Festung ein riesiges hölzernes Pferd stehen, das griechische Krieger in sich barg. Das Pferd wurde von den Trojanern selbst in die Stadt gezogen. In der Nacht krochen die Griechen aus ihrem Versteck, töteten die Wache und öffneten das Stadttor. Als geflügeltes Wort bezeichnet der Ausdruck* ein geheimes, tückisches Mittel, mit dem man den Gegner überlistet. *Die Griechen heißen in der »Odyssee« Danaer (nach einem griechischen Stamm), und so wird das von ihnen gebaute Pferd auch* Danaergeschenk *genannt* (*s.* Дары данайцев).

33. **Труба́ иерихо́нская** (⟨ *Библия, книга Иисуса Навина, 6*) Die Posaunen von Jericho (⟨ *Bibel, Josua, 6*). *In der biblischen Geschichte über die Eroberung der Stadt Jericho durch die Juden wird erzählt, daß die Stadtmauern uneinnehmbar waren, jedoch einstürzten, nachdem sieben jüdische Priester Posaunen geblasen hatten. Scherzhafte Bezeichnung einer lauten, mächtigen Stimme.*

34. **Тру́бка ми́ра** (*выражение, ставшее известным по романам Ф. Купера*) Friedenspfeife (*dem geflügelten Wort liegt der aus F. Coopers Romanen bekannte Brauch der Indianer Nordamerikas zugrunde, bei Friedensschluß mit dem Feind eine Tabakspfeife gemeinsam zu rauchen*). *Der Ausdruck, meist in der Form* выкурить с кем-л. тру́бку ми́ра mit jmdm. eine Friedenspfeife rauchen, *wird in der Bedeutung zitiert:* mit jmdm. Frieden schließen, sich mit jmdm. versöhnen.

35. **Труд со́здал челове́ка** (⟨ *Ф. Энгельс. Диалектика природы*) Die Arbeit hat den Menschen geschaffen (⟨ *F. Engels. Dialektik der Natur*).

*Цитата:* Он (труд — *Ю. А.*) — первое основное условие всей человеческой жизни, и притом в такой степени, что мы в известном смысле должны сказать: труд создал самого человека (*Маркс К., Энгельс Ф. Соч., т. 20, с. 486*).

*Zitat:* Sie (die Arbeit — *Ju. A.*) ist die erste Grundbedingung alles menschlichen Lebens, und zwar in einem solchen Grade, daß wir in gewissem Sinn sagen müssen: Sie hat den Menschen selbst geschaffen (*K. Marx, F. Engels. Werke, Bd. 20, S. 444*).

36. **Труды́ и дни** (*заглавие поэмы Гесиода*) Werke und Tage (*Titel eines Poems des altgriechischen Dichters Hesiod*). *Zitiert in der Bedeutung:* Leben und Schaffen.

37. **Ты всё пе́ла? Это де́ло: /Так поди́ же попляши́!** (*И. Крылов. Стрекоза и Муравей — 1808 г.*) So, du sangst? In diesem Falle /Magst du jetzt zum Tanze geh'n (*I. Krylow. Die Libelle und die Ameise. Übers. R. Bächtold*). *Die Krylowsche Libelle hatte den ganzen Sommer gesungen und war herumgeflattert*

227

(*s.* Как под ка́ждым ей листко́м /Был гото́в и стол и дом), *als aber der Winter kam, mußte sie hungern und hatte kein Obdach. Sie bittet eine Ameise um Hilfe. Die Ameise will wissen, was sie den ganzen Sommer getrieben habe, und als sie erfährt, daß die Libelle ihre Not sich selbst zu verdanken hat, weist sie diese mit den vorstehenden Worten ab. Das Zitat findet Verwendung als eine ironische Belehrung für sorglose, leichtsinnige Menschen.*

38. **Ты и убо́гая, /Ты и оби́льная, /Ты и могу́чая, /Ты и бесси́льная, /Ма́тушка Русь!** (*Н. Некрасов. Кому на Руси жить хорошо. Из песни «Русь» в главе «Пир на весь мир»* — *1881 г.*) Armes verstümmeltes, /Doch unerschöpfliches, /Kräftiges, prächtiges, /Doch oft ohnmächtiges /Mütterchen Rus! (*N. Nekrassow. Wer lebt glücklich in Rußland. Aus dem Lied »Rus« im Kapitel »Das Fest für alle Welt«. Übers. R. Seuberlich*). *Das in diesen Versen enthaltene Bild des alten Rußlands mit all seinen Widersprüchen wurde in der russischen Publizistik, namentlich von W. I. Lenin, oft verwendet.*

39. **Ты победи́л, галиле́янин!** (*слова, сказанные, по христианской легенде, римским императором Юлианом Отступником в 363 г., когда он был смертельно ранен в сражении с персами*) »Du hast gesiegt, Galiläer!« (*diese Worte soll nach einer christlichen Legende der römische Kaiser Julian im Jahre 363 gesagt haben, als er in einer Schlacht gegen die Perser tödlich verwundet wurde). Julian war bestrebt, das Heidentum als staatliche Religion wiederherzustellen, wofür er von den christlichen Historikern den Beinamen Apostata (der Abtrünnige) erhielt. Mit dem Wort »Galiläer« wird Jesus Christus gemeint, der aus der Provinz Galiläa stammte. Julian soll also eingesehen haben, daß er durch seine Abkehr von dem Christentum eine schwere Schuld auf sich geladen hatte, die er mit seinem Leben büßen mußte. Im Russischen wird der Ausdruck zitiert, wenn man eingestehen will, daß der andere in einem Streit recht behalten hat; das Wort »Galiläer« kann dabei durch einen anderen, der Situation entsprechenden Namen ersetzt werden.*

40. **Ты́сяча и одна́ ночь** (*название сборника арабских сказок, известного в России со второй половины XVIII в.*) Tausendundeine Nacht (*Titel einer Sammlung arabischer Märchen, die in Rußland seit der zweiten Hälfte des 18. Jh. bekannt ist). Die im Titel stehenden Worte werden im Russischen in zwei Bedeutungen gebraucht:* 1) etw. Köstliches, außerordentlich Prachtvolles, Großartiges; 2) eine phantastische, abenteuerliche Geschichte, die kaum zu glauben ist.

41. **Ты э́того хоте́л, Жорж Данде́н** (*цитируется также по-французски*: Tu l'as voulu, Georges Dandin! (⟨ *Мольер. Жорж Данден, д. I, явл. 9* — *1668 г.*) Du hast es so haben wollen, Georges Dandin, du hast es so haben wollen ↑ *franz.*

(< *Molière. Georges Dandin*). *Der Titelheld der Molièreschen Komödie, ein reicher Bauer, hat die Tochter eines Adeligen geheiratet. Jedesmal, wenn ihm in dieser ungleichen Ehe seine Herkunft und seine mangelnde Bildung auf kränkende Weise vorgehalten wird, wendet er sich an sich selbst mit den vorstehenden Worten. Verallgemeinert in dem Sinn*: Es geschieht dir recht, dein Mißgeschick hast du selbst verschuldet.

42. **Тьмы ни́зких и́стин мне доро́же /Нас возвыша́ющий обма́н** (*А. Пушкин. Герой* — 1830 *г.*) Hoch ob der niedrig starren Weisheit /Steht der erhebend schöne Wahn (*A. Puschkin. Ein Held. Übers. F. Fiedler*); Mehr als die niedre Wahrheit teuer /Ist Trug mir, der erhöhen kann (*Übers. J. von Guenther*). *Vgl.* Ein Wahn, der mich beglückt, /Ist eine Wahrheit wert, /Die mich zu Boden drückt (*Chr. M. Wieland. Idris und Zenide*, 3, 10).

43. **Тюрьма́ наро́дов** (< *А. де Кюстин. Россия в 1839 году* — 1843 *г.*; *крылатости выражения способствовало то, что его часто цитировал В. И. Ленин*) Völkergefängnis (< *A. de Custine. Rußland im Jahre 1839; zur Verbreitung des Ausdrucks hat beigetragen, daß er von der W. I. Lenin oft zitiert wurde*). *Diese Charakteristik der von der zaristischen Regierung betriebenen Politik der Unterdrückung nichtrussischer Nationalitäten wurde im Zusammenhang mit der Verschärfung der Nationalitätenkämpfe in Österreich-Ungarn nach 1848 auch auf diesen zweitgrößten Vielvölkerstaat Europas angewendet.*

44. **Тяжело́ [Тру́дно] в уче́ньи, легко́ в бою́** (*А. Суворов. Наука побеждать* — 1806 *г.*) »Je anstrengender die Ausbildung, desto leichter der Kampf« (*A. Suworow. Die Kunst zu siegen*). *Suworows Aphorismus wird heute in einem weiteren Sinn zitiert:* Je sorgfältiger man sich zu einer Arbeit, einer Tätigkeit vorbereitet hat, desto leichter fällt einem die Arbeit selbst. *S. dazu* Нау́ка побежда́ть.


# У

1. **Убо́йся бе́здны прему́дрости** (*Д. Фонвизин. Недоросль, д. 2, явл. 5* — 1783 *г.*) »Weil es ihm vor der abgrundtiefen Weisheit graute« (*D. Fonwisin. Der Landjunker*). *Kutejkin, ein Hauslehrer in D. Fonwisins Lustspiel, ließ sich aus einem Priesterseminar exmatrikulieren, weil er »vor der Tiefe der Weisheit Angst bekommen hatte«, d.h. sich nicht zutraute, mit dem Studium fertig zu werden. Mit dem Ausdruck werden ironisch Menschen bezeichnet, die aus Angst vor den Schwierigkeiten des Lernens ein Studium aufgeben.*

2. **Уваже́ние и тре́бовательность** [< **Как мо́жно бо́льше тре́бовательности к челове́ку и как мо́жно бо́льше уваже́ния к нему́**] (*один из педагогических принципов А. Макаренко, сформулированный им во многих работах и выступлениях 30-х гг.*) »An den Menschen sollte man hohe Anforderungen stellen, ihn aber ebenso hoch achten« (*eines der Erziehungsprinzipien des hervorragenden sowjetischen Pädagogen A. Makarenko*).

3. **Угрю́м-Бурче́ев** (*М. Салтыков-Щедрин. История одного города*— 1870 *г.*) Ugrjum-Burtschejew, *eine der abstoßendsten Gestalten in Saltykow-Stschedrins* »*Geschichte einer Stadt*« (*s.* Го́род Глу́пов*), trägt sich als Stadthauptmann mit dem fanatischen Plan, alles und alle zu* »*vereinheitlichen*«*: alle Häuser sollen gleich hoch und von gleicher Form und Farbe sein sowie die gleiche Bewohnerzahl aufweisen, Familien sollen aus Menschen von gleichem Wuchs* »*zusammengestellt*« *werden usw. Um diese phantastischen Pläne zu verwirklichen, beabsichtigt er sogar, die Stadt erstmal ganz abzureißen und den Fluß zuzuschütten. Die Gestalt Ugrjum-Burtschejews* (*ein*»*sprechender Name*«*, von* угрю́мый *verdrießlich und* бурча́ть *brummen, vgl. seinen Namen in der deutschen Übersetzung von F. Frisch:* Murr-Dustermann) *ist eine beißende Satire auf die Willkür und die Stumpfheit der Machthaber des zaristischen Rußlands.*

4. **Уж по́лночь бли́зится, а Ге́рманна всё нет** (*слова Лизы из оперы П. Чайковского «Пиковая дама», акт 3, картина 6*— 1890 *г.; либретто М. Чайковского на сюжет «Пиковой дамы» А. Пушкина*) »Es geht auf Mitternacht, doch Hermann kommt nicht« (*Lisas Worte aus P. Tschaikowskis Oper* »*Pique Dame*«*; Libretto von M. Tschaikowski nach der gleichnamigen Novelle von A. Puschkin*). *Scherzhafte Feststellung, daß jmd. lange auf sich warten läßt.*

5. **У́зы Гимене́я** см. Гимене́й.

6. **Укроще́ние стропти́вой** (*заглавие русского перевода комедии Шекспира* «The Taming of the Shrew». *Пер. Н. Кетчера*— 1843 *г.*) Der Widerspenstigen Zähmung (*Titel eines Lustspiels von Shakespeare*). *Mit dem Ausdruck wird im Russischen die Umerziehung eines Menschen mit einem schwierigen Charakter bezeichnet.*

7. **Улы́бка авгу́ров** (*Цицерон. О гадании, кн. II, 24*— I *в. до н.э.*) Augurenlächeln (*Cicero. Von der Weissagung*). *Die römischen Beamten ließen sich bei wichtigen Staatsangelegenheiten von Auguren* (*Priestern*) *beraten, die vorgaben, aus dem Verhalten der Vögel den Willen der Götter und die Zukunft erforschen zu können. Zu diesen Zwecken wurden auch etruskische Priester* (*Haruspices*) *zu Rate gezogen, die aus den Eingeweiden der Opfertiere weissagten. Cicero wendet sich in seiner Schrift gegen diesen Aberglauben und führt die witzige Äußerung Catos an, der sagte, er wundere sich, daß ein Haruspex, wenn er einem anderen Haruspex begegne, das*

230

*Lachen unterdrücken könne. Daher gilt das* Augurenlächeln *als spöttisches Lächeln des Wissens und Einverständnisses unter Eingeweihten.*

8. **Умá холóдных наблюдéний** /**И сéрдца гóрестных замéт** (*А. Пушкин. Евгений Онегин. Посвящение* — 1828 *г.*) Wörtlich: »Der ‚Vernunft kalte Beobachtungen und des Herzens wehmütige Notizen« (*A. Puschkin. Eugen Onegin. Zueignung*); Der Unmut bittrer Lebensglossen /Und meines Herzens tiefstes Leid (*Übers. Th. Commichau*).

9. **Умерéть — уснýть** (*Шекспир. Гамлет, д.* 3, *явл. I. Пер. Н. Полевого* — 1837 *г.*) Sterben — schlafen /Nichts weiter (*W. Shakespeare. Hamlet. Übers. A. W. Schlegel und L. Tieck*).

10. **Умри, Денúс, лýчше не напúшешь** (*слова, которыми, по преданию, князь Г. Потёмкин выразил свое восхищение Д. Фонвизину после премьеры его комедии «Недоросль» в* 1782 *г.*) »Nun kannst du sterben, Denis, Besseres kommt nicht aus deiner Feder!« (*Durch diesen Ausruf soll Fürst G. Potjomkin nach der Erstaufführung von D. Fonwisins Lustspiel »Der Landjunker« dem Verfasser seine Begeisterung bekundet haben*). *Als geflügeltes Wort wird der Satz dazu verwendet, höchstes Lob auszudrücken. Vgl. Stirb, Götz, du hast dich selbst überlebt!* (*Goethe. Götz von Berlichingen*).

11. **Ум, честь и сóвесть нáшей эпóхи** *см.* Пáртия — ум, честь и сóвесть нáшей эпóхи

12. **Умывáть рýки** (⟨ *Библия, Матф.*, 27, 24) Seine Hände in Unschuld waschen (⟨ *Bibel*). *Dem Ausdruck liegt folgende Legende aus dem Evangelium* (*Matth.*, 27, 24) *zugrunde: Als Jesus vor den Statthalter Pontius Pilatus* (*s.* Посылáть от Пóнтия к Пилáту) *gebracht worden war, versammelte sich dort das Volk. Außer Jesus war noch ein Gefangener namens Barabbas zur Hinrichtung verurteilt. Damals war es Sitte, zu Ostern einen der Gefangenen dem Volke freizugeben. Pilatus fragte die Menge, wen von den beiden er freigeben solle. Die Antwort war: Barabbas. Da wusch Pilatus seine Hände vor den Augen des Volkes und sagte:* »*Ich bin unschuldig an dem Blute dieses Gerechten!*« *Daraus entstand das geflügelte Wort* Умывáть рýки *mit der Bedeutung:* erklären, daß man unschuldig, an einer Tat nicht beteiligt sei oder nichts damit zu tun haben wolle.

13. **Унесú ты моё** [⟨ **моё ты**] **гóре** (*цитата из стихотворения Ю. Нелединского-Мелецкого «Песня» («Выйду я на реченьку»), которое было написано в* 90-*е гг. XVIII в., но не публиковалось при жизни автора; в XIX в., положенное на музыку Д. Кашиным* (30-*е гг.*) *и другими композиторами, получило широкое распространение*) »Nehmt meinen Kummer mit« (*Zeile aus dem »Ein Lied« betitelten Gedicht von Ju. Neledinski-Melezki, das zu Lebzeiten des Verfassers nicht veröffentlicht wurde; im 19. Jh.,*

*von D. Kaschin und anderen Komponisten vertont, fand es eine große Verbreitung). Die erste Strophe des »Lieds« lautet:* »Wohl an den Bach, den schnellen, /Die Maid hinaustritt /Und flehet an die Wellen: /Nehmt meinen Kummer mit«. *Die letzte Zeile daraus ist zu einer sprichwörtlichen Redensart geworden, die als stark emotioneller Ausdruck der Unzufriedenheit, Mißbilligung, der negativen Einstellung zu etw., zu jmdm. gebraucht wird.*

14. **Уни́женные и оскорблённые** (*заглавие романа Ф. Достоевского*—1861 *г.*) Erniedrigte und Beleidigte (*Titel eines Romans von F. Dostojewski). Die von Dostojewski geprägte Wortverbindung dient zur Bezeichnung der »kleinen Leute«, die in der kapitalistischen Gesellschaft von Höhergestellten und wirtschaftlich Stärkeren bedrängt werden und manche Beleidigung hinunterschlucken müssen.*

15. **Унтер-офице́рская вдова́ сама́ себя́ вы́секла** (< *Н. Го́голь. Ревизо́р, д. IV, явл. XV*—1836 *г.*) »Die Unteroffizierswitwe hat sich selber ausgepeitscht« (*N. Gogol. Der Revisor). Der Stadthauptmann in Gogols Komödie leugnet befohlen zu haben, eine Unteroffizierswitwe auszupeitschen, und behauptet zu seiner Rechtfertigung, »sie habe sich selbst ausgepeitscht«. Der Ausdruck wird (auch in der kürzeren Form* вы́сечь самого́ себя́) *zitiert, wenn jmd. sich selbst entlarvt, die Unhaltbarkeit seiner Behauptungen selber vor Augen geführt, sich bloßgestellt hat.*

16. **Унтер Пришибе́ев** (*герой одноимённого рассказа А. Че́хова*—1885 *г.*) Unteroffizier Prischibejew (*Titelgestalt einer Erzählung von A. Tschechow), ein pensionierter Polizist, ein übereifriger »Ordnungshüter«, der sich das »Recht« anmaßt, sich in fremde Angelegenheiten einzumischen, alle zu bespitzeln, zu »belenren« und zu »erziehen«. Sein Name (von* пришиби́ть jmdn. niederdrücken, deprimieren *abgeleitet, also ein »sprechender Name«) ist zur Bezeichnung für Menschen dieses Schlages geworden.*

17. **Упа́сть на до́брую по́чву** (< *Би́блия, Матф.*, 13, 3—8) Auf guten Boden fallen, *d.h.* zuverlässige Voraussetzungen, feste Grundlage für eine weitere Entwicklung bekommen (< *Bibel, Matth.*, 13, 3—8).

18. **У са́мого си́него мо́ря** (*А. Пу́шкин. Ска́зка о ры́бке и ры́бке*—1835 *г.*) »Dicht am Strande des blauen Meeres« (*A. Puschkin. Märchen vom Fischer und dem Fischlein). Das Zitat, das erst in der sowjetischen Zeit Verbreitung gefunden zu haben scheint, drückt Liebe und Bewunderung für das Meer mit seiner romantischen Schönheit, das Angenehme eines Aufenthalts an der See aus.*

19. **У си́льного всегда́ бесси́льный винова́т** (*И. Крыло́в. Волк и Ягнёнок*—1811 *г.*) Der Schwache findet bei dem Starken /nie sein Recht (*I. Krylow. Der Wolf und das Lamm. Übers. R. Bächtold).*

20. **Услу́жливый дура́к опа́снее врага́** (*И. Крылов. Пустын-ник и Медведь*—1808 г.) Ein dienstbeflißner Narr ist schlimmer als ein Feind (*I. Krylow. Eremit und Bär. Übers. M. Remané*); Hüt dich vor einem täpp'schen Freunde! (*Übers. R. Bächtold*). *In Krylows Fabel wird erzählt, wie sich ein Bär mit einem Ein-siedler befreundete und sich erbot, dessen Schlaf zu bewachen. Um eine lästige Fliege von der Stirn des Schlafenden zu verscheuchen, ergriff der Bär einen Stein und erschlug damit die Fliege — und seinen Freund. Der Sinn des Zitats* ≈ Blinder Eifer schadet nur.

21. **Утра́ченные иллю́зии** (*заглавие русского перевода романа О. Бальзака «Les illusions perdues»*— 1839 г.) Verlorene Illusio-nen (*Titel eines Romans von H. Balzac*).

22. **Учи́тесь вла́ствовать собо́ю** (*А. Пушкин. Евгений Оне-гин, гл. 4, строфа XVI*— 1828 г.) *Wörtlich:* »Lernen Sie sich beherrschen« (*A. Puschkin. Eugen Onegin*); Doch lernen Sie sich überwinden (*Übers. F. Bodenstedt*); Nur lernen Sie Ihr Herz zu zügeln (*Übers. F. Bodenstedt*); Nur lernen Sie Ihr Herz zu zügeln (*Übers. Th. Commichau*).

23. **Учи́ться, учи́ться и учи́ться** (⟨ *В. И. Ленин. Лучше меньше, да лучше.*— 1923 г.) Lernen, lernen und nochmals lernen (⟨ *W. I. Lenin. Lieber weniger, aber besser*).

*Цитата:* Нам надо во что бы то ни стало поставить себе задачей для обновления нашего госаппарата: во-первых — учить-ся, во-вторых — учиться, и в-третьих — учиться... (*Ленин В. И. Полн. собр. соч., т.* 45, *с.* 391).

*Zitat: Wir müssen uns, koste es, was es wolle, zur Erneuerung unseres Staatsapparats die Aufgabe stellen: erstens zu lernen, zweitens zu lernen und drittens zu lernen...* (*W. I. Lenin. Werke, Bd.* 33, *S.* 476).

*Lenins Worte sind ein Leitspruch der sowjetischen Jugendlichen geworden, zu deren wichtigsten Aufgaben das Lernen, das Studieren, der Erwerb von Kenntnissen gehört.*

# Ф

1. **Фа́кты — упря́мая вещь** (*поговорка, ставшая крылатой после выхода в 1715 г. выполненного Т. Смоллеттом английско-го перевода романа А. Р. Лесажа «История Жиль Блаза», кн. 10, гл. 1*) *Wörtlich:* »Tatsachen sind ein hartnäckig Ding«, *d.h.* Tatsachen lassen sich nicht wegleugnen; gegen Tatsachen kann man nicht an (*eine sprichwörtliche Redensart, die durch die von T. Smollett besorgte englische Übersetzung von A. R. Lesages Roman »Gil Blas aus Santillane« zu einem geflügelten Wort geworden ist*).

2. **Фальста́ф** (*персонаж пьес Шекспира «Генрих IV»* — 1598 г., *и «Виндзорские кумушки»* — 1602 г.) Falstaff, *Gestalt in Shakespeares »König Heinrich IV.« und »Die lustigen Weiber von Windsor«, Typ eines dicken Lebemannes, der zwar sauflustig, prahlerisch und feige ist, aber auch einiger sympathischer Züge (Frohsinn, Aufgeschlossenheit) nicht entbehrt.*

3. **Фа́мусов** (*персонаж комедии А. Грибоедова «Горе от ума»* — 1824 г.) Famussow (*handelnde Person in A. Gribojedows Lustspiel »Verstand schafft Leiden«). Vertreter der Moskauer Aristokratie und ein höherer Beamter; Typ eines Bürokraten, der nach oben buckelt und nach unten tritt, sich um seinen Dienst wenig kümmert* (*s.* Подпи́сано, и с плеч доло́й), *in seinem Amt Vetternwirtschaft treibt* (*s.* Ну как не пораде́ть родно́му челове́чку!); *ein Konservativer, der sich allem Neuen ängstlich verschließt und »Freidenker« wie die Pest meidet. Ein verschleierter »sprechender« Name* (< *lat.* fama *»Ruhm« oder engl.* famous *»berühmt«).*

4. **Фельдфе́беля в Вольте́ры дам** (*А. Грибоедов. Горе от ума, д. 4, явл. 5* — 1824 г.) Doch wenn du willst, geb' ich euch gerne her/meinen Feldwebel als Voltaire (*A. Gribojedow. Verstand schafft Leiden. Übers. A. Luther). Mit diesen Worten Skalosubs* (*s.* Скалозу́б) *wird der Haß des reaktionären Militärs gegen den Geist charakterisiert, sein Bestreben, fortschrittliches Denken mit Gewaltmethoden zu unterdrücken.*

5. **Феми́да. Весы́ Феми́ды. Жрецы́ Феми́ды. Храм [Алта́рь] Феми́ды** (*из греческой мифологии*) Themis, *in der griechischen Sage Göttin der Rechtsordnung und der Gerechtigkeit; wurde mit einer Binde über den Augen, die Unvoreingenommenheit symbolisierte mit einem Schwert in der Rechten und einer Waage in der Linken* (Весы́ Феми́ды) *dargestellt; auf der Waage sollte sie gleichsam alle Argumente der Anklage sowie der Verteidigung wiegen, mit dem Schwert die Schuldigen bestrafen. Ihr Name sowie der Ausdruck* Die Waage der Themis *sind daher zum Symbol der Rechtssprechung geworden. Der Ausdruck* Жрецы́ Феми́ды Die Priester der Themis *wird in der Bedeutung* »Richter, Juristen«, *der Ausdruck* Храм [Алта́рь] Феми́ды Der Tempel der Themis *in der Bedeutung* »Gericht« *gebraucht.*

6. **Фи́гаро здесь, Фи́гаро там** (*каватина Фигаро из оперы Дж. Россини «Севильский цирюльник» [текст Ч. Стербини по одноимённой комедии Бомарше] акт 1, сцена 2* — 1816 г.; *русский пер. либретто Р. Зотова* — 1822 г.) Figaro dort! Figaro da (*aus der Oper »Der Barbier von Sevilla« von G. Rossini; Text von C. Sterbini nach dem gleichnamigen Lustspiel von Beaumarchais). Mit diesen Worten charakterisiert Figaro, die Hauptgestalt der Oper, Barbier und Diener bei einem Aristokraten, seine eigene Gewandtheit und Geschicklichkeit. Im Russischen für einen gewandten Menschen ge-*

*braucht, der mit vielerlei Aufgaben und Pflichten zugleich fertig zu werden und davon zu profitieren versteht. Der Name Figaro ist ein Synonym für:* 1) gewandter Diener; 2) kunstfertiger Friseur.

7. **Фи́говый листо́к** (⟨ *Библия, Бытие,* 3, 7) Feigenblatt (⟨ *Bibel*). *Nachdem Adam und Eva von Baum der Erkenntnis gegessen hatten* (s. Вкуша́ть от дре́ва позна́ния добра́ и зла), *bemerkten sie, daß sie nackt waren. Sie flochten Feigenblätter zusammen und machten sich Schürzen* (1. *Mose,* 3, 7). *Der Ausdruck bekam daher die Bedeutung* schamhafte Verhüllung von etw.

8. **Фи́зики и ли́рики** (*заглавие стихотворения Б. Слуцкого* — 1959 *г.*) «Physiker und Lyriker«, *d.h.* Wissenschaftler und Künstler (*Titel eines Gedichts von B. Sluzki*). *Das Gedicht löste Anfang der 60er Jahre eine große Diskussion in der Sowjetpresse aus, in deren Verlauf das Problem erörtert wurde, wessen Tätigkeit zur Zeit der wissenschaftlich-technischen Revolution wichtiger sei, die der Vertreter der exakten Wissenschaften* (»Physiker«) *oder die der Künstler bzw. Vertreter der humanitären Wissenschaften* (»Lyriker«)? *Man einigte sich darauf, daß die Wissenschaft und die Kunst gleichberechtigte und einander ergänzende Elemente der Kultur seien, deren Zusammenwirken zu einer harmonisch entwickelten Persönlichkeit beiträgt.*

9. **Филосо́фский ка́мень** (*выражение, созданное средневековыми алхимиками, означавшее особое вещество, которому приписывалась сила превращать металлы в золото, исцелять все болезни и омолаживать стариков*) Stein der Weisen (*Ausdruck der mittelalterlichen Alchimisten; bezeichnete einen besonderen Stoff, der angeblich die Zauberkraft besaß, unedle Metalle in Gold zu verwandeln, alle Krankheiten zu heilen und Greise zu verjüngen). Im Russischen auch in der übertragenen Bedeutung* Anfang aller Dinge *gebraucht.*

10. **Филосо́фы лишь разли́чным о́бразом объясня́ли мир, но де́ло заключа́ется в том, что́бы измени́ть его́** (*К. Маркс. Тезисы о Фейербахе.— Маркс К., Энгельс Ф. Соч., т.* 3, *с.* 4) Die Philosophen haben die Welt nur verschieden *interpretiert,* es kommt aber drauf an, sie zu *verändern* (*K. Marx. Thesen über Feuerbach.— K. Marx, F. Engels. Werke, Bd.* 3, *S.* 7).

11. **Фома́ неве́рный [неве́рующий]** (⟨ *Библия, Иоанн,* 20, 24 — 29) Der ungläubige Thomas (⟨ *Bibel*). *Dem Ausdruck liegt die im Evangelium enthaltene Geschichte über Thomas, einen der Jünger Jesu, zugrunde, der an die Auferstehung seines gekreuzigten Lehrers nicht glauben wollte, und als man ihm davon erzählte, gesagt haben soll:* »*Wenn ich nicht in seinen Händen sehe die Nägelmale und lege meinen Finger in die Nägelmale und lege meine Hand in seine Seite, kann ich's nicht glauben*« (*Joh.,* 20, 24 — 29). *Die Redewendung ist als geflügeltes Wort zur Bezeichnung für einen Menschen geworden, der an allem zweifelt, etw. nicht glauben will.*

**12. Форма́льно пра́вильно, а по существу́ издева́тельство**
(⟨ *В. И. Ленин. Заключи́тельное сло́во по докла́ду о продово́ль-*
*ственном нало́ге на X Всеросси́йской конференции РКП(б) 27 ма́я*
1921 *г.*) Formal zwar richtig, aber im Grunde genommen eine
Verhöhnung (⟨ *W. I. Lenin. Schlußwort zum Referat über die*
*Naturalsteuer in der X. Gesamtrussischen Konferenz der KPR(B)*).

*Auf einige aus der Bourgeoisie und der Gutsbesitzerklasse*
*stammende Angestellte der sowjetischen Ämter jener Zeit eingehend, die*
*durch bürokratisches Vorgehen diese Ämter in den Augen der Werk-*
*tätigen in Mißkredit zu bringen suchten, rief W. I. Lenin in*
*seiner Rede dazu auf, derartige Bürokraten vor Gericht zu stellen.*

*Цита́та*: А к суду́ за волоки́ту привлека́ли? Где у нас
пригово́ры наро́дных судо́в за то, что рабо́чий и́ли крестья́нин,
вы́нужденный четы́ре и́ли пять раз прийти́ в учрежде́ние, на-
коне́ц, получа́ет не́что форма́льно прави́льное, а по су́ти изде-
ва́тельство? (*Ле́нин В. И. По́лн. собр. соч., т.* 43, *с.* 328).

*Zitat*: Hat man etwa jemand wegen bürokratischer Verschlep-
pung vors Gericht gestellt? Wo gibt es bei uns Urteile von Volksge-
richten deswegen, weil ein Arbeiter oder Bauer, der gezwungen
ist, vier- oder fünfmal in eine Behörde zu rennen, schließlich
etwas ausgehändigt bekommt, was formal zwar richtig, aber im
Grunde genommen eine Verhöhnung ist? (*W. I. Lenin. Werke,*
*Bd.* 32, *S.* 449).

**13. Форту́на** *см.* Колесо́ Форту́ны.

**14. Францу́зик из Бордо́** (*А. Грибое́дов. Го́ре от ума́, д.* 3,
*явл.* 22 — 1824 *г.*) Ein Französchen aus Bordeaux (*A. Gribojedow.*
*Geist bringt Kummer. Übers. I. von Guenther*). *Ironisch von einem*
*überheblichen, prahlerischen Ausländer (veralt.; Gribojedow verspottet*
*in dieser Szene eigentlich nicht die Ausländer, sondern vielmehr die-*
*jenigen Landsleute, die alles Fremde über das Einheimische stellten*
*und jedem Einwanderer übertriebene Aufmerksamkeit entgegenbrachten*).

**15. Фунт мя́са** (*Шекспир. Венециа́нский купе́ц* — 1600 *г. Пер.*
*Т. Щепкино́й-Ку́перник*) Ein Pfund Fleisch (*Shakespeare. Der*
*Kaufmann von Venedig. Übers. A. W. Schlegel und L. Tieck*). *Der*
*Wucherer Shylock leiht dem Kaufmann Antonio eine große Geldsumme*
*und bedingt sich dabei das Recht aus, diesem ein Pfund Fleisch aus*
*dem Leib zu schneiden, wenn er sich mit der Einlösung seiner*
*Schuld verspätet. Als die Frist abläuft, kann der inzwischen ruinierte*
*Antonio das Geld nicht zurückzahlen, das er für seinen Freund Bas-*
*sanio ausgeliehen hatte; da weist Shylock den Schuldschein vor und*
*besteht unerbittlich auf seinem Recht. Die als Anwalt verkleidete*
*Braut Bassanios beweist vor Gericht, daß Shylock zwar auf sein*
*Pfund Fleisch Anspruch hat, jedoch keinen Tropfen Blut dabei ver-*
*gießen darf. Im Russischen wird der Ausdruck in der übertragenen*
*Bedeutung* harte, ungerechte Forderungen *zitiert.*

16. **Фу́рия** (*из римской мифологии*) Furie, *eine der drei Rache-göttinnen der römischen Mythologie. Die Furien* (*in der griechischen Sage* Erynnien) *stellte man sich als drei häßliche greise Schwestern mit Schlangen als Haupthaar vor. Ihr Name ist zur bildlichen Bezeichnung für eine böse Frau von ungestümem Charakter bzw. für ein Schrecken verbreitendes Wesen überhaupt geworden.*

# X

1. **Хамелео́н** (*вид ящерицы, быстро меняющей свою окраску под воздействием света и температуры; многие античные писатели использовали её название для обозначения человека, быстро меняющего свои мнения и взгляды*) Chamäleon (*eine Art Eidechse, die die Körperfarbe mit der Umgebung wechselt; der Ausdruck wurde schon von antiken Schriftstellern als Bezeichnung für einen Menschen verwendet, der seine Überzeugung so oft wechselt, wie das Chamäleon die Farbe). Im Russischen verdankt das Wort vor allem A. Tschechow seine Popularität, der eine seiner humoristischen Erzählungen* (1884) *so betitelt hat.*

2. **Химе́ра** (*из греческой мифологии*) Schimäre [Chimäre] (*in der griechischen Sage ein Fabelwesen, vorn Löwe, in der Mitte Ziege, hinten Schlange, das Feuer spie). Übertragen:* Hirngespinst, Trugbild.

3. **Хле́ба и зре́лищ!** *цитируется иногда по-латыни*: Panem et circenses! (*Ювенал. Сатиры, сатира VII,* 81 — *начало II в.*) Brot und Spiele!; † *lat.* (*Juvenal. Satiren*). *Der römische Satiriker Juvenal berichtet, die römischen Plebejer hätten zur Zeit des Kaisers Augustus nur immer wieder Brot und prunkvolle Zirkusspiele verlangt, so daß man sie nur im Zaum halten konnte, indem man ihnen beides reichlich bot. Der Ausdruck wird als ironische Bezeichnung für jmds. primitive Bedürfnisse gebraucht.*

4. **Хлеб наш насу́щный** (*Библия, Матф.,* 6, 11) Unser täglich Brot (*Bibel*). *Diese Worte aus dem Vaterunser, einem im Evangelium* (*Matth.,* 6, 11) *enthaltenen Gebet, werden in der erweiterten Bedeutung das fürs Leben Notwendigste zitiert.*

5. **Хлестако́в** (*главный герой комедии Н. Гоголя «Ревизор»* — 1836 *г.*) Chlestakow (*Hauptgestalt in N. Gogols Lustspiel »Der Revisor«). Der kleine Beamte Chlestakow wird von den Stadtvätern eines Provinznestes für eine inspizierende hohe Amtsperson aus der Hauptstadt gehalten; er nutzt die Gelegenheit, bestärkt durch Lügengeschichten seine Gastgeber in ihrem Glauben und profitiert davon. Sein Name ist im Russischen zur Bezeichnung für*

*einen hemmungslosen Flunkerer und Aufschneider geworden. S. dazu*: Ива́н Алекса́ндрович, ступа́йте департа́ментом управля́ть!; Лёгкость в мы́слях необыкнове́нная; Срыва́ть цветы́ удово́льствия; Три́дцать пять ты́сяч курье́ров

6. **Хо́дит пти́чка ве́село /По тропи́нке бе́дствий (,/Не предви́дя от сего́ /Никаки́х после́дствий)** (*стихотворение неизвестного русского автора второй половины XIX в.*) »Vöglein wandelt frohgemut /Auf riskanten Pfaden, /Ohne daß es ahnen tut, /Was ihm blüht an Schaden« (*aus einem in der zweiten Hälfte des 19. Jh. populär gewordenen Gedicht eines unbekannten Verfassers*). *Ironische Bezeichnung für das Verhalten eines leichtsinnigen und vertrauensseligen Menschen, der sich ahnungslos in eine gefährliche Situation begibt*; ≈ Jmd. läuft blind in sein Unglück hinein.

7. **Ходя́чая энциклопе́дия** (⟨ *Э. Т. А. Гофман. Выбор невесты, гл.* 3 — 1819 *г.*) Ein wandelndes Konversations-Lexikon (⟨ *E. Th. A. Hoffmann. Die Brautwahl*). *Der Ausdruck wird als eine scherzhafte Bezeichnung für einen Menschen zitiert, der über alles Bescheid weiß.*

8. **Хожде́ние по му́кам** (*из христианских верований; выражение стало особенно популярным после выхода в* 1941 *г. трилогии А. Толсто́го под этим названием*) Der Leidensweg (*nach christlichem Glauben mußten die Seelen der verstorbenen Sünder vierzig Tage lang von Dämonen geplagt auf Erden umgehen; eine andere Quelle des Ausdrucks ist die in der alten Rus seit dem 12. Jh. bekannte Sage* »*Der Leidensweg der Gottesmutter*«, *in der diese die Hölle besucht, um das harte Los der darin Gequälten mit eigenen Augen zu sehen und Erbarmen für sie zu erflehen. In der sowjetischen Presse wurde der Ausdruck besonders beliebt, nachdem Alexej Tolstois Romantrilogie unter diesem Titel erschienen war, in der das leidvolle Ringen der Romanhelden um eine neue Weltanschauung sowie die schweren Prüfungen geschildert sind, die ihnen während des Bürgerkriegs auferlegt wurden*).

9. **Холо́дная война́** (*из речи американского финансиста и политического деятеля М. Баруха́* 18.4.1947 *г.; распространению выражения способствовал американский журналист У. Ли́ппман, озаглавивший этими словами свою книгу* (1947 *г.*) *о внешней политике США; образное определение враждебной СССР и социалистическому лагерю в целом агрессивной политики империалистических кругов, создающей напряжённость в международных отношениях и направленной на разжигание новой войны*) Kalter Krieg (*aus der Rede M. Baruchs, eines amerikanischen Financiers und Wirtschaftspolitikers; zur Verbreitung des Ausdrucks trug der amerikanische Journalist W. Lippmann bei, der sein Buch über die Außenpolitik der USA mit diesen Worten betitelte*). *Bildhafte Bezeichnung für die der UdSSR und dem ganzen sozialistischen Lager gegenüber*

*feindliche aggressive Politik der imperialistischen Kreise, die zur internationalen Spannung führt und auf die Entfesselung eines neuen Krieges gerichtet ist.*

10. **Хоро́ших и ра́зных** *см.* Бо́льше поэ́тов хоро́ших и ра́зных

11. **Хорошо́ смеётся тот, кто смеётся после́дним** (*Дж. Ванбру. Загородный дом, д. II, явл. 5* — 1722 *г.; персонаж пьесы Ванбру «The Country House», употребляющий это выражение по-английски:* He laughs best that laughs last, *характеризует его, однако, как известную французскую пословицу*) Wer zuletzt lacht, lacht am besten (*zuerst in John Vanbrughs Stück* »Das Landhaus«; *die Person, die diesen Ausdruck englisch* ↑ *gebraucht, bezeichnet ihn jedoch als ein französisches Sprichwort*)

12. **Хоть ви́дит о́ко, да зуб неймёт** *см.* Ви́дит око, да зуб неймёт

13. **Храм Феми́ды** *см.* Феми́да

14. **Храни́ть как зени́цу о́ка** (*Библия, Второзаконие, 32, 10*) Etw. wie seinen Augapfel hüten, *d.h.* wie das Wertvollste, Liebste hüten (*Bibel, 5. Mose, 32, 10*). Зени́ца (*kirchenslawisch*) svw. зрачо́к.

15. **Хрестомати́йный гля́нец** (*В. Маяковский. Юбилейное* — 1924 *г.*) »Lesebuch-Glanz«, *d.h.* verschönernde und versöhnende, Widersprüche vertuschende Darstellung einer historischen Persönlichkeit, wie sie oft in Lehr- und Lesebüchern, Biographien usw. anzutreffen ist (*W. Majakowski. Jubiläumsverse*).

# Ц

1. **Царе́вна Несмея́на** (*из русских народных сказок*) »Königstochter Nesmejana« (= »die nimmerlachende Königstochter«), *in russischen Volksmärchen eine Königstochter, die weder lachen noch lächeln konnte. Bezeichnung für bescheidene, scheue junge Mädchen bzw. für Menschen, die stets eine ernste Miene bewahren.*

2. **Царь-го́лод** (〈 *Н. Некрасов. Железная дорога* — 1865 *г.; заглавие драмы Л. Андреева* — 1908 *г.*) »König Hunger« (〈 *N. Nekrassows Gedicht* »Eisenbahnstrecke«; *Titel eines Dramas von L. Andrejew*)

3. **Цветы́ запозда́лые** (*А. Апухтин. Ночи безумные, ночи бессонные* — 1876 *г.; заглавие рассказа А. Чехова* — 1882 *г., экранизированного в 1969 г.*) Verspätete Blumen (*Titel einer in der UdSSR verfilmten Erzählung von A. Tschechow, für den er eine Zeile aus A. Apuchtins Gedicht* »Schlaflose, unruhige Nächte« *ver-*

*wendet hat*; *das von P. Tschaikowski und anderen Komponisten vertonte Gedicht war u.a. als Zigeunerromanze sehr beliebt*). *Tschechow schildert in seiner Erzählung das Schicksal zweier Geschwister aus einer verarmten Adelsfamilie*: *die Schwester stirbt an Schwindsucht, der Bruder ergibt sich dem Trunk und verkommt. Der Ausdruck wird in der Bedeutung gebraucht*: dekadente, entartete Nachkommen einer reichen und vornehmen Familie; krankhafte Spätlinge.

4. **Целому́дренный [Прекра́сный] Ио́сиф** ($<$ *Библия*, *Бытие*, 39, 7—20) *Der keusche Joseph* ($<$ *Bibel*). *Zugrunde liegt die Erzählung von dem jungen Joseph* (1. *Mose*, 39, 7—20), *den die Frau Potiphars, eines hohen ägyptischen Würdenträgers, dessen Haus Joseph verwaltete, vergeblich zu verführen suchte. Der Ausdruck wird in der Bedeutung* ein keuscher Jüngling *gebraucht*.

5. **Цель опра́вдывает сре́дства** (*это выражение, восходящее к политическому трактату Н. Макиавелли «Государь»* — 1513 *г., стало крылатым как лозунг иезуитов*) *Der Zweck rechtfertigt* (*zitiert wird*: heiligt) *die Mittel* (*der Ausdruck, der auf N. Machiavellis Buch »Der Fürst« zurückgeht, gilt als Quintessenz der Jesuitenmoral*).

6. **Це́рбер** (*из греко-римской мифологии*) Kerberos (*griech.*), Zerberus (*lat.*), *in der griechisch-römischen Mythologie der Hund am Eingang zum Hades, dem Reich der Toten, oft mit mehreren Köpfen dargestellt. Übertragen*: ein allzu pflichteifriger, strenger Pförtner (*scherzh.*).

7. **Цирце́я** (*Гомер. Одиссея, песнь* 10, 337—501) Kirke (*griech.*), Circe (*lat.*), *in der griechisch-römischen Mythologie und in Homers »Odyssee« eine heimtückische Zauberin, die Odysseus' Gefährten in Schweine verwandelte. Odysseus, der im Besitz einer magischen Pflanze war, zerstörte ihren Zauber, und sie bot ihm ihre Liebe an. Sie mußte ihm versprechen, seinen Gefährten die Menschengestalt zurückzugeben, worauf Odysseus ihre Liebe erwiderte. Ihr Name ist zur Bezeichnung für eine gefährliche, verführerische Schöne geworden*.

# Ч

1. **Чайльд-Гаро́льд** (*герой поэмы Байрона «Паломничество Чайльд-Гарольда»* — 1818 *г.*) Childe Harold, *Titelheld in Byrons poetischem Reisetagebuch »Childe Harolds Pilgerfahrt«, ein von »Weltschmerz« erfüllter Individualist, ein Globetrotter aus Langeweile, einsam, enttäuscht und lebensmüde*.

2. **Чего́ моя́ (ле́вая) нога́ захо́чет** ($<$ *А. Островский. Грех*

*да беда на кого не живёт, д. 2, сцена I, явл. 2 — 1862 г.)*
*Wörtlich*: »Was mein (linker) Fuß will«, *d.h.* (ich tue,) was mir beliebt, was mir gerade einfällt, was mich gelüstet (*A. Ostrowski. Gegen ein Unglück ist niemand gefeit*).

3. **Человéка ищý** (*слова философа Диогена Синопского, известные по рассказу Диогена Лаэртия в его сочинении «Жизнь, мнения и учения знаменитых философов», 6, II, 41 — около 220 г. до н. э.*) Ich suche einen Menschen (*diese Worte soll, wie Diogenes Laertios in seiner Schrift »Leben und Meinungen berühmter Philosophen« berichtet, der griechische Philosoph Diogenes von Sinope gesagt haben*). *Diogenes habe sich einmal am Tage eine Laterne angezündet und sei damit umhergegangen; sein Handeln soll er mit den vorstehenden Worten erklärt haben. Der Ausdruck wird in der Bedeutung zitiert*: in einer verkommenen Gesellschaft nach einem ehrlichen Menschen suchen.

4. **Человéк в футлáре** (*заглавие рассказа А. Чехова — 1898 г.*) Der Mensch im Futteral (*Titel einer Erzählung von A. Tschechow*). *Mit diesen Worten wird in der Erzählung ihre Hauptfigur, der Gymnasiallehrer Belikow charakterisiert, ein trockener Pedant, dem es vor allem Neuen und Ungewöhnlichen graut. Er hält sich ängstlich an Dienstvorschriften, und wenn jmd. etw. tut, was ihm als eine Abweichung davon vorkommt, äußert er die Befürchtung, daraus könnten Unannehmlichkeiten entstehen (s. Как бы чегó не вы́шло). Das Zitat wird als bildliche Bezeichnung für einen eingeschüchterten, allzu vorsichtigen Menschen gebraucht, der sich aus Angst vor dem Leben abkapselt.*

5. **Человéк он был** (*Шекспир. Гамлет, д. I, явл. 2. Пер. Н. Полевого — 1837 г.*) Er war ein Mann (,nehmt alles nur in allem) (*Shakespeare. Hamlet. Übers. A.W. Schlegel und L. Tieck*). *Die vorstehenden Worte Hamlet, die er auf seinen Vater bezieht, werden zitiert, um die seelische Größe eines Menschen zu charakterisieren.*

6. **Человéк рассéянный (с ýлицы Бассéйной)** (*С. Маршак. Вот какой рассеянный — 1925 г.*) *Wörtlich*: »Ein zerstreuter Mann von der Bassejnaja-Straße« (*S. Marschak. Freund Fahrigkeit. Übers. E. J. Bach*). *Der komische Mann in Marschaks Kindergedicht, dem der deutsche Übersetzer den Namen »Freund Fahrigkeit« gegeben hat, zieht sich Handschuhe statt Filzstiefel an und setzt sich eine Bratpfanne statt einer Mütze auf; im Bahnhof begibt er sich zuerst ins Buffet, um sich eine Karte zu lösen und rennt dann zum Kassenschalter, um sich eine Flasche Kwaß zu kaufen usw. Der Ausdruck wird eine außerordentlich populäre scherzhafte Bezeichnung für einen zerstreuten Menschen.* Бассéйная — *eine Straße in Petersburg — Leningrad, heute Nekrassow-Straße.*

7. **Человéк рождён для счáстья, как птúца для полёта** (*В. Ко-*

*роленко. Парадокс*— 1894 *г.*) Der Mensch ist zum Glücklichsein geboren wie der Vogel zum Fliegen (*aus der »Parodoxon« betitelten Erzählung von W. Korolenko*).

**8. Челове́к с большо́й бу́квы** (*М. Го́рький. В. И. Ле́нин*— 1924 *г.*) *Wörtlich:* »Ein Mensch, groß geschrieben«, *d.h.* ein Mensch, vor dem man den Hut ziehen muß (*M. Gorki. W. I. Lenin*). *Die Großschreibung eines Substantivs ist im Russischen ein Mittel zu dessen Hervorhebung. Indem also Gorki in seinen Erinnerungen W. I. Lenin mit den Worten* Челове́к с большо́й бу́квы *bezeichnet, drückt er seine höchste Achtung für ihn aus. Der Ausdruck wird als Bezeichnung für eine hervorragende Persönlichkeit von hohen menschlichen Eigenschaften verwendet, dessen Wirken bei seinen Zeitgenossen Bewunderung hervorruft.*

**9. Челове́ку сво́йственно ошиба́ться** *цитируется также по--латыни:* Errare humanum est (*у ряда анти́чных а́второв; да́нная формулиро́вка принадлежи́т богосло́ву Иерони́му Блаже́нному*) Irren ist menschlich; ↑ *lat.* (*der Gedanke kommt bei mehreren antiken Schriftstellern vor; die vorstehende Formulierung stammt von dem Kirchenvater Hieronymus*).

**10. Челове́к челове́ку волк** *цитируется также по--латыни:* Homo homini lupus est (*Плавт. О́слы, д. 2, явл. 4*) Der Mensch ist dem Menschen ein Wolf; ↑ *lat.* (*Plautus. Eselskomödie*). *Der Ausdruck wird als Formel des krassesten Egoismus zitiert, die die Moral der bürgerlichen Gesellschaft charakterisiert.*

**11. Челове́к челове́ку — друг, това́рищ и брат** (*один из при́нципов Мора́льного ко́декса строи́телей коммуни́зма в Программе КПСС, при́нятой на XXII съе́зде Коммунисти́ческой па́ртии Сове́тского Сою́за в 1961 г.*) Der Mensch ist des Menschen Freund, Kamerad und Bruder (*eines der Prinzipien im Sittenkodex der Erbauèr des Kommunismus, der in dem vom XXII. Parteitag der Kommunistischen Partei der Sowjetunion beschlossenen Programm der KPdSU enthalten ist*). *Diese Losung, die die neuen, kommunistischen zwischenmenschlichen Beziehungen widerspiegelt, wird der in der alten antagonistischen Gesellschaft geltenden Losung* Homo homini lupus est (*s.* Челове́к челове́ку волк) *gegenübergestellt. S. dazu auch* Свобо́да, ра́венство, бра́тство.

**12. Челове́к — э́то звучи́т го́рдо** (*М. Го́рький. На дне, д. 4*— 1902 *г.*) Der Mensch! So erhaben klingt das! (*M. Gorki, Nachtasyl. Übers. A. Scholz und O. D. Potthoff*); *geflügelt wurden diese Worte in der Form* Ein Mensch, wie stolz das klingt! *Der von Gorki geprägte Ausdruck, der den sozialen Wert jeder Persönlichkeit betont und dazu aufruft, jeden Menschen zu achten, seine Würde anzuerkennen, war besonders am Vorabend der ersten russischen Revolution (1905—1907) von großer gesellschaftlicher Bedeutung. Der humanistische Sinn dieser Worte weckte das Selbstbewußtsein der Menschen,*

242

*half ihnen ihren Platz im gesellschaftlichen Leben und im revolutio-
nären Kampf zu erkennen.*

13. **Челове́ческая коме́дия** (*заглавие русского перевода цикла
романов О. Бальзака «La comédie humaine»*) Die menschliche Komödie (*Gesamttitel des 40 Werke zählenden Romanzyklus von H. Balzac*). *Der Titel, bei dessen Wahl sich der Verfasser an die »Göttliche Komödie« von Dante Alighieri anlehnte, spiegelt Balzacs Absicht
wider, ein umfassendes und realistisches Epos des bürgerlichen Zeit-
alters zu schaffen, das Dantes großer Dichtung, die man eine Enzyklopädie des Mittelalters nennen könnte, vergleichbar wäre.*

14. **Челове́ческий докуме́нт** (*Э. Гонкур. Предисловие к книге
«Несколько созданий нашего времени»* — 1876 *г.*) Menschliche
Dokumente; documents humains *franz.* (*E. Goncourt. Vorrede zu dem
Buch »X-beliebige Geschöpfe dieser Zeit«*). *Goncourt, der ein Vorgänger der literarischen Schule des Naturalismus in Frankreich war,
verstand unter* documents humains (*bei ihm steht der Ausdruck
im Pl.*) *eigentlich einen Vorrat an Lebensbeobachtungen, der allein
einen Schriftsteller befähigt, ein bestimmtes Milieu wahrheitsgetreu zu
gestalten. Im Russischen bezeichnet man heute mit dem Ausdruck*
челове́ческий докуме́нт (*meist im Sing. gebraucht*) Briefe, Tage-
bücher, Erinnerungen und andere originelle persönliche Lebenszeug-
nisse eines Menschen.

15. **Чем ку́мушек счита́ть труди́ться, /Не лу́чше ль на себя́,
кума́, обороти́ться?** (*И. Крылов. Зеркало и Обезьяна* — 1816 *г.*)
Du kannst sie auch in Ruhe lassen, /Und dich dafür bei deiner
eigenen Nase fassen (*I. Krylow. Der Spiegel und der Affe. Übers.
R. Bächtold*); Wozu willst du sie alle nennen! /Gescheiter wär's, dich
selbst im Spiegel zu erkennen! (*Übers. M. Remané*). *Die Äffin
in Krylows Fabel sieht sich ihr Spiegelbild an und glaubt, andere
Affen zu sehen, die ihr alle abgrundhäßlich vorkommen. Sie sagt
zu dem Bären, sie würde sich das Leben nehmen, wenn sie einer
»dieser Freundinnen und Basen« nur entfernt ähnlich wäre, worauf ihr der Bär mit den vorstehenden Worten antwortet. Der übertragene Sinn des Zitats* ≈ den Splitter in seines Bruders Auge sehen,
man sollte sich an der eigenen Nase ziehen.

16. **Чем ме́ньше же́нщину мы лю́бим, / Тем ле́гче нра́вимся
мы ей** (*А. Пушкин. Евгений Онегин, гл. 4, строфа VII* — 1828 *г.*)
Je wen'ger wir die Frauen lieben, /Je mehr sind sie für uns
entbrannt (*A. Puschkin. Eugen Onegin. Übers. Th. Commichau*.)

17. **Чем ночь темне́й, тем я́рче звёзды** (*цитата из стихотворения А. Майкова, входящего в его цикл 80-х гг. «Из Аполло-
дора Гностика»*) »Je dunkler die Nacht, desto heller die Sterne«
(*Verszeile aus einem Gedicht von A. Maikow, das zu seinem Zyklus
»Aus Apollodor dem Gnostiker« gehört*).

18. **Чему́ смеётесь? Над собо́ю смеётесь!** (*Н. Го́голь. Ревизор,*
*д. V, явл. VIII* — 1836 *г.*) Worüber lachen Sie? Sie lachen doch
über sich selbst! (*N. Gogol. Der Revisor. Übers. V. Tornius*).
*Worte des Stadthauptmanns, einer der Hauptgestalten in Gogols*
*Lustspiel, mit denen er sich am Schluß des Stücks an das Publikum*
*wendet. Der Verfasser wollte damit sagen, daß seine Satire einen*
*umfassenden Charakter trägt, dem ganzen zaristischen Rußland gilt.*
*Der Ausdruck wird (oft in der Form* Над чем смеётесь?*) zitiert, wenn*
*jmd. über anderer Menschen schwache Seiten lacht, ohne zu merken,*
*daß auch er mit denselben Fehlern behaftet ist und also über*
*sich selbst lacht.*

19. **Че́рез мой труп** (*Ф. Ши́ллер. Смерть Валленштейна,*
*д. V, сцена 7* — 1800 *г.; аналогичное выражение встречается*
*у Ге́рдера в стихотворении «Гостеприимный хозяин»* — 1801 *г.*)
Erst über meinen Leichnam sollst du hingehn (*F. Schiller. Wallensteins*
*Tod*); Nur über meinen Leichnam geht der Weg (*Herder. Der*
*Gastfreund*). *Im Russischen ist der Ausdruck heute sehr gebräuchlich,*
*er ist vor allem in der Alltagsrede zu hören und wird als eine*
*saloppe Formel kategorischen Protestes verwendet,* ≈ Ich bin entschieden dagegen; Ich lasse das auf keinen Fall zu.

20. **Че́рез те́рнии — к звёздам** цитируется также по-латыни:
Per aspera ad astra (< *Се́нека Мла́дший. Неистовый Геркулес, стих*
441) ↑ *lat.*; Auf rauhen Pfaden (*wörtlich:* durch Steiniges) zu den
Sternen, *d.h.* allen Hindernissen zum Trotz zu einem hohen Ziel;
durch Kampf zum Sieg (*Seneca d. J. Der rasende Herkules*).

21. **Честь безу́мцу, кото́рый навеёт /Челове́честву сон зо-**
**лото́й** (*П.-Ж. Беранже. Безумцы. Пер. В. Куро́чкина* — 1862 *г.*)
*Verszeilen aus Bérangers Gedicht «Die Toren» in der russischen*
*Übersetzung von W. Kurotschkin. Deutsche Übersetzungen der ent-*
*sprechenden Zeilen lauten:* Den Toren ehrt, der, sei's in Träumen,
/Beglücken kann die ganze Welt (*Übers. A. von Chamisso*); Heil
dem Toren, dessen goldner Traum / der Menschheit einen Schimmer
doch wird spenden! (*Übers. A. Scholz und O. D. Potthoff*). *Das*
*Zitat verdankt M. Gorki seine Popularität, der es einer handelnden*
*Person seines Dramas* »Nachtasyl« *in den Mund legt. Als* »Toren«
*und* »Wahnwitzige« *bezeichnet Béranger kühne Bahnbrecher und Weg-*
*bereiter des Fortschritts, selbstlose Vorkämpfer für eine glückliche*
*Zukunft des Menschengeschlechts.*

22. **Чечеви́чная похлёбка** *см.* Прода́ть своё первородство
за чечеви́чную похлёбку

23. **Число́м побо́лее, цено́ю подеше́вле** (*А. Грибоедов. Горе*
*от ума, д.* 1, *явл.* 7 — 1824 *г.*) In möglichst großer Zahl zu
möglichst niederm Preise (*A. Gribojedow. Geist bringt Kummer.*
*Übers. J. von Guenther*); Recht groß an Zahl und billig zu bezahlen
(*Übers. A. Luther*). *In Gribojedows Komödie bezieht sich der Ausdruck*

*auf Ausländer, die die russischen Adeligen nach der Mode jener Zeit als Lehrer und Erzieher für ihre Kinder anstellten. Das Zitat hat eine Verallgemeinerung erfahren: heute wird damit ironisch--abwertend die Sucht bezeichnet, möglichst viel von einer minderwertigen Ware zu kaufen, nur weil diese billig ist.*

24. **Чита́йте, зави́дуйте, я—гражда́ни́н** /Сове́тского Сою́за (*В. Маяко́вский. Стихи о советском паспорте*—1929 *г.*) So lest—und neidisch sollt ihr erbosen: /Ich bin ein Bürger der Sowjetunion (*W. Majakowski. Verse vom Sowjetpaß. Übers. F. Leschnitzer*). *Die außerordentlich beliebte Zeile aus Majakowskis Gedicht wird von den Sowjetmenschen zitiert, wenn sie ihren Stolz auf ihr Heimatland, ihre Liebe zu ihm zum Ausdruck bringen wollen.*

25. **Чи́чиков** (*гла́вный геро́й «Мёртвых душ» Н. Го́голя*—1842 *г.*) Tschitschikow, *Hauptgestalt in Gogols »Toten Seelen«, ein Mann von einnehmendem Wesen und feinen Manieren, in Wirklichkeit aber ein Schwindler, Streber und Speichellecker. Sein Name ist zur Bezeichnung für Menschen dieses Schlages geworden.*

26. **Чте́ние—вот лу́чшее уче́ние** (*из письма́ А. Пу́шкина к бра́ту Л. Пу́шкину от 21.7.1822 г.*) »Das Lesen ist die beste Art zu lernen« (*aus dem Brief A. Puschkins an seinen Bruder Lew Puschkin vom 21.7.1822*).

27. **Чти отца́ твоего́ и ма́терь твою́** (*из церковнославя́нского те́кста Библии, Исхо́д, 20, 12*) Du sollst deinen Vater und deine Mutter ehren (*Bibel, 2. Mose, 20, 12*). **Ма́терь** (*veralt. Form des Nom. Sing.*) *svw.* мать.

28. **Чтоб име́ть дете́й,** /Кому́ ума́ недостава́ло (*А. Грибое́дов. Го́ре от ума́, д. 3, явл. 3—1824 г.*) Zum Kinderkriegen /hat jeder noch Verstand genug (*A. Gribojedow. Verstand schafft Leiden. Übers. A. Luther*). *Vgl.* Vater werden ist nicht schwer (*W. Busch. Tobias Knopp*).

29. **Чтоб не дразни́ть гусе́й** [⟨ **Чтоб гусе́й не раздразни́ть**] (*И. Крыло́в. Гу́си*—1811 *г.*) *Wörtlich*: »Um die Gänse nicht zu necken« (*I. Krylow. Die Gänse*); Die Fabel könnte man erläutern lang und gründlich—/Doch sind die Gänse sehr empfindlich (*Übers. R. Bächtold*); Der Fabulist verschweigt hier manches, was er denkt./Denn Gänse sind zu leicht gekränkt (*Übers. M. Remané*). *Die Schlußzeilen aus Krylows Fabel (s. dazu* На́ши пре́дки Рим спасли́) *werden in der Bedeutung zitiert:* um niemanden vor den Kopf zu stoßen.

30. **Что́бы слова́м бы́ло те́сно, мы́слям—просто́рно** *см.* Пра́вилу сле́дуй упо́рно: /Что́бы слова́м бы́ло те́сно, мыслям—просто́рно.

31. **Что́бы те́ло и душа́** /бы́ли мо́лоды (*припе́в песни «Спорти́вный марш» из кинофильма «Врата́рь», слова́ В. Ле́бедева--Кума́ча, му́зыка И. Дунае́вского*—1936 *г.*) »Jung und munter

245

bleib /An Seele und Leib« (*Refrain des »Sportmarsches« im Film »Torwart«, Text von W. Lebedew-Kumatsch, Musik von I. Dunajewski*).

**32. Что де́лать?** 1) *заглавие романа Н. Чернышевского —1863 г.*; 2) *заглавие книги В. И. Ленина—1902 г., в которой дана разработка идеологических основ марксистской партии (Ленин В. И. Что делать?—Полн. собр. соч., т. 6, с. 1)* Was tun? 1) *Titel des 1863 erschienenen, zur revolutionären Umgestaltung Rußlands aufrufenden politischen Romans von N. Tschernyschewski, in dem er vom Leben »neuer Menschen« erzählt, die durch ihr Denken und Handeln eine utopisch-sozialistische Gesellschaft zu verwirklichen suchen; 2) Titel des Buchs von W. I. Lenin, in dem er die ideologischen Grundlagen einer marxistischen Partei dargelegt hat (W. I. Lenin. Werke, Bd. 5, S. 355)*.

**33. Что день гряду́щий мне гото́вит?** (*А. Пушкин. Евгений Онегин, гл. 6, строфа XXI—1828 г.; широкую популярность этот стих приобрёл как слова арии Ленского в опере П. Чайковского «Евгений Онегин»—1878 г.)* Was wird der nächste Tag mir bringen? (*A. Puschkin. Eugen Onegin. Übers. F. Bodenstedt*); Was bringt er mir, der künft' ge Morgen? (*Übers. Th. Commichau*). *Die Verszeile ist vor allem als Teil der Lenski-Arie in P. Tschaikowskis Oper »Eugen Onegin« bekannt und beliebt. In seinem Versroman läßt Puschkin seinen Lenski, einen jungen Dichter, am Vorabend seines Duells mit Onegin ein Gedicht schreiben, in dem er, sein tragisches Ende ahnend, in den vorstehenden Worten über den Ausgang des Zweikampfs meditiert. Das Libretto der Oper behält den Text von Puschkin wörtlich bei.* S. dazu Куда́, куда́ вы удали́лись, /Весны́ мое́й златы́е дни?

**34. Что есть и́стина?** (*Библия, Иоанн, 18, 37; название картины художника Н. Ге —1890 г.)* Was ist Wahrheit? (*Bibel*). *Im Evangelium nach Johannes (18, 37) sagt Jesus zu Pilatus, als er von diesem verhört wird*: »Ich bin dazu geboren..., daß ich für die Wahrheit zeugen soll«. *Darauf fragt ihn Pilatus*: »Was ist Wahrheit?«, *aber seine Frage bleibt unbeantwortet. Im Russischen ist das Bibelzitat, popularisiert durch das gleichnamige Gemälde von N. Gay, zum Ausdruck von Skepsis geworden.*

**35. Что за коми́ссия, созда́тель, /Быть взро́слой до́чери отцо́м!** (*А. Грибоедов. Горе от ума, д. 1, явл. 10—1824 г.)* Ach Gott! Erwachsne Töchter zu bewachen /Ist eine äußerst schwierige Mission (*A. Gribojedow, Verstand schafft Leiden. Übers. A. Luther*); O Herr, mein Gott, das sind mir Sachen,— /Der Vater solcher Tochter sein! (*Übers. J. von Guenther*). Коми́ссия (*in dieser Bedeutung veralt.) svw.* Scherereien, Ärgernisse. *Das Zitat wird ausschließlich scherzhaft gebraucht. Die zweite Zeile wird oft durch andere Worte ersetzt.*

36. **Что имеем, не храним, потерявши, плачем** (*Козьма Прутков. Плоды раздумья* — 1854 *г.*) «Wir achten nicht darauf, was wir haben,/ Nachdem wir es verloren, reut es uns« (*scherzhafter Aphorismus Kosma Prutkows aus der Sammlung »Früchte des Nachdenkens«*). *Über Kosma Prutkow s.* Барон фон Гринвальюс...

37. **Что и требовалось доказать** (*слова, которыми заканчиваются математические рассуждения в трудах греческого математика Евклида*) Was zu beweisen war; Quod erat demonstrandum lat. (*Worte, die am Schluß vieler Beweisführungen in den Schriften des griechischen Mathematikers Euklid stehen*). *Im Russischen wird das Zitat als Ausruf verwendet, mit dem man mit Genugtuung feststellt, daß man recht behalten hat.*

38. **Что наша жизнь? — Игра** (*из ариозо Германна в опере П. Чайковского «Пиковая дама», акт 3, карт. 7* — 1890 *г.; либретто М. Чайковского на сюжет «Пиковой дамы» А. Пушкина*) »Ja unser Leben ist ein Glücksspiel, weiter nichts!« (*Worte aus der Ariette Hermanns. des Haupthelden in P. Tschaikowskis Oper »Pique Dame«; Libretto von M. Tschaikowski nach der gleichnamigen Novelle von A. Puschkin*). *Formel der zynischen Lebensphilosophie eines Abenteurers und Glücksritters. S. dazu* Ловите миг удачи.

39. **Что он Гекубе, что она ему?** (*Шекспир. Гамлет, д. II, сцена* 2. *Пер. А. Кронеберга* — 1844 *г.*) Was ist ihm Hekuba, was ist er ihr? (*Shakespeare. Hamlet. Übers. A. W. Schlegel und L. Tieck*). *Von Hekuba, der Frau des trojanischen Königs Priamos, wird in Homers »Ilias« erzählt, daß ihr Mann und alle ihre Söhne im trojanischen Krieg gefallen waren und sie selbst von den Griechen gefangengenommen wurde. In Shakespeares Tragödie trägt ein Schauspieler die Geschichte von Hekuba mit so viel Mitgefühl vor, daß ihm Tränen in die Augen treten. Seine Kunst bewundernd, sagt der ihm zuhörende Hamlet:* »Was ist ihm Hekuba, was ist er ihr, /Daß er um sie soll weinen?«. *Als geflügeltes Wort wird das Hamlet-Zitat in zwei verschiedenen Situationen gebraucht:* 1) *wenn wir jmdn. bewundern, der sich fremder Sorgen lebhaft annimmt;* 2) *wenn sich jmd. in Angelegenheiten einmischt, die ihn nichts angehen.*

40. **Что пройдёт, то будет мило** (*А. Пушкин. Если жизнь тебя обманет* — 1825 *г.*) Alles, alles geht vorbei, /Ist's vergangen, wirst du's lieben (*A. Puschkin. Wenn das Leben dich betrügt. Übers. M. Remané*).

41. **Что сей сон означает?** (*из сонников — распространённых в России вплоть до XIX в. книг, в которых давались толкования снов*) Wörtlich: »Was bedeutet dieser Traum?« (*der Ausdruck geht auf die Traumbücher zurück, die bis ins* 19. *Jh. hinein in*

*Rußland verbreitet waren und in denen »erklärt« wurde, was dieser oder jener Traum »zu bedeuten hatte«, d.h. welche Ereignisse im Leben des Betreffenden er »vorhersagte«). In den Traumbüchern stand oft nach der Beschreibung eines Traummotivs die oben formulierte rhetorische Frage, und darauf folgte die eigentliche Deutung.* Сей (*veralt.*) *swv.* э́тот. *Heute werden diese Worte als scherzhafter Ausdruck einer mit Neugier vermischten Verwunderung gebraucht,* ≈ Was mag das in aller Welt bedeuten?

42. **Что ста́нет говори́ть /Княги́ня Ма́рья Алексе́вна!** (*A. Грибоедов. Горе от ума, д.* 4, *явл.* 15 — 1824 *г.*) Und was wird wohl dazu /Die Fürstin Marja Alexewna sagen? (*A. Gribojedow. Geist bringt Kummer. Übers. J. von Guenther*). *Mit diesen Worten Famussows (s.* Фа́мусов) *schließt das Lustspiel von Gribojedow. Famussow ist von einem harten Schicksalsschlag getroffen, denn die Liebschaft seiner Tochter mit seinem Privatsekretär ist soeben an den Tag gekommen. Was ihn aber mehr als die Tatsache selbst bedrückt, ist die Angst vor der Meinung Marja Alexewnas (= Alexejewnas), einer einflußreichen Dame von Welt. Der verallgemeinerte Sinn des Zitats:* Was werden die Leute dazu sagen?

43. **Что схо́дит с рук вора́м, /За то вори́шек бьют** (*И. Крылов. Воронёнок* — 1811 *г.*) Ein kleiner Schuft /soll einen großen nicht nachäffen: /der große wird geehrt, der kleine wird gepufft (*I. Krylow. Der junge Rabe. Übers. R. Bächtold*). *Die Verszeile aus Krylows Fabel ist im Russischen zu einem Sprichwort geworden. Vgl.* Kleine Diebe hängt man, große läßt man laufen.

44. **Что тако́е хорошо́ и что тако́е пло́хо** (*заглавие стихотворения для детей В. Маяковского* — 1925 *г.* »Was ist gut und was ist schlecht« (*Titel eines Gedichts für Kinder von W. Majakowski*).

45. **Что уго́дно для души́** (*из старинного детского стихотворения-считалки*) »Alles, was das Herz begehrt« (*aus einem alten Abzählreim*).

46. **Чу́вство семьи́ еди́ной** (*заглавие стихотворения П. Тычины* — 1938 *г.*) »Das Gefühl einer einzigen Familie« (*Titel eines Gedichts von P. Tytschina*). *Der Ausdruck wird zitiert, um die brüderliche Verbundenheit der Völker der Sowjetunion zu charakterisieren*.

47. **Чудаки́ украша́ют мир** (*М. Горький. Рассказ о безответной любви* — 1923 *г.*) »Sonderlinge verschönern die Welt« (*M. Gorki. Erzählung von der unerwiderten Liebe*).

48. **Чужи́х люде́й соединённость /И разобщённость бли́зких душ** (*Е. Евтушенко. Со мною вот что происходит* — 1957 *г.*) Das Nahsein der sich fremden Seelen /das Fremdsein derer, die sich nah (*J. Jewtuschenko. Mit mir ist folgendes geschehen. Übers. F. Leschnitzer*).

# Ш

1. **Шаг вперёд, два шагá назáд** (*заглавие вышедшей в свет в 1904 г. книги В. И. Ленина, в которой он разработал организационные основы марксистской партии; Ленин В. И. Шаг вперёд, два шага назад.— Полн. собр. соч., т. 8, с. 185*) Ein Schritt vorwärts, zwei Schritte zurück (*Titel des 1904 erschienenen Buchs von W. I. Lenin, in dem er die ogranisatorischen Grundlagen einer marxistischen Partei dargelegt hat; W. I. Lenin. Ein Schritt vorwärts, zwei Schritte zurück.— Werke, Bd. 7, S. 197*).

*Als einen Schritt vorwärts bezeichnete W. I. Lenin in seinem Buch den Beitrag zur Schaffung einer marxistischen revolutionären Partei, den der im Jahre 1903 abgehaltene II. Parteitag der SDAPR bedeutete (Annahme des Programms und des Statuts der Partei), alz zwei Schritte zurück die Haltung der Menschewiki, die den Zentralismus und die Disziplin als organisatorische Prinzipien der Partei nicht anerkannten und nach dem Parteitag eine spalterische Tätigkeit betrieben. Heute wird mit dem Ausdruck ein Auf-der-Stelle-Treten bezeichnet.*

2. **Шагрéневая кóжа** (*заглавие русского перевода романа О. Бальзака «La Peau de chagrin»—1831 г.*) Das Chagrinleder (*Titel eines Romans von H. Balzac*). *Der junge Künstler Raphael, die Hauptgestalt des Romans, erwarb ein Stück Chagrinleder, das die Zauberkraft besaß, alle Wünsche seines Besitzers zu erfüllen und ihn jung zu erhalten. Mit jedem erfüllten Wunsch verringerte sich jedoch das Leder und zeigte dem jungen Mann an, wie viele Wünsche ihm noch gewährt werden sollten und — wie lange er noch zu leben hatte; denn er mußte, wie die auf dem Leder geschriebene Bedingung lautete, mit der Erfüllung seines letzten Wunsches und dem Verschwinden des letzten Fetzens Leder sterben. In der russischen Zeitungssprache wird mit dem Balzacschen Chagrinleder oft etwas verglichen, das sich zusehends verringert, schnell und unabwendbar zusammenschrumpft, katastrophal schwindet, z.B. Geldzuwendungen für etw., das Vertrauen zu einem Politiker usw.*

3. **Шáпками закидáем!** (*старое поговорочное выражение, широко употреблявшееся в начальный период русско-японской войны 1904 — 1905 гг. как ура-патриотический лозунг, в котором отразилась недооценка военного потенциала Японии со стороны правящих кругов царской России, рассчитывавших на легкую победу в начавшейся войне*) ≈ »Die begraben wir einfach unter unseren Mützen!«, *d. h.* es wäre ja gelacht, wenn wir mit denen da nicht bald fertig würden! (*sprichwörtliche Redensart älteren Ursprungs, die in der Anfangsperiode des Russisch-Japanischen Kriegs von 1904 — 1905 vielfach als hurrapatriotische Losung verwendet wurde;*

*darin widerspiegelte sich die Unterschätzung des japanischen Kriegspotentials seitens der regierendern Kreise des zaristischen Rußlands, die mit einem leichten Sieg über den Gegner rechneten). Dem Ausdruck liegt folgendes Bild zugrunde*: wir sind den Feinden zahlenmäßig so weit überlegen, daß es genügt, wenn jeder einzelne seine Mütze gegen sie wirft; sie werden unter diesem Berg von Mützen einfach verschwinden. *Die Redewendung* Шáпками закидáть *wird in der Bedeutung* prahlerisch versprechen, mit einem Gegner schnell fertig zu werden, *und das davon abgeleitete Substantiv* шапкозакидáтельство (*abwertend*) *in der Bedeutung* Angeberei, Großsprecherei *gebraucht*.

4. **Шáпка Мономáха** *см.* Ох, тяжелá ты, шáпка Мономáха!

5. **Шáпка-невидúмка** (*из русских народных сказок*) Tarnkappe, *in russischen Volksmärchen eine Mütze, die ihren Träger unsichtbar macht.*

6. **Швейк. Брáвый солдáт Швейк** (*главный герой сатирического романа Я. Гашека «Похождения бравого солдата Швейка во время мировой войны»* — 1923 *г.*) Schwejk. Der brave Soldat Schwejk (*Titelheld in J. Hašeks satirischem Roman »Abenteuer des braven Soldaten Schwejk im Weltkrieg«*). *Typ eines verschmitzten »kleinen Mannes«, der, in den Uniformrock gesteckt, dem allmächtigen Gewaltapparat eines militaristischen Staats erfolgreich passiven Widerstand leistet, indem er durch scheinbaren Gehorsam und Anstelligkeit, gut gespielte Naivität und hemmungslose Geschwätzigkeit seine Vorgesetzten bald zur Raserei bringt, bald wieder für sich einnimmt, so daß sie alle Versuche, einen »tüchtigen Soldaten« und »Patrioten« aus ihm zu machen, schließlich aufgeben müssen. Sein Name wird als Bezeichnung für Menschen dieses Schlages gebraucht. S. dazu* В шесть часóв вéчера пóсле войны́.

7. **Шекспúр — и несть ему концá** (*заглавие русского перевода статьи Гёте, опубликованной в 1815 г.*) Shakespeare und kein Ende (*Titel eines Aufsatzes von Goethe*). *Im Russischen drückt das geflügelte Wort wie bei Goethe Bewunderung für Shakespeares Größe, für die unerschöpfliche Welt der von ihm geschaffenen Gestalten aus. Der Name Shakespeare kann durch einen anderen, durch die Situation bedingten Namen ersetzt werden. Die im Deutschen später entstandene übertragene Verwendungsweise des Zitats, bei der scherzhaft das häufige Verweisen auf Shakespeare, eine übertriebene Vorliebe für ihn gemeint ist, hat sich im Russischen nicht entwickelt.* Несть (*veralt.*) *svw.* нет (⟨ не есть⟩.

8. **Шёл в кóмнату, попáл в другýю** (*А. Грибоедов. Горе от ума, д.* 1, *явл.* 4 — 1824 *г.*) »In ein Zimmer hatt' er hingewollt, und landete in einem andern« (*A. Gribojedow. Verstand schafft Leiden). Ironische Bezeichnung der Situation, wenn jmd. durch seine*

*Handlungen zu einem Ergebnis kommt, das er gar nicht beabsichtigt hatte.*

9. **Шемя́кин суд** (*из русской сатирической повести второй половины XVII в.*) »Das Urteil des Schemjaka«, *d.h.* ein ungerechter Rechtsspruch *bzw.* ein bestechliches Gericht (*aus einer russischen satirischen Erzählung, einer Art Volksbuch, in dem der bestechliche Richter Schemjaka das Recht verdreht). Diesen Stoff behandelt A. von Chamisso in seinem Gedicht »Das Urteil des Schemjaka«, 1832.*

10. **Шёрлок Холмс** (*герой рассказов А. Конан Дойла, сборники которых выходили в свет с 1877 г. по 1915 г.*) Sherlock Holmes (*Hauptgestalt in A. Conan Doyles Kriminalerzählungen). Sein Name wird in der Bedeutung* Meisterdetektiv (*scherzh.*) *gebraucht.*

11. **Шерша́вым языко́м плака́та** (*В. Маяковский. Во весь голос* — *1930 г.*) Mit der rauhen Zunge der Plakate (*W. Majakowski. Mit voller Stimmkraft. Übers. F. Leschnitzer). Während des Bürgerkriegs war Majakowski, der im Dienste der Revolution keine undankbare Kleinarbeit scheute, in der ROSTA (russische Kurzform für Rossijskoje telegrafnoje agentstwo, d. h. der »Russischen Telegraphenagentur«) als Plakatmaler und Verfasser von Plakattexten tätig* (*s.* Наступа́ть на го́рло со́бственной пе́сне). *Auf diese Arbeit stolz, sagt der Dichter in seinem letzten Poem*: Für euch, die Gesunden und Tüchtigen, /leckt der Dichter den Speichel der Schwindsüchtigen /mit der rauhen Zunge der Plakate. *Der Ausdruck wird in der Bedeutung* in der derben Sprache der Plakatkunst zitiert.

12. **Широка́ страна́ моя́ родна́я** (*первая строка припева «Песни о Родине» в кинофильме «Цирк», слова В. Лебедева-Кумача, музыка И. Дунаевского* — *1936 г.*) »Weit ist mein Vaterland« (*Anfangszeile aus dem Refrain des »Liedes vom Vaterland« in der lyrischen Filmkomödie »Zirkus«, Text von W. Lebedew-Kumatsch, Musik von I. Dunajewski; in E. Weinerts Übersetzung beginnt der Refrain mit den Worten*: Vaterland, kein Feind soll dich gefährden). *Das Lied ist wohl das beliebteste sowjetische Massenlied. Es fand nach Erinnerungen von Zeitgenossen gleich in den ersten Tagen nach seinem Bekanntwerden große Verbreitung und wurde überall als eine Art Hymne des jungen Landes gesungen, das den Sozialismus aufbaute. Die musikalische Phrase des Refrains wird als Rufzeichen des Moskauer Rundfunks verwendet. Die Liedzeile wird als bildliche Beschreibung der unübersehbaren Weiten der Sowjetunion zitiert. S. dazu auch* Молоды́м везде́ у нас доро́га; От Москвы́ до са́мых до окра́ин; Я друго́й тако́й страны́ не зна́ю, /Где так во́льно ды́шит челове́к.

13. **Шко́ла злосло́вия** (*заглавие русского перевода пьесы Р. Шеридана «The School for Scandal»* — *1780 г.*) Die Lästerschule (*Titel eines Lustspiels von R. Sheridan). Im Russischen wird der*

*Ausdruck in der Bedeutung* eine Gesellschaft von Lästermäulern und Klatschbasen *zitiert.*

14. **Штурмова́ть не́бо** (< *К. Маркс. Письмо к Л. Кугельману от 12.4.1871 г.—Маркс К., Энгельс Ф. Соч., т.* 33, с. 172) Den Himmel erstürmen (< *K. Marx. Brief an Ludwig Kugelmann vom 12.4.1871.—K. Marx, F. Engels. Werke, Bd.* 33, *S.* 205). *In der griechischen Mythologie sagen die Brüder Othos und Ephialtos, zwei junge Riesen, den olympischen Göttern den Kampf an und drohen, deren Sitz, den Himmel, zu erstürmen. An diese Sage anknüpfend, nennt Marx in seinem Brief an Kugelmann die Pariser Kommunarden* die Himmelsstürmer von Paris. *Daraus entstand das geflügelte Wort* den Himmel erstürmen, *das heute in der Bedeutung gebraucht wird*: einen heldenhaften revolutionären Kampf führen, überlebte Institutionen zerstören.

15. **Шуми́м, бра́тец, шуми́м** (*А. Грибоедов. Горе от ума, д.* 4, *явл.* 4 — 1824 г.) Wir machen Lärm, mein Freund (*A. Gribojedow. Verstand schafft Leiden. Übers. A. Luther). Ironisch von eifrig debattierenden Menschen, die Vorkämpfer einer großen Idee zu sein glauben, deren Wortgefechte aber lauter Phrasen sind.*

# Э

1. **Э́врика!** (*приписывается Архимеду*) Heureka! *griech.*; Ich hab's gefunden! (*Nach der Legende soll Archimedes, der größte Mathematiker und Mechaniker der Antike, das hydrostatische Grundgesetz, das sogenannte Archimedische Prinzip, zufällig beim Baden entdeckt haben und mit den vorstehenden Worten splitternackt nach Hause gelaufen sein). Heute wird der Ausruf* Э́врика! *zum Ausdruck der Freude über eine plötzliche Entdeckung, einen glücklichen Gedanken gebraucht.*

2. **Эзо́пов язы́к** *см.* Говори́ть эзо́повым языко́м

3. **Элло́чка-Людое́дка** *см.* Людое́дка Элло́чка

4. **Эльдора́до** (*сказочная страна, изобилующая золотом и сокровищами, которую разыскивали испанские завоеватели Южной Америки*) Eldorado; Dorado (*Land mit sagenhaften Goldschätzen, nach dem die spanischen Eroberer Südamerikas suchten). Zitiert in der Bedeutung*: Goldgrube, Wunschland.

5. **Энциклопе́дия ру́сской жи́зни** (*В. Белинский. Сочинения Александра Пушкина, статья* 9 — 1845 г.) »Enzyklopädie des russischen Lebens« (*W. Belinski. Alexander Puschkins Werke, Aufsatz* 9). *Von Belinski geprägte Charakteristik des Puschkinschen Versromans* »Eugen Onegin«, *in dem der große Literaturkritiker eines der ersten realistischen Werke der russischen Literatur sah, das ein*

*vielseitiges Bild der russischen Gesellschaft am Anfang des 19. Jh. bietet.*

6. **Эскулáп** (*из греческой мифологии*) Äskulap, *in der griechischen Sage Gott der Heilkunst. Scherzhafte Bezeichnung für einen Arzt. In derselben Bedeutung wird auch die Wortverbindung* Сын Эскулáпа Äskulaps Sohn *gebraucht.*

7. **Этáпы большóго путú** (*строка из «Песни о Каховке» в кинофильме «Три товарища», слова М. Светлова, музыка И. Дунаевского*—1935 *г.*) »Stationen des langen Weges« (*Zeile aus dem »Kachowka-Lied« im Film »Drei Frontkameraden«, Text von M. Swetlow, Musik von I. Dunajewski). Der Film berichtet über die Ereignisse des Bürgerkrieges: Bei Kachowka, einer Stadt am linken Ufer des Dnjepr, wurde im Jahre 1920 der Vormarsch der weißgardistischen Wrangel-Truppen von der Roten Armee zum Stehen gebracht. Die Verszeile wird zitiert, um Ereignisse zu bezeichnen, die zu Meilensteinen im Leben eines Menschen oder der Gesellschaft geworden sind.*

8. **Этого не мóжет быть, потомý что этого не мóжет быть никогдá** (*А. Чехов. Письмо к учёному соседу*—1880 *г.*) »Das kann nicht sein, weil es nie der Fall sein kann« (*A. Tschechow. Brief an einen gelehrten Nachbar). Der pensionierte Landpolizist Semi-Bulatow in Tschechows humoristischer Erzählung, ein sehr beschränkter Mensch, ist mit einigen Erkenntnissen der Wissenschaft »nicht einverstanden«; z.B. daß der Mensch von affenähnlichen Vorfahren stammt, widerspreche seiner Meinung nach »dem gesunden Menschenverstand«. Für den Urheber dieser Lehre hält er in seiner Unwissenheit einen Nachbar, der auf seinem Gut irgendwelche wissenschaftliche Studien betreibt. In seinem Brief an ihn sucht Semi-Bulatow die Abstammung des Menschen aus dem Tierreich, die Sonnenflecken u.a.m. zu »widerlegen«, wobei er sich der vorstehenden Worte als »Argument« bedient. Der Ausdruck wird zitiert, um die mangelnde Logik und die Sturheit eines Ignoranten ironisch zu bezeichnen, der sich einbildet, andere Menschen belehren zu dürfen.*

9. **Это есть наш послéдний /И решúтельный бой** (*Э. Потье. «Интернационал» в русском переводе А. Коца*—1902 *г.*) »Das ist unser letzter, entscheidender Kampf« (*Zitat aus der russischen Übersetzung von E. Pottiers »Internationale«; vertont von P. Degeyter). Die entsprechende Zeile im deutschen Text der »Internationale« lautet:* Völker, hört die Signale! Auf zum letzten Gefecht! (*Übers. E. Luckhardt*).

10. **Это не Рúо-де-Жанéйро!** (*И. Ильф, Е. Петров. Золотой телёнок*—1931 *г.*) Ein Rio de Janeiro ist es nicht! (*I. Ilf, J. Petrow. Das Goldene Kalb, oder Die Jagd nach der Million. Übers. Th. Reschke). Der arbeitsscheue Gauner Ostap Bender (s.*

253

Остáп Бéндер) *träumt davon, Millionär zu werden und nach Rio de Janeiro zu gehen, das für ihn der Inbegriff des »süßen Lebens« ist. Mit dem vorstehenden Lieblingssatz stellt er melancholisch fest, daß die Wirklichkeit des jungen Sowjetlandes, das seine Wirtschaft nach den Kriegsjahren erst wiederaufbauen muß und in dem es noch an vielem mangelt, von diesem erträumten »Paradies« sehr weit entfernt ist. Heute wird das sehr beliebte Zitat als scherzhafter Ausdruck der Enttäuschung und des Mißfallens verwendet,* ≈ Schön ist anders!

# Ю

1. **Ювенáлов бич** (*А. Пушкин. О муза пламенной сатиры; при жизни поэта стихотворение не печаталось*) »Juvenals Geißel«, *d.h.* die Kunst, mit seiner Satire den Verspotteten schmerzlich zu treffen, anzuprangern, wie es der römische Satiriker Juvenal zu tun pflegte (*Zitat aus A. Puschkins Gedicht »Der flammenden Satire Muse«*).

2. **Юдóль печáли** [**плáча**] (*Библия, Псал.*, 83, 7) Das irdische Jammertal, *d.h.* das Leben mit seinem Kummer und seinen Leiden (< *Bibel, Psalter*, 84, 7). Юдóль (*kirchenslawisch*) *svw.* долúна.

3. **Юноша блéдный со взóром горящим** (*В. Брюсов. Юному поэту*—1896 *г.*) Jüngling, du bleicher, mit brennenden Blicken (*W. Brjussow. Dem jungen Dichter. Übers. R. Erb*). *Die Verszeile (die auch in Brjussows Gedicht eine Anrede ist) wird heute als scherzhafte Anrede bzw. Bezeichnung für einen (enthusiastischen) jungen Mann zitiert.*

4. **Юный барабáнщик** (*М. Светлов. Маленький барабанщик*— 1929 *г.; стихотворение Светлова является вольным переводом немецкой революционной песни* »Der kleine Trompeter«, *слова и музыка народные*—1925 *г. Песня была сложена в память молодого коммуниста Ф. Вайнека, трубача музыкального взвода* «Союза красных фронтовиков», *погибшего 13.3.1925 г., когда полиция организовала провокацию и расстреляла ряд рабочих — участников массового предвыборного собрания в г. Галле, на котором выступал с речью Э. Тельман*) *Wörtlich*: Der junge Trommler (*Worte aus M. Swetlows Gedicht »Der kleine Trommler«, einer freien Übersetzung des deutschen revolutionären Volksliedes »Der kleine Trompeter«. Das Lied ist dem Andenken des jungen Kommunisten F. Weineck gewidmet, Trompeter im Spielmannszug des Roten Frontkämpferbundes; er fiel am 13.3.1925, als die Polizei während einer Wahlversammlung in der Stadt Halle, in der E. Thälmann*

*sprach, eine Provokation organisierte und mehrere Teilnehmer der Veranstaltung erschoß). Das Lied war in der UdSSR in den 20er und 30er Jahren Ausdruck der Solidarität mit dem Kampf der deutschen Arbeiterklasse. Es ist auch heute sehr beliebt. Die Worte* Юный бараба́нщик *sind zum Sinnbild eines jungen Revolutionärs geworden. Zitiert werden auch die Schlußzeilen des Lieds*: Поги́б наш юный бараба́нщик, /Но пе́сня о нём не умрёт.

5. **Юпи́тер** (*из ри́мской мифоло́гии*) Jupiter, *oberste Gottheit der Römer, später mit dem griechischen Zeus identifiziert. Im Russischen wird mit seinem Namen ein unnahbarer, eingebildeter Mensch bezeichnet. S. dazu* Зевс-громове́ржец.

6. **Юпи́тер, ты се́рдишься, — зна́чит, ты не прав** (? Лукиан) »Jupiter, du zürnst, also hast du unrecht« (? *Lukian*). *Der Ausdruck wird scherzhaft gebraucht, wenn jmd. sich bei einem Streit ärgert und dadurch verrät, daß er unrecht hat.*

# Я

1. **Я́блоко раздо́ра** (*выраже́ние, восходя́щее к гре́ческой мифоло́гии; впервы́е употребле́но ри́мским исто́риком Юсти́ном*) Apfel der Zwietracht [Zankapfel, Erisapfel, Apfel des Paris] (*der Ausdruck, der auf die griechische Mythologie zurückgeht, wurde zuerst von dem römischen Historiker Justinus gebraucht). Die zur Hochzeit des Peleus und der Thetis nicht gebetene Göttin der Zwietracht Eris rollte zwischen die Gäste einen goldenen Apfel mit der Aufschrift*: »*Die schönste soll mich bekommen«. Drei Göttinnen, Here, Athene und Aphrodite, gerieten in Streit, welcher von ihnen der Apfel gebühre. Der Sohn des Königs von Troja, Paris, sprach den Apfel Aphrodite zu. Zum Dank beschenkte sie ihn mit der Liebe der schönsten Frau Griechenlands Helena, der Gattin des Königs von Sparta Menelaos. Paris entführte Helena ihrem Manne, und diese Entführung wurde zum Anlaß des Trojanischen Krieges. Der Ausdruck ist in der Bedeutung der* Grund, die Ursache eines Streits *oder der* Zwietracht *zu einem geflügelten Wort geworden.*

2. **Я во́лком бы вы́грыз бюрократи́зм** (*В. Маяко́вский. Стихи́ о сове́тском па́спорте* — 1929 *г.*) Wie gern ich, ein Wolf, den Bürokratismus zerbisse! (*W. Majakowski. Verse vom Sowjetpaß. Übers. F. Leschnitzer*).

3. **Я всю свою́ зво́нкую си́лу поэ́та /Тебе́ отда́ю, атаку́ющий класс** (*В. Маяко́вский. Влади́мир Ильи́ч Ле́нин* — 1924 *г.*) Ich widme Dir, attackierende Klasse, /all meine klingende Dichterkraft (*W. Majakowski. Wladimir Iljitsch Lenin. Übers. H. Huppert*). *Das Werk erschien bald nach dem Tod W. I. Lenins. Es ist eine*

*poetische Erzählung über die Tätigkeit des Führers der Revolution und der von ihm geschaffenen Partei der Bolschewiki in der Zeit der Vorbereitung der sozialistischen Revolution und nach deren Sieg. Mit der attackierenden Klasse meint der Dichter die Arbeiterklasse.*

4. **Я друго́й тако́й страны́ не зна́ю, /Где так во́льно ды́шит челове́к** (*слова припева* «Песни о Родине» *из кинофильма* «Цирк», *слова В. Лебедева-Кумача, музыка И. Дунаевского* — 1936 *г.*) Denn es gibt kein andres Land auf Erden, /Wo das Herz so frei dem Menschen schlägt (*Refrain des »Liedes vom Vaterland« in der lyrischen Filmkomödie »Zirkus«, Text von W. Lebedew-Kumatsch, Musik von I. Dunajewski. Übers. E. Weinert*). *S. dazu* Молоды́м везде́ у нас доро́га; От Москвы́ до са́мых до окра́ин; Широка́ страна́ моя́ родна́я.

5. **Я е́ду, е́ду, не свищу́, /А как нае́ду, не спущу́** (*А. Пушкин. Руслан и Людмила, песнь* 3 — 1820 *г.*) Ich reit und reite, wie sich's tut, /Doch wen ich pack, den pack ich gut! (*A. Puschkin. Ruslan und Ludmilla. Übers. J. von Guenther*). Не свищу́ *hier svw.* ohne »Heißassa!« zu rufen; не спущу́ *svw.* ich lasse mir nichts gefallen. *Die Verszeilen werden im folgenden übertragenen Sinn zitiert*: es ist zwar nicht meine Art, großzutun, aber wehe dem, der sich mir in den Weg stellt!

6. **Я ему́ про Фому́, а он мне про Ерёму** (*русская поговорка, возникшая на основе известных с XVII в. народных юмористических рассказов о Фоме и Ерёме — двух братьях-неудачниках, которые впоследствии стали также излюбленными персонажами лубочных картинок, появившихся во второй половине XVIII в.*) »Ich rede mit ihm über Foma, er aber redet mit mir über Jerjoma«, *d. h.* zwei Menschen reden aneinander vorbei, mißverstehen einander gegenseitig (*russische sprichwörtliche Redensart, geht auf die seit dem 17. Jh. verbreiteten volkstümlichen humoristischen Erzählungen von den Brüdern Foma und Jerjoma zurück, zwei Pechvögeln, die später Lieblingsgestalten der in der zweiten. Hälfte des 18. Jh. aufkommenden Volksbilderbogen wurden*).

7. **Я зна́ю то́лько то, что ничего́ не зна́ю** (*афоризм, который любил повторять греческий философ Сократ*) Ich weiß, daß ich nichts weiß; Scio: nescio *lat.* (*Lieblingsspruch des griechischen Philosophen Sokrates*).

8. **Язы́к дан челове́ку, что́бы скрыва́ть свои́ мы́сли** (*происхождение спорно; в приведённой форме приписывается французскому дипломату Талейрану, который сказал эти слова в* 1807 *г.*) Die Sprache ist dem Menschen gegeben, um seine Gedanken zu verbergen; La parole a été donnée à l'homme pour déguiser sa pensée *franz.* (*Ursprung unsicher; in der vorstehenden*

256

*Form wird der Gedanke dem französischen Diplomaten Talleyrand zugeschrieben).*

9. **Язы́к родны́х оси́н** (*И. Тургенев. Эпиграмма на Н. Кетчера—около 1851 г.*) »Der heimatlichen Espen Sprache« (*I. Turgenjew. Epigramm auf N. Ketscher*). *Mit den vorstehenden Worten charakterisierte Turgenjew die Sprache der Shakespeare-Übersetzungen von N. Ketscher, der den englischen Dramatiker grundsätzlich in Prosa übersetzte und dabei die größtmögliche formelle Ähnlichkeit mit dem Original anstrebte, was oft dem künstlerischen Eindruck Abbruch tat. Heute wird mit dem Ausdruck die sog. »Übersetzersprache« bezeichnet, d.h. die unbeholfene, gekünstelte russische Sprache, wie man sie in manchen Übersetzungen findet.*

10. **Я ищу́ свобо́ды и поко́я! /Я б хоте́л забы́ться и засну́ть!** (*М. Лермонтов. Выхожу один я на дорогу—1843 г.*) Freiheit soll und Friede mich umfangen /Im Vergessen, das der Schlaf verspricht (*M. Lermontow. Einsam tret ich auf den Weg, den leeren. Übers. R. M. Rilke*). *Als Ausruf eines von mannigfaltigen Pflichten geplagten, ruhebedürftigen Menschen wird auch der »Splitter«* Забы́ться и засну́ть ≈ Jetzt an nichts mehr denken müssen und schlafen! *zitiert.*

11. **Я к вам приду́ в коммунисти́ческое далеко́** (*В. Маяко́вский. Во весь голос—1930 г.*) Ich komm zu euch ins kommunistische Weit (*W. Majakowski. Mit voller Stimmkraft. Übers. F. Leschnitzer*). *Mit diesen Worten drückt der Dichter seine feste Zuversicht aus, daß seine Verse seine Zeit überleben und auch für die Menschen der kommenden kommunistischen Gesellschaft ihre Bedeutung nicht einbüßen werden.* Коммунисти́ческое далеко́— *Substantivierung des Adverbs, eine grammatische Erscheinung, die im Russischen bei weitem nicht so üblich ist wie im Deutschen, ein Beispiel für Majakowskis individuelle Wortschöpfung.*

12. **Яко тать в нощи́** (*из церковнославянского текста Библии, Первое послание апостола Павла к фессалоникийцам, 5, 2; по-русски:* Как вор но́чью) Wie ein Dieb in der Nacht (*Bibel, 1. Thessalonicher, 5, 2*). *Der scherzhaft gebrauchte bildliche Ausdruck wird in zwei Bedeutungen zitiert:* 1) unerwartet; 2) auf Schleichwegen.

13. **Я мы́сло, сле́довательно [зна́чит], существу́ю** *цитируется также по-французски:* Je pense, donc je suis *и по-латыни:* Cogito, ergo sum (*Р. Декарт. Рассуждение о методе—1637 г.; Начала философии, ч. 1, 7 и 10—1644 г.*) Ich denke, also bin ich; ↑ *lat.* (*Descartes. Discours de la méthode; Principia philosophiae*).

14. **Я обвиня́ю** *цитируется также по-французски:* J'accuse (*заглавие статьи Э. Золя, опубликованной им в 1898 г. в форме открытого письма президенту Франции в связи с делом Дрейфуса*)

Ich klage an!; ↑ *franz. (Titel eines Artikels von E. Zola in Form eines offenen Briefes an den Präsidenten Frankreichs, mit dem der Schriftsteller in den berühmten Prozeß Dreyfuß eingriff; Zola wies nach, daß der französische Generalstab und die Justiz den Angeklagten Alfred Dreyfuß, einen Offizier jüdischer Abstammung, aus reaktionärer Voreingenommenheit und antisemitischen Vorbehalten des Landesverrats beschuldigt und zu lebenslänglicher Deportation verurteilt hatten. Das Zitat wird verwendet, um die Zivilcourage eines Menschen zu charakterisieren, der sich für einen zu Unrecht Beschuldigten einsetzt, irgendwelche soziale Mißstände entlarvt usw.)*

15. **Я па́мятник себе́ воздви́г нерукотво́рный, /К нему́ не зарастёт наро́дная тропа́** (*А. Пушкин. Памятник* — 1836 *г*.; ⟨ *Гораций*) Ein Denkmal schuf ich mir, wie Hände keins erheben, /Des Volkes Pfad zu ihm wächst niemals zu (*A. Puschkin. Denkmal. Übers. H. von Gaertringer). Die vorstehenden Anfangszeilen aus Puschkins außerordentlich populärem Gedicht, in dem er mit Stolz auf seine Verdienste als Nationaldichter hinweist, enthalten gleich zwei Wortverbindungen, die zu geflügelten Ausdrücken geworden sind:* 1) нерукотво́рный па́мятник *ein nicht von Menschenhand geschaffenes Denkmal, d.h. von einem großen Menschen geschaffene unvergängliche geistige Werte;* 2) не зарастёт наро́дная тропа́ (к чему́-л.) = *eine Gedenkstätte wird immer Menschen anziehen, die zu ihr pilgern.*

16. **Я пла́нов на́ших люблю́ громадьё, /разма́ха шаги́ саже́ньи. /Я ра́дуюсь ма́ршу, кото́рым идём, /в рабо́ту и в сраже́нья** (*В. Маяковский. Хорошо!, гл.* 17 — 1927 *г*.) Ich lieb unsrer Pläne gigantischen Schwung, /den Sturmschritt zu sieben Meilen. /Mich freut unser Marsch, mit dem, ewig jung, /wir zum Kampf und zur Arbeit eilen (*W. Majakowski. Gut und schön. Übers. H. Huppert). Das Poem wurde von Majakowski eigens zum 10. Jahrestag der Großen Sozialistischen Oktoberrevolution geschaffen. Es erzählt in poetischer Sprache von den großen Erfolgen des Landes beim Aufbau eines neuen Lebens. Das Zitat ist eine treffende Charakteristik des großartigen Aufbauwerkes des sowjetischen Volkes, dem eine wissenschaftliche Planung zugrunde liegt. Die Wörter* саже́ньи (*ein* са́жень, *ein altes russisches Längenmaß* (= 2,13 *m) abgeleitetes Adjektiv; Pluralform) und* громадьё (*ein Substantiv sächlichen Geschlechts von* грома́дный ≈ Riesengröße) *sind okkasionelle Bildungen des Dichters.*

17. **Я по́мню чу́дное мгнове́нье** (*А. Пушкин. К*\*\*\* — 1825 *г*.; *романс М. Глинки* — 1840 *г*.) Ich denk' der zaubrischen Sekunden (*A. Puschkin. An*\*\*\*. *Übers. J. von Guenther*); Ein Augenblick ist mein gewesen (*Übers. K. Jaenisch*); Noch denk ich an dein erst' Erscheinen (*Übers. Th. Opitz). Das Gedicht, eines der Meisterwerke der Puschkinschen Liebeslyrik, ist Anna Kern gewidmet, die*

*Puschkin 1819 in Petersburg kurz kennenlernte und 1825 in seiner Verbannung in Michailowskoje wiedersah. In den Anfangszeilen erinnert sich der Dichter an seine erste Bekanntschaft mit ihr. Die Vertonung von M. Glinka ist bis heute eine der beliebtesten russischen Romanzen. Die Verszeile wird im weiteren Sinn* Das war ein unvergeßlicher Augenblick! *zitiert. S. dazu* Без божества́, без вдохнове́нья.

18. **Я́рмарка тщесла́вия** (*заглавие русского перевода романа Теккерея* «Vanity Fair» — 1848 *г.; выражение заимствовано автором из книги Дж. Бе́ньяна «Путешествие пилигрима» —* 1684 *г.*) Jahrmarkt der Eitelkeit (*Titel eines Romans von Thackeray; der Ausdruck wurde von dem Verfasser aus John Bunyans Buch* »Die Pilgerschaft« *entlehnt*). *Mit diesen auch im Text des Romans oft vorkommenden und kommentierten Worten übt der Satiriker Kritik an Egoismus, Geldstreben und Machtgier der herrschenden Klassen Englands und an ihrer geistigen Hohlheit. Die Ausdrücke* Я́рмарка тщесла́вия *und* База́р жите́йской суеты́ (*Titel der ersten russischen Übersetzung des Romans*) *werden zur bildlichen Bezeichnung dieser Begriffe zitiert.*

19. **Я тебя́ породи́л, я тебя́ и убью́** (*Н. Го́голь. Тарас Бульба, гл. IX* — 1835 *г.*) Ich habe dir das Leben gegeben, ich werde es dir auch nehmen (*N. Gogol. Taras Bulba. Übers. F. Bodenstedt*). *Mit diesen Worten erschießt Taras Bulba in Gogols Erzählung* (*s.* Есть ещё по́рох в пороховни́цах) *seinen Sohn Andrij, der, zum feindlichen polnischen Heer übergelaufen, in einer Schlacht seinem Vater begegnet. Heute wird das Zitat als eine scherzhafte Drohung gebraucht.*

20. **Я тогда́ моло́же, /Я лу́чше, ка́жется, была́** см. Оне́гин, я тогда́ моло́же, /Я лу́чше, ка́жется, была́.

21. **Я хочу́, чтоб к штыку́ приравня́ли перо́** (*В. Маяко́вский. Домо́й* — 1926 *г.*) Ich will meine Feder ins Waffenverzeichnis (*W. Majakowski. Nach Hause. Übers. H. Huppert*). *Der Ausdruck* К штыку́ приравня́ть перо́, *wörtlich:* Die Feder dem Bajonett gleichsetzen, *wird in der sowjetischen Publizistik als Aufruf zitiert, ihre Feder zu einer Waffe des politischen Kampfs zu machen.*

22. **Я челове́к, и ничто́ челове́ческое мне не чу́ждо** *цитируется также по-латыни:* Homo sum, humani ni(hi)l a me alienum puto (*Тере́нций. Сам себя наказывающий, 75-77* — 163 *г. до н. э.*) Ich bin ein Mensch; nichts Menschliches ist mir fremd; ↑ lat. (*Terenz. Der Selbstquäler*). *Der Ausdruck wird zitiert,* 1) *um die Vielseitigkeit der Interessen eines Menschen, seine Aufgeschlossenheit für die Nöte und Probleme seiner Mitmenschen, sein Teilhaftigsein an allem Menschlichen zu betonen;* 2) *in dem Sinn:* Ich bin nur ein Mensch und folglich gegen menschliche Irrtümer und Schwächen nicht gefeit.

**23. Ящик Пандо́ры** (*Гесиод. Теогония*, 570-593; *Труды и дни*, 54-105) Büchse der Pandora [Pandorabüchse] (*Hesiod. Theogonie*; *Werke und Tage*). Hesiod erzählt, daß die Menschen ohne Sorge, Krankheit und Alter lebten (*s.* Золото́й век), bis der Titan Prometheus das Feuer stahl, das Zeus den Menschen vorenthielt. Darüber erzürnt, sandte Zeus die verführerisch schöne Pandora mit einem schreckenvollen, alle Übel enthaltenden Gefäß auf die Erde. Die neugierige Pandora öffnete die Büchse und ließ Not, Jammer und Plage heraus. Der Ausdruck wird heute in der Bedeutung etw. Unheilbringendes gebraucht.

# PERSONENVERZEICHNIS

## ИМЕННОЙ УКАЗАТЕЛЬ

Das Verzeichnis enthält die Namen derjenigen Personen, von denen die geflügelten Worte stammen, auf die sie zurückgeführt werden bzw. denen sie ihre Popularität verdanken. Darüber hinaus wurden auch die Übersetzer als die Schöpfer der russischen Fassung fremdsprachiger Ausdrücke sowie die Komponisten, durch deren Vertonung so manches geflügelte Wort zu einem »literarisch-musikalischen Zitat« geworden ist, in das Verzeichnis aufgenommen.

Die aus einem Buchstaben und einer Ziffer bestehenden Indizes verweisen auf die entsprechenden Wörterbuchartikel. Mit einem Sternchen (*) sind Zitate versehen, die eine Charakteristik der betreffenden Person oder ihrer Tätigkeit enthalten bzw. sich auf ihre Biographie beziehen, z.B. H-44*: Неистовый Виссарион, ein Beiname des Literaturkritikers W. Belinski; Б-34*: Болдинская осень, Bezeichnung eines Abschnitts im Schaffen A. Puschkins.

**Адлер, Альфред** (Alfred Adler, 1870—1937), österreichischer Arzt und Psychologe.— K-55.

**Акций, Луций** (Lucius Accius, 170 v.u.Z.— nach 90 v.u.Z.), römischer Tragödiendichter und Philologe.— П-93.

**Александр Македонский** (Alexander der Große, 356—323 v.u.Z.), König von Makedonien, hervorragender Feldherr.— Г-37*.

**Александр Невский** (Alexander Newski, um 1220—1263), Fürst von Nowgorod ab 1236, Großfürst von Wladimir ab 1252, russischer Staatsmann und Feldherr.— K-83*.

**Александров, Александр Васильевич** (Alexander Wassiljewitsch Alexandrow, 1883—1946), sowjetischer Komponist, Dirigent und Leiter des von ihm 1928 gegründeten »Ensembles für Lied und Tanz der Sowjetarmee«, Schöpfer der sowjetischen Staatshymne.— H-65, C-65.

**Александров, Борис Александрович** (Boris Alexandrowitsch Alexandrow, geb. 1905), sowjetischer Komponist.— H-32.

**Алексей Михайлович** (Alexej Michailowitsch, 1629—1676), russischer Zar ab 1645.— Д-23.

**Алкуин** (Alcuin, 8. Jh.), angelsächsischer Gelehrter, Mönch.— Г-27.

**Альгаротти, Франческо** (Francesco Algarotti, 1712—1764), italienischer Publizist und Schriftsteller.—О-13.

**Андерсен, Ганс Христиан** (Hans Christian Andersen, 1805—1875), dänischer Dichter.— Г-1, К-60, П-71.

**Андреев, Леонид Николаевич** (Leonid Nikolajewitsch Andrejew, 1871—1919), russischer Schriftsteller.— Ц-2.

**Апеллес** (Apelles, 2. Hälfte des 4. Jh. v.u.Z.), griechischer Maler.— Н-79, С-88*.

**Апухтин, Алексей Николаевич** (Alexej Nikolajewitsch Apuchtin, 1840—1893), russischer Dichter.— Б-54, Ц-3.

**Аракчеев, Алексей Андреевич** (Alexej Andrejewitsch Araktschejew, 1769—1834), russischer Staatsmann, General, enger Vertrauter Alexanders I., machte sich durch brutalen Militär- und Polizeidespotismus allgemein verhaßt.— Б-15*.

**Арбетнот, Джон** (John Arbuthnot, 1667—1735), englischer Publizist. — Д-31.

**Ариосто, Лудовико** (Lodovico Ariosto, 1474—1533), italienischer Epen- und Komödiendichter.— Н-44.

**Аристофан** (Aristophanes, um 455—um 386 v.u.Z.), bedeutendster griechischer Komödiendichter.—Л-16.

**Архимед** (Archimedes, um 287—212 v.u.Z.), bedeutendster Mathematiker, Physiker und Techniker der Antike.—Д-6, Э-1.

**Байрон, Джордж Ноэл Гордон** (George Noel Gordon Byron, 1788—1824), englischer Dichter.—Ч-1.

**Балакирев, Милий Алексеевич** (Mili Alexejewitsch Balakirew, 1836—1910), russischer Komponist.— М-42*.

**Бальзак, Оноре де** (Honoré de Balzac, 1799—1850), bedeutendster französischer realistischer Romanschriftsteller des 19. Jh.—Б-4, Б-50, У-21, Ч-13, Ш-2.

**Баратынский, Евгений Абрамович** (Jewgeni Abramowitsch Baratynski, 1800—1844), russischer Dichter.—Л-11, Н-43.

**Баснер, Вениамин Ефимович** (Weniamin Jefimowitsch Bassner, geb. 1925), sowjetischer Komponist.— Н-1.

**Батюшков, Константин Николаевич** (Konstantin Nikolajewitsch Batjuschkow, 1787—1855), russischer Dichter.— П-1.

**Баярд, Пьер дю Террайль** (Pierre du Terrail Bayard, um 1476—1524), französischer Ritter.— Р-27*.

**Безыменский, Александр Ильич** (Alexander Iljitsch Besymenski, 1898—1973) russisch-sowjetischer Dichter.— В-59, В-92, М-49.

**Белинский, Виссарион Григорьевич** (Wissarion Grigorjewitsch Belinski, 1811—1848), russischer revolutionärer Demokrat, Kunsttheoretiker, Philosoph und Publizist, Begründer der russischen Literaturkritik und -wissenschaft.— H-44\*, Э-5.

**Белый, Виктор Аркадьевич** (Wiktor Arkadjewitsch Bely, geb. 1904), sowjetischer Komponist.— C-48.

**Бенцони, Джованни** (Giovanni Benzoni, 16. Jh.), italienischer Historiker.— K-45.

**Беньян, Джон** (John Bunyan, 1628 — 1688), englischer Schriftsteller.— Я-18.

**Беранже, Пьер-Жан** (Pierre-Jean Béranger, 1780 — 1857), französischer Liederdichter, Meister des politischen Chansons.— B-7, Ч-21.

**Берггольц, Ольга Фёдоровна** (Olga Fjodorowna Berggolz, 1910 — 1975), russisch-sowjetische Dichterin.— H-80.

**Беринг, Витус** (Vitus Bering, 1680 — 1741), russischer Seefahrer und Asienforscher dänischer Herkunft, leitete die Große Nordische Expedition (1733 — 1734), entdeckte Alaska und die Aleūten.— K-46\*.

**Биант** (Bias, etwa 6. Jh. v.u.Z.), griechischer Philosoph, einer der Sieben Weisen.— B-80.

**Бисмарк, Отто фон** (Otto von Bismarck, 1815 — 1898), preußisch--deutscher Staatsmann, Reichskanzler (1871 — 1890).— Ж-5.

**Блок, Александр Александрович** (Alexander Alexandrowitsch Block, 1880 — 1921), russischer Dichter.— И-4, P-14, C-45, C-63.

**Богданович, Ипполит Фёдорович** (Ippolit Fjodorowitsch Bogdanowitsch, 1744 — 1803), russischer Dichter.— B-42.

**Бомарше, Пьер Огюстен Карон** де (Pierre Augustin Caron de Beaumarchais, 1732 — 1799), französischer Dramatiker.— Б-17, Ф-6.

**Борн, Георг** (Georg Born, *eigentl.* Füllborn, 1857 — 1902), deutscher Schriftsteller.— T-3.

**Бородин, Александр Порфирьевич** (Alexander Porfirjewitsch Borodin, 1833 — 1887), russischer Komponist und Chemiker.— M-42\*, H-84.

**Боскавен, Эдвард** (Edward Boscawen, 1711 — 1761), holländischer Admiral.— C-25.

**Брагинский, Эмиль Вениаминович** (Emil Weniaminowitsch Braginski, geb. 1921), russisch-sowjetischer Dramatiker und Filmautor.— И-33.

**Брюсов, Валерий Яковлевич** (Waleri Jakowlewitsch Brjussow, 1873 — 1924), russich-sowjetischer Dichter.— Г-41, T-20, Ю-3.

**Брянский, Яков** (Jakow Brjanski, *eigentl.* Jakow Grigorjewitsch Grigorjew, 1790 — 1853), russischer Schauspieler und Shakespeare-Übersetzer.— K-56.

**Буридан, Жан** (Jean Buridan, um 1300 — um 1358), französischer Logiker und Naturphilosoph.— Б-49.

**Бэкон, Фрэнсис** (Francis Bacon, 1561—1626), englischer Philosoph, Staatsmann und Jurist.— З-32.

**Бюргер, Готфрид Август** (Gottfried August Bürger, 1747—1794), deutscher Dichter.— М-74.

**Бюффон, Жорж-Луи Леклерк де** (Georges-Louis Leclerc de Buffon, 1707—1788), französischer Naturforscher und Philosoph.— С-82.

**Бюхман, Георг** (Georg Büchmann, 1822—1884), deutscher Philologe, Verfasser des Wörterbuchs »Geflügelte Worte. Zitatenschatz des deutschen Volkes«.— К-75.

**Бюхнер, Георг** (Georg Büchner, 1813—1837), deutscher revolutionärer Dichter.— М-34.

**Вагнер, Рихард** (Richard Wagner, 1813—1883), größter deutscher Musikdramatiker, Schriftsteller und Kunsttheoretiker.— Л-9.

**Вайнек, Фритц** (Fritz Weineck, 1897—1925), deutscher Kommunist, aktiver Teilnehmer der revolutionären Kämpfe der 20er Jahre, Mitglied des Roten Frontkämpferbundes.— Ю-4*.

**Ванбру, Джон** (John Vanbrugh, 1664—1726), englischer Komödiendichter.— Х-11.

**Варламов, Александр Егорович** (Alexander Jegorowitsch Warlamow, 1801—1848), russischer Komponist.— А-23.

**Васнецов, Виктор Михайлович** (Wiktor Michailowitsch Wasnezow, 1848—1926), russischer Maler.— А-17, В-28.

**Вейнберг, Петр Исаевич** (Pjotr Issajewitsch Weinberg, 1831—1908), russischer Dichter, Übersetzer (Heine, Goethe, Hugo, Barbier) und Journalist; wirkte als Humorist unter dem Pseudonym »Heine aus Tambow«.— М-48.

**Вейссе, Христиан Феликс** (Christian Felix Weiße, 1726—1804), deutscher Schriftsteller.— З-4.

**Верди, Джузеппе** (Guiseppe Verdi, 1813—1901), italienischer Komponist.— С-17.

**Верещагин, Василий Васильевич** (Wassili Wassiljewitsch Werestschagin, 1842—1904), russischer Schlachtenmaler.— Н-25.

**Вершигора, Пётр Петрович** (Pjotr Petrowitsch Werschigora, 1905—1963), russisch-sowjetischer Schriftsteller und Regisseur, aktiver Teilnehmer der Partisanenbewegung während des Großen Vaterländischen Krieges, Generalmajor, Held der Sowjetunion.— Л-31.

**Веспасиан, Тит Флавий** (Titus Flaviús Vespasianus, *dtsch.* Vespasian, 9—79), römischer Kaiser ab 69.— Д-25.

**Вильбоа, Константин Петрович** (Konstantin Petrowitsch Vilbois, 1817—1882), russischer Komponist.— Б-44.

**Вильгельм II** (Wilhelm II., 1859—1941), deutscher Kaiser (1888—1918).— Б-43.

**Вильсон, Джон** (John Wilson, 1785 — 1854), englischer Schriftsteller. — П-18.

**Вишневский, Всеволод Витальевич** (Wsewolod Witaljewitsch Wischnewski, 1900 — 1951), russisch-sowjetischer Dramatiker. — О-23.

**Владимир Мономах** (Wladimir Monomach, 1053 — 1125), Fürst von Smolensk, Perejaslawl und Tschernigow, Großfürst von Kiew ab 1113. Unter Wladimir Monomach erlebte die Kiewer Rus eine Blütezeit. — О-52.

**Вогюэ, Эжен Мелькиор де** (Eugène Melchior de Vogüé, 1848 — 1910), französischer Schriftsteller und Diplomat. — М-65.

**Володин, Александр Моисеевич** (Alexander Moissejewitsch Wolodin, eigentl. Lifschitz, geb. 1919), russisch-sowjetischer Dramatiker. — С-47.

**Вольтер** (Voltaire, *eigentl.* François-Marie Arouet de, 1694 — 1778), Philosoph und Schriftsteller, Hauptvertreter der französischen Aufklärung. — В-75, В-77, Е-4, М-14.

**Вронченко, Михаил Павлович** (Michail Pawlowitsch Wrontschenko, 1802 — 1855), russischer Übersetzer (Shakespeare, Byron, Mickiewicz, Goethes »Faust«). — О-31.

**Вучетич, Евгений Викторович** (Jewgeni Wiktorowitsch Wutschetitsch, 1908 — 1974), sowjetischer Bildhauer. — П-12.

**Вяземский, Пётр Андреевич** (Pjotr Andrejewitsch Wjasemski, 1792 — 1878), russischer Dichter. — Д-19, И-11, К-29.

**Галилей, Галилео** (Galileo Galilei, 1564 — 1642), italienischer Naturforscher. — А-6.

**Ганзен, Пётр Готфридович** (Pjotr Gottfriedowitsch Hansen, 1846 — 1930), dänisch-russischer Literat, der als Übersetzer der Werke H. Ibsens, K. Hamsuns, H. Chr. Andersens und anderer skandinavischer Autoren [(gemeinsam mit seiner Frau **Васильева-Ганзен, Анна Васильевна** (Anna Wassiljewna Wassiljewa-Hansen, 1869 — 1942)] bekannt ist sowie durch seine Übersetzungen der Werke L. Tolstois und I. Gontscharows ins Dänische. — Л-28.

**Гашек, Ярослав** (Jaroslav Hašek, 1883 — 1923), tschechischer satirischer Schriftsteller. — В-104, Ш-6.

**Ге, Николай Николаевич** (Nikolai Nikolajewitsch Gay [Ge], 1831 — 1894), russischer Maler. — Ч-34.

**Гегель, Георг Вильгельм Фридрих** (Georg Wilhelm Friedrich Hegel, 1770 — 1831), bedeutendster Repräsentant der deutschen idealistischen Philosophie. — А-15*.

**Гейне, Генрих** (Heinrich Heine, 1797 — 1856), deutscher Dichter, Publizist und Kritiker. — М-33, М-64, П-92.

**Генрих IV** (Heinrich IV., 1050 — 1106), deutscher Kaiser ab 1085. — И-6*.

**Генрих Наваррский** (Heinrich von Navarra, 1553—1610), Hugenottenführer, ab 1598 unter dem Namen Heinrich IV. König von Frankreich (erster Bourbone).—П-3.

**Гераклит** (Heraklit, um 544—um 483 v.u.Z.), griechischer Philosoph.—В-90.

**Гердер, Иоганн Готфрид** (Johann Gottfried Herder, 1744—1803) Geschichts- und Religionsphilosoph, Schriftsteller, bedeutendster Theoretiker des Sturm und Drang und der deutschen Klassik.—Г-42, Ч-19.

**Герман, Павел Давыдович** (Pawel Dawydowitsch German, 1894—1952), russisch-sowjetischer Dichter.—М-71.

**Герман, Юрий Павлович** (Juri Pawlowitsch German, 1910—1967), russisch-sowjetischer Erzähler und Filmautor.—С-44.

**Геродот** (Herodotos, *dtsch.* Herodot, um 484—425 v.u.Z.), ältester griechischer Geschichtsschreiber, »Vater der Geschichte«.—В-47.

**Герцен, Александр Иванович** (Alexander Iwanowitsch Herzen, 1812—1870), russischer revolutionärer Demokrat, materialistischer Philosoph, Schriftsteller.—А-15, Л-12.

**Гесиод** (Hesiod, 8.—7. Jh. v.u.Z.), erster historisch faßbarer griechischer epischer Dichter.—З-35, П-7, Т-36, Я-23.

**Гёте, Иоганн Вольфганг** (Johann Wolfgang Goethe, 1749—1832), der größte deutsche Dichter, Naturforscher.—А-31, Б-62, В-20, З-6, К-69, Л-13, М-24, О-31, П-29, С-70, Т-20, Ш-7.

**Гиппократ** (Hippokrates von Kos, um 460—370 v.u.Z.), bedeutender griechischer Arzt, Begründer der wissenschaftlichen Medizin.—Ж-15, О-6.

**Гладстон, Уильям Юарт** (William Ewart Gladstone, 1809—1898), britischer Politiker, Premierminister in den Jahren 1868—1874, 1880—1885, 1886 und 1892—1894.—В-68, Р-24.

**Глинка, Михаил Иванович** (Michail Iwanowitsch Glinka, 1804—1857), Komponist, Schöpfer der nationalen russischen Kunstmusik.—Б-12, Я-17.

**Гнедич, Николай Иванович** (Nikolai Iwanowitsch Gneditsch, 1784—1833), russischer Dichter und Übersetzer, bekannt vor allem durch seine Übertragung von Homers »Ilias«.—М-1.

**Гоббс, Томас** (Thomas Hobbes, 1588—1679), englischer materialistischer Philosoph und Staatsmann.—Г-42.

**Гоголь, Николай Васильевич** (Nikolai Wassiljewitsch Gogol, 1809—1852), russischer Schriftsteller.—А-16, А-24, А-39, Б-9, Б-37, Д-8, Д-27, Е-5, Е-8, З-8, И-1, И-2, И-21, И-22, К-59, К-81, Л-4, М-6, М-9, М-21, М-65*, М-73, Н-33, Н-59, Н-73, Н-92, О-50, П-24, П-33, П-52, П-86, С-56, С-72, С-78, Т-27, У-15, Х-5, Ч-18, Ч-25, Я-19.

**Гольдони, Карло** (Carlo Goldoni, 1707—1793), italienischer Komödiendichter.— С-41.

**Гомер** (Homer, unklar gebliebener Name des altgriechischen Dichters, der in der Antike und in späterer Zeit als Verfasser der beiden großen epischen Dichtungen, der »Ilias« und der »Odyssee« sowie einiger kleinerer Werke galt. Als Lebenszeit wird von den meisten Forschern das 8. Jh. v.u.Z. angenommen.— Г-34, Д-11, Д-14, К-75, М-17, М-18, М-62, О-8, О-16, С-21, С-52, Т-32, Ц-7.

**Гонкур, Эдмон** (Edmond Goncourt, 1822—1896), französischer Schriftsteller und Kunsthistoriker.— Ч-14.

**Гончаров, Иван ·Александрович** (Iwan Alexandrowitsch Gontscharow, 1812—1891), russischer Romanschriftsteller.— М-29, О-2, О-3, П-61.

**Гораций, Квинт Гораций Флакк** (Quintus Horatius Flaccus, *dtsch.* Horaz, 65—8 v.u.Z.), römischer Dichter.— Г-35, Г-36, 3-34, С-59.

**Горбунов, Иван Фёдорович** (Iwan Fjodorowitsch Gorbunow, 1831—1896), russischer Schriftsteller und Schauspieler; durch den mündlichen Vortrag seiner das Kleinbürger- und Bauernmilieu schildernden humoristischen Erzählungen bekannt.— К-3, Н-54.

**Горнфельд, Аркадий Георгиевич** (Arkadi Georgijewitsch Gornfeld, 1867—1941), russisch-sowjetischer Literaturforscher und Übersetzer.—Н-71, П-9.

**Горький, Максим** (Maxim Gorki, *eigentl.* Alexej Maximowitsch Peschkov, 1868—1936), russisch-sowjetischer Schriftsteller, Begründer der Literatur des sozialistischen Realismus.— Б-18, Б-48, Б-52, В-29, Г-3, Д-3, Д-29, Ж-7, К-63, М-11, М-46, Н-4, П-62, П-94, Р-19, Ч-8, Ч-12, Ч-47.

**Гофман, Эрнст Теодор Амадей** (Ernst Theodor Amadeus Hoffmann, 1776—1822), deutscher Schriftsteller, Komponist, Dirigent, Zeichner und Maler.·—Х-7.

**Греков, Николай Порфирьевич** (Nikolai Porfirjewitsch Grekow, 1810—1866), russischer Übersetzer (Calderon, Goethes »Faust«).—Н-72.

**Грибоедов, Александр Сергеевич** (Alexander Sergejewitsch Gribojedow, 1795—1829), russischer Komödiendichter, Diplomat und Komponist).—А-4, А-32, А-33, А-37, Б-3, Б-24, В-8, В-24, В-34, В-37, В-64, Г-19, Г-38, Д-33, Е-10, 3-3, 3-17, И-8, К-72, М-29, М-30, М-53, М-69*, Н-46, Н-94, О-54, П-30, П-35, П-44, Р-10, С-5, С-30, С-43, С-44, С-49, С-98, С-99, Ф-3, Ф-4, Ф-14, Ч-23, Ч-28, Ч-35, Ч-42, Ш-8, Ш-15.

**Григорий VII** (Gregor VII., um 1020—1085), Papst ab 1073.— И-6*.

**Грин, Александр** (Alexander Grin, eigentl. Alexander Stepanowitsch Grinewski, 1880 — 1932), russisch-sowjetischer Schriftsteller.— A-19.

**Грин, Грэм** (Graham Green, geb. 1904) englischer Schriftsteller.— H-27.

**Гумилёв, Николай Степанович** (Nikolai Stepanowitsch Gumiljow. 1886 — 1921), russischer Dichter.— M-58.

**Гурилёв, Александр Львович** (Alexander Lwowitsch Guriljow, 1803 — 1858), russischer Komponist.— H-7.

**Гус, Ян** (Jan Hus 1371 — 1415), Nationalheld des tschechischen Volkes, Prediger und Denker, Ideologe der tschechischen Reformation.— O-26.

**Гусев, Виктор Михайлович** (Wiktor Michailowitsch Gussjew, 1909 — 1944) russisch-sowjetischer Lyriker und Dramatiker.— B-104.

**Гюго, Виктор** (Victor-Marie Hugo, 1802 — 1885), französischer Dichter und Romancier, Führer des demokratischen Flügels der Romantik in Frankreich.— K-28.

**Даллес, Джон Фостер** (John Foster Dulles, 1888 — 1959), nordamerikanischer Politiker, Chef des State Departement in den Jahren 1953 — 1959).— П-37.

**Данелия, Георгий Николаевич** (Georgi Nikolajewitsch Danelia, geb. 1930), sowjetischer Filmregisseur.— Д-30.

**Данте Алигьери** (Dante Alighieri, 1265 — 1321), größter Dichter Italiens.— O-29.

**Дарвин, Чарльз** (Charles Darwin, 1809 — 1882), englischer Naturforscher, Begründer der modernen Abstammungslehre.— Б-38, E-7.

**Даргомыжский, Александр Сергеевич** (Alexander Sergejewitsch Dargomyshski, 1813 — 1869), russischer Komponist.— B-7, O-41.

**Дегейтер, Пьер** (Pierre Degeyter, 1848 — 1932), französischer Komponist, Schöpfer des Kampfliedes der marxistischen Arbeiterbewegung »Die Internationale«.— B-94, K-77, Э-9.

**Дежнёв, Семён Иванович** (Semjon Iwanowitsch Deshnjow, um 1605 — um 1673), russischer Kosak, Seefahrer.— K-46*.

**Декарт, Рене** (René Descartes, 1596 — 1650), französischer Philosoph, Mathematiker und Physiker.— Я-13.

**Делянов, Иван Давыдович** (Iwan Dawydowitsch Deljanow, 1818 — 1897), russischer Staatsmann.— K-87.

**Державин, Гавриил Романович** (Gawriil Romanowitsch Dershawin, 1743 — 1816), russischer Dichter.— Г-10, Г-23, Ж-11, И-8, O-28, C-76*.

**Джонсон, Сэмюэл** (Samuel Johnson, 1709 — 1784), englischer Schriftsteller und Lexikograph.— Б-22.

**Дзержинский, Феликс Эдмундович** (Feliks Edmundowitsch Dzierżyński, 1877—1926), hervorragender Funktionär der KPR(B) und sowjetischer Staatsmann.— Ж-4*, Р-30*.

**Диоген Лаэртий** (Diogenes Laertios, 3. Jh. v.u.Z.), griechischer Schriftsteller.— О-17, Ч-3.

**Диоген Синопский** (Diogenes von Sinope, um 412 — um 323 v.u.Z.), griechischer Philosoph.— Ч-3.

**Дисней, Уолт** (Walt Disney, *eigentl.* Walter Elias, 1901—1966), nordamerikanischer Künstler, Begründer des Zeichentrickfilms in den USA.— Н-10.

**Дмитриев, Иван Иванович** (Iwan Iwanowitsch Dmitrijew, 1760—1837), russischer Dichter.— М-70.

**Добролюбов, Николай Александрович** (Nikolai Alexandrowitsch Dobroljubow, 1836—1861), russischer revolutionärer Demokrat, Philosoph und Literaturkritiker.— К-13*, Л-20, Т-19.

**Додэ, Альфонс** (Alphonse Daudet, 1840—1897), französischer Schriftsteller.— Т-11.

**Дойл, Артур Конан** (Sir Arthur Conan Doyle, 1859 — 1930), englischer Schriftsteller.— Ш-10.

**Долматовский, Евгений Аронович** (Jewgeni Aronowitsch Dolmatowski, geb. 1915), russisch-sowjetischer Dichter.— З-25.

**Донауров, Сергей Иванович** (Sergej Iwanowitsch Donaurow, 1838—1897), russischer Komponist.— Б-54.

**Достоевский, Фёдор Михайлович** (Fjodor Michailowitsch Dostojewski, 1821—1881), russischer Schriftsteller.— В-79, К-24, М-65, У-14.

**Драйден, Джон** (John Dryden, 1631—1700), englischer klassizistischer Schriftsteller.— Б-42.

**Дунаевский, Исаак Осипович** (Isaak Ossipowitsch Dunajewski, 1900—1955), sowjetischer Komponist, bekannt durch seine Massenlieder, Filmmusiken und Operetten.— И-38, М-50, Н-11, О-43, Ч-31, Ш-12, Э-7, Я-4.

**Дурова, Надежда Андреевна** (Nadeshda Andrejewna Durowa, 1783—1866), russische Schriftstellerin, der erste weibliche Offizier in Rußland.— К-1.

**Дюдеффан, Мари Анна** (Marie Anne du Deffand, 1697—1780), geistvolle Salondame, bei der die bedeutendsten Schriftsteller und Philosophen ihrer Zeit verkehrten.— Т-25.

**Дюма, Александр (отец)** (Alexander Dumas der Ältere, 1802—1870), französischer Romanschriftsteller.— И-42, Т-30.

**Евклид** (Euklid, 3. Jh. v.u.Z.), griechischer Mathematiker.— Ч-37.

**Евсевий Памфил** (Eusebios, 260—339), griechischer Kirchenhistoriker, Bischof.— С-24.

**Евтушенко, Евгений Александрович** (Jewgeni Alexandrowitsch Jewtuschenko, geb. 1933), russisch-sowjetischer Dichter.— Ч-48.

**Екатерина II** (Katharina II., Alexejewna, geb. Prinzessin von Anhalt-Zerbst, 1729-1796), russische Kaiserin ab 1762.— П-25.

**Есенин, Сергей Александрович** (Sergej Alexandrowitsch Jessenin, 1895—1925), russisch-sowjetischer Dichter.— Б-36, В-84, В-107.

**Жан Поль** (Jean Paul, *eigentl.* Johann Paul Friedrich Richter, 1763—1825), deutscher Schriftsteller.— М-33.

**Жаров, Александр Алексеевич** (Alexander Alexejewitsch Sharow, 1904—1984), russisch-sowjetischer Dichter. – Г-3.

**Жолио-Кюри, Фредерик** (Joliot-Curie, Frédéric, 1900—1958), französischer Atomphysiker, aktiver Teilnehmer der Friedensbewegung.— П-60.

**Жуковский, Василий Андреевич** (Wassili Andrejewitsch Shukowski, 1783—1852), russischer Dichter und Übersetzer (Goethe, Schiller, deutsche Romantiker, Homers »Odyssee«.)— Н-34, С-68.

**Жуковский, Николай Егорович** (Nikolai Jegorowitsch Shukowski, 1847—1921), russisch-sowjetischer Aerodynamiker.— О-39*.

**Заболоцкий, Николай Алексеевич** (Nikolai Alexejewitsch Sabolozki, 1903—1958), russisch-sowjetischer Dichter und Übersetzer.— Д-52.

**Захаров, Владимир Григорьевич** (Wladimir Grigorjewitsch Sacharow, 1901—1956), sowjetischer Komponist.— Д-38.

**Золя, Эмиль** (Emile Zola, 1840—1902), französischer Romanschriftsteller.— Я-14.

**Зотов, Рафаил Михайлович** (Rafail Michailowitsch Sotow, 1795—1871), russischer Dramatiker, Übersetzer und Dramaturg.— Ф-6.

**Ибаррури, Долорес Гомес** (Dolores Gómez Ibárruri. genannt La Pasionaria, *d.h.* die »Leidenschaftliche«, geb. 1895), hervorragende Führerin der spanischen und der internationalen kommunistischen Bewegung.— Л-23, О-19.

**Ибрагимов, Николай (Нигмат) Мисаилович** (Nikolai (Nigmat) Missailowitsch Ibragimow, 1778—1818), russischer Dichter.— С-53.

**Ибсен, Генрик** (Henrik Ibsen, 1828—1906), norwegischer Dramatiker.— В-76, К-85, Л-28, С-83.

**Иероним Блаженный** (Hieronymus, um 347—420), altrömischer Kirchenvater, Übersetzer des Alten Testaments aus dem Hebräischen.— Ч-9.

**Ильин, Михаил** (Michail Iljin, *eigentl.* Ilja Jakowlewitsch Marschak, 1896—1953), russisch-sowjetischer Kinderschriftsteller.— С-85.

**Ильф, Илья и Петров, Евгений** (Ilja Ilf, *eigentl.* Ilja Arnoldowitsch Feinsilberg, 1897—1937, und Jewgeni Petrow, *eigentl.* Jewgeni Petrowitsch Katajew, 1903—1942), russisch-sowjetische satirische Schriftsteller, Verfasser gemeinsam geschriebener, in der UdSSR sehr beliebter Romane und anderer Werke.— B-35, B-108, Г-21, З-27, К-48, Л-6, Л-33, М-43, М-63, Н-74, О-32, П-70, С-66, С-100, Э-10.

**Ирвинг, Вашингтон** (Washington Irving, 1783—1859), nordamerikanischer Schriftsteller.— B-81.

**Исаковский, Михаил Васильевич** (Michail Wassiljewitsch Issakowski, 1900—1973), russisch-sowjetischer Dichter.— Д-38, О-7.

**Каверин, Вениамин Александрович** (Weniamin Alexandrowitsch Kawerin, geb. 1902), russisch-sowjetischer Schriftsteller.— П-26.

**Калашников, Пётр Иванович** (Pjotr Iwanowitsch Kalaschnikow, 1828— ?), russischer Dramatiker, Librettist und Übersetzer.— С-17.

**Калинин, Михаил Иванович** (Michail Iwanowitsch Kalinin, 1875—1946), hervorragender sowjetischer Staatsmann und Parteifunktionär.— B-88 *.

**Камброни, Пьер** (Pierre Cambronne, 1770—1842), französischer General.— Г-7.

**Кант, Иммануил** (Immanuel Kant, 1724—1804), deutscher Philosoph, erster Vertreter der klassischen deutschen bürgerlichen Philosophie.— B-23.

**Карамзин, Николай Михайлович** (Nikolai Michailowitsch Karamsin, 1766—1826), russischer Schriftsteller und Historiker.— Г-35, Н-87, С-51.

**Катаев, Валентин Петрович** (Walentin Petrowitsch Katajew, geb. 1897), russich-sowjetischer Schriftsteller.— B-65.

**Катон Старший, Марк Порций** (Marcus Porcius Cato der Ältere, 234—149 v.u.Z.), römischer Staatsmann und Schriftsteller.— К-2, К-26.

**Кетчер, Николай Христофорович** (Nikolai Christoforowitsch Ketscher, 1809—1886), russischer Schriftsteller und Übersetzer.— К-32, У-6, Я-9 *.

**Киплинг, Джозеф Редьярд** (Joseph Rudyard Kipling, 1865—1936), englischer Dichter und Schriftsteller.— З-9, К-64, С-85.

**Клаузевиц, Карл** (Karl von Clausewitz, 1780—1831), preußischer General und Militärschriftsteller, Theoretiker der Kriegskunst.— B-48.

**Клингер, Фридрих Максимилиан** (Friedrich Maximilian von Klinger, 1752—1831), deutscher Dichter.— Б-51.

**Клодт, Пётр Карлович** (Pjotr Karlowitsch Clodt von Jürgensburg, 1805—1867), russischer klassizistischer Bildhauer, Tiermaler.— Д-19.

**Клочков-Диев, Василий Георгиевич** (Wassili Georgijewitsch Klotschkow-Diew, 1911—1941), sowjetischer Offizier, Politleiter, Held der Sowjetunion.— B-9.

**Кожевников, Вадим Михайлович** (Wadim Michailowitsch Koshewnikow, geb. 1909), russisch-sowjetischer Romanschriftsteller und Publizist.— В-57.

**Козьма Прутков** (Kosma Prutkow), kollektives Pseudonym der russischen Dichter Alexej Konstantinowitsch Tolstoi (1817 — 1875) und der Brüder Shemtschushnikow, Alexej Michailowitsch (1821 — 1908) und Wladimir Michailowitsch (1830 — 1884).— Б-6, З-14, Н-81, С-54, Ч-36.

**Кок, Эдуард** (Edward Coke, 1551 — 1633), englischer Jurist und Staatsmann.— М-47.

**Колумб, Христофор** (Christoph Kolumbus, *ital.* Cristoforo Colombo, *span.* Cristóbal Colón, 1451 — 1506, spanischer Seefahrer genuesischer Herkunft, der Entdecker Amerikas.— К-45*, Н-90*.

**Колычев, Осип Яковлевич** (Ossip Jakowlewitsch Kolytschjew, 1904 — 1973), russisch-sowjetischer Dichter.— Н-65.

**Кольцов, Алексей Васильевич** (Alexej Wassiljewitsch Kolzow, 1809 — 1842) russischer Dichter.— Н-7, Р-7.

**Конан Дойль** *см.* Дойл, Артур Конан

**Константин Великий** (Konstantin der Große, Flavius Valerius Constantinus, um 280 — 337), römischer Kaiser.— С-24*.

**Короленко, Владимир Галактионович** (Wladimir Galaktionowitsch Korolenko, 1853 — 1921), russischer Schriftsteller.— Ч-7.

**Кортес, Эрнан** (Hernán Cortés, *auch* Cortez, 1485 — 1547), spanischer Konquistador.— С-18*.

**Костер, Шарль де** (Charles de Coster, 1827 — 1879), belgischer Schriftsteller.— П-9.

**Коц, Аркадий Яковлевич** (Arkadi Jakowlewitsch Koz, 1872 — 1943), russisch-sowjetischer Dichter, übersetzte die Dichter der Pariser Kommune.— В-94, К-77, Э-9.

**Кочетков, Александр Сергеевич** (Alexander Sergejewitsch Kotschetkow, 1900 — 1953) russisch-sowjetischer Dichter und Übersetzer (Schiller, Racine, Corneille, Béranger).— С-47.

**Кромвель, Оливер** (Oliver Cromwell, 1599 — 1658), englischer Staatsmann der bürgerlichen Revolution.— Д-26.

**Кронеберг, Андрей Иванович** (Andrej Iwanowitsch Kroneberg, 1814 (?) —1855), russischer Literaturkritiker und Übersetzer (George Sand, Shakespeare).— Р-8, С-70, Ч-39.

**Кручёных, Алексей Елисеевич** (Alexej Jelissejewitsch Krutschjonych, 1886 — 1968), russisch-sowjetischer Dichter.— З-16.

**Крылов, Иван Андреевич** (Iwan Andrejewitsch Krylow, 1769 — 1844), russischer Fabeldichter und Dramatiker, Herausgeber satirischer Zeitschriften.— А-1, А-3, А-7, А-11, А-14, Б-11, Б-14, В-17, В-27, В-52, Д-19*, Д-24, Ж-8, З-23, И-12, И-16, И-24, И-30, И-44, К-14, К-39, К-78, К-86, Л-3, М-10, М-13, Н-2, Н-26, Н-35,

Н-62, Н-83, О-9, О-44, Р-25, С-22, С-40, С-55, Т-31, Т-37, У-19, У-20, Ч-15, Ч-29, Ч-43.

**Кузен, Виктор** (Victor Cousin, 1792—1867), französischer Philosoph.— И-34.

**Купер, Джеймс Фенимор** (James Fenimore Cooper, 1789—1851), nordamerikanischer Schriftsteller.— П-42, Т-34.

**Куприн, Александр Иванович** (Alexander Iwanowitsch Kuprin, 1870—1938), russischer Schriftsteller.— В-99.

**Курочкин, Василий Степанович** (Wassili Stepanowitsch Kurotschkin, 1831—1875), russischer satirischer Dichter, Béranger-Übersetzer.— В-7, Ч-21.

**Кюи, Цезарь Антонович** (Cesar Antonowitsch Cui, 1835—1918), russischer Komponist und Musikschriftsteller französischer Herkunft.— М-42*.

**Кюстин, Астольф де** (Astolphe de Custine, 1790—1857), französischer Schriftsteller.— Т-43.


**Лабковский, Наум Давыдович** (Naum Dawydowitsch Labkowski, geb. 1908), russisch-sowjetischer Dichter, Humorist; übersetzte aus dem Polnischen und orientalischen Sprachen).— П-40.

**Лавров, Пётр Лаврович** (Pjotr Lawrowitsch Lawrow, 1823—1900), führender Ideologe der russischen bürgerlich-demokratischen Volkstümlerbewegung.— О-45.

**Ласкин, Борис Савельевич** (Boris Saweljewitsch Laskin, 1914—1983), russisch-sowjetischer humoristischer Schriftsteller und Liederdichter.— П-40.

**Лафонтэн, Жан де** (Jean de La Fontaine, 1621—1695) französischer Dichter.— Г-35, Т-14.

**Лебедев-Кумач, Василий Иванович** (Wassili Iwanowitsch Lebedew-Kumatsch, 1898—1949), russisch-sowjetischer Liederdichter.— И-38, М-50, Н-11, О-43, Ч-31, Ш-12, Я-4.

**Леви, Пьер Марк Гастон де** (Pierre Marc Gaston de Lévis, 1764—1830), französischer didaktischer Schriftsteller.— П-38.

**Левик, Вильгельм Вениаминович** (Wilhelm Weniaminowitsch Lewik 1906—1983), russisch-sowjetischer Übersetzer (Goethe, Schiller, Heine, Lenau, Ronsard, Hugo, Baudelaire).— Б-62, М-64, П-92.

**Ленин, Владимир Ильич** (Wladimir Iljitsch Lenin, *eigentl.* Uljanow, 1870—1924), genialer Führer, Theoretiker und Lehrer der Werktätigen der ganzen Welt, Begründer der Kommunistischen Partei der Sowjetunion, Schöpfer des Sowjetstaates.— В-13, В-86, Г-13, Г-44, Д-28, Д-39, З-26, И-18*, К-13, К-49, К-50, Л-22, Н-36, П-5, П-78, П-83, С-71, Т-20, Т-43, У-23, Ф-12, Ч-8*, Ч-32, Ш-1.

**Ленский, Дмитрий** (Dmitri Lenski, *eigentl.* Dmitri Timofejewitsch

Worobjew, 1805—1860), russischer Komödiendichter und Schauspieler.— И-19.

**Леонов, Леонид Максимович** (Leonid Maximowitsch Leonow, geb. 1899), russisch-sowjetischer Romanschriftsteller.— **3-24.**

**Лермонтов, Михаил Юрьевич** (Michail Jurjewitsch Lermontow, 1814—1841), russischer Dichter.— А-23, Б-16, Б-53, В-36, В-93, Г-18, Д-2, И-9, И-26, И-35, К-30, Н-9, О-10, П-17, П-29, С-50, Я-10.

**Лесаж, Ален Рене** (Alain René Lesage, 1668—1747), französischer Schriftsteller.— Ф-1.

**Лесков, Николай Семёнович** (Nikolai Semjonowitsch Leskow, 1831—1895), russischer Schriftsteller.— Б-28.

**Ливий, Тит** (Titus Livius, 59—17 v.u.Z.), römischer Geschichtsschreiber.— Г-39.

**Липпман, Уолтер** (Walter Lippmann, 1889—1974), Kommentator in der Presse der amerikanischen Großbourgeoisie.— Х-9.

**Лозинский, Михаил Леонидович** (Michail Leonidowitsch Losinski, 1886—1955), russisch-sowjetischer Dichter und Übersetzer (Shakespeare, Sheridan, Lope de Vega, Romain Rollands »Colas Breugnon«).— О-29, П-76.

**Ломоносов, Михаил Васильевич** (Michail Wassiljewitsch Lomonossow, 1711—1765), hervorragender russischer Gelehrter und Dichter.— К-46, М-44, Н-20.

**Лукиан** (Lukian, um 120—um 180), griechischer Schriftsteller.— И-20, Ю-6.

**Лукулл, Люций Лициний** (Lucius Licinius Lucullus, *dtsch.* Lukull, um 117—um 57 v.u.Z.), römischer Feldherr, reicher Sklavenhalter.— Л-19*.

**Людовик XI** (Ludwig XI., 1423—1483), König von Frankreich ab 1461, Wegbereiter des Absolutismus.— Р-6.

**Людовик XIV** (Ludwig XIV., 1638—1715), König von Frankreich ab 1643.— Г-45.

**Людовик XV** (Ludwig XV., 1710—1774), König von Frankreich ab 1715.— П-43.

**Людовик XVIII** (Ludwig XVIII., 1755—1824), König von Frankreich ab 1814.— А-13.

**Майков, Аполлон Николаевич** (Apollon Nikolajewitsch Maikow, 1821—1897), russischer Dichter.— Ч-17.

**Макаренко, Антон Семёнович** (Anton Semjonowitsch Makarenko, 1888—1939), bedeutender sowjetischer Pädagoge und Schriftsteller.— У-2.

**Макиавелли, Никколо** (Niccolo Machiavelli, 1469—1527), italienischer Staatsmann, Diplomat, Schriftsteller und Philosoph.— Р-6, Ц-5.

**Максимов, Василий Максимович** (Wassili Maximowitsch Maximow, 1844—1911), russischer Genremaler.— B-71.

**Маресьев, Алексей Петрович** (Alexej Petrowitsch Maressjew, geb. 1916), sowjetischer Flieger, Major, Held der Sowjetunion; verantwortlicher Sekretär des Sowjetischen Komitees der Kriegsveteranen.— H-15.

**Маркс, Карл** (Karl Marx, 1818—1883), Begründer des wissenschaftlichen Kommunismus, der bedeutendste Lehrer und Führer des internationalen Proletariats.— Б-58, В-39, П-27, П-69, П-80, П-81, П-82, Р-13, Р-16, Т-21, Ф-10, Ш-14.

**Марк Твен** см. Твен, Марк

**Марльборо, Джон Черчилль** (John Churchill Marlborough, 1650—1722), englischer Feldherr und Politiker.— M-3*.

**Маршак, Самуил Яковлевич** (Samuel Jakowlewitsch Marschak, 1887—1964), russisch-sowjetischer Dichter und Übersetzer.— B-98, C-85, Ч-6.

**Маяковский, Владимир Владимирович** (Wladimir Wladimirowitsch Majakowski, 1893—1930), bedeutendster russisch-sowjetischer Dichter.— Б-35, В-18, В-41, В-56, В-65, В-107, Г-9, Д-34, Е-3, Ж-16, И-10, И-29, К-10, Л-7, Л-8, Л-27, М-37, М-45, М-51, М-67, Н-16, Н-52, О-5, О-40, П-55, П-58, П-78, Р-3, Р-12, С-1, С-7, С-46, С-77, Т-16, Х-15, Ч-24, Ч-44, Ш-11, Я-2, Я-3, Я-11, Я-16, Я-21.

**Межевич, Василий Степанович** (Wassili Stepanowitsch Meshewitsch, 1814—1849), russischer Dichter.— H-95.

**Межиров, Александр Петрович** (Alexander Petrowitsch Meshirow, geb. 1923) russisch-sowjetischer Dichter.— K-51.

**Менандр** (Menandres, *dtsch.* Menander, 342—um 292 v.u.Z.), griechischer Komödiendichter.— B-66, H-40.

**Менжинский, Вячеслав Рудольфович** (Wjatscheslaw Rudolfowitsch Menshinski, 1874—1934), hervorragender sowjetischer Staatsmann und Parteifunktionär.— P-30.

**Мериме, Проспер** (Prosper Mérimée, 1803—1870), französischer Schriftsteller.— P-6.

**Мерсье, Луи-Себастиан** (Louis-Sébastien Mercier, 1740—1814), französischer Dramatiker und Essayist.— K-67.

**Метерлинк, Морис** (Maurice Maeterlinck, 1862—1949), belgischer Dichter.— C-27.

**Меценат, Гай Цильний** (Gaius Cilnius Maecenas, *dtsch.* Mäzen, um 74—um 8 v.u.Z.), römischer Staatsmann und Literat.— M-25*.

**Мильтон, Джон** (John Milton, 1608—1674), englischer Dichter.— П-49.

**Мин, Дмитрий Егорович** (Dmitri Jegorowitsch Min, 1818—1885), russischer Übersetzer (Shakespeare, Byron, Tennyson),— O-29.

**Минин, Кузьма** (Kusma Minin, *eigentl.* Kusma Minitsch Sacharjew--Suchoruk, ?—1616), russischer Kaufmann aus Nishni-Nowgorod, berühmt durch sein patriotisches Wirken während der polnischen Intervention von 1611—1612.— Ж-10.

**Михалков, Сергей Владимирович** (Sergej Wladimirowitsch Michalkow, geb. 1913), russisch-sowjetischer Dichter und Kinderschriftsteller.— Д-55, 3-18, С-65.

**Мицкевич, Адам** (Adam Mickiewicz, 1798—1855), größter polnischer Dichter.— К-41*.

**Мокроусов, Борис Андреевич** (Boris Andrejewitsch Mokroussow, 1909—1968), sowjetischer Komponist.— П-40.

**Молчанов, Иван Евстратович** (Iwan Jewstratowitsch Moltschanow, 1809—1881), russischer Dichter.— Б-56.

**Мольер** (Molière, *eigentl.* Jean Baptiste Poquelin, 1622—1673), großer französischer Komödiendichter.— Г-6, 3-7, М-27, М-39, Р-2, Т-12, Т-41.

**Мономах** *см.* Владимир Мономах

**Монтескьё, Шарль Луи де Секонда** (Charles de Secondat, Baron de Montesquieu, 1689—1755), französischer Aufklärer, Staatstheoretiker und politischer Schriftsteller.— Б-50.

**Мопассан, Ги де** (Guy de Maupassant, 1850—1893), französischer Schriftsteller.— М-28.

**Мусоргский, Модест Петрович** (Modest Petrowitsch Mussorgski, 1839—1881), russischer Komponist.— М-42*.

**Мюнхгаузен, Карл Фридрих Иероним** (Karl Friedrich Hieronymus, Freiherr von Münchhausen, 1720—1797), hannöverscher Junker, Offizier im russischen Dienst, dem die Geschichten des »Lügenbarons« Münchhausen zugeschrieben wurden.— М-74*.

**Мятлев, Иван Петрович** (Iwan Petrowitsch Mjatlew, 1796—1844), russischer Dichter.— К-15.

**Надсон, Семён Яковлевич** (Semjon Jakowlewitsch Nadson, 1862—1887), russischer Dichter.— К-12, Н-71.

**Наполеон I Бонапарт** (Napoleon I. Bonaparte, 1769—1821), Kaiser der Franzosen, Feldherr.— О-35.

**Некрасов, Николай Алексеевич** (Nikolai Alexejewitsch Nekrassow, 1821—1877), russischer revolutionär-demokratischer Dichter und Journalist.— В-51, В-58, К-9, К-13, К-53, К-57, М-59, Н-93, О-22, П-57, П-61, Р-28, С-13, С-92, Т-38, Ц-2.

**Нелединский-Мелецкий, Юрий Александрович** (Juri Alexandrowitsch Neledinski-Melezki, 1752—1829), russischer Dichter.— У-13.

**Непринцев, Юрий Михайлович** (Juri Michailowitsch Neprinzew, geb. 1909), sowjetischer Maler.— В-5.

**Ницше, Фридрих** (Friedrich Wilhelm Nietzsche, 1844—1900), deutscher subjektiv-idealistischer Philosoph, Schriftsteller und Lyriker.— Б-20, П-13, П-50.

**Новалис** (Novalis, *eigentl.* Friedrich von Hardenberg, 1772—1801), deutscher Schriftsteller.— Г-31.

**Новиков, Анатолий Григорьевич** (Anatoli Grigorjewitsch Nowikow, geb. 1896—1984), sowjetischer Komponist.— П-16.


**Обинье, Теодор Агриппа д'** (Théodor Agrippa d'Aubigné, 1552—1630), französischer Dichter und Historiker.— Г-43.

**Овидий, Публий Овидий Назон** (Publius Ovidius Naso, *dtsch.* Ovid, 43—17 u.Z.), römischer Dichter.— З-35, К-23, П-7.

**Одоевский, Александр Иванович** (Alexander Iwanowitsch Odojewski, 1802—1839), russischer Dichter, Dekabrist.— И-18.

**Одоевский, Владимир Фёдорович** (Wladimir Fjodorowitsch Odojewski, 1803—1869), russischer Schriftsteller und Musikkritiker.— С-60.

**Олеша, Юрий Карлович** (Juri Karlowitsch Olescha, 1899—1960), russisch-sowjetischer Schriftsteller.— Н-79.

**Осборн, Джон** (John Osborne, geb. 1929), englischer Dramatiker.— С-16.

**Островский, Александр Николаевич** (Alexander Nikolajewitsch Ostrowski, 1823—1886), bedeutendster russischer Dramatiker.— Б-13, К-32, Ч-2.

**Островский, Аркадий Ильич** (Arkadi Iljitsch Ostrowski, 1914—1967), sowjetischer Komponist.— П-91.

**Островский, Николай Алексеевич** (Nikolai Alexejewitsch Ostrowski, 1904—1936, russisch-sowjetischer Schriftsteller.— К-11, К-61, Р-18.

**Ошанин, Лев Иванович** (Léw Iwanowitsch Oschanin, geb. 1912), russisch-sowjetischer Dichter.— П-16, П-91.


**Павленко, Пётр Андреевич** (Pjotr Andrejewitsch Pawlenko, 1899—1951), russisch-sowjetischer Schriftsteller.— К-83.

**Пана** (de Panat, 1762—1834), französischer Admiral.— О-20.

**Панова, Вера Фёдоровна** (Wera Fjodorowna Panowa, 1905—1973), russisch-sowjetische Romanschriftstellerin.— Н-1.

**Паркинсон, Норткот** (Northcote Parkinson, geb. 1909), nordamerikanischer Schriftsteller.— З-10.

**Пастернак, Борис Леонидович** (Boris Leonidowitsch Pasternak, 1890—1960), russisch-sowjetischer Dichter und Übersetzer.— В-20.

**Перро, Шарль** (Charles Perrault, 1628—1703), französischer Schriftsteller.— З-36, С-26, С-67.

**Пётр I** (Peter I., der Große, Alexejewitsch, 1672—1725), russischer Zar ab 1689.— Б-56*, О-13*, П-83, Т-1, Т-23*.

**Пикассо, Пабло** (Pablo Picasso, *eigentl.* Ruiz y Picasso, 1881—1973), französischer Maler, Graphiker, Bildhauer, Bühnenbildner und Kunsthandwerker spanischer Herkunft.— Г-32.

**Пилат, Понтий** (Pontius Pilatus), römischer Prokurator (Statthalter) in Judäa in den Jahren 26—36 u.Z.—П-45*, У-12*.

**Пирр** (Pyrrhus, 319—273 v.u.Z.), ab 298 König von Epiros, Feldherr.— П-20*.

**Писарев, Дмитрий Иванович** (Dmitri Iwanowitsch Pissarew, 1840—1868), russischer revolutionär-demokratischer Literaturkritiker und Publizist.— М-10.

**Пифагор** (Phytagoras, um 580—496 v.u.Z.), griechischer Philosoph und Mathematiker.— Д-47.

**Плавт, Тит Макций** (Titus Maccius Plautus, 250—184 v.u.Z.), römischer Komödiendichter.— Ч-10.

**Платон** (Platon, 427—347 v.u.Z.), griechischer Philosoph.— И-17, П-21, П-34.

**Плещеев, Алексей Николаевич** (Alexej Nikolajewitsch Plestschejew, 1825—1893), russischer Dichter.— Б-45.

**Плиний Старший** (Plinius der Ältere, Gaius Plinius Secundus (Maior), 23 v.u.Z.—79 u.Z.), römischer Offizier, Beamter und Schriftsteller.— Н-79.

**Плутарх** (Plutarch, 46—120), griechischer Schriftsteller.— Д-46, К-26, Л-19, Л-21, П-75, С-64.

**Погосский, Александр Фомич** (Alexander Fomitsch Pogosski, 1816—1874), russischer Schriftsteller.— П-23.

**Полевой, Борис** (Boris Polewoi, *eigentl.* Boris Nikolajewitsch Kampow, 1908—1981), russisch-sowjetischer Schriftsteller.— Н-15.

**Полевой, Николай Алексеевич** (Nikolai Alexejewitsch Polewoi, 1796—1846), russischer Schriftsteller, Journalist, Historiker und Übersetzer.— Б-8, Б-60, Е-9, С-39, Ч-5.

**Помпадур, маркиза де** (Marquise de Pompadour, *eigentl.* Jeanne-Antoinette Poisson, 1721—1764), einflußreiche Geliebte Ludwigs XV. von Frankreich.— П-43.

**Помяловский, Николай Герасимович** (Nikolai Gerassimowitsch Pomjalowski, 1835—1863), russischer Schriftsteller.— В-85, К-33.

**Порфирий** (Porphyrios, um 233—um 304) griechischer Philosoph.— Д-47.

**Потёмкин, Григорий Александрович** (Grigori Alexandrowitsch Potjomkin, 1739—1791), russischer Staatsmann, Generalfeldmarschall.— П-47*, У-10.

**Потье, Эжен** (Eugène Pottier, 1816—1887), französischer Dichter, Chansonnier, Verfasser des Textes der »Internationale«.— В-94, К-77, Э-9.

**Руф, Курций** (Curtius Rufus, 1. Jh.), römischer Dichter.— Г-37.

**Саади** (Sadi, *eigentl*. Scheich Mosleh e'd-din, um 1210—1292, persischer Dichter und Denker.— И-27.

**Саллюстий, Гай Крисп** (Gaius Sallustius Crispus, *dtsch*. Sallust, 86—35 v.u.Z.), römischer Geschichtsschreiber.— B-95.

**Салтыков-Щедрин, Михаил Евграфович** (Michail Jewgrafowitsch Saltykow-Stschedrin, 1826—1889), russischer Schriftsteller, einer der größten Satiriker der Weltliteratur.— Г-28, Г-29, Г-40, И-41, К-4, К-22, К-25, М-75, Н-57, П-66, С-20, У-3.

**Сальванди, Нарцисс Ашиль** де (Narcisse Achille de Salvandy, 1795—1856), französischer Diplomat.— T-9.

**Светлов, Михаил Аркадьевич** (Michail Arkadjewitsch Swetlow, 1903—1964), russisch-sowjetischer Dichter.— Э-7, Ю-4.

**Светоний, Гай Транквилл** (Gaius Suetonius Tranquillus, *dtsch*. Sueton, um 70—um 140), römischer Philologe und Biograph.— Д-25, П-93.

**Свифт, Джонатан** (Jonathan Swift, 1667—1745), englischer Schriftsteller.— Г-48.

**Святослав** (Swjatoslaw Igorewitsch, ?—972), Großfürst von Kiew ab etwa 945.— И-7, М-22.

**Сенека Младший, Луций Анней** (Seneca der Jüngere, Lucius Annaeus, um 4 v.u.Z.—65 u.Z.), römischer Staatsmann, Philosoph und Dichter.— Ж-14, Ж-15, П-56, Ч-20.

**Сент-Бёв, Шарль Огюстен** де (Charles Augustin de Sainte-Beuve, 1804—1869), französischer Schriftsteller und Literaturkritiker.— Б-10.

**Сервантес, Сааведра Мигель** де (Saavedra Miguel de Cervantes, 1547—1616), größter Dichter Spaniens.— Д-44, Д-50, П-21, Р-22, Р-29, С-69.

**Сидни, Филип** (Sir Philip Sidney, 1554—1586), englischer Dichter.— М-57.

**Симонид Кеосский** (Simonides von Keos, um 556—468 v.u.Z.), griechischer Lyriker.— А-31.

**Симонов, Константин Михайлович** (Konstantin Michailowitsch Simonow, 1915—1979), russisch-sowjetischer Erzähler, Lyriker und Dramatiker.— Ж-2.

**Слепцов, Василий Алексеевич** (Wassili Alexejewitsch Slepzow, 1836—1878), russischer Schriftsteller.— T-10.

**Слуцкий, Борис Абрамович** (Boris Abramowitsch Sluzki, 1919—1986), russisch-sowjetischer Dichter und Übersetzer.— Ф-8.

**Смоллетт, Тобайас Джордж** (Tobias George Smollett, 1721—1771), englischer Schriftsteller.— Ф-1.

**Соколов, Н. С.** (N. S. Sokolow, Vor- und Vatersname sowie Lebensdaten unbekannt), russischer Dichter, Verfasser von Lieder-spielen, der in den 30er und 40er Jahren des 19. Jh. wirkte — C-90.

**Сократ** (Sokrates, 469 — 399 v.u.Z.), griechischer Philosoph.— И-17, К-76, Я-7.

**Соловьёв, Леонид Васильевич** (Leonid Wassiljewitsch Solowjow, 1906 — 1962), russisch-sowjetischer Schriftsteller.— В-46.

**Соловьёв-Седой, Василий Павлович** (Wassili Pawlowitsch Solowjow-Sedoi, *eigentl.* Solowjow, 1907 — 1979), sowjetischer Komponist.— 3-25.

**Солон** (Solon, um 640 — um 560 v.u.Z.), athenischer Gesetzgeber, Staatsmann und Dichter.— Н-55.

**Спиноза, Бенедикт** (Benedikt Spinoza, 1632 — 1677), niderländischer Philosoph.— В-85, С-86.

**Стайн, Гертруда** (Gertrude Stein, 1874 — 1946), nordamerikanische Schriftstellerin.— П-48.

**Станиславский, Константин Сергеевич** (Konstantin Sergejewitsch Stanislawski, *eigentl.* Alexejew, 1863 — 1938), russisch-sowjetischer Schauspieler und Regisseur, Mitbegründer des Moskauer Künstlertheaters.— Л-26, Т-17.

**Стасов, Владимир Васильевич** (Wladimir Wassiljewitsch Stassow, 1824 — 1906), bedeutender russischer Kunst- und Musikkritiker, Kunsthistoriker und Archäologe.— М-42.

**Стейнбек, Джон Эрнст** (John Ernest Steinbeck, 1902 — 1968), nord-amerikanischer Schriftsteller.— Г-47.

**Стивенсон, Роберт Льюис** (Robert Louis Balfour Stevenson, 1850 — 1894), schottisch-englischer Schriftsteller.— Д-30.

**Стиллингфлит, Бенджамен** (Benjamin Stillingfleet, 1702 — 1771), englischer Botaniker.— С-25*.

**Столпер, Александр Борисович** (Alexander Borissowitsch Stolper, 1907 — 1979), sowjetischer Filmregisseur und -autor.— П-95.

**Столыпин, Пётр Аркадьевич** (Pjotr Arkadjewitsch Stolypin, 1862 — 1911), reaktionärer zaristischer Staatsmann, ab 1906 Innenminister und Ministerpräsident.— С-84*.

**Стравинский, Игорь Фёдорович** (Igor Fjodorowitsch Strawinsky, 1882 — 1971), russischer Komponist.— Ж-1.

**Суворов, Александр Васильевич** (Alexander Wassiljewitsch Suworow, 1729 — 1800), hervorragender russischer Feldherr.— Г-25, Н-18, Н-77, П-89, Т-44.

**Сурков, Алексей Александрович** (Alexej Alexandrowitsch Surkow, 1899 — 1983), russisch-sowjetischer Dichter.— М-60, С-48.

**Сухово-Кобылин, Александр Васильевич** (Alexander Wassiljewitsch Suchowo-Kobylin, 1817 — 1903), russischer Dramatiker. — М-2.

**Талейран-Перигор, Шарль-Морис де** (Charles-Maurice de Talleyrand-Perigord, 1754 — 1838), französischer Staatsmann und Diplomat. — Н-22, О-20, Я-8.

**Твардовский, Александр Трифонович** (Alexander Trifonowitsch Twardowski, 1910 — 1971), russisch-sowjetischer Dichter. — Б-32, В-5, Н-85, Р-1.

**Твен, Марк** (Mark Twain, *eigentl.* Samuel Langhorne Clemens, 1835 — 1910), nordamerikanischer Schriftsteller. — М-4.

**Теккерей, Уильям Мейкпис** (William Makepeace Thackeray, 1811 — 1863), englischer Romanschriftsteller. — Я-18.

**Теренциан Мавр** (Terentianus Maurus, 3. Jh. u.Z.), römischer Grammatiker. — К-35.

**Теренций, Публий** (Publius Terentius, *dtsch.* Terenz, um 190 — 159 v.u.Z.), römischer Komödiendichter. — Я-22.

**Тибулл, Альбий** (Albius Tibullus, *dtsch.* Tibull, ? — 19 v.u.Z.), römischer Dichter. — В-21.

**Типот, Виктор Яковлевич** (Wiktor Jakowlewitsch Tipot, 1893 — 1960), russisch-sowjetischer Dramatiker und Regisseur. — Н-32.

**Тирсо де Молина** (Tirso de Molina, *eigentl.* Fray Gabriel Téllez, 1571 — 1648), spanischer Dramatiker. — Д-43, К-18.

**Тихонов, Николай Семёнович** (Nikolai Semjonowitsch Tichonow, 1896 — 1979), russisch-sowjetischer Schriftsteller. — Г-8.

**Токарева, Виктория Самойловна** (Wiktoria Samoilowna Tokarewa, geb. 1937), russisch-sowjetische Schriftstellerin und Filmautorin. — Д-30.

**Толстой, Алексей Николаевич** (Alexej Nikolajewitsch Tolstoi, 1883 — 1945), russisch-sowjetischer Schriftsteller. — Х-8.

**Толстой, Лев Николаевич** (Lew Nikolajewitsch Tolstoi, 1828 — 1910), russischer Schriftsteller. — Б-55, В-12*, В-33, В-87, В-89, Д-49. Ж-13, З-26*, Н-49, Н-60, П-22, С-71*.

**Тургенев, Иван Сергеевич** (Iwan Sergejewitsch Turgenjew, 1818 — 1883), russischer Schriftsteller. — В-11, В-12, Г-4, Д-35, К-15, Л-12, М-68, О-12, О-49, П-72, Я-9.

**Тынянов, Юрий Николаевич** (Juri Nikolajewitsch Tynjanow, 1894 — 1943), russisch-sowjetischer Schriftsteller und Literaturforscher. — П-31.

**Тычина, Павло Григорьевич** (Pawlo Grigorjewitsch Tytschina, 1891 — 1967), ukrainisch-sowjetischer Dichter und Staatsmann. — Ч-46.

**Тютчев, Фёдор Иванович** (Fjodor Iwanowitsch Tjutschew, 1803 — 1873), russischer Dichter und Diplomat. — Б-25, М-72.

**Уордмен, Эрвин** (Erwin Wardman, 1865 — 1923), nordamerikanischer Journalist. — Ж-6.

282

**Уоррен, Роберт Пенн** (Robert Penn Warren, geb. 1905), nordamerikanischer Schriftsteller.— B-98.

**Успенский, Глеб Иванович** (Gleb Iwanowitsch Uspenski, 1843— 1902), russischer Schriftsteller.— T-15.

**Утёсов, Леонид Осипович** (Leonid Ossipowitsch Utjossow, 1895— 1982), populärer sowjetischer Estradensänger, Dirigent des Staatlichen Jazzorchesters der RSFSR.— B-92, И-38.

**Фадеев, Александр Александрович** (Alexander Alexandrowitsch Fadejew, 1901 — 1956), russisch-sowjetischer Schriftsteller, Publizist und Kritiker.— M-49.

**Файко, Алексей Михайлович** (Alexej Michailowitsch Faiko, 1893— 1978), russisch-sowjetischer Dramatiker.— H-66.

**Фёдоров, Андрей Венедиктович** (Andrej Wenediktowitsch Fjodorow, geb. 1906), sowjetischer Philologe, Literaturforscher und Übersetzer, Begründer der sowjetischen Übersetzungswissenschaft.— B-54.

**Феллини, Федерико** (Federico Fellini, geb. 1920), italienischer Filmautor und -regisseur der neorealistischen Schule.— C-37.

**Флобер, Гюстав** (Gustave Flaubert, 1821 — 1880), französischer Romanschriftsteller.— B-54.

**Фоменко, Пётр Наумович** (Pjotr Naumowitsch Fomenko, geb. 1932), russisch-sowjetischer Regisseur.— H-1.

**Фонвизин, Денис Иванович** (Denis Iwanowitsch Fonwisin, 1745— 1792), russischer Komödiendichter und Satiriker.— B-55, M-35, H-76, У-1, У-10*.

**Франклин, Бенджамин** (Benjamin Franklin, 1706 — 1790), nordamerikanischer Staatsmann, Schriftsteller und Naturwissenschaftler.— B-67.

**Фучик, Юлиус** (Julius Fučik, 1903 — 1943), tschechischer Journalist und Literaturkritiker, antifaschistischer Widerstandskämpfer.— Л-32.

**Хайт, Юлий** (Juli, *eigentl.* Ilja Abramowitsch Chait, 1897— 1966), sowjetischer Komponist.— M-71.

**Хемингуэй, Эрнест** (Ernest Hemingway, 1899— 1961), nordamerikanischer Schriftsteller.— П-48, П-98.

**Хилон** (Chilon, ?— um 556 v.u.Z.), griechischer Philosoph, einer der Sieben Weisen.— O-17.

**Ходжа Насреддин** (Nasreddin Hodsha, 1208 — um 1284), der türkische Eulenspiegel, wahrscheinlich die historische Gestalt eines Dorfgeistlichen.— B-46*, Е-6*.

**Холодковский, Николай Александрович** (Nikolai Alexandrowitsch Cholodkowski, 1858 — 1921), russischer Zoologe und Übersetzer fremdsprachiger Dichtung, berühmt durch seine Übersetzung des

Goetheschen »Faust«, bis heute eine der besten russischen Faust-
-Übersetzungen.— B-20, Л-13, T-20.

**Цвейг, Стефан** (Stefan Zweig, 1881 — 1942), österreichischer Schrift-
steller.— З-19.
**Цезарь, Гай Юлий** (Gaius Julius Cäsar, 100 — 44 v.u.Z.), hervor-
ragender römischer Staatsmann, Feldherr und Schriftsteller.—
Ж-9, Ж-20, И-39, Л-21, П-11, П-75.
**Цицерон, Марк Туллий** (Marcus Tullius Cicero, 106 — 43 v.u.Z.),
römischer Redner, Schriftsteller und Politiker.— Б-47, В-80, Г-5,
Г-11, Д-10, Д-48, К-40, К-54, О-4, П-67, У-7.

**Чайковский, Модест Ильич** (Modest Iljitsch Tschaikowski, 1850 —
1916), russischer Dramatiker, Librettist, Übersetzer und Musik-
kritiker.— Л-15, У-4, Ч-38.
**Чайковский, Пётр Ильич** (Pjotr Iljitsch Tschaikowski, 1840 —
1893), bedeutendster russischer Komponist.— К-84, Л-15, Л-25,
С-67, У-4, Ц-3, Ч-33, Ч-38.
**Чернышевский, Николай Гаврилович** (Nikolai Gawrilowitsch
Tschernyschewski, 1828 — 1889), russischer revolutionärer De-
mokrat; Philosoph, Schriftsteller und Publizist.— И-37, П-64,
Ч-32.
**Черчилль, Уинстон Леонард Спенсер** (Churchill, Sir Winston
Leonard Spencer, 1874 — 1965), britischer konservativer Politi-
ker und Staatsmann.— Ж-3.
**Чехов, Антон Павлович** (Anton Pawlowitsch Tschechow, 1860 —
1904), russischer Prosaschriftsteller und Dramatiker.— В-38, В-49,
В-62, В-103, Д-15, Д-53, К-8, К-70, Л-18, М-40, Н-3, Н-28,
О-21, П-32, С-4, С-101, У-16, Х-1, Ц-3, Ч-4, Э-8.
**Чичерин, Георгий Васильевич** (Georgi Wassiljewitsch Tschitsche-
rin, 1872 — 1936), sowjetischer Staatsmann und Diplomat.—
М-32.
**Чуковский, Корней Иванович** (Kornej Iwanowitsch Tschukowski,
*eigentl.* Nikolai Wassiljewitsch Kornejtschukow, 1882 — 1969), russisch-sowjetischer Übersetzer, Literaturforscher und Kinderschrift-
steller.— Д-41, М-74, П-91.

**Шамфор** (Chamfort, *eigentl.* Nicolas Sébastien Roch, 1741 — 1794),
französischer Schriftsteller.— М-34.
**Шекспир, Уильям** (William Shakespeare, 1564 — 1616), größter eng-
lischer Dramatiker.— Б-8, Б-60, Г-4, Е-9, И-39, К-56, М-41,
М-48, Н-72, О-38, П-76, П-96, Р-8, Р-21, С-39, У-6, У-9, Ф-2,
Ф-15, Ч-5, Ч-39, Ш-7*.
**Шенье, Мари-Жозеф** (Marie-Joseph Chénier, 1764 — 1811), fran-
zösischer Dramatiker und Publizist.— Б-27.

**Шеридан, Ричард Бринсли Батлер** (Sheridan, Richard Brinsley Butler, 1751—1816), englischer Dramatiker.— Ш-13.

**Шиллер, Фридрих** (Friedrich Schiller, 1759—1805), neben Goethe größter deutscher Dichter.—Д-16, К-32, М-1, О-6, С-68, Ч-19.

**Шкловский, Виктор Борисович** (Wiktor Borissowitsch Schklowski, 1893–1984),russisch-sowjetischer Schriftsteller, Literaturforscher und -kritiker.— П-26.

**Шостакович, Дмитрий Дмитриевич** (Dmitri Dmitrijewitsch Schostakowitsch, 1906—1975), sowjetischer Komponist.—М-60*.

**Шпильгаген, Фридрих** (Friedrich Spielhagen, 1829—1911), deutscher Schriftsteller.—З-6, М-15.

**Шульгин, Лев Владимирович** (Lew Wladimirowitsch Schulgin, 1890—1968), sowjetischer Komponist.— В-59, М-49.

**Щеглов, Иван Леонтьевич** (Iwan Leontjewitsch Stscheglow, *eigentl.* Leontjew, 1856—1911), russischer Prosaschriftsteller und Dramatiker.— Д-13.

**Щипачёв, Степан Петрович** (Stepan Petrowitsch Stschipatschjow, 1899—1979), russisch-sowjetischer Dichter.— Л-29.

**Эзоп** (Äsop, 6. Jh. v.u.Z.), griechischer Fabeldichter.— Г-29*, З-29, Л-24, О-9.

**Эйльдерман, Генрих** (Heinrich Arnolf Eildermann, genaue Lebensdaten unbekannt), deutscher Lehrer, Sozialdemokrat, Verfasser des Liedes »Dem Morgenrot entgegen«, das er 1907 auf die Melodie eines Tiroler Volkslieds schrieb.— М-49.

**Экк, Николай Владимирович** (Nikolai Wladimirowitsch Ekk, *eigentl.* Iwakin, 1909—1976), sowjetischer Filmregisseur und -autor— П-95.

**Эль-Регистан** *см.* Регистан

**Энгельс, Фридрих** (Friedrich Engels, 1820—1895), Mitbegründer des wissenschaftlichen Kommunismus, Freund und Kampfgefährte von K. Marx, neben ihm der bedeutendste Lehrer und Führer des internationalen Proletariats.—Н-36, Н-50, П-27, П-69, П-80, П-81, П-82, Т-35.

**Энний, Квинт** (Quintus Ennius, 239—169 v.u.Z.), bedeutendster Dichter der römischen Frühzeit.— Д-48.

**Эпихарм** (Epicharm, 5. Jh. v.u.Z.), griechischer Dichter.— Р-23.

**Эсхил** (Äschylus, um 525—456 v.u.Z.), griechischer Tragödiendichter.— Л-2.

**Ювенал, Децим Юний** (Decimus Junius Juvenalis, *dtsch.* Juvenal, um 60—um 127), römischer Satirendichter.— Б-19, З-20, Х-3, Ю-1*.

Юрий Николаевич
АФОНЬКИН

**РУССКО-НЕМЕЦКИЙ
СЛОВАРЬ
КРЫЛАТЫХ СЛОВ**

Зав. редакцией
**Л. П. ПОПОВА**

Ведущий редактор
**Т. С. АЛЕКСАНДРОВА**

Редактор
**О. П. ЭХИНА**

Художественный редактор
**Г. П. ВАЛЛАС**

Технический редактор
**С. Ю. СПУТНОВА**

Корректор
**О. Д. БАУЛИНА**

ИБ № 6627

Подписано в печать 26.06.89. Формат 70x100/32. Бумага кн.-журн. Гарнитура таймс. Печать офсетная (фотоофсет). Усл. печ. л. 11,7. Усл. кр. -отт. 11,86. Уч.-изд. л. 19,70. Тираж 50 000 экз. Заказ № 1421. Цена 80 коп.
Издательство „Русский язык" В/О „Совэкспорткнига" Государственного комитета СССР по печати. 103012 Москва, Старопанский пер., 1/5.
Можайский полиграфкомбинат В/О „Совэкспорткнига" Государственного комитета СССР по печати. 143200 Можайск, ул. Мира, 93.